파이썬을 이용한

수치해석

박철근 지음

자유아카데미

머리말

정보통신과 컴퓨팅 기술의 비약적인 발전과 함께 빅데이터 분석기술이 현대는 물론 미래사회의 정치, 경제, 문화 및 과학기술 등 전 영역에 걸쳐 영향을 미칠 것으로 보인다. 여러 종류의 빅데이터를 수집하고, 분석하며, 시각화하는 빅데이터 분석기술은 시간이 갈수록 점점 그 중요성이 두드러지고 있다. 빅데이터 분석기술은 인간의 사회생활 변화 및 환경 변화를 더욱 정확하게 예측하여 정부와 기업 등 단체의 운영 효율을 증대하는 것은 물론, 나아가 정보화 사회에서부터 점차 개인화되어가는 사회 구성원 및 경제 주체에 따라 맞춤형 정보를 제공하고, 분석을 가능하게 하여 새로운 기회의 장을 열고 있다.

데이터 분석기술의 중요성이 인식되면서 파이썬의 중요성 역시 주목받고 있다. 프로그래밍 언어 중 파이썬은 데이터 분석에 중심을 두고 개발되어 관련된 패키지와 모듈이 다양하기 때문이다. 또한 오픈소스이므로 통계학자, 경제학자 등 데이터 분석 전문가들이 빠른 속도로 패키지를 갱신하여 활용하기에도 유리하다.

필자는 대학에서 수치해석 강의를 20여 년간 진행하며 C 언어를 이용한 강좌를 시작하였고, MATLAB을 이용한 강좌를 개설하였다. 그리고 최근 수년간은 R 언어를 이용한 수치해석 강의를 진행하고 있다. C 언어는 파이썬에 비하여 프로그램이 복잡하고, MATLAB은 오픈소스가 아니라는 점에서 학생들이 접근하기 쉽지가 않다. 그러나 4차 산업혁명 시대에 파이썬은 오픈소스로서 학생들에게 여러 가지 장점을 제공한다.

이 책은 파이썬의 기본 사용법과 함께 수치해석의 알고리즘과 프로그램 구현방법을 다루고 있다. 공학계산의 기본이 되는 수치해석에 좀 더 흥미롭게 접근하고자 파이썬 스크립트와 파이썬 패키지를 강하게 연계하였다. 1장에서는 파이썬의 자료형과 연산자, 변수 및 조건문과 반복문을 다룬다. 2장에서는 파이썬의 기본 내장함수, 행렬과 배열 및 수치계산에서의 오차와 그래프 기초를 다룬다. 3장에서는 행렬의 연산, 선형연립방정식의 해법 및 행렬의 분해 등을 소개하며, 4장에서는 다항식과 보간법을 다룬다. 그리고 5장에서는 수치미분을 위한 차분근사와 내장함수를 이용한 미분법을 다룬다. 6장에서는 사다리꼴 공식과 심프슨 공식, 고차 다항식 적합 구적법 및 파이썬의 내장함수를 이용한 정적분을 다루며, 7장에서는 비선형방정식의 해법에 관한 내용으로 이분법, 가위치법과 여러 가지 반복법 및 비선형연립방정식을 다룬다. 8장에서는 선형적합과 비선형 곡선적합을 다루고, 9장에서는 미분방정식의 초기치 문제에 관한 여러 가지 해법을 다루며, 근사해법과 정확한 해와 차이를 상대오차와 그래프로 분석한다.

이 책은 수년간의 강의를 통하여 알고리즘의 오류 수정과 내용 수정을 거쳤다. 교재의 초반 세 장에서는 파이썬의 기초 용법을 다루었고, 중·후반부에서는 수치해석에 꼭 필요하다고 여겨지는 내용을 엄선하여 다루고 있다. 그러므로 특히 대학에서 파이썬에 관심을 두고 수치해석을 담당하는 분들에게 이 책이 큰 도움이 되리라고 자신한다.

파이썬에 대한 기초지식이 있는 독자라면 목차에 따라 큰 어려움 없이 교재를 학습할 수 있지만, 파이썬 사용이 처음인 독자라면 부록 A1을 정독하고 사용법을 숙지한 후 교재의 차례에 따르기를 권한다. 좋은 책을 만들기 위해 최선을 다했지만 미흡한 부분이 있을 수 있다. 이 점은 양해를 바라며, 출간 후에 나올 수 있는 수정사항 등은 자유아카데미 홈페이지(www.freeaca.com) 자료실에 제공할 예정이니 참고하기 바란다.

마지막으로, 독자들이 본 교재를 통해서 수치해법을 공학계산에 응용하는 방법을 습득하고 관련된 파이썬 프로그램 및 패키지를 활용하여 공학기초가 되는 수치계산의 역량을 향상할 수 있기를 진심으로 바란다.

2022년 2월

박 철 근

차례

1장

파이썬과 자료구조

1.1 파이썬과 수치해석

1.1.1 파이썬의 개요

파이썬(Python)은 프로그래밍 초보자부터 데이터 분석 전문가까지 넓은 사용자층을 보유하고 있다. 다양한 플랫폼에서 사용할 수 있고, 풍부한 라이브러리와 모듈(module)을 포함한 패키지를 가지고 있어, 대학을 비롯한 교육기관, 연구기관 및 산업계에서 이용이 점차 증가하고 있다. 파이썬은 프로그래밍 자체 언어로서의 기능 외에도 다른 고급 언어로 쓰인 모듈들을 연결하는 접착제 언어(glue language)로 자주 이용되며, 기본적으로 대화형 동적 프로그래밍(dynamic programming) 언어의 한 종류로 인터프리터(interpreter)로 실행될 것을 염두에 두고 개발되었다.

1. 파이썬의 역사

파이썬은 1980년대 말 네덜란드 프로그래머인 귀도 반 로섬(Guido van Rossum)이 만들기 시작하여 개발한 스크립트 프로그래밍 언어이다. 파이썬 로고에는 뱀 두 마리가 꼬여 있는 모습을 볼 수 있는데, 뱀의 한 종류인 파이썬으로부터 이름이 유래되었다고 알려졌지만, 사실은 귀도 반 로섬이 좋아하는 영국의 코미디 프로그램 "Monty Python's Flying Circus"로부터 유래된 것이다.[1]

파이썬은 1994년에 1.0 버전을 시작으로 2000년 9월, 1.6 버전을 발표 후 2000년에 10월에 2.0 버전이 발표되었다. 파이썬 2.x 버전으로는 2.7.11 버전이 마지막으로 2005년 12월에 발표되었다. 이후 파이썬 3.0 버전이 발표되었으나 초기에 지원되는 라이브러리가 한정되어 사용하기 불편하였다. 그러나 이후 라이브러리와 패키지가 꾸준히 제공되면서 세계적으로 가장 많이 사용되는 프로그래밍 언어 중 하나로 자리하게 되었다. 파이썬은 문법이 간단하여 비전공자 및 프로그래밍 초보자가 배우기 쉬워 많은 사람이 사용

1 https://digital-play.tistory.com/42

하고 있어 웹서버, 인공지능(AI), 빅데이터 분석 등 다양한 분야에서 활용되는 우수한 스크립트 언어이다.

2. 파이썬 활용 현황

앞에서도 언급하였듯 파이썬은 사람들이 다양한 분야에서 활용하는 매우 인기가 높은 고급 프로그래밍 언어이다. 파이썬의 현재 인기도와 과학기술 컴퓨팅에 널리 사용되고 있는 실상에 대하여 잠깐 살펴보기로 하자. 프로그래밍 언어의 인기도를 알 수 있는 지표 중 하나로 TIOBE(The Importance of Being Earn) 지표(index)가 있다. 지표의 값은 전 세계의 숙련된 엔지니어, 교육과정 및 기업을 기반으로 하여 Google, Being, Yahoo!, Wikipedia, Amazon, YouTube, Baidu와 같은 인기 있는 검색엔진의 자료를 분석하여 계산한 값으로 아래의 [표 1.1]에 나타내었다.

이 결과를 보면 C 언어와 자바가 절대적인 인기를 누리고 있는데, 파이썬은 2019년과 2020년 두 해에 걸쳐 3위를 기록하고 있다. 하지만 파이썬이 과학기술 컴퓨팅에 얼마나 사용되고 있는지는 TIOBE 지표만으로 알기는 어렵다. 이를 알아보기 위해서는 IEEE(Institute of Electrical and Electronics Engineers)에서 추산하여 발표한 프로그래밍 언어에 대한 인기도 순위도 살펴볼 필요가 있다.

1년에 한 번 공개되는 IEEE Spectrum의 프로그래밍 언어 순위는 2020년을 기준으

표 1.1 TIOBE 지표(2021년 3월)

19년 순위	언어	20년 순위	19년 순위	언어	20년 순위
1	C	2	11	Go	10
2	Java	1	12	Classic Visual Basic	18
3	Python	3	13	R	11
4	C++	4	14	Delphi/Object Pascal	20
5	C#	5	15	Groovy	36
6	Visual Basic	6	16	Ruby	14
7	JavaScript	7	17	Perl	17
8	PHP	8	18	MATLAB	15
9	Assembly	12	19	Swift	13
10	SQL	9	20	Objective-C	19

표 1.2 IEEE Spectrum에서 발표한 2020년 프로그래밍 언어 순위

순위	언어	점수	순위	언어	점수
1	Python	100	6	R	78.6
2	Java	95.3	7	Arduino	73.2
3	C	94.6	8	Go	73.1
4	C++	87	9	Swift	70.5
5	JavaScript	79.5	10	MATLAB	68.4

로 7년째이다. 2020년도 순위는 55개 순위를 포함하며 [표 1.2]는 그 중 상위 10개를 나타내고 있다. 지표(순위)는 8개의 중요한 온라인 데이터 소스(CareerBuilde, GitHub, Google, Hacker News, IEEE, Reddit, Stack overflow, Twitter)로부터 얻은 이용도 지표에 IEEE가 독자적으로 산정한 점수를 보완하여 계산된다. 여기서도 파이썬과 C 언어 및 Java가 최상위 그룹에 포진되어 있고, 파이썬과 활용분야가 유사한 R 언어가 6위를 기록하고 있다. 파이썬과 마찬가지로 R 언어 역시 오픈소스이며 빅데이터 분석과 인공지능 분야를 포함한 과학기술 컴퓨팅에 많이 활용되고 있다.

3. 파이썬의 특징

파이썬은 웹개발, 빅데이터, 인공지능, 과학, 교육 등 다양한 분야에서 사용되는 범용 프로그래밍 언어이다. 동적 프로그래밍 언어의 한 종류로 사전 컴파일 없이 실행할 때 기계어로 변환하는 대화형 언어이다.

(1) 인터프리터 언어

파이썬은 대화형 모드를 지원하는 언어로 코드를 순차적으로 해석하여 실행하며 소스코드를 사전에 컴파일할 필요가 없다.

(2) 스크립트 언어

스크립트 언어의 정의는 일반적으로 동적 타이핑 언어이고, 대화형 모드를 지원하며, 소규모 프로그램에 적합할 정도의 조건을 갖춘 언어를 말한다. 다만 파이썬은 대규모 프로그램도 작성이 가능하다. 스크립트 언어는 처리 내용을 간결하게 작성할 수 있

는 특징을 갖는데, 예를 들어 'Hellow world!'를 출력하는 프로그램을 작성할 때 Java나 C 언어보다 훨씬 간단하게 프로그램을 작성할 수 있다.

(3) 유지보수의 용이성

문법이 비교적 간단하고 코드블록의 범위를 나타내는 구조가 분명하다. 또한 읽고 배우며 작성하기가 쉬워 결과적으로 유지보수 및 관리가 용이하다.

(4) 고수준의 기능을 무료로 사용

파이썬은 저작권 등록이 되어 있으나 자유롭게 사용하고 배포할 수 있는 오픈소스이다. 추가적으로 제공되는 라이브러리 역시 무료이다.

(5) 강력한 표준 라이브러리 내장

파이썬은 다양한 처리를 수행할 수 있는 표준 라이브러리를 갖추고 있으며 설치하면 바로 표준 라이브러리로 프로그램을 작성할 수 있다.

(6) 높은 확장성

파이썬은 흔히 접착제 언어라고도 하는데 C, C++, Fortran 등 다른 언어로 작성된 프로그램이나 라이브러리에 쉽게 접근하여 결합할 수 있기 때문이다.

(7) 풍부한 외부 라이브러리

파이썬이 기본적으로 제공하는 표준 라이브러리뿐만 아니라 다양한 제3의 외부 라이브러리가 만들어져 있다. 이들 중 과학기술 컴퓨팅 분야에서 주로 사용되는 패키지로는 NumPy, SciPy, SymPy, Matplotlib 등이 있으며 이미지 처리를 위한 Pillow, 비디오 게임을 만들 수 있는 Pygame, 생물학 분야의 분석 기능을 제공하는 Biopython 등이 있다. 과학기술 컴퓨팅에는 'SciPy Stack'이라 불리는 핵심 패키지들이 주로 사용되는데 이들의 기능을 요약하면 다음 [표 1.3]과 같다.

표 1.3 과학기술 컴퓨팅에 핵심적인 'SciPy Stack' 패키지

패키지명	기능 요약
Python	대체로 CPython을 의미하는 파이썬의 본체
NumPy	다차원 배열, 행렬, 선형대수 등 수치계산을 위한 기본 기능
SymPy	기호관점 수식처리(Computer Algebra System, CAS) 기능
SciPy	최적화, 수치적분, 신호처리, 통계처리 등 과학기술 컴퓨팅과 관련된 기능
Matplotlib	2차원, 3차원 그래프의 작성을 포함한 데이터 시각화 기능
pandas	데이터 구조 변경 함수를 지원하여 데이터 처리 및 분석 기능
IPython	운영체계나 파일 시스템과도 연계할 수 있는 고성능 대화형 쉘 기능
nose	파이썬 프로그램의 테스트를 위한 프레임워크

4. 파이썬 설치하기

아래 설명되는 파이썬 설치하기의 자세한 과정과 내용은 이 책의 부록 A1을 참조하기 바란다.

(1) 파이썬 다운로드

파이썬 소프트웨어를 다운로드 하기 전에 자신의 컴퓨터의 운영체제(Windows, Linux, Mac)와 기반 프로세서 X64, X32로 표시되는 시스템 종류를 알아야 한다. 대부분의 독자는 64비트 윈도우즈 운영체제일 것이다.

① 파이썬 다운로드 공식 홈페이지(http://www.python.org/downloads)에서 자신의 컴퓨터 시스템에 맞는 파이썬 언어 패키지를 다운로드 한다.

② 다운로드가 끝나면 설치 실행 파일 'python-3.x.x-amd.exe'을 자신이 원하는 위치(컴퓨터 디렉터리)에 저장한다. 이때 저장된 파일의 확장명을 표시하기 위하여 저장된 디렉터리를 열어, 상단 메뉴에서 '보기'를 클릭하고 들어가 '□ 파일확장명'을 ☑로 체크하면 확장명이 표시되어 편리하다.

(2) 파이썬 설치하기

① 위에서 언급한 파이썬 인스톨러를 실행하고 '→ Install Now'를 선택하기 전에 실행창의 하단부에 나타나 있는 '☑ Add Python 3.x to PATH' 옵션을 반드시 선택

하고 '→ Install Now'를 더블클릭하여 설치를 시작한다. 참고로 '☑ Add Python 3.x to PATH'의 선택을 누락하면 프로그램 실습 시에 오류가 발생할 수 있다. 파이썬이 설치되는 경로와 PATH를 잘 숙지하고 있다면 'Customize installation'을 선택하여도 무방하다. 설치가 완료되면 [close]를 클릭하여 설치를 종료한다.

(3) 수치해석 관련 라이브러리 설치하기

수치해법 관련 프로그램을 파이썬을 이용하여 실행하기 위해서는 추가적으로 두 가지 정도 모듈(module, 라이브러리나 패키지에 포함된 함수들의 모음)이 더 필요하다. 먼저 NumPy와 matplotlib, 두 라이브러리를 간단하게 설치하는 방법을 소개하기로 한다.

① 첫 번째 방법: 윈도우즈의 'cmd' 명령 프롬프트 창을 띄우고(키보드의 윈도우즈창키 + R ⇒ 'cmd' 입력) 'cmd' 창에서 다음 명령들을 입력한다.

```
pip3 install numpy
pip3 install matplotlib
```

② 두 번째 방법: 윈도우즈의 'cmd' 창을 띄우고 다음 명령들을 입력한다.

```
python -m pip install -U pip setuptools
python -m install numpy
python -m install matplotlib
```

③ 세 번째 방법: 먼저 '*.whl' 확장자를 갖는 두 모듈을 다운로드하여 적절한 디렉터리에 저장한다. 모듈 설치 시에 자신이 설치한 python 버전과 두 모듈의 버전 및 시스템의 운영체제 환경이 반드시 같아야 한다. 설치할 두 모듈의 저장 위치를 잘 기억하고 NumPy 모듈과 matplotlib 모듈의 파일명 형식은 다음과 같다. 윈도우즈의 'cmd' 창을 띄우고 다음 명령들을 입력한다.

```
python -m pip install {다운로드한 두 모듈의 저장 경로}
numpy-*-cpxx-cpxxm-win_amd64.whl
matplotlib-*-cpxx-cpxxm-win_amd64.whl
```

예를 들어, 위 'numpy-*-cpxx~.whl' 파일이 디렉터리 'C:\users\'에 있다면 설치명령은 다음과 같다.

```
python -m pip install C:\users\numpy-*-cpxx-cpxxm-win_amd64.whl
```

같은 방법으로 matplotlib 모듈도 설치한다. NumPy의 다운로드 사이트[2]와 Matplotlib 다운로드 사이트[3]는 각각 아래 각주에 나타나 있다.

5. 파이썬 실행과 스크립트 작성

파이썬이 정상적으로 설치되었다면 윈도우즈 창(키보드의 윈도우 키 사용)에 나타나는 앱 중에서 파이썬(여기서는 Python 3.7 버전)을 찾으면 다음 그림을 확인할 수 있다.

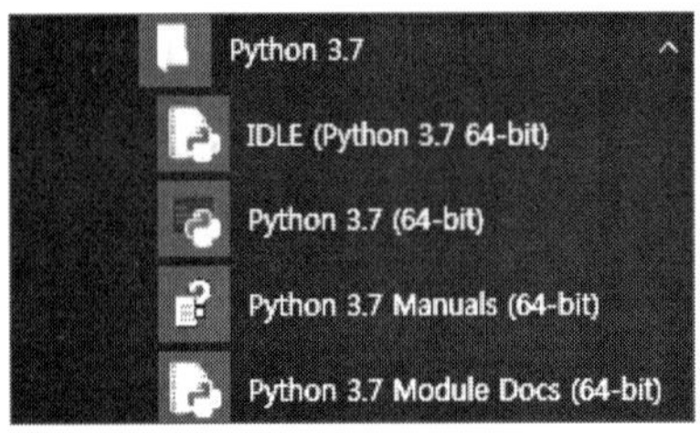

그림 1.1 윈도우즈 창에서 파이썬 앱

[그림 1.1]에서 'IDLE(Python 3.7 64.bit)'를 선택하면 다음과 같이 파이썬 쉘(Python Shell) 창이 나타난다.

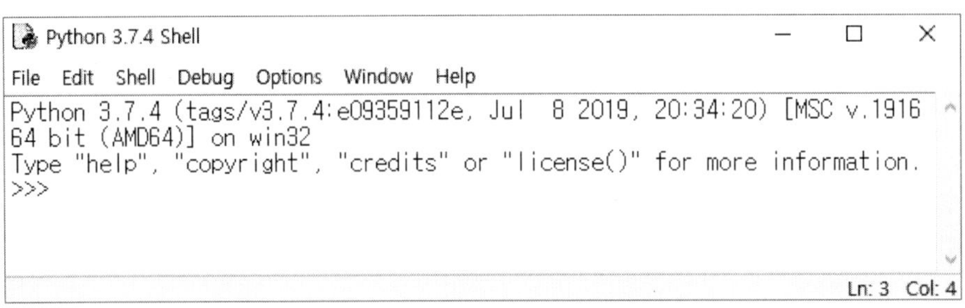

그림 1.2 대화형 파이썬 쉘 창

2 https://pypi.org/project/numpy/#files

3 https://pypi.org/project/matplotlib/#files

[그림 1.2]의 메뉴 바에서 'File'을 클릭하고 'New File(Ctrl+N)'을 선택하면 새로운 파이썬 스크립트 파일을 작성할 수 있는 편집 창이 열린다. 다음 'Open(Ctrl+O)'을 선택하면 이미 작성한 파이썬 스크립트 파일을 열 수 있다.

파이썬 쉘 창에서 프롬프트 '>>>'는 한 번에 하나의 명령이 실행되고 실행결과가 바로 나타나는 대화형 모드에 해당한다. 간단한 스크립트는 이 대화형 모드에서 작성하여 실행하는 것이 좋고, 긴 스크립트로 프로그램을 작성할 때는 새로운 편집 창('New File')을 사용하는 것이 바람직하다.

이와 같이 파이썬에는 프로그램을 개발하여 실행할 수 있는 통합개발학습 환경이 포함되어 있는데 이것을 IDLE(Integrated Development and Learning Environment)라 한다. 대화형 모드에서 '>>>' 다음에 아래 스크립트를 입력하고 [Enter] 키를 누르면 바로 실행되며, 간단한 산술적 사칙연산도 다음과 같이 바로 실행결과를 얻을 수 있다.

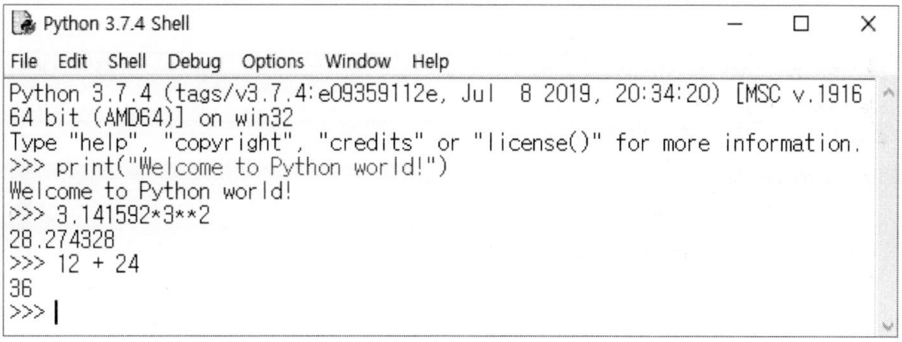

그림 1.3 파이썬 쉘 창에서 대화형 스크립트 작성과 실행

파이썬 쉘 화면의 종료는 'Ctrl+Q'를 입력하거나 혹은 'File' 메뉴에서 'Exit'를 선택, 또는 '>>>' 뒤에서 'exit()'를 입력하면 실행된다.

통합개발학습 환경 IDLE에서 'File' 메뉴를 이용하면 스크립트를 새로이 작성하고 적절한 파일명으로 프로그램을 저장할 수 있는데, 파이썬으로 작성된 파일은 확장자를 *.py로 저장하여야 한다. 이제 프로그램 파일을 작성하여 보기로 하자. 먼저 IDLE의 'File' 메뉴에서 'New File'을 선택하거나 'Ctrl+N'을 프롬프트에 입력한다. 그러면 [그림 1.4]와 같은 새로운 편집 창이 나타난다.

[그림 1.4]의 새로운 편집 창(파일명: untitled)에서 새로운 스크립트 프로그램을 작성

하고 'File' 메뉴에서 'Save As...'를 선택하여 적절한 파일명으로 원하는 디렉터리에 저장할 수 있다. 아래 [그림 1.5]는 파일명 'Add1.py'로 디렉터리 'D:/Lecture/PyNumAn/'에 저장한 예를 보여준다.

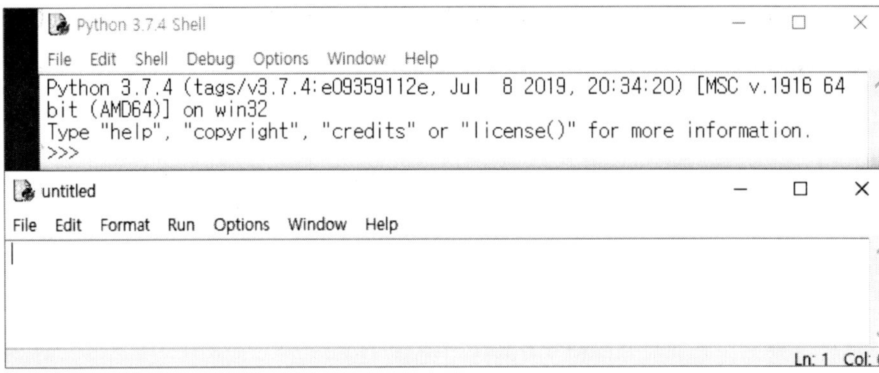

그림 1.4 파이썬 쉘의 새로운 편집 창

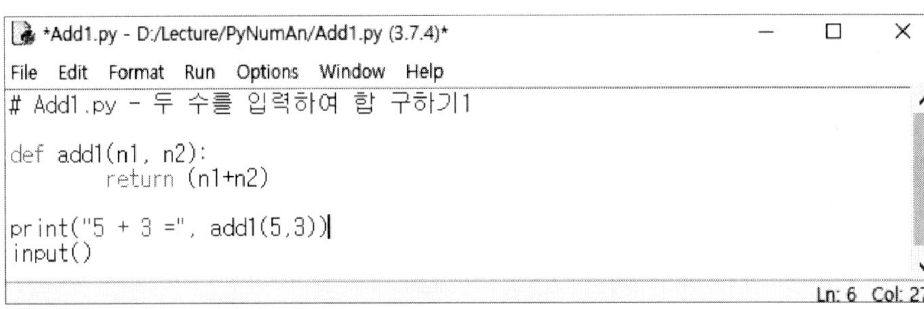

그림 1.5 새로운 스크립트 파일의 작성

[그림 1.5]의 스크립트 파일을 실행하기 위해서는 키보드의 F5 키를 누르거나 상단 메뉴의 'Run'을 클릭하고 'Run Module(F5)'를 선택하여야 한다. 실행이 완료되면 파이썬의 쉘 창에서 스크립트 수행결과인 print() 함수 출력 부분에서 '5 + 3 = 8'을 확인할 수 있다. 프로그램에서 #의 뒷부분은 주석을 나타내고, input() 함수는 입력을 위한 명령으로 인하여 프로그램 실행이 일시 중지된 상태이며, 쉘 창에서 [Enter] 키를 누르면 실행이 완전히 종료된다.

1.1.2 수치해석의 개요

1. 수치해석이란

수치해석이란 수리 물리학 및 수리 공학적 문제를 해결하기 위하여 그 문제를 수식으로 기술하고, 수학식으로 나타내어 근사적인 해를 구하거나, 해를 구하는 알고리즘을 다루는 학문 분야이다. 일반적으로 이러한 수식은 해석적으로 접근하는 닫힌 형태(closed form)의 해를 구하는 과정으로 극히 일부에 해당한다. 대부분 수식의 해는 구하기에 적합한 알고리즘을 통하여 수치적인 근삿값으로 대체한다. 다시 말해서 수치해석학은 여러 수리공학적 문제나 해석학적 문제에서 수치적인 근삿값을 구하기 위한 알고리즘을 연구하는 학문이다.

수치해석은 일상생활에서 널리 사용된다. 바빌로니아 사람들이 $\sqrt{2}$의 근삿값을 구한 예에서 보듯이 현대의 수치해석 역시 정확한 해를 구하지 않는다.[4] 왜냐하면 닫힌 형태의 정확한 해를 구하는 것이 불가능하므로, 대부분의 경우 수치해석에서는 합리적인 수준의 오차를 갖는 근삿값을 구하는 것에 집중한다.

2. 수치해석의 응용 분야

수치해석학의 응용 분야는 일반적으로 공학과 물리학이다. 하지만 21세기에 들어서면서 그 응용 분야가 확대되어 생명공학과 과학적인 계산을 적용한 예술 분야에서도 사용된다. 상미분방정식은 행성의 움직임과 포트폴리오 관리의 최적화 등에 이용되며 선형대수학과 통계학은 데이터 분석에서도 중요하게 쓰인다. 확률미분방정식과 마르코프 연쇄 또한 의학과 생명 분야에서 살아있는 세포를 시뮬레이션하기 위한 필수 항목이다.

컴퓨터가 발달하기 전, 수치해석은 크게 인쇄된 보간법 표와 손으로 하는 반복계산이 주를 이루었다. 이는 20세기 중반부터 컴퓨터의 발달로 대체되었지만, 그럼에도 보간법 알고리즘은 미분방정식의 해를 구하는 소프트웨어의 일부분으로 여전히 사용되고 있다. 이제 수치해석의 응용 분야를 좀 더 세부적으로 살펴보기로 하자.[5]

4 https://ko.wikipedia.org/wiki/수치해석학

(1) 수학 분야

학부에서 수학을 전공하는 학생들은 수치해석을 듣기 전에 전공의 기초를 형성하는 논리적이고 추상적인 수학의 범주에서, 해의 존재성과 존재하는 해의 유일성을 이해하는 것이 중요하다. 수학 전공자들은 추상화된 개념에서 세워진 정의와 명제를 바탕으로 논리적인 추론을 통한 증명을 대하는 것에 익숙하다. 이러한 점 때문에 수학 전공자가 저술한 문헌들은 공학자의 측면에서 보면 이해하기 어렵고 현실적인 적용에도 큰 도움이 되지 않는다.

문제의 해를 구하기 위하여 계산하는 방법을 신나게 다루며 손으로 예제를 풀려고 하면 매우 단순한 경우만 해결된다. 실제로 알고리즘을 구성하여 프로그래밍을 해 본다던가, 관련 패키지를 적용해 보지 않으면 이러한 과정은 단순계산 노동일뿐이다. 반면 수치해석의 의미를 논리적이고 추상적인 범주가 아닌 응용이라는 측면에서 보면 수학 전공자들은 수치해석을 전혀 색다른 과목으로 느낄 수 있다. 따라서 수치해석의 의미는 수치에 방점을 두느냐 해석에 방점을 두느냐에 따라 매우 다르게 볼 수 있다.

수치에 방점을 두는 경우, 수치해석의 의미는 추상적으로 다루어 온 이론을 실제적으로 가져오는 수단을 배우는 것이 된다. 수학의 기초를 형성하는 논리적이고 추상적인 수학의 범주에서는 해의 존재성과 유일성이 중요하다면, 수치해석은 실제적 응용관점으로 접근하는 차이점이 있다고 할 수 있다. 즉, 수치해석은 애초에 목적 자체가 여타의 수학 과목과 다르다고 볼 수 있다.

해석에 방점을 두는 경우, 수치해석의 의미는 해석학적으로 알고리즘을 분석하여 본다는 것이다. 예를 들어, 비선형방정식의 해법에서 뉴턴-랩슨(Newton-Rapson)법은 방정식의 함수식을 미분하여 초기점(x_0)에서 기울기를 찾고, 이 기울기를 갖는 직선의 방정식이 x축과 만나는 점을 다음 단계 근사근(x_1)으로 하여 반복 알고리즘에 따라 근사근들의 수열 $\{x_n\}$을 구하는 과정이다. 이 수열이 방정식의 해로 수렴하면 극한값으로 방정식의 해를 구하는 알고리즘이 올바른 것이 된다. 이 예에서 보듯이 해석에 방점을 두는 수치해석은 해를 구하기 위한 알고리즘에 관하여 다음과 같은 해석학적 질문의 답을 구하고자 하는 것이다.

5 namu.wiki/w/수치해석학

① 알고리즘으로 구성한 근삿값들의 수열이 수렴하는가?

② 수렴한다면 문제의 정확한 해로 수렴하는가?

③ 정확한 해(정답)로 수렴한다면 얼마나 빨리 수렴하는가?

④ 반복횟수가 어느 정도여야 계산값과 정답의 차가 오차 안으로 들어오는가?

(2) 일반 공학 분야

수학 분야 전공자들은 전공의 기초를 형성하는 논리적이고 추상적인 수학의 범주에서 해의 존재성과 유일성을 다룬다. 그러나 공학 분야에서는 수학의 추상성보다는 현실적인 해를 찾는 것과 해를 찾기 위한 효율적인 방법과 최적값을 찾는 방법이 더 중요하다. 공학도들에게도 수치해석이라는 과목은 조금 별나게 느껴질 수 있다. 그 이유는 공학전공 분야만 다루다가 수치해석을 마주하면, 수치해석이 조금 특이한 수학으로 보이기 때문이다.

물론 수치해석은 공학도들이 계속 다루게 될 여러 소프트웨어 사용법이나 문제 해결 알고리즘 구현의 바탕이 되기 때문에 상당히 중요하다. 따라서 많은 공학도는 한 학기 동안이라도 수치해석 과목을 수강하면서 열심히 알고리즘을 구성하고, 적절한 고급 언어로 프로그래밍을 하게 된다. 프로그래밍 언어를 사용하지 않는다면 공학용 계산기를 사용해서라도 프로그래밍을 한다. 문제 해결 알고리즘에 따라 프로그래밍을 작성하는 언어가 달라지면 어려움이 가중될 수도 있다.

학점을 채우기 위해 수업을 듣는 것이 아니라 이후에도 수치해석을 활용할 생각이 있다면, 단순히 수치해석 알고리즘을 배우는 것을 넘어서 그 배경에 있는 이론도 주의 깊게 공부할 필요가 있다. 수업 시간에 배운 내용을 실제로 적용하여 보면, 책에 있는 내용에 따라 프로그램을 그대로 사용하였고 프로그램 역시 오류가 없음에도 이상한 해가 종종 나오기도 한다. 특정 수치해석 방법이 어떤 경우에 이상 행동을 할 때, 대처방법에 관한 답을 수치해석 이론에서 찾을 수 있다.

(3) 컴퓨터 공학 분야

문제 해결을 위한 알고리즘을 구성하여 프로그래밍을 하려면 컴퓨터 공학적인 내용뿐만 아니라 수학이나 물리학 지식과 이를 응용하는 공학적인 지식이 반드시 필요하다. 컴퓨터 공학 전공자도 수치해석을 적용하기 위하여 프로그래밍 언어를 필수적으로 배워야 하지만, 교과과정 중에서 네트워크 관련 과목이나 데이터베이스 관련 과목 등은 수치해석과 연관성이 거의 없다. 그렇지만 효율적인 수치해석 라이브러리를 만들려면 컴퓨터구조 등과 같은 컴퓨터 공학적인 지식이 필요하다.

Fortran이나 C 언어로 작성된 라이브러리를 파이썬과 같은 언어로 포스팅하거나, 유닉스와 리눅스 환경을 관리하거나, 혹은 오픈소스처럼 협업이 필요한 경우, 버전 관리나 테스팅을 관리하여야 해서 컴퓨터공학 지식을 알고 있다면 할 수 있는 일이 더 많아질 수 있다. 새로운 수치해석 알고리즘을 만들어 내려면 수학이나 물리학에 상당한 조예가 있어야 하지만, 굳이 이것이 아니라도 프로그래밍 기법을 익히고 문헌에 나타난 수식이나 알고리즘을 해석하며 구현하는 것에 중점을 두는 것도 좋은 방법이다.

3. 수치해석이 필요한 이유

고전적인 많은 수학 문제, 물리 문제, 공학 문제 중에서 우리가 해석적인 해를 구할 수 있는 것들은 극히 제한되어 있다. 더구나 해석적인 해는 무한급수, 특수함수 및 초월함수 등을 포함하고 있어, 주어진 문제의 해에 대한 수치적 근삿값을 얻는데 상당한 어려움이 따른다. 다행히 수치해법과 컴퓨터의 발달로 인하여 주어진 문제를 여러 가정으로 단순화하지 않고 실제 상황에 근접하여 풀 수 있게 되었다. 이처럼 문제 해결에서 수치적 접근이 가능한 수치해법은 다음과 같은 이유들로 인하여 필요하다.[6]

① 주어진 문제에 대하여 해석적인 방법으로 정확한 해를 구할 수 없을 때, 수치해법은 문제 해결을 위한 대안을 제시하여 준다.

② 수치해법에 의한 이론적 계산은 실험적 연구에 비하여 비용과 시간을 상당히 절약해 준다. 일반적으로 실험은 비용이 많이 들 뿐만 아니라, 우리가 원하는 정보를 얻기까지도 많은 시간이 걸린다.

③ 실무에서 종종 사용되는 상업용 프로그램을 효율적으로 사용하기 위해서는 수치해법을 기본으로 한 기초이론 지식이 필요하다. 또한 경우에 따라서는 주어진 과

6 www.earthlove.co.kr/NM3/ref/nm_concept.html

제에 대한 최적의 결과가 얻어질 때까지 프로그램을 수정하거나 조작할 준비가 되어 있어야 한다.

④ 주어진 문제를 기존의 상업용 프로그램으로 풀 수 없거나 소프트웨어 가격이 너무 고가라 구매하기 힘들 경우, 문제에 대한 프로그램을 스스로 작성하여 해결할 수 있는 능력을 지녀야 한다.

⑤ 수치해법은 고차원적인 문제를 기본적인 산술 연산으로 나타내기 때문에 애매모호한 문제를 분명하게 만들어서 문제에 대하여 보다 나은 이해와 안목을 갖게 한다.

⑥ 수치해법은 대부분의 컴퓨터에서 수행할 수 있도록 전개되기 때문에 컴퓨터 사용법을 배우는 가장 효과적인 방법이다.

4. 수치해법의 순서

수치해석 문제들은 대부분 근사해를 구하는 문제로서 비선형방정식의 근 구하기, 수치적 미적분, 곡선적합, 연립방정식을 포함한 선형대수 문제, 미분방정식 및 최적화 문제 등에서 나타난다. 어떤 문제가 주어졌을 때, 이를 수치해법으로 해결하는 과정은 일반적으로 다음 단계를 따른다.

① 문제의 제시
② 수학 모형이나 수식 찾기
③ 계산 알고리즘 구성
④ 계산 프로그램 작성
⑤ 프로그램의 실행
⑥ 계산결과의 검토

(1) 문제의 제시

'컴퓨터에서 머신 입실론(eps)은 1과 1보다 큰 다음 수 사이의 간격을 의미한다. 적절한 파이썬 프로그램으로 자신의 컴퓨터의 머신 입실론을 구하시오.'

(2) 수학 모형이나 수식 찾기

컴퓨터의 2진 표현에서 실수는 연속이 아님을 알아야 한다. 머신 입실론을 ϵ이라 두면 구간 [1, 1+ϵ] 사이에는 컴퓨터로 어떠한 실수도 나타내지 못함을 뜻한다. 그러므로 $1 < \alpha < 1 + \epsilon/2$ 사이의 α는 1로 절단되고 $1 + \epsilon/2 \leq \alpha < 1 + \epsilon$ 사이의 α는 1+eps로 반올림 된다. 결국 [0, ϵ] 사이의 실수도 0 또는 eps로 표시된다.

(3) 계산 알고리즘 구성

알고리즘 구성 시에 계산의 효율성과 정확도를 미리 고려하는 것이 바람직하다. 절단오차와 반올림오차를 가급적 줄이는 방향으로 알고리즘을 구성할 필요가 있다. 머신 입실론의 특성에 대한 (2)의 내용을 활용하여 계산 알고리즘을 구성한다. 결국 자신의 컴퓨터의 머신 입실론이 0에 수렴하도록 반복 알고리즘을 구해야 한다.

① while()문 사용과 초깃값 설정: epa = 1.0; eps = 1.0

② epa는 알고리즘의 반복 단계별로 1/2씩 감소: epa = epa/2

③ eps = epa + 1.0; eps = eps - 1.0(eps의 정의에 의함)

④ 단계별 계산결과의 출력과 eps의 인지

(4) 프로그램의 작성

(3)의 알고리즘을 사용하여 적절한 고급 언어로 프로그램을 작성한다. 여기서는 파이썬을 이용하여 프로그램을 아래와 같이 작성하기로 한다.

```
# MachinEps.py: 머신 입실론(Machine epsilon) 구하기
# 컴퓨터에서 머신 입실론은 1과 1보다 큰 다음 수 사이의 차이
import os, sys

epa, eps = 1.0, 1.0 # 변수의 선언 및 초기화
while (eps > 0):
    epa /= 2.0
    eps = epa + 1.0
    eps -= 1.0
```

```
10     print(eps)
11
12 print("sys.float_info.epsilon =", sys.float_info.epsilon)
13 # sys 모듈의 sys.float_info.epsilon에 저장된 머신 입실론 값
14 os.system("Pause")
```

프로그램 해설

(1행) 스크립트 파일의 이름을 나타내는 주석문(comment)
(2행) 머신 입실론의 정의를 나타내는 주석문
(3행) 프로그램 실행을 위한 파이썬 모듈의 임포트(import)
(5행) 변수의 선언 및 초기화
(6행) 변수 eps의 값이 머신 입실론을 지나 0이 될 때까지 while() 반복문 실행
(7행) 1.0을 단계별로 1/2씩 줄이기 위한 스크립트
(8, 9행) 정의에 따라 머신 입실론을 구하기 위한 스크립트
(10행) 반복 단계별 머신 입실론의 출력
(12행) sys 모듈의 sys.float_info.epsilon에 저장된 머신 입실론 값 출력
(14행) 'cmd' 명령 프롬프트 창 표시 및 유지

참고로 이 책에서 스크립트(Script, 스크립트 언어로 작성된 코드)는 세 가지 형태로 나타낸다. 첫 번째로 위 프로그램과 같이 파일로 저장할 수 있는 완성된 스크립트는 반드시 파일명을 제시한다. 두 번째는 완성된 스크립트가 아닌 일부만 보이는 경우로 위 프로그램에서 가장 중요한 부분인 while()문의 시작과 끝까지를 나타내는 방식이다. 세 번째는 IDLE 쉘에서 실제로 출력되는 결과를 보여주는 것으로 다음 (5)의 프로그램의 실행결과 부분을 참조할 수 있다.

(5) 프로그램의 실행

머신 입실론을 구하는 프로그램 실행결과는 다음과 같다.

```
0.5
0.25
```

```
… 중략 …
4.440892098500626e-16
2.220446049250313e-16
0.0
sys.float_info.epsilon = 2.22044049250313e-16
```

(6) 계산결과의 검토

계산결과를 검토하여 예상하였던 값이 아니거나 바람직한 결과를 얻지 못하였다면, 더욱 오류가 발생할 소지가 있는 '계산 알고리즘 구성' 단계부터 이후를 재검토한다. 오류가 발생한 부분을 집중하여 찾고 알맞게 수정하여, 해당하는 계산 알고리즘과 프로그램을 다시 작성한다. 계산결과의 검토에서 중요하게 다루어야 할 점은 세 가지 정도로 요약할 수 있다.

첫 번째로 해의 정확성과 계산된 결과가 정확한 해와 차이인 오차를 규명해보는 것이다. 해석적인 해인 정확한 해를 모르는 경우, 오차를 추정하기 어려우므로 정확성을 논하기 어려워진다. 참고로 컴퓨터의 오차는 알고리즘 구성에서 나타나는 절단오차와 컴퓨터 내부에서 수를 나타낼 때 나타나는 한정된 자릿수에 기인하는 반올림오차가 있다.

두 번째로 중요하게 다루어야 할 점은 풀이 방법의 효율성이다. 알고리즘 구성과 프로그램의 실행 시에 수렴시간이 절약되고 컴퓨터의 메모리 공간을 절약할 수 있도록 할 필요가 있다. 셋째로 고려해야 할 점은 프로그램 작성이 용이해야 할 것이고, 예측되는 상황에 잘 대응할 수 있도록 알고리즘과 프로그램이 구성되어야 한다는 것이다.

한편, 프로그램 'MachinEps.py'에서는 계산결과가 맞는지 알아보는 방법으로 파이썬의 sys 모듈이 제공하여 머신 입실론 값을 저장하는 'sys.float_info.epsilon'을 참조값으로 하여 비교하고 있다.

1.2 자료형과 연산자

모든 프로그래밍 언어는 변수를 사용하여 다양한 작업을 한다. 변수란 사용자가 프로그래밍 언어와 데이터를 주고받을 때 담는 그릇으로 이해할 수 있다. C 언어에서와 달리 파이썬에서는 변수의 자료형을 미리 지정하지 않아도 된다. 변수의 선언과 연산 및 사용에 대해서는 1.3절에서 다루기로 하고, 여기서는 파이썬의 자료형(data types)에 집중하여 설명하기로 한다.

1.2.1 파이썬의 기본 자료형

파이썬에서 숫자형은 정수형, 부동소수형(실수형) 및 복소수형을 포함한다. 파이썬의 기본 자료형은 파이썬의 내장 자료형(built-in types)을 의미하며, 정수형(int), 부동소수형(float), 복소수형(complex), 부울형(boolean), 문자열(string), 리스트(list), 튜플(tuple), 딕셔너리(dict) 및 집합(sets) 등을 예로 들 수 있다. 그리고 문자열, 리스트, 튜플, 딕셔너리, 집합은 여러 개의 데이터를 요소들로 구성할 수 있는 컨테이너 유형에 속한다.

컨테이너형 중에서 문자열, 리스트 및 튜플은 요소 간에 순서가 있어 인덱스로 해당 요소에 접근할 수 있는데 이를 시퀀스형이라 한다. 또한 내장 자료형 변수 중에는 그 값을 바꿀 수 있는 가변형과 값을 바꿀 수 없는 불변형이 있다. 이는 저장되는 메모리의 위치를 바꾸지 않고는 데이터 내용을 바꾸지 못한다는 것을 의미한다. [표 1.4]는 파이썬에서 많이 사용되는 기본 자료형을 보여주고 있다.

표 1.4 파이썬의 주요 기본 자료형

자료형	설명
정수	정수값을 나타내는 자료형
부동소수	배정도(double-prescision) 부동소수형, 파이썬은 배정도만 유지
복소수	부동소수형을 실수부와 허수부로 갖는 복소수($\sqrt{-1}$ = j 또는 J) a = 3.0 + 4.0j; a.real; a.imag
부울	True 또는 False만을 값으로 갖는 자료형
문자열	불변형인 문자들의 열(반드시 '문자열A'나 "문자열B"를 사용)
리스트	가변형 벡터 / 배열 형태로 임의의 자료형을 순서 있는 요소들로 가짐
튜플	불변형으로 임의의 자료형을 요소로 갖고 요소 간 순서가 있음
딕셔너리	요소 간 순서가 없는 키-값(key-value) 쌍의 모임
집합	가변형이며 요소 간 순서가 없는 자료 모임(불변형 가능)

1. 숫자형

파이썬에서 숫자형은 정수형, 부동소수형(실수형)과 복소수형의 세 가지 유형이 있다. 파이썬에서 정수형과 부동소수형은 숫자 데이터에 소수점이 없느냐 있느냐에 따라 정수형과 부동소수형으로 구분한다. 소수점이 없는 숫자 0, 15, 100, -111 등은 기본적으로 정수형으로 구분한다. C 언어에서와 달리 파이썬에서는 변수의 자료형 선언이 없으며 변수에 값을 대입하는 순간 변수의 자료형이 결정된다.

```
# 숫자형 자료의 사용 예; '#' 표시 이후는 주석을 의미
>>> a = 100; type(a) # '>>>'는 파이썬 쉘의 프롬프트
<class 'int'> # 위 명령의 출력결과
>>> a = 100**15; print(a)
1000000000000000000000000000000 # 정수의 크기에 제한이 없음
>>> a, b, c = 0xFa, 0o15, 0b111
>>> print(a, b, c) # 정수형은 16진수, 8진수, 2진수도 사용가능
250 13 7
>>> a, b = 3.14159, 3.14159e2
>>> print(a, b) # 부동소수형(실수형)은 소수점이 있는 숫자
3.14159 314.159
>>> print(a+b, a-b, a*b, b/a) # 부동소수형 사칙연산
317.30059 -311.01741 986.9587728099999 100.0
>>> type(a) # a는 부동소수형
<class 'float'>
>>> a, b = 9, 5
>>> print(a**b, a%b, a//b) # 차례로 a의 b승, 나머지, 몫
59049 4 1
>>> z = 3.0 + 4.0j; (z.real, z.imag) # ( )는 튜플
(3.0, 4.0)
>>> z.conjugate(), abs(z) # z의 공핵(켈레) 복소수와 복소수 크기(modulus)
((3-4j), 5.0)
```

2. 부울형과 문자열

파이썬에는 '참(True)'을 의미하는 키워드(파이썬 예약어)와 '거짓(False)'을 의미하는

키워드가 있다. 부울형은 이 두 키워드만을 저장하는 논리적 자료형이다. 문자열은 "abc", "수치해석", '123' 등 문자들의 순서집합을 의미한다. 문자열의 양쪽은 반드시 큰따옴표(")나 작은따옴표(')로 감싸야 한다. C 언어나 Java에서는 한 문자를 저장할 때는 작은따옴표, 문자열을 저장할 때는 큰따옴표를 사용하나 파이썬이나 R 언어에서는 둘 다 사용할 수 있다. 그러나 이때 당연히 짝은 맞아야 한다.

```
# 부울형과 문자열의 사용 예
>>> a = True; type(a)
<class 'bool'>
>>> 'Abc' is 'abc' # 대, 소문자 구분
False
>>> a, b = (15 == 14), (15 > 14) # "=="와 ">"는 비교 연산자
>>> print(a, b)
False True
>>> a = "Hellow"; type(a)
<class 'str'> # str은 string의 약어
>>> print(a)
Hellow # " "나 ' '가 없이 출력됨
>>> a = """Hellow, world!"""; print(a)
Hellow, world! # 큰따옴표, 작은따옴표 3개를 묶어도 따옴표 없이 출력
>>> a[1] = 'E' # 오류가 나타남: 불변형을 의미
Traceback (most recent call last):
  File "<pyshell#37>", line 1, in <module>
    a[1] = 'E' # 오류가 나타남: 불변형을 의미
TypeError: 'str' object does not support item assignment
```

3. 리스트와 튜플

리스트(list)는 인덱스(index)를 사용하여 각 요소에 접근할 수 있는 순서(sequence)형의 일종이다. 리스트는 대괄호 [ ] 안에 '콤마'로 요소를 구분하면서 생성하고 리스트 안에 리스트를 넣을 수도 있다. 리스트의 요소들을 구성하는 자료형에는 특별한 제한이 없다. 예를 들어, [1, 2, [3, 4], ['abc', "dd"]]의 형태로 생성할 수 있다.

튜플(tuple)은 리스트와 매우 비슷하지만 불변형이라는 점이 다르다. 생성할 때는 리

스트와 달리 소괄호, ( )를 사용한다. 문자열 생성 예에서도 언급하였듯 불변형은 요소의 값을 변경하려 시도하면 오류가 발생한다. 리스트와 튜플의 운용 방법과 요소들에 관한 접근방법은 1.2.3절에서 보다 상세하게 다루기로 한다.

```
# 리스트와 튜플의 생성
>>> [1, 2, 3] # 리스트는 그 자체로 파이썬이 인식함
[1, 2, 3]
>>> lst = [1, 2, [3, 4], ['abc', "dd"]]
>>> print(lst[2], lst[3])
[3, 4] ['abc', 'dd']
>>> lst[1] = 5; lst # 리스트는 가변형이고 시퀀스형임
[1, 5, [3, 4], ['abc', 'dd']]
```

```
# 리스트와 튜플의 생성(계속)
>>> (1, 2, 3) # 튜플은 그 자체로 파이썬이 인식함
(1, 2, 3)
>>> tpl = (1, 2, [3, 4], ('abc', "dd"))
>>> print(tpl[2], tpl[3])
[3, 4] ('abc', 'dd')
>>> print(type(tpl[2]))
<class 'list'>
>>> print(type(tpl[3]))
<class 'tuple'>
>>> tpl[1] = 5; tpl # 튜플은 불변형이고 시퀀스형임; 오류 발생
Traceback (most recent call last):
  File "<pyshell#37>", line 1, in <module>
    a[1] = 'E' # 오류가 나타남: 불변형을 의미
TypeError: 'tuple' object does not support item assignment
```

4. 딕셔너리와 집합

딕셔너리는 키(key)와 값(value)로 이루어지는 쌍들(pairs)을 요소로 갖는 매핑(mapping)이란 유형에 속하고 요소 간에는 순서를 갖지 않는다. 중괄호, { }로 감싸서 생성하며 키와 값은 콜론(':')으로 쌍을 이루고, 요소들 쌍은 콤마(',')로 구분한다. 즉, 딕셔너리 변

수 = {키1: 값1, 키2: 값2, 키3: 값3, …}의 형태이고 키와 값들은 어떤 자료형이라도 가능하다. 단, 리스트는 키로 둘 수 없지만 튜플과 리스트는 값으로 둘 수는 있다. 집합은 요소 간 순서를 갖지 않는 자료형의 모임이다. 기본적으로 가변형이지만 불변형인 동결집합(frozen set)으로 지정할 수도 있다. 집합은 중괄호, { }로 감싸서 생성하고, 리스트로부터 set() 함수를 이용하여 생성할 수도 있다. 딕셔너리와 집합의 운용과 심화 내용은 1.2.3절에서 다루기로 한다.

```
# 딕셔너리와 집합의 생성
>>> dic1 = {'사이다': 1200, '비타500': 700, '카페라테': 1500}
>>> dic1['카페라테']
1500
>>> dic2 = {'이름': '홍길동', '주소': '충남', '전화': '555-2222'}
>>> set1 = {1, 2, 3}; type(set1)
<class 'set'>
>>> lst = ['a', 1, True, 3+4j, 3.14]
>>> set2 = set(lst); print(set2)
{3.14, 1, 'a', (3+4j)}
>>> set2.add(3); print(set2)
{1, 3.14, 'a', 3, (3+4j)}
```

1.2.2 파이썬의 기본 연산자

여기서는 파이썬의 내장 연산자인 기본 연산자에 대하여 알아보기로 한다. 기본 연산자에는 논리(부울) 연산자, 비교(관계) 연산자, 산술 연산자, 대입 및 복합대입 연산자, 정수의 비트 연산자 등이 있다. 파이썬에서 지원하는 내장 산술 연산자는 다음과 같다.

1. 산술 연산자

파이썬에서 가장 기본적인 계산은 숫자형 데이터(정수형, 부동소수형, 복소수형)와 관계하는 산술 연산자를 이용한다. 사칙연산에 이용하는 연산자 외에도 세 가지가 더 있고 연산자 간 우선순위를 유념하여 둘 필요가 있다. 기본적인 산술 연산자는 [표 1.5]

표 1.5 숫자형에 대한 산술 연산자

수의 연산	설명	사용 예	실행결과
a + b	a와 b의 합	7 + 4	11
a − b	a에서 b의 차	7 − 4	3
a * b	a와 b의 곱	7 * 4	28
a / b	a를 b로 나눔	7 / 4	1.75
a // b	a를 b로 나눈 몫	7 // 3	2
a % b	a를 b로 나눈 나머지	7 % 3	1
a ** b	a의 b 거듭제곱(멱승)	7 ** 3	343
−a, +a	부호의 반전과 유지	−(−4), +(−4)	4, −4

에 나타내었다.

산술 연산은 대부분 직관적인 결과를 보이지만 관심 있게 볼 것은 몫을 반환하는 연산자이다. 연산자 //를 사용하면 명시적으로 정수 나눗셈을 실행한다는 것을 알 수 있는데, 다음 예는 연산자 //의 사용과 연산자 적용 우선순위에 관련한 예를 보여준다.

```
# 연산자 //의 사용, 연산자 우선순위, 문자열의 숫자 변환
>>> (7 / 4, 7 // 3) # ( )는 튜플을 생성
(1.75, 2)
>>> (7.0 // 4.0, -7 // 4)
(1.0, -2)  # "-7 // 4"인 경우 음수 방향으로 반올림
>>> a, b, c = 7, 3, 4
>>> print(a+b-c, a+b*c, a*b/c)
6 19 5.25
>>> a, b, c = "111", "3.14", "99999"
>>> print(int(a), float(b), int(c)+1)
111 3.14 100000
```

(1) 대입 및 복합대입 연산자

파이썬에서는 C 언어와 마찬가지로 대입 연산자(=) 외에도 복합대입 연산자 +=, −=, *=, **=, /=, //=, %=를 지원한다.

표 1.6 대입 및 복합대입 연산자

연산	설명	연산	설명
b = a	b에 a를 대입	b **= a	b = b ** a
b += a	b = b + a	b /= a	b = b / a
b -= a	b = b - a	b //= a	b = b // a
b *= a	b = b * a	b %= a	b = b % a

2. 논리 연산자

앞에서도 언급하였듯 참(True)과 거짓(False)은 키워드(예약어)로 지정된 논리적 부울값이다. 부울에 대한 연산을 논리 연산이라고 하며 관련 연산자는 and(논리곱), or(논리합), not(부정)의 세 가지가 있다. 의미와 사용 예는 다음과 같다.

표 1.7 논리 연산자

연산	설명	사용 예	실행결과
a or b	a와 b 둘 중 하나가 참이면 참	100 > 99 or 100 < 99	True
a and b	a와 b 둘 모두 참이면 참	100 > 99 and 100 < 99	False
not a	a가 거짓이면 참, 참이면 거짓	not 99 > 100	True

3. 비교 연산자

파이썬은 내장 자료형에 대해 여덟 가지 비교(관계) 연산자를 지원한다. 이들 연산자는 비교 결과 부울값(True와 False)을 반환한다. 비교 연산자의 우선순위는 모두 같으며 논리 연산자보다 높다. 파이썬은 C 언어의 (a > b & b >= c)와 달리 (a > b >= c)가 가능하다.

표 1.8 비교 연산자

연산	설명	연산	설명
b > a	b가 a보다 크면 참	b == a	a와 b가 같으면 참
b < a	b가 a보다 작으면 참	b != a	a와 b가 다르면 참
b >= a	b가 a보다 크거나 같으면 참	b is a	a와 b의 identity가 같으면 참
b <= a	b가 a보다 작거나 같으면 참	b is not a	a와 b의 identity가 다르면 참

4. 비트 연산자

비트 연산자는 정수를 2진수로 나타낸 비트열에 대한 연산을 수행한다. 예를 들어, 파이썬에서 10진수 4와 3을 2진수로 나타내면 '0b100'와 '0b11'인데, 여기에 나타난 비트 간의 논리 연산과 비트이동(bits shift)을 적용한다는 것이다. '0b'는 2진수임을 표시하는 일종의 접두사를 의미한다.

표 1.9 비트 연산자

연산	설명	비트 간 논리 연산	결과
a | b	a와 b의 2진 비트 단위 논리합	4 | 2 ('100' | '010')	'110' == 6
a & b	a와 b의 2진 비트 단위 논리곱	5 & 3 ('101' & '011')	'001' == 1
a ^ b	a와 b의 2진 비트 단위 배타합	5 ^ 3 ('101' ^ '011')	'110' == 6
a << b	a의 비트들을 왼쪽으로 b칸 이동	2<<2 ('010' ⇒ '1000')	'1000' == 8
a >> b	a의 비트들을 오른쪽으로 b칸 이동	8>>2 ('1000' ⇒ '010')	'010' == 2
~ a	a의 비트 단위 반전	~ 7 (~ '0111')	-'1000' == -8

```
# 비트 연산자와 이동(shift) 연산자
>>> (4 | 2, 5 & 3, 5 ^ 3) # ( )는 튜플을 생성
(6, 1, 6)
>>> (2 << 2, 8 >> 2, ~7)
(8, 2, -8)
>>> print("%s | %s == %s" % (bin(4), bin(2), bin(4|2)))
0b100 | 0b10 == 0b110 # 4 | 2 == 6 # bin()은 10진수를 2진수로 반환
>>> (0b100, 0b10, 0b110) # 2진수를 10진수로 변환
(4, 2, 6)
>>> a, A = ord("a"), ord("A") # ord()는 문자를 ASCII 대응 10진수로 변환
>>> print("%d & %d = %d" % (a, A, a&A))
97 & 65 = 65
>>> print("%x & %x = %x" % (a, A, a&A))
61 & 41 = 41
>>> (64 >> 1, 64 >> 2, 64 >> 3, 64 >> 4)
(32, 16, 8, 4)
```

1.2.3 집합유형 자료와 문자열

파이썬에서 객체(object)란 데이터와 데이터에 대한 메서드(method)의 집합이다. 객체는 모든 것, 즉 숫자, 문자열, 클래스와 모듈도 객체이다. 데이터는 속성(attribute)이라고도 부르며 메서드는 객체의 데이터와 관련하여 정의된 명령(함수)을 의미한다. 객체는 프로그램 안에서 참조할 수 있도록 이름을 붙이는데 이것을 변수(variable)라고 한다.

식별자(identity)는 변수를 포함하여 키워드(keyword, 예약어) 및 직전 결과를 나타내는 _(언더스코어) 등이 있는데 객체가 가리키는 위치이자 메모리상의 주소 같은 것이다. 식별자로 사용할 수 있는 문자는 알파벳, 숫자를 포함하는 ASCII 외에도 한글을 포함하여 사용할 수 있다. 식별자는 대소문자를 구별하지만 맨 첫 글자로 숫자는 올 수 없고 키워드는 사용할 수 없다. 식별자 중 언더스코어를 포함하는 식별자는 예약어에 속한다.

클래스는 데이터와 이 데이터에 대한 처리 메서드로 구성되며 객체를 생성하는 것이 목적인 확장 가능한 코드들의 작은 구조이다. 객체지향 프로그래밍 관련 언급이 있으면 빠짐없이 클래스와 객체라는 용어가 나온다. 이 책에서는 클래스에 대한 내용은 다루지 않기로 한다.

리터럴(literal)이란 코드 안에서 숫자나 문자열 등에 대한 데이터 표기(상수, constant)이고 이러한 단일 데이터를 나타내는 리터럴 외에도 여러 개의 데이터를 저장하는 컨테이너형 리터럴도 있다.[7] 이 책에서는 컨테이너형 리터럴의 명칭을 집합유형 리터럴로 부르기로 한다. 집합유형 리터럴에는 리스트, 튜플, 딕셔너리와 집합(set) 등이 있다. 특히 요소 간에 순서가 있는 집합유형 자료형들을 순서(시퀀스)형이라 한다. 이 절에서는 리스트, 튜플, 딕셔너리 및 집합에 대한 심화 내용을 다루기로 한다.

1. 리스트

이 절의 서두에서 변수의 개념을 그릇에 비유하였다. 아파트 특정 동의 세대별 우편

---

7 나카쿠키 켄지(저), 심호섭(역), "엔지니어를 위한 파이썬", 제이펍, 2018년 1월, p.458

함을 생각해보면 리스트(list)의 개념을 이해하기가 쉬울 것 같다. 리스트의 생성과 필요성을 효과적으로 설명하기 위하여 for 반복문을 이용하자. 일반적으로 for문은 반복 범위를 간편하게 지정하는 range( ) 함수와 사용하며, 상세한 사용법은 다음 절에서 다루기로 한다. 아래 예에서 n이라는 하나의 변수선언으로 5개의 수를 입력받을 수 있다는 것이 리스트의 필요성을 잘 설명한다고 할 수 있다.

```
# SS123List1d.py: 리스트를 활용한 수 입력과 계산: 5개의 정수 입력과 합
n = [0]*5 # 리스트 [0, 0, 0, 0, 0]의 생성과 리스트 n의 초기화
sum5 = 0 # 변수 sum5의 초기화
for k in range(0, 5):
    n[k] = int(input(str(k+1) + "번째 수: ")) # 입력 string의 정수화

sum5 = sum(n)
print("합계 = %d" %sum5)
input()
```

위 프로그램에서 [0]*5는 요소 5개가 0인 리스트 [0, 0, 0, 0, 0]을 생성한다. 말하자면 빈 리스트 n = [ ]에서 n.append(0)를 5회 반복한 것과 같은 결과를 가져온다. 그리고 int(input( ))은 중복 명령으로 input( )으로 입력한 문자열을 int( ) 함수를 사용하여 정수로 변환하여 반환한다. 마지막 부분의 input( )은 프로그램의 실행을 중지하다가 [enter] 키를 입력하면 실행을 종료하게 하려는 의도이다. 또한 이 프로그램이 저장된 디렉터리에서 이 프로그램을 2회 연속 클릭하면, 윈도우 프롬프트 창이 뜨면서 프로그램이 실행되고, 이는 [enter] 키를 입력할 때까지 프롬프트 창을 유지하려는 의도이기도 하다.

(1) 리스트 요소에 접근과 리스트 연산

앞에서도 언급하였듯 리스트는 인덱스(index, 첨자)를 사용하여 각 요소에 접근할 수 있는 순서(시퀀스)형의 일종이다. 인덱스는 정수 범위에서 사용할 수 있고 음수도 사용할 수 있다. 음수일 경우 인덱스는 맨 뒤에서부터 -1로 시작한다. 리스트 요소에 접근할 때 콜론(:)을 사용하여 조회 범위를 지정할 수 있다. 콜론의 앞이나 뒤의 숫자는 생략할 수 있는데 리스트 명이 lst일 경우, lst[:3]은 lst[0]부터 lst[2]까지를 나타내고, lst[3:]

는 lst[3]부터 마지막 요소까지를 나타낸다. 리스트 간 덧셈 연산도 가능하고 리스트에 상수를 곱하는 연산 역시 가능하다. 아래 예를 보기로 하자.

```
# 리스트 요소에 접근하는 방법
>>> lst = [1, 2, 3, 4, 5, 6]
>>> lst[-1], lst[-3]
(6, 4)
>>> lst[:3], lst[3:]
([1, 2, 3], [4, 5, 6])
>>> lst[::2], lst[::-1] # 2칸씩 띄우기와 요소를 역으로 출력
([1, 3, 5], [6, 5, 4, 3, 2, 1])
# 리스트의 연산(덧셈과 상수의 곱)
>>> lst1, lst2 = [1, 2], [3, 4, 5]
>>> lst1 + lst2
[1, 2, 3, 4, 5]
>>> lst1 * 3
[1, 2, 1, 2, 1, 2]
```

(2) 리스트 요소의 변경과 삭제

리스트의 요소를 변경하는 방법은 여러 가지이다. 리스트 lst = [1, 2, 3, 4, 5]의 2번째 요소를 6으로 변경하고자 하면 lst[1] = 6로 명령하고 결과는 [1, 6, 3, 4, 5]가 된다. 한편, lst[1:2] = [10, 20]은 lst[1]의 요소인 6을 [10, 20]으로 교체하라는 뜻이고 결과적으로 [1, 6, 3, 4, 5]가 [1, 10, 20, 3, 4, 5]으로 변경된다. 그러나 lst[1:2] 대신 lst[1] = [10, 20]일 경우, 변경 결과는 [1, [10, 20], 3, 4, 5]가 된다. 리스트의 요소를 삭제하려면 del( ) 함수를 사용하고, 여러 개의 요소를 삭제하려면 lst[m, n + 1] = [ ]을 사용하는데, 이 명령은 m + 1번째 요소부터 n번째 요소까지를 삭제한다. 리스트 자체를 삭제하는 방법은 여러 가지가 있으며 예에서 살펴보기로 한다.

```
# 리스트 요소의 변경
>>> lst = [1, 2, 3, 4, 5]
>>> lst[1] = 6; lst
```

```
[1, 6, 3, 4, 5]
>>> lst[1:2] = [10, 20]; lst
[1, 10, 20, 3, 4, 5]
>>> lst = [1, 2, 3, 4, 5]; lst[1] = [10, 20]; lst
[1, [10, 20], 3, 4, 5]
# 리스트 요소 삭제와 리스트 자체의 삭제
>>> lst = [1, 2, 3, 4, 5]
>>> del(lst[2]); lst # "lst[2] = []"의 실행결과는 [1, 2, [], 4, 5]
[1, 2, 4, 5]
>>> lst[1:3] = [] # [2, 4]를 삭제; del(lst[1:3])과 같음
[1, 5]
>>> lst = [1, 2, 3]; lst = []; lst
[]
>>> lst = [1, 2, 3]; lst = None; lst # 아무것도 반환되지 않음
>>> lst = [1, 2, 3]; del(lst); lst
NameError: name 'lst' is not defined
>>> lst = [1, 2, 3]; del(lst) # 성공적으로 수행됨; 아무것도 반환되지 않음
```

(3) 리스트 조작함수

여러 가지 내장함수로 리스트 요소를 처리하여 리스트를 조작할 수 있다. [표 1.10]은 파이썬이 내장하는 자주 사용된 리스트 조작함수이다.

[표 1.10]에 나타나 있는 리스트 조작 파이선 내장함수 실행 예는 다음과 같다.

```
# SS123ListFun.py : 리스트 요소의 변경과 삭제
L = [1, 2, 3]; print("L =", L)
L1 = L.copy();  L2 = L        # [1, 2, 3] : 복사와 대입
L1, L2                        # ([1, 2, 3], [1, 2, 3])
print("L1 = L.copy() => %s,  L2 = L => %s " % (L1, L2))
L.append(4); L                # [1, 2, 3, 4]
L1                            # [1, 2, 3] : 복사의 결과(L1은 변경되지 않음)
L2                            # [1, 2, 3, 4] : 대입의 결과(L과 L2 같이 변경)
print("L.append(4) 이후 L = %s, L1 = %s, L2 = %s " % (L, L1, L2))
L.extend([5, 6]); L           # [1, 2, 3, 4, 5, 6]
print("L.extend([5, 6]) 이후 L = ", L)
L.extend(range(7, 9)); L      # [1, 2, 3, 4, 5, 6, 7, 8]
```

```
print("L.extend(range(7, 9)) 이후 L = ", L)
L.pop(5); L             # 6 "\n" [1, 2, 3, 4, 5, 7, 8]
print("L.pop(5) 이후 L = ", L)
L.insert(5, 3); L       # [1, 2, 3, 4, 5, 3, 7, 8]
print("L.insert(5, 3) 이후 L = ", L)
L.pop(); L              # 8 "\n" [1, 2, 3, 4, 5, 3, 7]
print("L.pop() 이후 L = ", L)
L.count(3)              # 2 : 요소 중 3의 개수
L.index(3)              # 2 : L에 처음 등장하는 요소 3의 인덱스 값
print("L.count(3) = %d, L.index(3) = %d" % (L.count(3), L.index(3)))
L.index(3, 4)           # 5 : L에서 요소 5번째 이후 요소 3의 인덱스 값
print("L.index(3, 4) =", L.index(3, 4))
L.remove(3); L          # [1, 2, 4, 5, 3, 7] : L에서 첫 3을 제거
print("L.remove(3) 이후 L = ", L)
L.sort(); L             # [1, 2, 3, 4, 5, 7] : L의 요소를 오름차순으로 정렬
print("L.sort() 이후 L = ", L)
L.reverse(); L          # [7, 5, 4, 3, 2, 1] : L의 요소들을 역순으로 정렬
print("L.reverse() 이후 L = ", L)
L1 = [n**2 for n in range(1, 6)]; L1 # 리스트를 생성하여 L1에 대입
print("L1 = [n**2 for n in range(1, 6)] =>", L1) # 리스트의 컴프리헨션
```

```
# 프로그램 SS123ListFun.py의 print() 출력결과
L = [1, 2, 3]
L1 = L.copy() => [1, 2, 3],  L2 = L => [1, 2, 3]
L.append(4) 이후 L = [1, 2, 3, 4], L1 = [1, 2, 3], L2 = [1, 2, 3, 4]
L.extend([5, 6]) 이후 L =  [1, 2, 3, 4, 5, 6]
L.extend(range(7, 9)) 이후 L =  [1, 2, 3, 4, 5, 6, 7, 8]
L.pop(5) 이후 L =  [1, 2, 3, 4, 5, 7, 8]
L.insert(5, 3) 이후 L =  [1, 2, 3, 4, 5, 3, 7, 8]
L.pop() 이후 L =  [1, 2, 3, 4, 5, 3, 7]
L.count(3) = 2, L.index(3) = 2
L.index(3, 4) = 5
L.remove(3) 이후 L =  [1, 2, 4, 5, 3, 7]
L.sort() 이후 L =  [1, 2, 3, 4, 5, 7]
L.reverse() 이후 L =  [7, 5, 4, 3, 2, 1]
L1 = [n**2 for n in range(1, 6)] => [1, 4, 9, 16, 25]
```

표 1.10 리스트 조작 관련 내장함수

함수 형식	설명
L.append(x)	리스트 L의 끝에 요소 x를 추가
L.clear( )	리스트 L의 내용을 전부 삭제
L.count(x)	리스트 L에 등장하는 요소 x의 개수를 반환
L.extend(lst)	리스트 L의 끝에 리스트 lst의 요소를 전부 추가
L.index(x)	리스트 L에 처음 등장하는 x의 인덱스 값을 반환
L.index(x, n)	리스트 L의 위치 n 이후 다음 x의 인덱스 값을 반환
L.insert(n, x)	리스트 L의 n+1번째 위치에 x를 삽입(L[n]에 x를 추가)
L.pop(n)	리스트 L의 n+1번째 위치값을 반환하고 삭제(L[n]을 반환 후 삭제)
L.pop( )	리스트 L의 맨 마지막 요소를 반환하고 삭제
L.remove(x)	리스트 L의 제일 첫 x를 하나만 삭제
L.reverse( )	리스트 L의 요소들을 역순으로 정렬
L.sort( )	리스트 L의 요소들을 오름차순으로 정렬
L1 = sorted(L)	리스트 L의 요소들을 정렬하고 리스트 L1에 대입
L1 = L.copy( )	리스트 L을 L1에 복사
len(L)	리스트 L의 요소의 개수를 반환
del(L[k])	리스트 L의 요소 L[k]를 삭제

(4) 2차원 리스트 생성과 요소접근

여기에서는 벡터(vector) 형태 1차원 리스트를 여러 개 묶어 행렬(matrix) 형태의 2차원 리스트를 생성해보고, 2차원 리스트의 요소에 접근하는 방법을 알아보기로 한다. 같은 모양의 2차원 배열과 행렬의 요소접근 형식인 A[i, j]과는 달리 2차원 리스트의 요소 접근은 L[i][j] 형식을 사용한다.

```
# 2차원 리스트의 생성과 초기화 및 활용
>>> L = [[1, 2, 3], [4, 5, 6], [7, 8, 9]]; L
[[1, 2, 3], [4, 5, 6], [7, 8, 9]]
>>> L[0][1], L[1][0]
(2, 4)
>>> L[1][2], L[2][1]
(6, 8)
```

```
# 동시에 여러 리스트에 접근
>>> L1 = [1, 2, 3, 4, 5]; L2 = ['a', 'b', 'c']
>>> for L1, L2 in zip(L1, L2) :
        print(L1, '⇒', L2, end = ', ')

1 ⇒ a,  2 ⇒ b,  3 ⇒ c,
```

위 예와 같이 직접 요소들의 값을 대입해서 리스트를 생성할 수도 있으나 대단위의 리스트를 생성하기에는 불편하다. 아직 중첩 for문을 배우지 않았지만 다른 프로그래밍 언어를 이미 알고 있는 독자들은 스크립트를 이해하는 데 어려움이 없을 것이다. 아래 프로그램, SS123List2d.py는 2차원 리스트를 생성하고 개별 요소에 접근하는 형식 a[m][n]을 사용하여 5×5 리스트를 2차원 배열 형태로 출력하는 제1방법과, 요소가 5개인 1차원 리스트 5개를 가로로 출력하는 제2방법을 작성하는 예이다.

```
# SS123List2d.py - 리스트를 활용한 요소 입력과 리스트 출력
print("2차원 리스트 생성과 초기화 및 출력: 제1방법")
a1 = []; a2 = []
for m in range(0, 5):
    cnt = m+1
    for n in range(0, 5):
        a1.append(cnt)
        cnt += 1
    a2.append(a1)
    a1 = []

print("제1방법의 출력")
for m in range(0, 5):
    for n in range(0, 5):
        print("%3d"%a2[m][n], end=" ")
    print("")

print("2차원 리스트 생성과 초기화 및 출력: 제2방법")
a1 = []; a2 = []
for m in range(0, 5):
    for n in range(0, 5):
```

```
        a1.append(m+n+1)
    a2.append(a1)
    a1 = []
print("제2방법의 출력")
print(a2)
input()
```

2. 튜플과 집합

앞에서 간단히 언급하였듯 튜플(tuple)은 리스트와 매우 비슷하지만 불변형이라는 점이 다르고 생성할 때는 리스트와 달리 소괄호, ( )를 사용한다. 튜플은 불변형이므로 요소값을 변경하면 오류가 발생하는 것을 경험하였다. 집합(set)은 튜플과는 달리 요소 간에 순서를 갖지 않고 중괄호, { }를 감싸고 생성한다. 집합은 기본적으로 가변형이나 불변형인 동결집합(frozen set)이 있다. 집합과 동결집합의 차이는 가변형인지 혹은 불변형인지의 차이일 뿐이고 그 외는 동일하다.

불변형이라는 의미는 요소값을 수정할 수 없다는 뜻이므로 단순히 읽기 전용 자료라고 인지하여도 무방할 듯하다. 읽기 전용 자료는 주로 데이터를 저장할 때 사용하며, 리스트와 마찬가지로 튜플도 형렬 형태의 2차원 튜플을 생성하고 사용할 수 있다. 이제 간단하게 1, 2차원 튜플의 생성과 접근 및 집합의 생성과 사용에 대하여 알아보자.

```
# 튜플의 생성과 요소들에 접근방식
>>> T1 = ((1, 2, 3), (4, 5, 6), (7, 8, 9)); T1
((1, 2, 3), (4, 5, 6), (7, 8, 9))
>>> T1[0][1], T1[1][0]
(2, 4)
>>> T1[1][2], T1[2][1]
(6, 8)
>>> T2 = 1, 2, 3, 4, 5; T2
(1, 2, 3, 4, 5)
>>> T2[1] + T2[2] + T2[3] # 9
# 집합의 생성과 비순서(비 시퀀스)형 확인
>>> S1 = {1, 2, 3, 4, 5}; S1
```

```
{1, 2, 3, 4, 5}
>>> S2={2, 3, 5, 1, 4}; S2
{1, 2, 3, 4, 5} # 집합은 요소 간에 순서가 없다는 것을 알 수 있음
```

(1) 튜플과 집합의 사용

튜플에 범위를 정하여 접근하려면 T1[m:n]을 사용하는데 이는 튜플 T1의 m+1번째 요소부터 n번째 요소까지를 나타낸다. 튜플 또한 튜플 간 덧셈과 상수를 곱하는 연산도 가능하다. 덧셈은 튜플 요소들의 추가를 의미하고 상수의 곱은 리스트 요소 전체를 상수의 배만큼 추가하는 것을 의미한다. list() 함수로 튜플과 집합을 리스트로 변환할 수 있으며, tuple() 함수로 리스트와 집합을 튜플로 변환할 수 있다. 유사한 방법으로 set() 함수를 이용하여 리스트와 튜플을 집합으로 변환할 수 있다.

```
# 2차원 리스트의 생성과 초기화 및 활용
>>> T1=(1, 2, 3); T2=("a", "b")
>>> T1+T2
(1, 2, 3, 'a', 'b')
>>> T2*3 # ('a', 'b', 'a', 'b', 'a', 'b')
>>> L1=list(T1); S2=set(T2)
>>> L1, S2
([1, 2, 3], {'b', 'a'})
>>> tuple(L1), tuple(S2)
((1, 2, 3), ('b', 'a')
>>> set(L1), set(T2)
({1, 2, 3, 4, 5}, {'b', 'a'})
#
```

3. 딕셔너리

딕셔너리는 키와 값이 쌍을 이루어 사전(dictionary)과 같이 배열되는 구조를 갖는다고 생각할 수 있다. 딕셔너리 변수={키1: 값1, 키2: 값2, 키3: 값3, …}의 형태이고 키와 값들은 어떤 자료형이라도 가능하다. 다음의 프로그램은 리스트와 튜플과 딕셔너리의 융합 예이다. 복사하여 실행 파일로 쉽게 작성할 수 있어 출력결과는 생략한다.

```
# SS123DictEx.py : 리스트, 튜플, 딕셔너리의 융합 예제
Bev = ['사이다', '바나나우유', '비타500', '오랜지쥬스', '카페라테']
Class = ['탄산음료', '유제품', '비타민음료', '과일음료', '커피음료']
Price = [1200, 900, 700, 1000, 1500]
PrCls = list(zip(Price, Class))
dc = dict(zip(Bev, Price)) # 음료수와 가격으로 딕셔너리 생성
dc1 = dict(zip(Bev, PrCls)) # 음료, 가격, Class로 딕셔너리 생성

print(dc['사이다'], end=', '); print(dc.get('사이다')) # 1200
print(dc1['사이다']); print(dc1.get('사이다')) # (1200, '탄산음료')

dc.keys(); list(dc.keys()) # 딕셔너리 dc의 키를 반환
dc1.keys(); list(dc1.keys()) # 딕셔너리 dc1의 키를 반환
dc.values() # 딕셔너리 dc의 값들을 반환
dc.items() # 딕셔너리 dc의 키와 값들을 반환

print('사이다' in dc, end=', '); print('비타500' in dc1) # True, True
print('삼다수' in dc, end=', '); print('삼다수' in dc1) # False, False

del dc['비타500']; print('(1) dc = ', dc, '\n') # 사전에서 데이터 삭제
dc['사과쥬스']=1100; print('(2) dc = ', dc, '\n') # 사전에 데이터 추가
dc['바나나우유']=1000    # 사전에서 데이터 수정
print('(3) dc = ', dc, '\n')
dc1['바나나우유'] = (1000, '유제품')
print('(4) dc1 = ', dc1, '\n')

for k in dc:              # 사전에 대한 for() 루프
    print("%s:%s" % (k, dc[k]), end='//') # dc의 키와 값들을 출력
print("\n")

for k in dc1:             # 사전에 대한 for() 루프
    print("%s:%s" % (k, dc1[k]), end='//') # dc의 키와 값들을 출력
print("\n")
for k in dc: dc[k] += 60 # 딕셔너리 dc의 값(value)들을 60 증가
print('(5) dc = ', dc)
input()
```

4. 문자열

이 절의 1항에서 여러 개의 요소를 갖는 리스트를 학습하였다. 문자열은 반드시 작은따옴표(' ')나 큰따옴표(" ")를 양쪽 바깥으로 묶어 표시한다. 이 항에서는 리스트와 유사한 구조를 갖는 문자열(string)에 대해서 다루기로 한다. 사실 리스트 lst = [1, 2, 3, 4, 5]는 문자열 str = "abcde"에 잘 대응한다고 볼 수 있다. 그리고 lst[0]는 리스트의 요소 1을 가리키고, str[0]는 문자 'a'를 가리킨다. 문자열도 리스트와 마찬가지로 덧셈 기호(+)를 사용하여 연결할 수 있고 상수의 곱(*)으로 문자열을 반복할 수 있다. 리스트나 문자열 모두 요소의 개수를 반환하는 함수는 len()을 사용한다.

```
# 문자열의 생성과 활용
>>> S1, S2 = "파이썬", "기반"
>>> S3, b = "수치해석", " "
>>> S1 +b+ S2 +b+ S3
'파이썬 기반 수치해석'
>>> S1 + 3*b + S3
'파이썬   수치해석'
>>> len(S1), len(S3)
(3, 4)
>>> for k in range(len(S3)): print(S3[k]+b, end = '')

수 치 해 석
>>> def relay(s) :
        print(s, end = ' ')
        return "world!"

>>> relay("Hellow")
Hellow 'world!'
>>> str = "NUMERICAL"
>>> str[2:5], str[-1], str[:]
('MER', 'L', 'NUMERICAL')
>>> def rev(st) : return st[len(st)::-1]

>>> print(rev(str))
LACIREMUN
>>> str[0] = 'D' # 문자열은 불변형이고 시퀀스형임; 오류 발생
```

(1) 문자열 조작함수

여러 가지 내장함수로 리스트 요소를 처리하여 리스트를 조작할 수 있다. [표 1.11]은 파이썬이 내장하는 자주 사용되는 문자열 조작함수이다.

[표 1.11]에 나타나 있는 중요한 문자열 조작 내장함수 실행 예는 다음과 같다.

표 1.11 문자열 조작 관련 내장함수

함수 형식	설명
S.count(app)	문자열 S에 app가 등장하는 횟수를 반환
S.lower()	문자열 S의 내용을 모두 소문자로 바꾼 문자열 반환
S.upper()	문자열 S에 내용을 모두 대문자로 바꾼 문자열 반환
S.lstrip()	문자열 S의 앞에 있는 공백을 모두 제거하고 반환
S.rstrip()	문자열 S의 뒤에 있는 공백을 모두 제거하고 반환
S.strip()	문자열 S의 앞과 뒤에 있는 공백을 모두 제거하고 반환
S.split()	문자열 S를 공백을 기준으로 나누어 리스트에 담아 반환
S.replace(no, yes)	문자열 S의 no를 yes로 교체한 문자열 반환
S.replace(o, e, 2)	문자열 S의 o를 e로 2개 교체한 문자열 반환
S.find(app)	문자열 S에 app가 있으면 그 위치의 인덱스 값, 없으면 -1을 반환
S.isdigit()	문자열 S가 숫자로만 이루어졌으면 True 아니면 False
S.isalpha()	문자열 S가 알파벳으로만 이루어졌으면 True 아니면 Fals
S.startswith("abc")	문자열 S가 'abc'로 시작하면 True 아니면 False
S.endswith("xyz")	문자열 S가 'xyz'로 끝나면 True 아니면 False

```
…›  # SS123StrFun.py : 문자열(string) 요소의 변경과 삭제
    >>> S = "   Hong Gil Dong  "; print("S =", S, end=', \n')
    >>> S.count("ong")            # 2
    >>> print("S.count(\"ong\") =", S.count("ong"))
    >>> S = S.strip(); S          # 'Hong Gil Dong'
    >>> print("S = S.strip() 명령 이후 :", S)
    >>> S.split()                 # ['Hong', 'Gil', 'Dong']
    >>> print("S.split() 명령 이후 :", S)
    >>> S.replace("o", "e", 2)   # 'Heng Gil Deng'
    >>> print("S.replace(\"o\", \"e\", 2) 명령 이후 :", S)
    >>> S1 = "Hong-Gil-Dong"; print("S1 =", S1)
```

```
>>> S2 = S1.split("-"); S2    # ['Hong', 'Gil', 'Dong']
>>> print("S2 = S1.split(\"-\") 명령 이후 :", S2)
>>> S1.find("abc")            # S1에 "abc"가 없으므로 -1을 반환
>>> print("S1.find(\"abc\") =", S1.find("abc"))
>>> S.rfind("ng")  # S에 "ng"가 있으므로 해당 인덱스 값 반환
>>> print("S.rfind(\"ng\") =", S.rfind("ng"))
>>> Sb = ["2021", "05", "11"] # map(함수명, 리스트명)을 적용하기 위함
>>> Sa = list(map(int, Sb)); Sa # 리스트 Sb의 요소를 정수(int)로 매핑
>>> print("Sa = list(map(int, Sb)) 명령 이후 :", Sa)
>>> print("type(Sa) = %s, type(Sa[0]) = %s" % (type(Sa), type(Sa[0])))
```

1.3 변수와 데이터

모든 프로그래밍 언어는 변수를 사용하여 다양한 작업을 한다. 변수란 어떤 데이터를 저장하는 메모리 공간으로, 사용자가 프로그래밍 언어와 데이터를 주고받을 때 담는 그릇으로 이해할 수 있다. 그러나 미리 정해진 데이터를 저장하고 전달할 때 사용하는 것은 상수라고 부른다. C 언어에서와 달리 파이썬에서는 변수의 자료형을 미리 지정하지 않아도 된다.

1.3.1 변수의 생성과 사용

변수에 값을 할당할 때는 "=" 기호를 사용하며 여러 개의 값을 하나의 변수에 담으려면 리스트, 튜플, 딕셔너리를 사용한다. 각각의 변수들에 여러 개의 데이터를 담으려면 이들의 사용형식을 정확히 따라야 한다. 여러 개의 데이터 요소들을 담는 방법에는 이외의 데이터 구조에 배열과 행렬이 있으며 이는 1.5절에서 다루기로 한다. 수치해석에서 배열과 행렬의 요소는 대부분 숫자형으로 구성된다. 변수명은 영어와 숫자를 모두 사용할 수 있으나 첫 자는 반드시 문자여야 하며 대소문자를 구별한다.

```
# 변수의 생성과 사용
>>> a, b=4, 3.14 # 정수형 a와 부동소수형 b는 새로 생성된 변수
>>> c=a # c는 a의 별칭)(같은 주소 사용); 변수에 변수를 대입
>>> (id(a), id(b), id(c)) # id() 함수는 메모리 주소를 반환
(140710757953888, 1793343828432, 140710757953888) # a와 c의 주소 동일
>>> boolv, intv, fltv, strv=True, 0, 0.0, "" # 변수의 초기화
>>> type(boolv), type(intv,), type(fltv), type(strv)
(<class 'bool'>, <class 'int'>, <class 'float'>, <class 'str'>)
>>> intv, fltv=4, 3.14 # 변수의 사용
>>> type(intv), intv+fltv, type(intv+fltv) # 연산으로 자료형 변경
(<class 'int'>, 7.140000000000001, <class 'float'>)
# 변수의 재정의(데이터의 변경이 아니라 주소의 변경)
>>> a, b=5, 8 # a와 b의 값을 변경
>>> id(a), id(b) # a와 b의 주소가 변경됨
(140710757953920, 140710757954016)
>>> a, b=4, 3.14
>>> id(a), id(b), id(c) # a와 c의 주소는 처음과 동일, b의 주소는 변경
(140710757953888, 1443335713200, 140710757953888)
# 결론적으로 정수형 변수는 불변형임
```

1.3.2 print( ) 함수의 사용

앞에서 여러 번 print() 함수를 사용하였으므로 조금 적응이 될 것이다. 여기서는 기본 사용법과 서식지정에 대해 좀 더 알아보기로 한다.

```
# 프린트 함수의 사용
>>> print("10+5")
10+5
>>> print([1, 2, 3], (4, 5, 6)) # 리스트 []와 튜플 ( )의 출력
[1, 2, 3] (4, 5, 6)
>>> print("두 수 %d과 %d의 합=%d" % (10, 5, 10+5))
두 수 10과 5의 합=15
```

표 1.12 print( ) 함수의 각종 서식

서식	설명	예	서식	설명	예
%d	10진 정수	5, 55, 100	%g	부동소수	0.5, 5.5 3.14
%o	8진 정수	5, 67, 144	%e	단위가 큰 실수	3141.5
%x	16진 정수	5, 37, 64	%c	한 글자	"A", "글"
%f	부동소수(실수)	0.5, 5.5 3.14	%s	문자열	"abc", "글자"

```
# 프린트 함수의 사용
>>> print([1, 2, 3], (4, 5, 6)) # 리스트 [ ]와 튜플 ( )의 출력
[1, 2, 3] (4, 5, 6)
>>> print("두 수 %d과 %3d의 합 =%5d" % (10, 5, 10+5))
두 수 10과  5의 합 =   15
>>> print("10진수:%d=8진수:%o=16진수:%x" % (55, 55, 55))
10진수:55=8진수:67=16진수:37
>>> print("f:%9.3f, g:%g, e:%e" % (314.15, 314.15, 314.15))
f:314.150, g:314.15, e:3.141500e+02
>>> print("c:%c, 3s:%3s, 6s:%6s" % ("a", "ab", "abc"))
c:a, 3s: ab, 6s:    abc
>>> print("{0:d} {1:3d} {2:05d}".format(123, 123, 123))
123 123 00123
>>> print("{1:d} {2:d} {0:d}".format(100, 200, 300))
200 300 100
>>> print("번호1 =", 22, end=" "); print("번호2 =", 33)
번호1 = 22 번호2 = 33
print("번호1 =", 22, ", 번호2 =", 33)
번호1 = 22, 번호2 = 33
```

위 스크립트들에서 부동소수 데이터 서식지정 중 %9.3f는 소수점을 포함한 전체 자릿수를 아홉 개 마련하고 소수점 이후에는 세 자리만 차지한다는 의미이다. 그러므로 소수점 앞의 자릿수는 다섯 자리가 된다. 마지막 출력을 나타내는 print("번호1 =", 22, end = " ")에서 end = " "로 인하여 다음 프린트문 print("번호2 =", 33)의 출력이 한 행을 넘어가지 않고 같은 줄에 이어서 출력이 된다는 것을 알 수 있다.

마지막으로 이스케이프(escape) 문자에서 '\n'와 '\t'는 개행과 탭을 나타내는 서식

표 1.13 이스케이프 문자

문자	설명	역할	문자	설명	역할
\n	새 줄로 이동	[Enter] 효과	\\	print(" ~ ")에 포함	\ 출력
\t	다음 탭으로 이동	[Tab] 효과	\"	print(" ~ ")에 포함	" 출력
\b	뒤로 한 칸 이동	백스패이스	\'	print(" ~ ")에 포함	' 출력

문자이고 '\\', '\"'과 '\''는 각각 \출력, " 출력, ' 출력을 나타낸다. print()문을 연이어 사용하면 행은 자동으로 넘어가지만 한 명령의 print()문에서 강제로 줄을 바꾸려면 개행 문자 '\n'를 사용하여야 한다.

```
··· # 이스케이스 문자의 사용
    >>> print("개행 문자 \t연습") # 출력결과 생략
    >>> print("\t탭키\t적용")
            탭키    적용
    >>> print("인용한 \"대화 내용\"을 표시")
    인용한 "대화 내용"을 표시
    >>> print("인용한 \'문장\'을 표시")
    인용한 '문장'을 표시
    >>> print("역슬래시 \\\\를 2개 출력")
    역슬래시 \\를 2개 출력
    >>> print(r"이스케이프 문자 \n \t \"를 그대로 출력")
    이스케이프 문자 \n \t \"를 그대로 출력
```

1.3.3 수의 진수변환

수의 진수변환에 대한 산술적 계산은 여기서 다루지 않기로 한다. 이전 1.3.2절의 print() 함수문의 서식에서 10진수를 8진수와 16진수로 출력하는 것을 다룬 바 있다. 파이썬의 기본 함수로서 10진수를 2진수, 8진수, 16진수로 변환하는 함수는 각각 bin(), oct(), hex()이다. 역으로 2진수를 10진수로 바꾸는 명령은 0b비트표시 또는 int('비트표시', 2)을 사용한다. 8진수를 10진수로 바꾸는 명령은 0o8진수 또는 int('8진수', 8)을 사용하고, 16진수를 10진수로 바꾸는 명령은 0x16진수 또는 int('16진수', 16)을 사용한다.

```
# 10진수를 2진수, 8진수, 16진수로 변환
>>> bin(85), oct(85), hex(85)
('0b1010101', '0o125', '0x55')
>>> print("2진수:%s, 8진수:%o, 16진수:%x" % (bin(85), 85, 85))
2진수:0b1010101, 8진수:125, 16진수:55
# 2진수, 8진수, 16진수를 10진수로 변환
>>> 0b1010101, int("1010101", 2) # (85, 85)
>>> 0x55, int("55", 16) # (85, 85)
```

예제 1.1

밑수가 16, 10, 8, 2인 16/10/8/2진수를 다른 밑수를 갖는 16/10/8/2진수로 변환하는 프로그램을 작성하시오. 변환할 수와 그 밑수(진수)는 입력받는 것으로 하고, 밑수가 8인 125, 즉 $(125)_8$를 16, 10, 8, 2진수로 바꾸시오.

풀이 답을 구하기 위한 파이썬 프로그램은 다음과 같다.

```
# Ex11N2Base.py: [예제 1.1] 16/10/8/2 진수를 다른 진수로 바꾸는 프로그램
1 bn = int(input("변환할 수의 진수(16/10/8/2): "))
2 if (bn != 16 and bn != 10 and bn != 8 and bn != 2) :
3     print("입력값은 16, 10, 8, 2이어야 합니다.")
4     exit()
5
6 num = input("변환할 수 입력: ")
7 if bn == 16: ten = int(num, base=16)
8 if bn == 10: ten = int(num, base=10)
9 if bn == 8: ten = int(num, base=8)
10 if bn == 2: ten = int(num, base=2)
11 print("16진수: %s, 10진수: %d" % (hex(ten), ten))
12 print("8진수: %s, 2진수: %s" % (oct(ten), bin(ten)))
```

프로그램 Ex11N2Base.py의 1행에서 사용자가 진수변환할 숫자의 진수를 입력받고, 3~4행에서는 잘못된 진수를 입력하면 프로그램은 종료한다. 6행에서는 진수변환 할 숫자를 문자열로 입력받고, 7~10행은 변환할 수의 진수에 따라 10진수로 바꾸는 조건문이다. 마지막 부분 11행과 12행은 바뀐 10진수를 다시 16진수와 10진수, 8진수와 2진수로 출력한다. 진수가 8이고, 변환할 수가 125이면 다음 실행결과를 얻는다.

```
변환할 수의 진수(16/10/8/2): 8
변환할 수 입력: 125
16진수: 0x55, 10진수: 85
8진수: 0o125, 2진수: 0b1010101
```

1.4 조건문과 반복문

프로그램의 실행 중에 어떤 조건이나 데이터의 내용에 따라 처리를 바꾸고 싶거나 특정한 부분적인 알고리즘을 반복하는 경우가 있다. 파이썬에서도 다른 프로그래밍 언어와 마찬가지로 if문, for문, while문 등이 있고 반복문의 처리를 중간에서 조절하는 break와 continue 같은 예약어가 있다. 이와 같은 처리과정을 조건에 따라 반복하고, 조절하여 제어하는 것을 흐름제어라 한다. 이 절에서는 기본적인 흐름제어를 습득한다.

1.4.1 if 조건문

다른 프로그래밍 언어와 마찬가지로 파이썬에서도 기본적으로 조건문과 반복문이 있으며 이는 프로그래밍 언어에서 매우 중요하다.

① 'if (조건): <명령>'문을 사용하면 괄호< > 안에 있는 명령을 (조건)의 논리값이 참(True)일 때 수행함

② 'else: <명령>'문을 덧붙이면 if (조건) 문의 조건값이 거짓(False)일 때 < > 안의 명령을 수행함

1. if cond: expr1 else: expr2형

조건이 2개일 경우 사용하는 if 조건문으로 조건과 실행관계는 다음과 같다.

>>> if (조건): <조건이 TRUE일 때 실행> else: <조건이 FALSE일 때 실행>

```
# SS141cond.py: 1.4 조건문과 반복문 - 1.4.1 if 조건문 - 1. 조건이 2개
# (1) 입력숫자의 절댓값을 출력
def fabs(x):  # 간단한 사용자정의함수
    if x < 0 : return -x
    else: return x

print("fabs(-8.7) =", fabs(-8.7)) # fabs(-8.7) = 8.7
# (2) 반경이 r인 구의 체적 구하기 0이나 음수가 입력되면 [None]을 출력
def vol(r) :
    if r > 0 : return (4/3)*3.14159*r**3
    else : return [None]

print("vol(3) = ", vol(3)) # vol(3) =  113.09723999999999
```

2. if cond1: expr1 elif cond2: expr2 else: expr3형

조건이 3개 이상일 경우 사용하는 if 조건문으로 조건과 실행 관계는 다음과 같다.

>>> if (조건1) {<조건1이 TRUE일 때 실행>} else if {<조건2가 TRUE일 때 실행>} else{<조건1, 2 모두 FALSE일 때 실행>}

```
# 1.4 조건문과 반복문 - 1.4.1 if 조건문 - 2. 조건이 3개
# (3) 입력숫자의 절댓값을 또는 0을 출력
>>> def fabsv(x):
        if(x < 0): return -x
        elif (x > 0): return x
        else: return 0
>>> fabsv(-8.7), fabsv(-0) # (8.7, 0)
>>> fabsv(10), fabsv(0) # (10, 0)
```

3. ans = "yes" if test else "no"형

조건의 True와 False 여부에 따라 결과가 결정되는 삼항연산자 if문은 test가 True이면 "yes"를 반환하고 False이면 "no"를 출력한다.

```
…→  # 1.4 조건문과 반복문 - 1.4.1 if 조건문 - 3. 삼항연산자
    # (4) "yes" if test else "no": 참이면 "yes"를, 거짓이면 "no"를 반환
    >>> mf1 = lambda x : '짝수' if x%2 == 0 else '홀수' # lambda는 함수선언
    >>> mf1(10) # '짝수'
    # 입력하는 숫자 x가 짝수인지 홀수인지를 출력
    >>> def mf2(x) :
            if x%2 == 0 : return print(x, '은 짝수', sep='')
            else : return print(x, '은 홀수', sep='')

    >>> mf2(11) # 11은 홀수
```

1.4.2 for 반복문

반복문은 말 그대로 계산을 위한 문장을 반복해서 만드는 것으로 반복문이 없으면 프로그램이 매우 길어지게 된다. 뒤에서 소개할 while 반복문은 반복횟수를 정하기 어려울 때 주로 사용하지만, for 반복문은 횟수가 정해진 반복문을 수행할 때 주로 사용하며 형식은 다음과 같다.

```
>>> for 변수 in 반복범위: <반복할 식>
```

1. for문의 간단한 사용

위 for문 사용형식에서 반복범위에는 리스트와 튜플 등 순차적 자료형이 가능하나 가장 표준적인 반복범위는 range(시작, 끝 + 1, 증가값)를 사용하는 것이다. 특별히 아래 예와 같이 리스트가 for문을 포함하여 순차적인 요소를 생성하면 반복 가능한 객체로 만들 수 있다. 리스트 컴프리헨션은 리스트로 만든 반복 가능한 객체를 말한다.

```
…→  # 1.4 조건문과 반복문 - 1.4.2 for, while 반복문 - 1. for문
    >>> sum = 0
    >>> for k in range(1, 101, 1): sum += k
```

```
>>> print(sum) # 5050
>>> for k in (1, 2, 3, 4, 5): print(k, end=" ")
1 2 3 4 5
>>> lst1 = [2*k**2 for k in range(5)]; lst1 # [0, 2, 8, 18, 32]
>>> lst2 = [2*m+n for m in range(3) for n in range(4)]
>>> print(lst2) # [0, 1, 2, 3, 2, 3, 4, 5, 4, 5, 6, 7]
>>> lst3 = [51%k for k in range(7, 2, -1)]; lst3 # [2, 3, 1, 3, 0]
```

2. for문을 포함한 사용자정의함수

사용자정의함수는 바로 앞의 1.4.1절에서 lambda문과 def문으로 조금 소개하였다. 보다 폭넓은 내용은 다음 절에서 소개하며 심화된 내용은 이 책을 통하여 계속 활용된다. 여기서는 for 반복문과 사용자정의함수의 연결을 알아보기로 한다.

```
# 1.4 조건문과 반복문 - 1.4.2 for, while 반복문 - 2. for문과 사용자함수
>>> f1 = lambda x: sum([n for n in range(x+1)])
>>> f1(100) # 5050
>>> f2 = lambda x: [print(n) for n in range(x)]; f2(5)>>> def f3(x):
        sum = 0
        for k in range(x+1): sum += k
        return sum
>>> for n in [2, 5, 10, 20, 50, 100]:
        x = [x for x in range(n+1)]
        print(n, ":", sum(x))
>>> def f4(a, b) :
        if (a>1) and (b>1): return a*b
        else: return a+b
>>> for k in (2, -2, -10) :
        print(f4(5, k), end=" ")
>>> f5 = lambda a, b: a*b if a>1 and b>1 else a+b; f5(2, 5)
```

1.4.3 while 반복문

반복적 실행문으로 while (조건): <반복식>문은 코드의 블록을 괄호 (조건) 안의 조건이 False가 될 때까지 반복한다. 반복횟수를 range() 함수에서 지정하는 for문과 달리 while문은 횟수지정이 없이 주어진 조건을 만족할 동안 계속 반복하는 명령문이다. 한편, if문과 break문을 사용하여 while 반복 루프를 빠져나갈 수 있고 continue문을 만나면 블록의 남은 부분을 건너뛰고 반복문의 처음으로 돌아간다.

```
# 1.4 조건문과 반복문 - 1.4.2 for, while 반복문 - 3. while 반복문
>>> k, sum = 1, 0
>>> while k < 101:
        sum += k; k += 1

>>> print("1에서 100까지의 합 = %d" % sum)
1에서 100까지의 합 = 5050
>>> sum, n1, n2 = 0, 0, 0
>>> while True:
        n1 = int(input("합산할 첫째 정수 입력: "))
        if n1 == 0 :
            print("0을 입력하여 반복문 탈출"); break

        n2 = int(input("합산할 둘째 정수 입력: "))
        sum = n1 + n2
        print("합산 결과: {0:d} + {1:d} = {2:d}".format(n1, n2, sum))
```

```
합산할 첫째 정수 입력: 88
합산할 둘째 정수 입력: 34
합산 결과: 88 + 34 = 122
합산할 첫째 정수 입력: 0
0을 입력하여 반복문 탈출
```

예제 1.2

while 반복문을 사용하여 피보나치 수열을 생성하는 프로그램을 작성하고 처음 12개 항을 출력하시오. 수열은 $F_0 = 0,\ F_1 = 1,\ F_n = F_{n-1} + F_{n-2},\ n \geq 2$과 같은 반복식을 갖는다.

풀이 파이썬에서 리스트 간의 합연산은 리스트의 원소들을 추가하는 확장을 의미한다.

이를 이용하여 간단하게 스크립트를 구성할 수 있고 그 예시는 다음과 같다.

```
# Ex12Fibona.py: while()문으로 주어진 n개 항까지 피보나치 수열 생성
def Fibo(n):
    Fibo, F1, F2, cnt = [0, 1], 0, 1, 2
    while (cnt < n):
        cnt += 1
        F1, F2 = F2, F1+F2
        Fibo += [F2] # 리스트의 합의 특성을 이용
    return Fibo

print("Fibo(12) = ", Fibo(12))
# Fibo(12) = [0, 1, 1, 2, 3, 5, 8, 13, 21, 34, 55, 89]
```

[예제 1.2] 스크립트를 보다 간단하게 for()문으로 고친 결과는 다음과 같다.

```
# SS143Fibofor.py: for()문으로 주어진 n개 항까지 피보나치 수열 생성
def Fibo(n):
    Fk, fib = [0, 1], [0, 1]
    for k in range(1, n-1) :
        Fk = [Fk[1], Fk[0]+Fk[1]]
        fib += [Fk[1]]
    else: return fib

print("항이 %d개인 피보나치 수열: %s" % (12, Fibo(12)))
```

아래 프로그램은 파이썬의 리스트 운용 특징과 while문의 특성을 이용하여 [예제 1.2] 프로그램을 약간 다른 형태로 고친 프로그램이다.

```
# SS143Fibo.py: 마지막 항의 직전 수가 num을 넘지 않는 피보나치 수열 생성
def Fib(num):
    Fn = [0, 1]
    while Fn[-1] < num:
```

```
            Fn = Fn + [Fn[-2] + Fn[-1]]
        else: return Fn

    print("마지막 직전 항이 %d을 넘지 않는 피보나치 수열:\n %s" % (80, Fib(80)))
```

```
마지막 직전 항이 80을 넘지 않는 피보나치 수열:
 [0, 1, 1, 2, 3, 5, 8, 13, 21, 34, 55, 89]
```

1.5 자료의 입출력

프로그램을 실행하는 도중에 키보드를 통하여 데이터의 입력을 받거나 계산의 결과를 콘솔을 통해서 출력하여야 할 경우가 있다. 사용자로부터 데이터를 입력받아 프로그램을 시행하는 경우 input() 함수를 사용하고, 출력할 경우에는 print() 함수를 사용한다는 사실은 이미 알고 있다. input() 함수를 통하여 입력되는 숫자는 문자열형으로 받기 때문에 정수형이나 부동소수형으로 변환하여야 한다. 정수형으로 변환할 경우 int() 함수를 사용하고 부동소수형으로 변환할 경우 float() 함수를 사용한다.

지금까지 예제 프로그램들에서 대화형 모드의 쉘에서와 미리 완성한 스크립트 모드에서의 두 가지 형태로 출력을 해 보았을 것이다. 대화형 모드에서는 print() 함수를 사용하여 변수를 바로 화면에 출력하였지만, 스크립트 모드의 실행에서는 이런 경우 아무 일도 일어나지 않았다. 따라서 정교한 제어를 해야 하였음을 알고 있다. 이 절에서는 키보드 입력과 콘솔의 출력은 이 정도로 설명하고 파일 입출력을 다루기로 한다.

1.5.1 텍스트 파일 읽기와 저장

1. 파일 입출력의 기본

파이썬 프로그램에서 파일을 열어야 할 경우 open() 함수를 사용하고 파일을 닫을 때는 close() 함수를 사용한다. 파일을 연 다음 파일의 내용을 읽을 때는 read(), readline(), readlines() 함수 등을 사용하고, 계산한 결과를 파일에 쓸 때는 write(), writelines() 등을 사용한다.

파일을 여는 open() 함수의 인자는 기본적으로 '경로를 포함한 파일명', '사용 모드'와 '코딩방식' 등을 지정한다. 디렉터리 구분은 '/' 기호로 표시하고 '사용 모드'는 읽기 전용일 때 'r'을, 쓰기 전용일 때 'w'이다. [표 1.14]는 open() 함수 파일의 열기 모드를 보여준다.

코딩방식 지정은 한글일 경우 'cp949'나 'utf-8' 등을 사용한다. 일반 텍스트 파일을 읽을 때는 'r' 또는 'rt'를 사용하고 이진파일로 쓸 경우 'wb'를 사용한다.

표 1.14 open() 함수의 파일 열기 모드

종류	모드	설명
'r'	읽기 모드	기본값임
'w'	쓰기 모드	기존 파일이 있다면 덮어 씀
'a'	쓰기 모드	기존 파일이 있다면 뒤에 이어서 씀(a는 append의 약자)
'b'	이진 모드	이진 파일을 처리
'r+'	읽기, 쓰기 겸용	읽기와 쓰기 겸용 모드로 사용
't'	텍스트 모드	기본값으로 텍스트 파일을 처리

(1) 텍스트 파일의 열기와 닫기

아래 스크립트는 텍스트 파일을 열고 닫는 가장 기본적인 형식이다.

```
··· # 기본적인 텍스트(*.txt) 파일의 열기와 닫기
    >>> Fp = open('sample.txt', 'r', encoding = 'utf-8 ' )
    >>> for line in Fp: # 한 줄씩 읽어 line에 대입
            print(line, end = "") # line의 텍스트를 콘솔에 출력
        Fp.close() # 파일을 닫음
```

이 스크립트에서 print() 함수 내의 end = ""는 라인의 끝에 자동 개행을 없애는 의미임을 이미 알고 있다. 이 for 반복문이 모두 끝나면 Fp.close() 명령으로 인하여 열렸던 파일이 닫힌다. 파일을 이 스크립트와 같은 형식으로 작성하면 열린 파일을 반드시 닫아야 한다. 도중에 오류가 발생하여 프로그램 실행이 종료되면 일일이 파일을 닫아

줘야 한다. 이러한 번거로운 일을 피하고자 하면 아래와 같이 with문을 활용한다.

```
…→ # with문을 사용한 파일의 열기와 자동 닫기
>>> with open('sample.txt', 'r', encoding = 'utf-8 ' ) as Fp:
        rfile = Fp.read() # 파일 전체를 읽음
        print(rfile) # 이 줄까지 with문의 블록
```

2. 텍스트 파일 읽기

파일의 내용을 읽을 때는 read(), readline(), readlines() 함수 등을 사용한다는 것을 이미 언급하였다. 여기서는 먼저 텍스트 파일을 한 줄씩 읽는 것을 학습하고, 다음으로 모든 파일 내용을 한꺼번에 읽는 것을 다루기로 한다. 내용이 세 줄로 된 텍스트 파일이 파일명 'testtxt.txt'로 디렉터리 'D:/Lecture/PyNumAn/'에 저장되어 있을 때 한 줄씩 읽는 프로그램은 다음과 같다.

```
…→ # SS151Readtxt.py: 텍스트 파일을 한 줄씩 읽는 예
   Fp = open("D:/Lecture/PyNumAn/testtxt.txt", "r", encoding='cp949')
   while True :
       str = Fp.readline() # 계속 읽기
       if str == "" : break
       print(str, end = '') # 계속 쓰기
   Fp.close() # 닫기
```

```
←… 파이썬을 기반으로 수치해석을 공부합니다.
   아주 재미있어요. ^^
   파이썬도 수치해석도 열심히 하고 있습니다.
```

위에 예시한 텍스트 파일을 한꺼번에 읽는 프로그램은 다음과 같은데, with문을 함께 사용하여 close()문을 생략하고 출력결과 역시 생략한다.

```
…→ # SS151Rtxtwith.py: 텍스트 파일을 한꺼번에 모두 읽는 예
```

```
with open("D:/Lecture/PyNumAn/testtxt.txt", "r", encoding='cp949') as Fp:
    lst = Fp.readlines() # 모두 읽기
    for str in lst :
        print(str, end = '') # 계속 쓰기
```

파일이 없을 때 오류 발생을 방지하는 프로그램을 작성하여 보자. 파일이 없을 때 오류가 나타나지 않게 하려면 os 모듈을 임포트하여 os.path.exists() 함수를 사용한다.

```
# SS151RtxtErr.py: 파일이 없을 때 오류 발생을 방지하는 프로그램
import os # os 모듈을 임포트
fname = input("파일명 입력: ")
if os.path.exists(fname) :
    with open(fname, "r", encoding='cp949') as Fp :
        lst = Fp.readlines() # 모두 읽기
        for str in lst :
            print(str, end = '') # 계속 쓰기
else :
    print("%s라는 파일이 없음" % fname)
```

```
# 파일이 없을 때 출력
파일명 입력: test1.txt
test1.txt라는 파일이 없음
```

(1) 숫자 배열 텍스트 파일을 읽고 배열 생성

이 책의 2장과 3장에서는 2차원 배열과 행렬을 다루게 된다. 일반적으로 차원(행의 수와 열의 수 곱)이 큰 행렬은 엑셀이나 텍스트 파일로 저장되어 있을 수 있다. 엑셀 파일을 읽는 방법은 다음 1.5.2절에서 다루기로 하고, 여기서는 텍스트 파일로 저장된 숫자 배열을 읽고 배열을 생성하는 방법을 알아보기로 한다. 배열이나 행렬은 선형대수를 포함한 수치해석에서 아주 중요한 자료 구조이다.

이 책의 1.1절 [표 1.3]에서 우리가 수치해석에서 많이 이용할 과학기술 컴퓨팅에 핵심적인 파이썬 라이브러리(library)를 보았다. 여기서는 파일 입출력을 지원하는 라이브러리와 입력함수 및 출력함수를 살펴보자. 전반적인 소개보다는 수치해석에서 간편하

표 1.15 파일 입출력에 사용되는 함수

파일 확장자	라이브러리	입력함수	출력함수
*.txt *.csv	NumPy	loadtxt()	savetxt()
		genfromtxt()	
	csv 표준 라이브러리	reader()	writer()
	pandas	read_csv()	to_csv()
*.xls	xlrd	Workbook()	
	xlwt		open.workbook()
*.xlsx, xlsm 등	openpyxl	load_workbook()	

게 이용할 수 있는 것들만 정리하기로 한다.

파이썬에서 라이브러리는 특정 기능을 구현하기 위하여 미리 작성된 한 무리의 프로그램으로 모듈(module)과 패키지(package)를 포함한다. 모듈은 함수나 클래스 등의 객체를 포함하는 파일의 하나로 여기에 실행문을 작성할 수 있다. 패키지는 여러 개의 모듈을 하나로 묶어 관리하는 것이나 이 세 용어를 구분 없이 사용하기도 한다.

예제 1.3

파이썬 표준입력함수 read()를 이용하여 요소가 정수인 5×5 행렬형태로 저장된 텍스트 파일 mat5by5.txt를 읽어 5×5 numpy 배열을 생성하는 프로그램을 작성하시오. 스크립트 'import numpy as np'로 NumPy 라이브러리를 임포트 하시오.

풀이 답을 구하기 위한 파이썬 프로그램은 다음과 같다.

```
# Ex13RdArr.py : 텍스트(*.txt) 파일로 저장된 행렬을 읽고 배열로 획득 1
import numpy as np
with open('mat5by5.txt', 'r', encoding='utf-8') as Fp:
    lines = Fp.read().split("\n" or ",")
    dat = []
    for line in lines:
        tmp = list(map(float, line.split()))
        dat.append(tmp)

arr = np.array(dat)
```

```
print("읽은 배열 : arr = \n", arr)
print("arr.shape = %s, type(arr) = %s" % (arr.shape, type(arr)))
```

```
읽은 배열 : arr =
 [[ 5.  1.  6.  2. 19.]
 [ 3. 32.  7. 21.  2.]
 [ 1.  9.  2. 22.  7.]
 [ 8. 28. 33. 17. 10.]
 [ 7.  2. 13.  2.  3.]]
arr.shape = (5, 5), type(arr) = <class 'numpy.ndarray'>
```

위 [예제 1.3]을 같은 방식으로 입력함수 loadtxt()를 사용하면 다음과 같이 변경되는데 프로그램 실행결과는 생략하기로 한다.

```
# Ex13RdArrA.py : 텍스트 파일로 저장된 행렬을 읽고 np 배열로 획득 2
import numpy as np
lines = np.loadtxt('mat5by5.txt', delimiter="\n", dtype=object)
dat = []
for line in lines:
    tmp = list(map(float, line.split()))
    dat.append(tmp)

arr1 = np.array(dat)
print("읽은 배열 : arr1 = \n", arr1)
print("arr1.shape = %s, type(arr1) = %s" % (arr1.shape, type(arr1)))
```

[표 1.15]에서 NumPy의 함수 genfromtxt()는 2차원 배열 형태의 텍스트 파일을 배열로 획득할 수 있는 가장 강력하고 편리한 기능을 지원하며 용법은 다음과 같다.

```
# SS151RdArr.py : 텍스트 파일로 저장된 행렬을 읽고 np 배열로 획득 3
import numpy as np
arr2 = np.genfromtxt("mat5by5.txt", encoding='utf-8') # 또는 'ascii'
print("읽은 배열 : arr2 = \n", arr2)
print("arr2.shape = %s, type(arr2) = %s" % (arr2.shape, type(arr2)))
```

3. 텍스트 파일 쓰기

파일 쓰기는 open() 함수로 파일을 연 다음 표준 출력함수 write() 함수나 writelines() 함수를 사용한다. 이 두 출력함수를 이용하여 키보드로 입력된 문자열도 파일로 간단하게 저장할 수 있는 프로그램을 쉽게 구현할 수 있다. 실습을 위하여 읽어 들인 텍스트 파일을 다른 파일명으로 출력하는 프로그램을 작성해 보자.

```
# SS151Wrtxt.py: 텍스트 파일을 한꺼번에 읽고 쓰는 예 1
with open("D:/Lecture/PyNumAn/testtxt.txt", "r", encoding='cp949') as Fi:
    with open("D:/Lecture/PyNumAn/testtxt1.txt", "w", encoding='utf8') as Fo:
        lst = Fi.readlines() # 한꺼번에 읽기
        for str in lst :
            Fo.writelines(str) # 파일에 계속 쓰기
            print(str, end = '') # 콘솔에 계속 쓰기
```

자동으로 파일 닫기인 with 구문을 사용하지 않을 경우 프로그램은 다음과 같다.

```
# SS151WrtxtA.py: 텍스트 파일을 한꺼번에 읽고 쓰는 예 2
Fi = open("testtxt.txt", "r", encoding='cp949')
Fo = open("testtxt2.txt", "w", encoding='utf8')
lst = Fi.readlines() # 한꺼번에 읽기
for str in lst :
    Fo.writelines(str) # 파일에 계속 쓰기
    print(str, end = '') # 콘솔에 계속 쓰기
Fi.close(); Fo.close() # 파일 닫기
```

1.5.2 엑셀 파일 읽기와 저장

파이썬에서 운용이 가능한 엑셀 파일에는 '*.csv' , '*.xls', '*.xlsx' 형태 등이 있다. 여기서는 이러한 액셀 파일들의 읽기와 저장을 위한 패키지들과 사용형식 등을 다룬다.

1. 엑셀 *.csv 파일 읽고 쓰기

[표 1.15]에서 보았듯이 확장자가 *.csv(comma-separated values)인 파일을 읽기 위해서는 파이썬의 csv 모듈을 임포트하여야 한다. 함수 csv.reader()로 *.csv 파일을 읽을 수 있고 csv.writer()와 writerows()로 쓸 수 있으며 사용형식은 다음과 같다.

```
# SS152Rdcsv.py 1.5 자료의 입출력 - 1.5.2 엑셀 파일 읽기와 저장 1
import csv
with open ('fruits1.csv', 'r', encoding='utf8') as Fi :
    fruit = [k for k in csv.reader(Fi)]
with open ('fruits2.csv', 'w', newline='') as Fo :
    wr = csv.writer(Fo)
    wr.writerows(fruit)
print(fruit)
```

```
# 콘솔 출력결과
[['price', 'qty'], ['500', '6'], ['400', '4'], ['300', '3'], ['200', '2'],
['450', '5'], ['350', '4']]
```

위 출력결과를 보면 입력된 *.csv 파일이 다른 *.csv 파일로 저장될 때는 문제가 없으나 콘솔로 출력될 경우, 숫자들이 모두 문자로 표현된다는 점을 알 수 있다. 이러한 부분을 개선하기 위하여 NumPy의 loadtxt()나 genfromtxt()를 사용할 수 있다.

```
# SS152RdSvcsv.py : 1.5 자료의 입출력 - 1.5.2 엑셀 파일 읽기와 저장 2
import numpy as np
import csv

dat1 = np.loadtxt('fruits1.csv', delimiter=',', skiprows=1, dtype=float)
np.savetxt('frut1.csv', dat1, fmt='%.1f, %.1f', header='price, quantity',
           comments='')
print(dat1, '\n', type(dat1)) # 데이터가 배열(ndarray)임을 확인
with open('frut2.csv', 'w', newline='', encoding='utf8') as Fo :
    Fo.write('price, qty\n')
    wr = csv.writer(Fo)
    wr.writerows(dat1)
```

```
# 콘솔 출력결과
[[500.   6.]
 [400.   4.]
 [300.   3.]
 [200.   2.]
 [450.   5.]
 [350.   4.]]
<class 'numpy.ndarray'>
```

프로그램에서 np.loadtxt()의 인자 중 delimiter = ','은 파일의 열(column) 구분자가 콤마(,)임을 나타내고 skiprows = 1은 첫 줄을 생략하라는 의미이다. 인자 dtype = float는 부동소수형으로 데이터를 읽어 들이게 하며 기본값(default)이므로 생략하여도 무방하다.

획득된 데이터 dat1은 2차원 배열(ndarray)임을 확인할 수 있고 수치해의 분석이나 선형대수관련 계산에 유용하게 적용할 수 있다. 또한 NumPy의 savetxt() 함수와 csv 모듈의 writer()와 writerows() 함수를 이용하여 쉽게 *.csv 파일로 저장할 수 있다.

예제 1.4

라이브러리 NumPy의 loadtxt()와 genfromtxt()를 사용하여 5×5 행렬형태로 저장된 엑셀 파일 matrix1.csv를 읽어 5×5 numpy 배열을 생성하는 프로그램을 작성하시오.

풀이 답을 구하기 위한 파이썬 프로그램은 다음과 같다.

```
# Ex14Rdgen.py : 1.5 자료의 입출력 - 1.5.2 엑셀 파일 읽기와 저장 3
import numpy as np, csv

mat1 = np.loadtxt('matrix1.csv', delimiter=',', skiprows=1, dtype=float)
print('mat1 =\n', mat1)
mat2 = np.genfromtxt('matrix1.csv', skip_header = 1, delimiter=",", dtype = float)
print('mat2 =\n', mat2)
```

```
# 출력결과(mat2를 선택)
mat2 =
[[17. 24.  1.  8. 15.]
```

```
[23.  5.  7. 14. 16.]
[ 4.  6. 13. 20. 22.]
[10. 12. 19. 21.  3.]
[11. 18. 25.  2.  9.]]
```

2. 엑셀 .xls 파일로 읽고 쓰기

파이썬에서 확장자가 *.xls인 엑셀 파일을 읽고 쓰기 위한 손쉬운 라이브러리는 xlwt와 xlrd이다. 파일을 읽고 쓰기 위해서는 먼저 xlwt(쓰기 전용)와 xlrd(읽기 전용)을 인스톨(install) 하고 프로그램에서 임포트(import)하여야 한다.

```
# 1.5 자료의 입출력 - 1.5.2 엑셀 파일 읽기와 저장 - xlrd, xlwt 이용
>>> import xlrd, xlwt
>>> wb = xlrd.open_workbook('matrix1.xls') # 읽을 파일명 지정
>>> st = wb.sheet_by_name('Sheet1') # 시트 지정
>>> print(st.cell(0, 0).value) # 예제 1.4의 출력결과 참조
>>> print(st.cell(1, 1).value)
# 엑셀 파일(*.xls)에 쓰기
>>> wb = xlwt.Workbook() # 워크북 준비
>>> ws = wb.add_sheet('Sheet0')
>>> ws.write(0, 0, 'Test *.xls')
>>> ws.write(1, 0, 1.0); ws.write(1, 1, 2.0) # 셀(cell) 단위로 데이터 입력
>>> ws.write(1, 2, xlwt.Formula("A2+B2"))
>>> wb.save('test.xls')
```

예제 1.5

위 프로그램의 라이브러리 xlrd와 NumPy를 활용하여 헤더가 한 줄 있는 5×5 행렬 형태로 저장된 텍스트 파일 matrix1.xls를 읽어 5×5 numpy 배열을 생성하는 프로그램을 작성하시오.

풀이 답을 구하기 위한 파이썬 프로그램과 출력결과는 다음과 같다.

```
# Ex15RdXls.py : *.xls 파일을 읽고 2차원 np 배열을 확보하기
import numpy as np, xlrd
wb = xlrd.open_workbook('matrix1.xls') # 헤더가 한 줄 있음
st = wb.sheet_by_name('Sheet1') # 시트 이름
ws = wb.sheet_by_index(0)
nr, nc = ws.nrows, ws.ncols
dat = []
for m in range(1, nr):
    for n in range(nc):
        dat = dat + [st.cell(m, n).value]

mat = np.array(dat).reshape(nr-1, nc)
print("mat = np.array(dat).reshape(nr-1, nc) : \n", mat)
```

```
mat = np.array(dat).reshape(nr-1, nc) :
 [[17. 24.  1.  8. 15.]
 [23.  5.  7. 14. 16.]
 [ 4.  6. 13. 20. 22.]
 [10. 12. 19. 21.  3.]
 [11. 18. 25.  2.  9.]]
```

3. 엑셀 *.xlsx 파일로 읽고 쓰기

확장자가 *.xlsx이거나 *.xlsm 등일 경우의 엑셀 파일을 OOXML(Office Open XML) 포맷이라 한다. 이러한 파일을 읽기 위하여 라이브러리 openpyxl이 필요하며 사용형식은 다음과 같다. 엑셀 파일 “fruits1.xlsx”는 2열로 구성되고 열이름은 price와 qty이며, 헤드를 포함하여 11개의 행으로 이루어져 있다.

```
# SS152RdXlsx.py : *.xlsx 파일을 np 배열로 읽기
import numpy as np
from openpyxl import load_workbook
wb = load_workbook("fruits1.xlsx", data_only = True) # 헤드 1줄 있음
ws = wb['fruits1'] # 시트 이름이 fruits1으로 지정되어 있음
prv, qtv = np.zeros(10), np.zeros(10) # 헤드 포함 11줄
```

```
for k, row in enumerate(ws.rows):
    if k == 0 : continue   # 첫 줄은 헤드
    prv[k-1] = row[0].value
    qtv[k-1] = row[1].value

print("Price =", prv); print("type(prv) =", type(prv))
print("Qty =", qtv); print("type(qtv) =", type(qtv))
```

```
Price = [500. 400. 300. 200. 450. 350. 550. 600. 420. 480.]
type(prv) = <class 'numpy.ndarray'>
Qty = [6.  4.  3.  2.  4.5 3.5 7.  7.  4.5 4.5]
type(qtv) = <class 'numpy.ndarray'>
```

예제 1.6

위 프로그램의 라이브러리 openpyxl과 NumPy를 활용하여 헤더가 한 줄 있는 5×5 행렬형태로 저장된 텍스트 파일 matrix1.xlsx를 읽어 5×5 numpy 배열을 생성하는 프로그램을 작성하시오.

풀이 답을 구하기 위한 파이썬 프로그램과 출력결과는 다음과 같다.

```
# Ex16RdXlsx.py : *.xlsx 파일을 읽고 2차원 np 배열을 확보하기
import numpy as np
from openpyxl import load_workbook
wb = load_workbook("matrix1.xlsx", data_only = True)
ws = wb['Sheet1']
dat = []
for row in ws.rows:
    rv = []
    for cell in row:
        rv.append(cell.value)
    dat.append(rv)
mat = np.array(dat[1:len(dat)])
print("입력된 배열의 콘솔 출력 : mat = \n", mat)
```

```
입력된 배열의 콘솔 출력 : mat =
 [[17 24  1  8 15]
```

```
 [23  5  7 14 16]
 [ 4  6 13 20 22]
 [10 12 19 21  3]
 [11 18 25  2  9]]
```

연습문제

1 다음 파이썬 명령을 실행할 때 작업창에 나타나는 실행결과를 쓰시오.

(1) type(3)

(2) type(3/1)

(3) type('3')

(4) (15 > 14)

(5) (5&0, 5&-1)

(6) type(3j)

(7) print("world!")

(8) type([1, 2])

(9) type((1, 2)

(10) (1, 2, [3, 4])[2])

2 다음 파이썬 명령을 실행할 때 작업창에 나타나는 실행결과를 쓰시오.

(1) (13%5, 13//5)

(2) (2+3j)*(2+1j)

(3) a, b = 3, 7; b -= a; b

(4) a, b = 3, 7; b //= a; b

(5) 5 > 3 or 5 < 3

(6) 3<<2

(7) 9>>2

(8) [1]*3

(9) [4, 5, 6][::-1]

(10) [k for k in range(3)]

3 파이썬 스크립트를 작성하여 리스트에 대한 다음 각 물음에 답하시오.

(1) 리스트 [1, 2, 3, 4, 5, 6, 7, 8, 9]를 생성하는 스크립트를 세 가지 이상 쓰고 차례로 변수 이름을 L1, L2, L3로 하고,

(2) (1)에서의 L2와 L3의 요소들을 역순으로 하는 스크립트 2가지를 쓰시오.

(3) L1의 첫 요소와 마지막 요소를 서로 교환하고,

(4) L1의 요소들을 오름차순으로 정렬하고,

(5) L1의 인덱스로 대각요소가 [1, 5, 9]가 되도록 3×3 2차원 리스트 L을 구성하고,

(6) L의 3행1렬 요소와 1행3열 요소를 출력하시오.

4 다음 각 문항의 주어진 결과를 나타내는 집합을 생성하는 파이썬 스크립트를 작성하고 물음에 답하시오.

(1) 다음 결과를 나타내는 집합 s1을 생성하는 파이썬 스크립트

{"사과", "바나나", "밤", "딸기", "복숭아"}

(2) 다음 결과를 나타내는 집합 s2를 생성하는 파이썬 스크립트

{"사과", "포도", "밤", "배", "대추"}

(3) s1과 s2에 공통으로 있는 요소를 출력하는 파이썬 스크립트와 답

(4) s1과 s2의 요소가 모두 있는 결과를 출력하는 파이썬 스크립트와 답

(5) s1에는 있지만 s2에는 없는 요소를 출력하는 파이썬 스크립트와 답

(6) s2에 "감"과 "오렌지"를 추가하는 파이썬 스크립트와 답

5 정수형 변수 n1, n2, n3에 초기치가 각각 12, 90, 105로 주어져 있고 변수 b1과 b2에 다음과 같은 2진수가 주어져 있을 때 다음 각 물음에 답하시오.

(1) 10진수 n1과 n2를 8진수로 변환하여 출력하고,

(2) 10진수 n2과 n3를 16진수로 변환하여 출력하고,

(3) 10진수 n1과 n2를 2진수로 변환하여 출력하고,

(4) 2진수 b1과 b2를 10진수로 변환하여 출력하고,

(5) (n2/n1, n3/n1)를 실행하면 반환되는 답을 쓰시오.

6 Numpy를 이용하여 다음 문항들의 답을 구하는 파이썬 스크립트와 답을 쓰시오.

(1) sum() 함수를 사용하여 1부터 1씩 증가하면서 199까지의 합

(2) sum() 함수를 사용하여 1부터 2씩 증가하면서 199까지의 합

(3) for() 문장을 사용하여 1부터 1씩 증가하면서 150까지의 합

(4) while() 문장을 사용하여 1부터 1씩 증가하면서 250까지의 합

(5) lambda를 사용하여 x가 짝수이면 0, 홀수이면 1을 출력하는 함수 f(x)를 작성하고 [1, 2, 3, 4, 5]에 대한 결과를 차례로 출력하시오.

7 다음 행렬 A가 'matrix1.txt'로 파이썬의 실행 디렉터리에 저장되어 있다. 각 물음에 대한 적절한 파이썬 스크립트를 작성하시오.

$$\begin{pmatrix} 17 & 24 & 1 & 8 & 15 \\ 23 & 5 & 7 & 14 & 16 \\ 4 & 6 & 13 & 20 & 22 \\ 10 & 12 & 19 & 21 & 3 \\ 11 & 18 & 25 & 2 & 9 \end{pmatrix}$$

(1) 파일 읽기 함수 np.loadtxt()를 이용하여 저장된 자료를 배열 A로 읽고,

(2) 파일 읽기 함수 np.genfromtxt()를 이용하여 저장된 자료를 배열 B로 읽고,

(3) 행렬 A를 파일명 'matrix1.csv'의 *.csv 파일로 저장하고,

(4) 행렬 A를 파일명 'matrix1.xls'의 엑셀 파일로 저장하고,

(5) 행렬 A를 파일명 'matrix1.xlsx'의 엑셀 파일로 저장하시오.

8 연습문제 [7]에서 저장한 파일들에 대하여 다음 각 물음에 대한 적절한 파이썬 스크립트를 작성하시오.

(1) 파일 읽기 함수 np.loadtxt()를 이용하여 저장된 자료를 배열 A로 읽고,

(2) 파일 읽기 함수 np.genfromtxt()를 이용하여 저장된 자료를 배열 B로 읽고,

(3) 함수 np.allclose()를 사용하여 행렬 A와 B의 동등성을 비교하고,

(4) 파일 'matrix1.csv'를 배열형으로 읽어 변수 C에 대입하고,

(5) 함수 np.allclose()를 사용하여 행렬 A와 C의 동등성을 비교하고,

(6) 파일 'matrix1.xlsx'를 배열형으로 읽어 변수 D에 대입하고,

(7) 배열 A와 D의 동등성을 비교하시오.

2장

함수와 그래프

2.1 함수와 배열

2.1.1 기본 내장함수

수학에서 함수란 어떤 집합의 각 원소를 다른 집합의 유일한 원소에 대응하게 하는 관계로 사상(mapping)이라고도 한다. 즉, 독립변수의 값에 따라 정확하게 하나의 종속변수의 값이 정해지는 대응관계이다. 프로그래밍에서 함수는 어떤 일련의 처리를 수행하는 일정 부분의 코드를 의미한다. 파이썬은 라이브러리를 임포트하지 않아도 사용할 수 있는, 미리 만들어진 함수인 내장(built-in)함수를 지원한다. 그리고 라이브러리를 임포트 한다면 더욱 풍부한 함수를 지원받을 수 있다. 함수는 파이썬 자체와 라이브러리에서도 지원하지만, 사용자가 직접 작성할 수도 있는데 이를 사용자정의함수라 부른다.

1. 파이썬 내장함수

파이썬에는 매우 많은 내장함수가 들어 있으며 이 내장함수들을 사용하여 원하는 계산이나 처리를 할 수 있다. 파이썬에서 지원하고 주로 사용하는 기본 내장함수는 아래 [표 2.1a]와 [표 2.1b]에 요약되어 있다.

표 2.1a 파이썬에서 주로 사용하는 기본 내장함수

함수	의미	함수	의미
abs(x)	x의 절댓값을 반환	eval(exp)	exp를 파이썬 표현으로 반환
ascii(obj)	객체 obj의 문자열 반환	exec(obj)	파이썬 명령문으로 실행
bin(n)	정수를 2진 문자열로 반환	filter(f, itr)	f()적용 itr의 참 요소만 반환
bool(x)	x의 참, 거짓을 반환	float(x)	숫자 x를 실수로 변환
chr(n)	정수 n의 유니코드 문자 반환	help()	도움말 시스템 실행
complex(x, y)	x+yj의 복소수로 반환	hex(x)	10진수 x를 16진수로 반환
dict()	딕셔너리 생성	id(obj)	객체 obj의 identity 반환
divmod(a, b)	몫과 나머지를 반환	int(x)	문자열 x를 정수로 반환
enumerate()	순차적 반복 튜플 생성	len(obj)	객체 obj의 요소수를 반환

표 2.1b 파이썬에서 주로 사용하는 기본 내장함수

함수	의미	함수	의미
list()	리스트를 생성	round(x, n)	x를 소수점 n자리로 반올림
map(f, [x])	리스트 요소에 함수 f를 적용	set()	집합형 자료 생성
max()	최댓값을 반환	slice()	슬라이스 객체를 반환
min()	최솟값을 반환	sorted(itr)	요소들이 정렬된 리스트 반환
next(itr)	itr의 다음 요소 획득	str(obj)	객체 obj를 문자열을 반환
oct(n)	정수 n의 8진수를 반환	sum(itr)	itr 요소들의 합을 반환
open(file, …)	file 이름의 파일을 열기	tuple()	튜플을 생성
ord(c)	문자 c의 유니코드 정수 반환	type()	요소들의 자료형을 반환
pow(x, y)	x의 y 승을 반환	zip(itr)	여러 유형의 반복 튜플 생성
range()	반복문을 위한 정수를 생성		

파이썬에서 제공하는 내장함수의 사용형식과 실행 예를 보면 다음과 같다.

```
# 2.1 함수와 배열-2.1.1 기본 내장함수-1. 파이썬 내장함수
# (1) abs(), max(), min(), len(), sum() 등
>>> abs(-5) # 5
>>> v1 = [1, 3, 5, 7, 9, 11]
>>> max(v1), min(v1), len(v1), sum(v1)
(11, 1, 6, 36)
>>> complex(3, 4)
(3+4j)
>>> divmod(17, 5)
(3, 2)
>>> print(list(filter(lambda x: x>5, v1)))
[7, 9, 11]
>>> list(filter(lambda x: x%2 == 1, [1, 2, 3, 4, 5]))
[1, 3, 5]
```

2. math 모듈의 수학함수

이 책의 1.5절에서 파이썬의 라이브러리, 패키지 및 모듈에 대한 의미와 포함관계를

설명하였다. 일련의 스크립트를 담고 있는 *.py 확장자를 가진 프로그램 파일을 모듈이라 한다. 파이썬 내장함수 소개에서 수학 관련 함수는 abs(), max(), min(), sum(), pow()와 round() 등이었고, 이들만으로는 수치계산에 불충분하다.

파이썬이 기본으로 제공하는 math 모듈은 여러 가지 수학 관련 함수를 담고 있으며, 별도로 설치할 필요가 없는 모듈이고, 수치해석에서 도움이 되므로 소개하기로 한다. 한편, math 모듈은 복소수 관련 함수와 같이 사용할 수 없으며 복소수를 다루기 위해서는 cmath 모듈을 따로 임포트하여야 한다.

표 2.2 math 모듈의 수학 관련 함수

상수/함수	의미	함수	의미
math.pi	상수, 원주율 pi	math.cosh(x)	역 cosine huperbolic(x)
math.e	오일러 상수, 자연로그	math.log10(x)	상용 로그 log_10 (x)
math.ceil(x)	실수 x를 넘는 최소 정수	math.floor(x)	x를 넘지 않는 최대 정수
math.sin(x)	삼각함수 sin(x)	math.log2(x)	이진 로그 log_2 (x)
math.cos(x)	삼각함수 cos(x)	math.exp(x)	지수 함수 e**x
math.tan(x)	삼각함수 tan(x)	math.sqrt(x)	제곱근 함수 √x
math.asin(x)	역삼각함수 arcsin(x)	math.fabs(x)	절댓값 |x|
math.acos(x)	역삼각함수 arccos(x)	math.fsum([x])	[x]의 요소들의 합 반환
math.atan(x)	역삼각함수 arctan(x)	math.degrees(x)	라디안을 각도로 변환
math.log(x)	자연 로그 ln(x)	math.radians(x)	각도를 라디안으로 변환
math.sinh(x)	sine huperbolic(x)	math.gcd(m, n)	m과 n의 최대공약수
math.cosh(x)	cosine huperbolic(x)	math.modf(x)	x의 소수와 정수를 반환
math.asinh(x)	역 sine huperbolic(x)	math.factorial(n)	정수 n의 n!을 반환

파이썬의 math 모듈에서 제공하는 함수의 사용형식과 실행 예를 보면 다음과 같다.

```
# 2.1 함수와 배열 - 2.1.1 기본 내장함수 - 2. math 모듈의 수학함수
# ceil(), floor(), sin(), acos(), exp() 등
>>> import math
>>> math.pi, math.e
(3.141592653589793, 2.718281828459045)
```

```
>>> math.ceil(math.pi), math.floor(math.pi)
(4, 3)
>>> math.sin(math.pi/3), math.cos(math.pi/3)
(0.8660254037844386, 0.5000000000000001)
>>> math.degrees(math.pi), math.radians(180)
(180.0, 3.141592653589793)
>>> math.fabs(-3.14), math.fsum([1., 2., 3., 4., 5.])
(3.14, 15.0)
>>> math.gcd(24, 18), 24*18/math.gcd(24, 18) # 최대공약수와 최소공배수
(6, 72.0)
>>> math.modf(3.14)
(0.14000000000000012, 3.0)
```

3. cmath 모듈의 수학함수

파이썬의 cmath 모듈은 복소수를 위한 수학함수에 대한 기능을 지원한다. 이 모듈의 함수는 정수형, 부동소수형 수 또는 복소수를 인자로 받아들인다. 파이썬 복소수 z는 직교 좌표를 사용하여 내부적으로 저장되고, 실수부 z.real과 허수부 z.imag에 의하여 유일하게 결정된다. math 모듈과 cmath 모듈의 수학함수는 유사한 종류와 형식을 갖는다.

표 2.3 cmath 모듈의 수학 관련 함수

함수	의미	함수	의미
cmath.exp(z)	e의 z 거듭제곱을 반환	cmath.pi	상수, 원주율 pi
cmath.log(z[,b])	밑이 b인 로그 z 반환	cmath.e	오일러 상수, 자연로그
cmath.log10(z)	z의 상용 로그 반환	cmath.inf	부동소수형 양의 무한대
cmath.sqrt(z)	z의 제곱근	cmath.cosh(z)	cosine huperbolic(z)
cmath.cos(z)	z의 코사인	cmath.sinh(z)	sine huperbolic(z)
cmath.sin(z)	z의 사인	cmath.phase(z)	복소수 z의 편각
cmath.tan(z)	z의 탄젠트	cmath.polar(z)	z의 극좌표 r, phi 반환
cmath.acos(z)	z의 역 코사인	cmath.rect(r, phi)	r, phi 대응 복소수 반환
cmath.asin(z)	z의 역 사인		

```
# 2.1 함수와 배열 - 2.1.1 기본 내장함수 - 3. cmath 모듈의 수학함수
>>> import cmath
>>> complex(2, 3), 2 + 3j
((2+3j), (2+3j))
>>> z = 3+4j; z.real, z.imag
(3.0, 4.0)
>>> abs(z), z.conjugate()
(5.0, (3-4j))
>>> cmath.phase(z) # 복소수 z의 편각 - [그림 2.1] 참조
0.9272952180016122
>>> cmath.polar(z)
(5.0, 0.9272952180016122)
>>> cmath.rect(5, 0.9273)
(2.9999808719721477+4.000014345949428j)
```

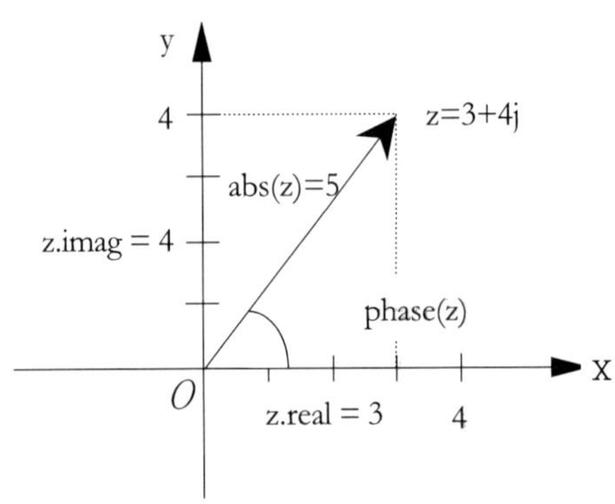

그림 2.1 좌표평면의 복소수

예제 2.1

임의의 복소수 z1과 z2의 곱 z3를 구하고, z3의 편각은 z1의 편각과 z2의 편각의 합이며, z3의 절댓값(크기)은 z1의 절댓값과 z2의 절댓값의 곱이 됨을 예를 들어 보이시오.

풀이 답을 구하기 위한 파이썬 프로그램은 다음과 같고 출력결과는 생략한다.

```
# Ex21complx.py: 2.1.1 기본 내장함수 - 3. cmath 모듈의 수학함수
# [예제 2.1] 복소수의 연산
import cmath
z1 = 3+4j; z2 = 2+3j; print("z1 = %s, z2 = %s" % (z1, z2))
z3 = z1*z2; print("z3 = z1*z2 =", z3)
arg1 = cmath.phase(z1) + cmath.phase(z2); arg2 = cmath.phase(z3) # 편각
print("arg1 = %f, arg2 = %f" % (arg1, arg2))
pabs = abs(z1)*abs(z2) # 절댓값(크기)
print("abs(z1)*abs(z2) = %f, abs(z3) = %f" % (pabs, abs(z3)))
```

2.1.2 사용자정의함수

1. 사용자정의함수의 기본형식

사용자정의함수는 파이썬의 기본함수와는 별도로 사용자가 필요하여 생성한 함수를 의미하며 사용형식은 다음과 같다.

>>> def 함수명(인수1, 인수2, …) <계산식a; 계산식b; return 계산결과 반환값 >

입력하는 인수가 없거나 입력인수가 하나인 간단한 경우도 있으며 입력인수가 두 개 이상이고 출력값이 두 개 이상인 경우도 가능하다.

```
# 2.1 함수와 배열 - 2.1.3 사용자정의함수 - 1. 사용자정의함수의 기본형식
>>> import math
>>> def f1() : return 7 # 입력인수가 없음
>>> f1() # 7
>>> def f2(x) : return x**2 # 입력인수가 하나
>>> f2(10) # 100
# 1) 하나의 인수를 갖는 사용자정의함수의 응용
# a) 라디안 => 각도, b) 각도 => 라디안
>>> def r2d(r): return r*180/math.pi  # 라디안을 각도로
>>> def d2r(d): return d*pi/180 # 각도를 라디안으로
>>> r2d(math.pi), math.degrees(math.pi)
```

```
(180.0, 180.0)
>>> d2r(180), math.radians(180)
```

다음은 두 개 이상의 인수를 갖는 사용자정의함수의 예를 들어 보기로 한다.

```
# 2.1 함수와 배열 - 2.1.2 사용자정의함수 - 1. 사용자정의함수의 기본형식
# 2) 두 개의 인수를 입력하여 하나의 값으로 계산
>>> import math
>>> def f3(x, y) : return x*y

>>> f3(10, 20) # 200
# 3) 두 개의 인수를 입력하여 두 개의 값으로 출력
>>> def f4(x, y) : return x+y, x*y

>>> s4, p4 = f4(10, 20); s4, p4
(30, 200)
```

2. 사용자정의함수를 포함하는 사용자정의함수

파이썬에서 사용자정의함수는 다시 사용자정의함수를 포함할 수 있으며 다음 예는 사용자정의함수의 중복을 보여주고 있다.

예제 2.2

다음 ①에 주어진 함수 $g(x)$의 함수에 대한 가중치 평균을 구하는 ②와 같이 정의되는 사용자정의함수 $f(a,\ b)$를 작성하시오.

① $g(x) = (3x^2 + 4x - 5)/(x + 3\exp(-x))$

② $f(a,b) = (a \times g(a) + b \times g(b))/(a+b)$

풀이 사용자정의함수를 작성하는 파이썬 프로그램은 다음과 같다.

```
# Ex22Userft.py : 2.1.2 사용자정의함수 - 2. 사용자정의함수의 중복
```

```
# [예제 2.2] 사용자정의함수를 포함하는 사용자정의함수
import math
def fab(a, b) :
    g = lambda x: (3.0*x**2 + 4.0*x - 5.0)/(x + 3.0*math.exp(x))
    if a+b != 0.0 :
        return (a*g(a) + b*g(b))/(a+b)
    else :
        return [None]

# fab(1, 3)과 fab(2, -2)를 실행해 보기 바람
>>> fab(1.0, 3.0) # 0.4577358082958356
>>> fab(2, 2)  # 0.6206767717172377
>>> fab(2, -2) # [None]
```

3. 사용자정의함수의 응용

사용자정의함수를 응용하는 것은 이 책에서 수치해석을 끝마칠 때까지 계속 작성하여야 할 프로그램 모듈의 거의 전부라고 해도 과언이 아니다. 앞의 math 모듈에 관한 수학함수 [표 2.2]에서 최대공약수(GCD)를 구하는 함수 math.gcd()를 보았는데, 이 함수를 이용하여 최소공배수(LCM)도 쉽게 구할 수 있다. 다음 예제에서 두 정수를 인수로 하는 최대공약수와 최소공배수를 구하는 사용자정의함수를 알아보자.

예제 2.3

두 개의 정수를 인수로 하여 최대공약수를 구하는 사용자정의함수 fgcd()와 최소공배수를 구하는 사용자정의함수 flcm()을 작성하고 math.gcd()와 그 결과를 비교하시오.

풀이 파이썬에서 반복문은 이미 소개하였고 C 언어나 다른 고급 언어와 같이 반복문의 반복횟수가 정해지지 않았을 때는 while() 반복문을 사용한다. 파이썬 공통 모듈이 제공하는 'while (조건) <실행>'문은 조건이 참일 동안 실행을 계속한다.

```
# Ex23GcdLcm.py 2.1.2 사용자정의함수 - 3. 사용자정의함수의 응용
```

```
# [예제 2.3] 최대공약수와 최소공배수를 구하는 사용자정의함수
# [예제 2.3A] 최대공약수 구하기
import math
def fgcd(n1, n2):
    gcd = n1
    while (n1%gcd != 0 or n2%gcd != 0) :
        gcd = gcd - 1
    return gcd

# [예제 2.3B] 최소공배수 구하기
def flcm(n1, n2):
    lcm = n1
    while (lcm%n1 != 0 or lcm%n2 != 0):
        lcm = lcm + 1
    return lcm
#
>>> from Ex23GcdLcm import *
>>> fgcd(90, 105), math.gcd(90, 105)  # (15, 15)
>>> fgcd(548, 959), fgcd(959, 548) # (137, 137)
>>> flcm(37, 61), 37*61/math.gcd(37, 61) # (2257, 2257.0)
>>> flcm(73, 107), flcm(107, 73) # (7811, 7811)
```

2.1.3 지역, 전역, 매개변수

1. 지역변수와 전역변수

변수는 정의된 범위에 따라 함수 내에서만 사용하는 지역(local)변수와 프로그램 전체 범위에서 사용할 수 있는 전역(global)변수로 나뉜다.

```
# 2.1 함수와 배열 - 2.1.3 지역, 전역, 매개변수 - 1. 지역변수와 전역변수
>>> def f1():
        x = 10 # 지역변수
        print("f1()에서 x =", x)

>>> def f2():
        print("f2()에서 x =", x)
```

```
>>> x = 20 # 전역변수
>>> f1() # f1()에서 x = 10
>>> f2() # f2()에서 x = 20
```

(1) Global 예약어

함수 내에서 정의되어도 지역변수 대신 전역변수로 사용하고자 한다면 예약어 global을 사용하여 선언한다.

```
# 2.1 함수와 배열 - 2.1.3 지역, 전역, 매개변수 - 1. 지역변수와 전역변수
>>> def f1():
        global x
        x = 10 # 전역변수
        print("f1()에서 x =", x)

>>> def f2():
        print("f2()에서 x =", x)

>>> x = 20 # 전역변수
>>> f1() # f1()에서 x = 10
>>> f2() # f2()에서 x = 10
```

2. 함수의 반환값과 인수

지금까지 이미 많이 사용하였듯 함수에서 어떤 계산이나 처리를 한 후 반환할 값이 있으면 'return 반환값' 형식으로 쓴다. 반환할 값이 없으면 'return'을 생략하거나 'return'만 입력해도 되고 'return [None]'를 사용하여도 좋다. 인수(argument)는 함수를 호출할 때 넘겨주는 값으로 인자 또는 매개변수(parameter)라고도 한다. 지금까지 거의 def로 함수를 정의하였는데, 간단하게 lambda 식으로 함수를 만드는 방법을 사용하기로 한다.

```
# 2.1 함수와 배열 - 2.1.3 지역, 전역, 매개변수 - 2. 반환값과 인수
>>> f1 = lambda x : x**2 # 하나의 인수
>>> f1(10) # 반환된 값: 100
```

```
>>> f2 = lambda: print("반환값이 없는 함수")
>>> f2()
반환값이 없는 함수
>>> def f(x, y) : return (x + y, x*y) # 2개의 인수, 반환값 2개
>>> f(2, 5) # (7, 10)
>>> g = lambda x, y : (x + y, x*y) # lambda 식 함수
>>> g(2, 5) # (7, 10)
>>> f3 = lambda x, y, z: (x + y + z, x*y*z)
>>> f3(2, 3, 4)
(9, 24)
```

(1) 인수에 기본값 지정과 인수의 수 미지정

함수에서 인수를 2개 또는 3개를 융통성 있게 사용하고자 할 때가 있을 수도 있고 인수의 개수를 아예 지정하지 않는 방법도 있다.

```
# 2.1 함수와 배열 - 2.1.3 지역, 전역, 매개변수 - 2. 반환값과 인수
>>> f1 = lambda x, y, z = 0 : 2*(x + y + z) # 인수의 수 2개 또는 3개
>>> f1(2, 2), f1(2, 2, 2)
(8, 12)
>>> def f2(x, y, z = 0): return 2*(x + y + z)

>>> f2(2, 2), f2(2, 2, 2)
(8, 12)
>>> def f3(*arg):  # 인수의 수 미지정
                tot = 0
                for n in arg: tot += n
                return tot
>>> f3(10, 20), f3(10, 20, 30, 40)
(30, 100)
```

2.1.4 라이브러리와 임포트

1. 수치해석에 필요한 라이브러리

이 책의 1.5절과 2.1절에서 라이브러리, 패키지 및 모듈의 의미와 포함관계에 대해서 설명하였다. 수치해석에서 필요한 라이브러리인 Numpy와 matpoltlib를 설치하는 방법은 1.1절에서 소개하였는데, 여기서는 Numpy와 matpoltlib 및 SymPy의 기능을 간단히 소개하기로 한다. Numpy의 사용법은 2.1.5절의 배열과 행렬에서, matpoltlib의 사용법은 2.3절에서 구체적으로 다루기로 한다. 또한 SymPy는 수치해석의 기호적 관점에서 미적분, 연립비선행방정식의 해, 미분방정식의 간단한 해를 구하는데 유용하다. 라이브러리 SymPy의 설치방법은 Numpy와 matpoltlib의 설치방법과 유사하므로 생략한다.

(1) NumPy 라이브러리

NumPy 라이브러리는 같은 형의 데이터를 다차원적으로 표현하는 데이터 구조인 배열을 생성하고 활용하는데 특화된 모듈의 집합체이다. 그리고 벡터와 행렬을 포함한 1, 2차원 배열과 다차원 배열은 수치계산을 위한 필수적인 도구이다. 수치계산에서는 반복적인 연산이 많이 발생하는데, 이를 효과적으로 처리하게 할 수 있는 구조가 바로 배열구조이기 때문이다. 더 나아가 과학 컴퓨팅 환경에서 배열구조를 도입하여 작업하기 위한 효율적인 데이터 구조는 NumPy 라이브러리에서 제공한다.

NumPy의 데이터 구조를 대략적으로 살펴보면 파이썬의 리스트 구조와 비슷하게 보인다. 그러나 중요한 차이점은 파이썬의 리스트는 이질적인 요소들을 가질 수 있는 일반적인 객체의 집합형구조이다. 반면에 NumPy의 배열은 동질적인 요소들을 갖는 집합형구조이며 다차원구조를 가질 수 있다. 여기서 동질적이란 객체의 요소가 모두 같은 종류의 자료형이라는 의미이다.[1]

NumPy는 이와 같은 다차원 배열 자료구조 외에도 수치계산을 포함한 과학 컴퓨팅을 위해 수학함수, 난수생성, 통계관련 함수, 다항식 계산, 행렬 생성, 문자열처리 등 다양한 기능을 제공한다. 파이썬은 과학 컴퓨팅 지원을 위하여 NumPy 외에도 SymPy

1 박철근, "R을 이용한 수치해석", 자유아카데미, 2021년 2월, p.340

와 SciPy 등의 라이브러리를 추가로 제공하는데 이들 대부분은 NumPy를 기반으로 하고 있다.

> **참고** NumPy
>
> NumPy는 벡터와 행렬을 포함한 대규모 다차원 배열을 효율적으로 처리할 수 있도록 지원하는 파이썬의 라이브러리이다. NumPy는 이러한 배열 자료구조 외에도 수치계산을 위하여 수학함수, 선형대수, 난수생성, 통계함수, 다항식 계산, 데이터 입출력 등 효율적으로 구현된 다양한 기능을 제공한다. NumPy가 제공하는 다차원 배열구조는 과학 컴퓨팅을 위한 파이썬의 대부분 라이브러리들을 위한 기반이기도 하다. NumPy에 대한 더 상세한 정보는 www.numpy.org에서 참고할 수 있다.

위에 나열한 NumPy의 여러 가지 기능을 구체적으로 제공하는 것은 NumPy에 포함된 모듈의 개별 함수들에 의존한다. 이러한 함수들을 이용하기 위해서는 NumPy나 세부 모듈을 임포트하여야 한다. 모듈을 임포트하는 구체적인 방법은 다음 항에서 다루기로 하고 여기서는 배열조작에 필요한 NumPy의 함수들에 대해 알아보기로 한다. 아래 [표 2.4]는 배열처리에 자주 사용되는 NumPy 라이브러리의 내부함수를 나타내고 있다. 표에서는 NumPy를 임포트('import numpy as np')할 때 별칭을 np로 사용한 경우이다. 여러 가지 NumPy가 제공하는 수학 관련 함수는 2.1.5절에서 다루기로 한다.

표 2.4 NumPy의 중요한 배열처리 관련 함수

함수	설명
np.array(obj, dtype)	객체 obj를 dtype 배열로 변환
np.eye(n, dtype)	n × n 단위(항등)배열을 dtype 숫자형으로 생성
np.identity(n, dtype)	n × n 단위배열을 dtype 숫자형으로 생성
np.empty((m, n), dtype)	m × n 공 배열을 dtype 숫자형으로 생성
np.zeros((m, n), dtype)	m × n 영(0)배열을 dtype 숫자형으로 생성
np.full((m, n), fill_value)	모든 요소를 fill_value로 m × n 배열을 생성
np.copy(a, order); a.copy()	객체 a의 사본 배열을 생성
np.diag(v, k)	배열(벡터) v에서 k열을 기준으로 대각요소를 추출/생성

표 2.4 NumPy의 중요한 배열처리 관련 함수(계속)

함수	설명
np.tri(m, n, k, dtype)	k열 기준 대각 아래는 모두 1, 위는 0인 m×n 배열 생성
np.vander(x, increasing)	Vandermonde 배열을 생성
np.mat(data, dtype)	입력 data를 dtype 행렬로 변환
np.reshape(a, (m, n))	벡터 또는 배열 a를 m×n 배열로 형태를 변경
np.ravel(a, order)	배열 a를 1차원 배열로 평탄화
ndarray.T	배열 ndarray의 전치배열을 반환
np.traspose(a)	배열 a의 전치배열을 반환
np.hstack(tup)	튜플(tup)과 배열을 수평 방향으로 배열로 묶음
np.vstack(tup)	튜플(tup)과 배열을 수직 방향으로 배열로 묶음
np.delete(a, obj, axis)	배열 a에서 지정한 축으로 지정한 요소를 삭제하여 반환
np.insert(a, obj, val, axis)	배열 a의 요소(obj) 뒤에 새로운 요소(val)를 축(axis)에 추가
np.append(arr, val, axis)	배열 arr에 배열 val을 axis축 방향으로 추가
np.arange(m, n, k)	시작 m에서 끝 n-1까지 k씩 증가하는 수열 생성

(2) matplotlib 라이브러리

과학기술 컴퓨팅 결과를 시각화(visualization)하는 것은 결과가 숫자로 된 데이터에서 잘 드러나지 않는 추세를 발견하거나 오류를 찾아내기 위하여 필수적이라 할 수 있다. matplotlib은 범용 시각화를 위한 파이썬 라이브러리로, 수집한 데이터나 계산결과 데이터의 특성을 파악하고 통찰(insight)을 얻기 위한 다양한 그래픽 기능을 제공한다. 사용자는 matplotlib 형식의 기본적인 설정을 통하여 고품질의 그래픽을 작성할 수 있고 2차원뿐만 아니라 3차원 그래픽 기능도 이용할 수 있다.

matplotlib은 선 그래프, 바차트, 파이차트, 히스토그램, 상자 플롯(box plot), 산점도(scatter pot) 등의 그래픽 기능을 지원하고, 다양한 차트와 플롯 기능을 지원한다. matplotlib을 이용하여 데이터를 좀 더 효과적으로 시각화하기 위해서는 주피터 노트북(Jupyter notebook)이나 아나콘다(Anaconda)를 설치하여 사용하면 편리하다. 주피터 노트북이나 아나콘다를 설치하는 방법은 부록 A1을 참고하기 바란다.

라이브러리 matplotlib은 많은 모듈을 포함하고 있지만, 일반적인 수치해석 범위에서는 pyplot 모듈만 임포트하여도 충분하다. pyplot 모듈은 다양한 2차원 그래프를 쉽게 생성해 주며 Matlab과 유사한 명령어로 그래픽 기능을 제공하는 함수들을 갖고 있다. 또한 pyplot은 간단한 명령으로 그림(figure)과 축(axes)을 생성하며 지정한 플롯을 얻을 수 있도록 해준다.

matplotlib으로 3차원 그래프를 그리기 위해서는 mplot3d 툴킷(toolkit)의 Axes3D 모듈이 필요하다. matplotlib은 여러 가지 툴킷을 지원하고 있으나 같이 사용할 수 있는 특정한 툴킷들은 별도로 설치하여야 한다. 이 책에서는 별도의 설치가 필요 없는 범위의 툴킷을 사용하기로 한다. 범위 내의 툴킷 중 AxesGrid는 여러 개의 이미지를 배치할 때 유용한 기능을 제공한다.

참고 matplotlib

matplotlib은 고품질 2차원과 3차원의 다양한 그래픽 기능을 지원하는 파이썬의 라이브러리이다. matplotlib이 지원하는 그래픽 기능에는 선 그래프, 바차트, 파이차트, 히스토그램, 상자 플롯, 산점도 등이 있으며 다양한 차트와 플롯 기능을 포함한다. pyplot 모듈은 다양한 2차원 그래프를 쉽게 생성해주며 mplot3d 툴킷은 3차원 플롯 기능을 제공한다. matplotlib에 대한 더 상세한 정보는 www.matplotlib.org에서 참고할 수 있다.

2. 라이브러리와 모듈의 임포트 방법

앞서 나타난 1.5절과 2.1절에서 모듈, 라이브러리 및 패키지의 포함관계를 설명하였다. 라이브러리는 특정한 기능을 지원하기 위하여 미리 작성된 한 덩어리의 프로그램을 뜻하며 패키지와 모듈을 포함하고 있다. 앞에서 설명한 바와 같이 모듈은 함수나 클래스 등의 객체를 포함하는 파일을 가리킨다. 패키지는 여러 개의 모듈을 묶어 관리하는 것으로 디렉터리에 비유할 수 있다. 예를 들어, 모듈 이름이 pkg.mod이면 pkg는 패키지 이름이고 mod는 모듈명이 된다.

모듈은 표준 모듈, 사용자정의 모듈 및 서드파티(third party) 모듈로 구분할 수 있다. 표준 모듈은 파이썬이 제공하는 기본 모듈이고, 사용자정의 모듈은 사용자가 작성한 모듈이다. 여기서는 작성한 프로그램을 실행하기 위하여 필요한 기능들을 지원하는 모듈을 임포트하는 간단한 방법과 표현에 대해서 알아보기로 한다.

(1) 임포트 기본

파이썬의 프로그램 파일(*.py)은 보통 그 자체를 모듈로 임포트할 수 있다. 예를 들어, [예제 2.3]에서 작성한 파일 'Ex23GcdLcm.py'은 두 정수의 최대공약수 또는 최소공배수를 구하는 모듈로 다음과 같이 임포트하여 사용할 수 있다.

```
···› # 2.1 함수와 배열 - 2.1.4 라이브러리와 모듈의 임포트 방법 1
>>> from Ex23GcdLcm import *
>>> n1 = fgcd(18, 24); n2 = flcm(18, 24)
>>> n1, n2
(6, 72)
```

모듈을 임포트하는 방법은 위와 같이 단순한 방법도 있지만, 사용자의 편의성에 따라 여러 가지 형태로 이용할 수 있다. 모듈이 처음 임포트될 때 새 이름공간(namespace)이 만들어지는데, 모듈 안의 객체를 모두 이곳에 저장하며 여기에서 모듈의 코드가 실행된다. 파이썬 스크립트에서 대체로 많이 사용하는 유형의 예를 들어보기로 하자.

① import 모듈명

② import 모듈명 as 별칭

③ from 모듈명 import *

④ from 모듈명 import 모듈요소1, 모듈요소2, …

⑤ from 모듈명 import 모듈요소 as 별칭

위 ②와 ⑤의 경우는 모듈명이나 모듈요소명이 길 때 간단하게 병칭을 이용하여 줄일 수 있으므로 사용자에게 편의성을 준다. ①의 경우는 사용할 때 '모듈명.함수명()'의 형식으로 사용하지만 ③의 경우 모듈명은 생략하고 간단히 '함수명()'의 형식을 쓴다. ③의 경우 모듈들이 같은 함수명을 사용할 수 있으므로 주의할 필요가 있다. 다양하게 사용되는 패키지나 모듈들을 임포트하는 예를 들어보기로 하자.

```
# 2.1 함수와 배열 - 2.1.4 라이브러리와 모듈의 임포트 방법 2
>>> import numpy as np
>>> import sympy as sp
>>> import matplotlib as mpl
>>> import matplotlib.pyplot as plt
>>> import scipy.interpolate as ipl
>>> from numpy import polynomial as P
>>> from mpl_toolkits.mplot3d.axes3d import Axes3D
>>> from math import pi, e, sqrt
```

2.1.5 배열과 행렬

파이썬에서 배열을 생성하고 여러 가지 계산을 하기 위해서는 NumPy 라이브러리를 임포트하여야 한다는 사실을 알았다. 그러므로 NumPy를 임포트할 때 별칭으로 np를 쓰기로 한다. 여기서는 배열 간의 연산뿐만 아니라 배열요소 간 연산을 다루기로 한다. 앞에서도 언급하였듯 배열의 요소는 동질적이라 하였으며, NumPy가 제공하는 기본적인 숫자 자료유형은 정수, 부동소수 및 복소수이다.

NumPy에는 배열(ndarray)과 행렬(matrix)이라는 객체가 구분되어 있는데, 처음 이를 접할 때는 혼동하기가 쉽다. 파이썬 입문단계에서 행렬연산이 필요하게 되면 당연히 matrix를 사용해야 하는 것 아닌가 짐작하게 되는데, 수치계산에서 대부분의 연산은 배열구조로도 충분하다는 것을 알 수 있다. 사실상 NumPy 함수의 대부분은 배열을 반환하므로 배열연산에서는 ndarray를 사용하는 것이 더 효율적이라고 알려져 있다. 2장에서는 2차원 배열과 행렬을 구분하여 사용하기로 하나 3장 이후에서는 구분 없이 사용한다.

배열과 행렬연산 및 요소 간 연산에 대하여 차이점을 좀 더 구체적으로 알아보자. 곱하기 연산에서 두 객체는 다른 연산자를 사용하는데, 두 배열 A와 B의 곱은 np.dot(A, B), A.dot(B) 또는 A@B를 사용하지만 두 행렬 A와 B의 곱은 A*B를 사용한다. 주의해야 할 점은 배열에서 연산자 '*'는 요소 간 곱셈을 계산한다는 것이다. 행렬객체는 벡터와 행렬을 항상 2차원 구조로 나타내지만, 배열객체는 1차원과 2차원의 구조가 다르며 3차원 자료구조도 가능하다.

1. 배열의 생성과 운용

배열을 효율적으로 생성하고 처리하기 위해서 이미 소개한 [표 2.4]를 이용한다. 다음 예들은 2차원 리스트를 이용하여 2차원 배열을 생성하고 다양한 처리를 보여준다.

```
# 2.1 함수와 배열 - 2.1.5 배열과 행렬 - 1. 배열의 생성과 운용 1
>>> import numpy as np
>>> lst = [[1, 2, 3], [4, 5, 6], [7, 8, 9]]; lst
>>> dat = np.array(lst); dat # 리스트를 2차원 배열로 변환
array([[1, 2, 3], [4, 5, 6], [7, 8, 9]]) # 편의상 가로로 표기
>>> dat.ndim, dat.shape  # 배열의 차원, 차원별 크기 반환
(2, (3, 3))
>>> dat.dtype, dat[2, 1] # 배열의 자료형과 3행 2열의 원소
(dtype('int32'), 8)
>>> lst[1][2], dat[1, 2], dat[1][1] # 리스트와 배열의 인덱싱 차이
(6, 6, 5)
```

```
# 2.1 함수와 배열 - 2.1.5 배열과 행렬 - 1. 배열의 생성과 운용 2
>>> dat[2, 1] = 2; dat # 3행 2열의 원소 8을 2로 교체
>>> dat.T #  dat의 전치배열
array([[1, 4, 7],
       [2, 5, 2],
       [3, 6, 9]])
>>> np.sqrt(dat) # 배열요소들의 제곱근
array([[1.        , 1.41421356, 1.73205081],
       [2.        , 2.23606798, 2.44948974],
       [2.64575131, 2.82842712, 3.        ]])
>>> np.square(dat) # 생략: 배열요소들의 제곱
```

```
# 2.1.5 배열과 행렬 - 1. 배열의 생성과 운용 - ndarray의 기본 속성
>>> dat = np.array([[1, 2, 3], [4, 5, 6]]); type(dat)
(<class 'numpy.ndarray'>)
>>> dat.ndim, dat.shape
(2, (2, 3))
>>> dat.size, dat.dtype
(6, dtype('int32'))
```

```
# 2.1.5 배열과 행렬 - 1. 배열의 생성과 운용 - 벡터와 모양(shape)
>>> dat1 = np.array([1, 2, 3])
>>> dat1, dat1.shape
(array([1, 2, 3]), (3,))
>>> dat1r = dat1.reshape(3, 1); dat1r
array([[1],
       [2],
       [3]])
>>> dat1c = dat1.reshape(1, 3); dat1c
array([[1, 2, 3]])
>>> dat1r.shape, dat1c.shape
((3, 1), (1, 3))
```

```
# 2.1.5 배열과 행렬 - 1. 배열의 생성과 운용 - 영행렬과 항등행렬
>>> np.ones((3, 3)) # 요소가 모두 1인 3행 3렬 행렬 구성
array([[1., 1., 1.], [1., 1., 1.], [1., 1., 1.]]) # 편의상 가로로 표기
>>> np.zeros([3, 3]) # 요소가 모두 0인 3행 3열 배열 구성
array([[0., 0., 0.],
       [0., 0., 0.],
       [0., 0., 0.]])
>>> np.eye(3) # 3x3 단위행렬 생성
array([[1., 0., 0.],
       [0., 1., 0.],
       [0., 0., 1.]])
```

```
# 2.1.5 배열과 행렬 - 1. 배열의 생성과 운용 - 행렬의 재구성
>>> dat2 = np.array(range(10)); dat2 # np.arange(10)와 동일
>>> dat2r = dat2.reshape(2, 5); dat2r
array([[0, 1, 2, 3, 4],
       [5, 6, 7, 8, 9]])
>>> dat3 = dat2[dat2>5]; dat3 # 배열의 요소 중 5보다 큰 수 찾기
array([6, 7, 8, 9])
```

(1) 배열의 계산

선형대수에서는 배열을 중심으로 한 계산이 매우 자주 사용되는데, 이 책의 3장에서

구체적으로 다루겠으나 여기서는 간단한 배열 간 계산을 예로 들기로 한다. 배열의 계산에는 곱, 합, 행렬식(determinant), 역행렬 등 다양한 계산이 있다.

```
# 2.1.5 배열과 행렬 - 1. 배열의 생성과 운용 - 행렬식과 역행렬
>>> A = np.array([[1, 2], [3, 4]]); A
>>> np.linalg.det(A)
-2.0000000000000004
>>> B = np.linalg.inv(A); B
array([[-2. ,  1. ],
       [ 1.5, -0.5]])
>>> np.round(A@B, 15) # 행렬과 그 역행렬의 곱은 항등행렬이어야 함
array([[1., 0.],
       [0., 1.]])
```

```
# 2.1.5 배열과 행렬 - 1. 배열의 생성과 운용 - 행렬요소들의 합과 곱
>>> A = np.array([[1, 2], [3, 4]])
>>> B = np.ones((2, 2))
>>> A + B # 행렬의 합과 차는 차원이 같아야 정의됨
array([[2., 3.],
       [4., 5.]])
>>> A*A - 2*B # A의 요소들을 제곱하고 B의 요소에 2배한 후 차를 계산
array([[-1.,  2.],
       [ 7., 14.]])
>>> A/A
array([[1., 1.], [1., 1.]]) # 편의상 가로로 표기
```

(2) 벡터의 내적과 외적

선형대수에서는 스칼라 곱으로 두 벡터의 같은 위치(인덱스)에 있는 요소들의 곱들의 합으로 정의된다. 기하학, 물리학이나 전자기학에서 많이 나타나는 벡터의 내적, 외적에 대한 ndarray의 연산은 3장에서 다루기로 한다.

2. NumPy의 수학함수

앞선 2.1.1절에서 파이썬의 기본 모듈 math와 cmath에 관한 여러 가지 수학함수를 언급하였다. NumPy가 제공하는 기본적인 수학함수도 이들이 제공하는 것과 매우 유사하나 이들은 보다 다양한 함수를 지원한다. [표 2.2] math 모듈의 수학 관련 함수에서 모듈 이름을 math에서 np로 바꾸면 같은 결과를 가질 수 있으므로, 이들은 생략하고 이와 다른 함수들을 소개하기로 한다. 기타 난수생성 함수와 통계 관련 함수는 여기서 생략하기로 하며 선형대수 관련 함수는 3장에서 다루기로 한다.

표 2.5 NumPy의 수학 관련 함수

상수/함수	의미	함수	의미
np.deg2rad()	각도를 라디안으로 변환	np.reciprocal(x)	요소별 역수 반환
np.rad2deg()	라디안을 각도로 변환	np.subtract(x, y)	요소별 빼셈
np.round(x, n)	소수점 n자리로 반올림	np.power(x, y)	요소별 x의 y 승 반환
np.fix(x, n)	0쪽으로 가까운 정수	np.fmod(m, n)	m/n의 나머지; np.mod()
np.trunc(x)	소수점 이하를 버림	np.remainder(m, n)	m/n의 나머지
np.sum(a, axis)	axis축 방향 합산	np.angle(z)	복소수 z의 편각
np.diff(a, n, axis)	axis축 방향 n 차분	np.angle(z)	켈레 복소수
np.gradiant()	배열요소의 기울기	np.absolute(x)	절댓값 계산
np.trapz()	확장 사다리꼴 적분	np.fabs(x)	절댓값 계산
np.log1p(x)	log(1+x)의 계산	np.max(a)	배열의 최댓값
np.add(x, y)	요소별 합 반환	np.min(a)	배열의 최솟값
np.multiply(x, y)	요소별 곱 반환	np.square(x)	배열요소의 제곱
np.divide(x, y)	요소별 나눗셈	np.sign(x)	배열요소의 부호 반환

```
# 2.1 함수와 배열 - 2.1.5 배열과 행렬 - 2. NumPy의 수학함수
# ceil(), floor(), sin(), acos(), exp() 등
>>> import numpy as np
>>> np.pi, np.e # (3.141592653589793, 2.718281828459045)
>>> np.ceil(np.pi), np.floor(np.pi) # (4.0, 3.0)
>>> np.sin(np.pi/3), np.cos(np.pi/3)
(0.8660254037844386, 0.5000000000000001)
```

```
>>> np.rad2deg(np.pi), np.deg2rad(180)
(180.0, 3.141592653589793)
>>> np.fabs(-3.14), np.sum([1., 2., 3., 4., 5.]) # (3.14, 15.0)
>>> np.gcd(24, 18), np.lcm(24, 18) # 최대공약수와 최소공배수
(6, 72)
>>> np.modf(3.14)
(0.14000000000000012, 3.0)
```

3. 배열과 행렬

이 절의 서두에서 NumPy에는 배열과 행렬이라는 객체가 구분되어 있다고 소개하였다. 여기서는 리스트와 배열로부터 행렬을 생성하고 2차원 배열과 행렬 연산의 차이점 그리고 유사점을 알아보기로 한다.

```
# 2.1.5 배열과 행렬 - 1. 배열의 생성과 운용 - 배열과 행렬의 차이
>>> A = np.array( [[-2, 2, -3], [2, 1, -6], [-1, -2, 0]]); A
>>> B = np.mat( [[-2, 2, -3], [2, 1, -6], [-1, -2, 0]]); B
>>> A.shape, B.shape
((3, 3), (3, 3))
>>> type(A), type(B)
(<class 'numpy.ndarray'>, <class 'numpy.matrix'>)
# 2.1.5 배열과 행렬 - 1. 배열의 생성과 운용  - 배열과 행렬의 차이(계속)
>>> A.dtype, B.dtype
(dtype('int32'), dtype('int32'))
>>> A@A
array([[ 11,   4,  -6],
       [  4,  17, -12],
       [ -2,  -4,  15]])
>>> B*B # A@A와 B*B의 결과는 동일하나 A@A는 배열, B*B는 행렬
matrix([[ 11,   4,  -6], [  4,  17, -12], [ -2,  -4,  15]]) # 가로로 표기
>>> A*A # A*A는 요소 간의 곱이고 B*B는 행렬 간의 곱임
>>> A*B; A@B # A*B와 A@B의 결과 동일 둘 다 행렬
matrix([[ 11,   4,  -6],
        [  4,  17, -12],
        [ -2,  -4,  15]])
```

```
>>> np.linalg.inv(A); np.linalg.inv(A) # 결과 동일
# [[-4/15, 2/15, -1/5], [2/15, -1/15, -2/5], [-1/15, -2/15, -2/15]]
>>> np.matrix('1 2; 3 4') # np.array('1 2; 3 4')는 다른 결과
matrix([[1, 2], [3, 4]]) # 편의상 가로로 표기
>>> B.A1
array([-2,  2, -3,  2,  1, -6, -1, -2,  0])
>>> C = np.array( [[-2, 2, -3], [2, 1, -6], [-1, -2, 0]])
>>> C.A1 # 오류 발생
AttributeError: 'numpy.ndarray' object has no attribute 'A1'
```

위 스크립트 중에서 A는 배열객체이고 B는 행렬객체이지만 A*B의 결과와 A@B의 결과는 둘 다 행렬객체의 곱으로 상향되어 결과를 반환하고 있다. 그러나 A*A는 배열요소들의 곱을 계산하고 B*B는 행렬의 곱을 계산한다. 그리고 행렬 M에 대해 M.A1은 모든 행을 연결한 1차원 배열을 반환하고 M.A는 행렬객체 자체를 의미한다. 그러므로 B.A1은 결과를 반환하나 A.A1과 C.A1에 대해서는 오류가 발생한다.

4. 다차원 배열

2차원 배열은 이미 살펴보았으므로 여기서는 2차원 배열로부터 3차원 배열을 생성하거나 직접 3차원 배열을 생성하고 배열요소들을 참조하는 방법에 대하여 알아보자. 아래 스크립트의 실행결과는 생략하기로 한다.

```
# SS215Arr3D.py : 2.1.5 배열과 행렬 - 4. 다차원 배열 - 3차원 배열
import numpy as np

# 2차원 배열의 생성과 속성
dat = np.arange(1, 10).reshape(3, 3) # 3X3 2D 배열 생성
print("dat = np.arange(1, 10).reshape(3, 3) => \n", dat)
[[1 2 3]
 [4 5 6]
 [7 8 9]]
print("type(dat)", type(dat)) # <class 'numpy.ndarray'>
print("dat.shape =", dat.shape) # np.shape(dat)와 동일 : (3, 3)
```

```
print("dat.sum(axis=0) =", dat.sum(axis=0)) # [12, 15, 18] : 열별 합
print("dat.sum(axis=1) =", dat.sum(axis=1)) # [ 6 15 24] : 행별 합

# 2차원 배열 dat로부터 3층으로 쌓은 3차원 배열
dat3 = np.stack((dat, dat, dat)) # np.stack([dat]*3)와 동일
print("dat3 = np.stack((dat, dat, dat)) =>\n", dat3)
print("dat3.shape =", dat3.shape) # (3, 3, 3)
print("dat3.sum(axis = 0) =>\n", dat3.sum(axis = 0)) # 3층 수직요소 합산
print("dat3.sum(axis = 1) =>\n", dat3.sum(axis = 1)) # 열별 합산 3층
print("dat3.sum(axis = 2) =>\n", dat3.sum(axis = 2)) # 행별 합산 3층

v01 = dat3.sum(axis=(0, 1)) # dat3.sum(0)를 열별 합산
print("v01 = dat3.sum(axis = (0, 1)) =>", v01) # [36 45 54]
v02 = dat3.sum(axis = (0, 2)) # dat3.sum(0)를 행별 합산
print("v02 = dat3.sum(axis = (0, 2)) =>", v02) # [18 45 72]
v12 = dat3.sum(axis = (1, 2)) # 'dat.sum() = 45'의 3층(3개)
print("v12 = dat3.sum(axis = (1, 2)) =>", v12) # [45 45 45]

# NumPy의 np.random 모듈은 난수를 생성하며 normal은 정규난수를 의미함
# normal(loc=0.0, scale=1.0, size)로 평균 0.0, 표준편차 1을 나타냄
# "size = (3, 4, 5)"은 3층 4행 5열의 3차원 배열을 생성함
D3 = np.round(np.random.normal(size = (3, 4, 5)), 7)
print("D3 = np.random.normal(size = (3, 4, 5)) =>\n", D3)
print("D3.sum(axis = 0) =>\n", D3.sum(axis = 0)) # 3층 수직요소 합산
print("D3.sum(axis = (0, 1)) =>\n", D3.sum(axis = (0, 1)))
print("D3.sum(axis = (0, 2)) =>\n", D3.sum(axis = (0, 2)))
#
```

2.2 수치계산에서의 오차

2.2.1 컴퓨터에서 오차의 주요 원인

컴퓨터를 이용한 수치계산에서 오차는 크게 두 가지 중요한 원인에 의하여 발생한

다. 하나는 절단오차(truncation error)로 이는 어떤 함수를 근사식으로 표시할 때 생기는 오차이다. 예를 들어, 미분 가능한 함수를 테일러 급수(Taylor Series)로 전개하여 유한개의 항만으로 근사할 때 생기는 오차가 이에 해당한다. 다른 하나는 반올림오차(round-off error)로 수를 컴퓨터 내부에서 나타낼 때 메모리 저장방식에 따른 한정된 자릿수와 관계가 있다.

반올림오차의 특성을 이해하기 위해서는 컴퓨터 내부에서 숫자가 기억되고 덧셈과 뺄셈이 어떻게 실행되는지 알아야 한다. 여기서는 수치해석에서 기본적인 문제 중의 하나인 테일러 급수에 대하여 먼저 알아보기로 한다.

1. 테일러 급수

테일러 급수는 수치해법을 유도하고 절단오차를 분석하는데 사용되는 가장 중요한 수단이다. 무한급수(infinite series)인 테일러 전개는 주어진 점에 관한 함숫값을 어떤 반경 내에서 정확하게 나타낸다.

정의 2.1

함수 $f(x)$가 $x=a$에서 해석적이라 함은 $f(x)$가 폐구간 $[a,\ a+h]$에서 $h=x-a$의 멱급수로 표시가 가능할 때이다.

정리 2.1

(평균값의 정리) 함수 $f(x)$가 폐구간 $[a,\ b]$에서 연속이고 개구간 $(a,\ b)$에서 미분가능이면 다음 조건을 만족하는 $c\in(a,\ b)$가 적어도 하나 존재한다.

$$\frac{f(b)-f(a)}{b-a}=f'(c) \tag{2.1}$$

증명 ⋯ 증명은 롤의 정리(Rolle's theorem)를 이용한다. 그러나 대략적으로 미분의 정의에 의해 다음 식이 성립함을 알 수 있다.

$$f'(a)=\lim_{b\to a}\frac{f(b)-f(a)}{b-a}\cong\frac{f(b)-f(a)}{b-a},\ \text{여기서}\ (b-a)\ll 1.$$

정리 2.2

(테일러의 정리) 함수 $f(x)$가 폐구간 $[a,\ a+h]$에서 무한 미분가능하고 개구간 $(a,\ a+h)$에서 연속일 때 $h=x-a$라 두면 적절한 상수 $c\in(a,\ b)$에 대하여 $f(x)$는 다음과 같이 표현이 가능하다.

$$f(x)=\sum_{k=0}^{n-1}\frac{f^{(k)}(a)}{k!}(x-a)^k+R_n(c) \tag{2.2}$$

여기서 $R_n(c)=f^{(n)}(c)h^n/n!$은 나머지 항이고 $f^{(n)}(a)$은 $x=a$에서 $f(x)$의 n계 도함숫값을 나타낸다.

증명 ⋯ 미적분학의 기본정리에 의하여 다음식이 성립한다.

$$f(x)=f(a)+\int_a^x f'(t)dt=f(a)+\int_a^x 1\times f'(t)dt.$$

위 식의 우항을 부분적분하면 다음 식을 얻는다.

$$\begin{aligned}
f(x)&=f(a)+[tf'(t)]_a^x-\int_a^x tf''(t)dt,\\
&=f(a)+f'(a)(x-a)+\int_a^x(x-t)f''(t)dt,\\
&=f(a)+f'(a)(x-a)+\left[-\frac{1}{2}(x-t)^2f''(t)\right]_a^x+\frac{1}{2}\int_a^x(x-t)^2f'''(t)dt,\\
&=f(a)+f'(a)(x-a)+\frac{1}{2!}f''(a)(x-a)^2+\frac{1}{2!}\int_a^x(x-t)^2f'''(t)dt,\\
&=\sum_{k=0}^{3}\frac{f^{(k)}(a)}{k!}(x-a)^k+\frac{1}{3!}\int_a^x(x-t)^3f^{(4)}(t)dt.
\end{aligned}$$

같은 방법으로 부분적분을 적용하고 나머지 적분에 평균치정리를 적용하여 다음 식을 얻는다.

$$\begin{aligned}
f(x)&=\sum_{k=0}^{n-1}\frac{f^{(k)}(a)}{k!}(x-a)^k+\frac{1}{(n-1)!}\int_a^x(x-t)^{n-1}f^{(n)}(t)dt,\\
&=\sum_{k=0}^{n-1}\frac{f^{(k)}(a)}{k!}(x-a)^k+\frac{f^{(n)}(c)h^n}{n!},\ c\in(a,a+h).
\end{aligned}$$

참고

무한히 미분할 수 있는 함수에 대하여 식 (2.2)의 항을 계속 늘려나갈 경우 테일러 정리의 전개를 테일러 급수라 한다.

참고

식 (2.2)에서 $a=0$일 때의 테일러 급수를 매클로린 급수(Maclaurin series)라고 한다.

예제 2.4

두 함수 $f_1(x)=e^x$와 $f_2(x)=\cos(x)$의 매클로린 급수를 구하시오.

풀이 ① 분명하게 $f_1(0)=f_1{}'(0)=\cdots=f_1^{(n)}(0)=1$이므로 e^x의 매클로린 급수는 다음과 같이 주어진다.

$$e^x=1+x+\frac{1}{2!}x^2+\frac{1}{3!}x^3+\cdots+\frac{1}{n!}x^n+\cdots,\ (x\text{는 0근방의 실수}).$$

② 분명하게 $f_2^{(2m)}(0)=(-1)^m$이고 $f_2^{(2m-1)}(0)=0$이므로 $\cos(x)$의 매클로린 급수는 다음과 같이 주어진다.

$$\cos x=1-\frac{1}{2!}x^2+\frac{1}{4!}x^4-\frac{1}{6!}x^6+\frac{1}{8!}x^8+\cdots,\ (x\text{는 0근방의 실수}).$$

2. 테일러 급수의 오차

실제 수리계산에서 테일러 급수의 무한개의 항을 포함할 수 없으므로 n차 이후를 절단하여 절단오차가 발생하는데 이는 다음과 같다.

$$f(x)=f(a)+hf'(a)+\frac{h^2}{2!}f^{(2)}(a)+\frac{h^3}{3!}f^{(3)}(a)+\cdots+\frac{h^n}{n!}f^{(n)}(a)+O(h^{n+1})$$

여기서 $h=x-a$이고 $O(h^{n+1})$은 $(n+1)$차 이후를 절단하여 생기는 오차를 나타내며 다음과 같이 근사오차를 택할 수 있다.

$$O(h^{n+1})=f^{(n+1)}(c)\frac{h^{n+1}}{(n+1)!}\cong f^{(n+1)}(a)\frac{h^{n+1}}{(n+1)!}$$

2.2.2 컴퓨터 내부에서의 수

1. 밑수와 진법

우리가 일상생활에서 사용하는 수 체계는 10진법이고 10진법의 밑수(base)는 10이다. 진법의 밑수는 기저(radix)라고도 한다. 컴퓨터 내부에서는 2진법을 이용하며 2진법의 밑수 또는 기저는 2이고 8진법의 밑수는 8이다. 밑수가 r인 수 $(abcdef.ghij)_r$의 10진 값은 다음과 같다.

$$ar^5+br^4+cr^3+dr^2+er+f+gr^{-1}+hr^{-2}+ir^{-3}+jr^{-4}$$

예 2.1 ① $(3.1415)_{10}$은 밑수가 10인 10진 수 3.1415이고,
② $(1101.11)_2$는 밑수가 2인 2진 수 1101.11이고,
③ $(1234.21)_8$은 밑수가 8인 8진 수 1234.21이다.

예 2.2 $(111001.01)_2=(57.25)_{10}$이고 $(1101011)_2=(107)_{10}$이다.

2. 메모리에서 수의 표현

컴퓨터의 메모리와 같은 저장장치에서 수는 비트(bit)로 표시되는데, 비트 하나는 1이나 0의 값을 가질 수 있다. 또한 논리적으로 참과 거짓, 천공 카드에서 천공의 유무 및 자화된 지점과 같이 on/off 위치를 구성한다. 컴퓨터에서 수의 표현은 운영체제, 중앙처리장치 구조, 프로그래밍 언어에 따라 다를 수 있다.

(1) 정수의 표현

이진법 체계에서 정수의 수학적 표현은 다음과 같다.

$$\pm a_k a_{k-1} \cdots a_2 a_1 a_0 \tag{2.3a}$$

여기서 a_i $(i=0,1,\cdots,k)$는 0 또는 1인 비트이며 이것의 십진수 값은 다음과 같다.

$$\pm(a_k 2^k + a_{k-1}2^{k-1} + \cdots + a_2 2^2 + a_1 2 + a_0) \tag{2.3b}$$

예 2.3 $\pm(1101011)_2 = \pm(2^6 + 2^5 + 2^3 + 2 + 1)_{10} = \pm(107)_{10}$

컴퓨터에서 정수를 표현하는 데 식 (2.3)에서 k는 한정되어 있으며 32비트 컴퓨터에서는 정수를 표현하는 데 4바이트를 사용한다. 첫 비트는 부호를 나타내며 0이면 양수, 1이면 음수를 표시하고 나머지 31비트는 a_i $(i=0,\ 1,\ \cdots,\ 31)$를 위하여 사용하므로 이때 $k=31$이 된다. 그러므로 32비트 컴퓨터에서 가장 큰 정수는 다음 이진수이다.

$$(01111111\ 11111111\ 11111111\ 11111111)_2 \tag{2.4}$$

위 이진수에 대한 10진수 값은 다음과 같다.

$$\sum_{i=0}^{30} 2^i = 2^{31} - 1 = 2147483647 \tag{2.5}$$

(2) 음수의 표현

음수를 표현하기 위해서 3가지 대표적인 방법은 부호 절댓값 방법, 1의 보수방법, 2의 보수방법 등이다. 컴퓨터에서는 음수를 표현하기 위하여 2의 보수방법을 주로 사용한다. 2의 보수방법은 양수값의 비트들을 모두 반대 비트로 표시하고 다시 1을 더하는 방식이다.

예 2.4 (2.4)에 대응하여 $(-2147483648)_{10}$에 대한 2의 보수는 다음과 같다.

$$(10000000\ 00000000\ 00000000\ 00000001)_2 \tag{2.6}$$

예 2.5 위 식 (2.4)와 (2.6)에서 대응하는 10진수를 합하면 $(0)_{10}$이고 두 2진수를 더하면 다음과 같고 올림수는 버려져서 $(0)_2$를 얻는다.

$$\begin{array}{r} (01111111\ 11111111\ 11111111\ 11111111)_2 \\ +(10000000\ 00000000\ 00000000\ 00000001)_2 \\ \hline (1\ 00000000\ 00000000\ 00000000\ 00000000)_2 \end{array} \tag{2.7}$$

예 2.6 2바이트로 표현되는 음의 정수 $(1111\,1110\ 0010\,1001)_2$의 10진수는 2의 보수를 이용하면 $(0000\,0001\ 1101\,0111)_2=(215)_{10}$이므로 $(-215)_{10}$가 된다.

(3) 실수의 표현

컴퓨터에서 실수는 다음 식의 형태로 표현한다.

$$(-1)^S \times (M)_2 \times 2^E \tag{2.8}$$

여기서 S는 부호를 나타내고 양수일 때 $S=0$이며 음수일 때 $S=1$이고 M은 가수(mantissa)를 나타내며 E는 지수(exponent)를 의미한다. 이를 코딩하면 다음과 같다.

s	e	e	e	···	e	m	m	m	m	···	m	m
부호	지수(exp)부분					가수(man)부분						

단정도일 때 지수부분은 8비트, 가수부분은 23비트로 총 32비트를 사용하며, 배정도일 경우 지수부분은 11비트, 가수부분은 52비트로 총 64비트를 사용한다.

① exp = E+bias (bias = $2^{k-1}-1$, 여기서 k는 exp의 비트수)

② man = $(M)_2$의 소수점 이하 숫자[즉, $(M)_2=(1.aaaaa\sim)_2$]

예 2.7 10진수 2018.25를 2진수로 바꾸면 $(2018.25)_{10} = (11111100010.01)_2 = (1.111110001001)_2 \times 2^{10}$이므로 $E = 10$이고 $M = 1.111110001001$이다. 이때 exp = E + bias이고, bias = $2^{k-1} - 1 = 2^{8-1} - 1 = 127$이므로 exp = $(10 + 127)_{10} = (137)_{10}$이 되고 2진수는 $(1000\,1001)_2$이다. 따라서 10진수 $(2018.25)_{10}$는 2진수로 컴퓨터에서 다음과 같이 취급된다.

$$(2018.25)_{10} = (0100\,0100\,1111\,1110\,0010\,0100\,0000\,0000)_2 \tag{2.9}$$

단정도일 경우, exp가 가장 작을 때는 $(0000\,0000)_2$일 때이므로 10진수는 $(0)_{10}$이 된다. 따라서 이 경우 $E + \text{bias} = 0$이므로 $E = -127$이 대응된다. exp가 가장 클 때는 $(1111\,1111)_2$일 때이므로 10진수는 $(256)_{10}$이 된다. 그러므로 이 경우 $E + \text{bias} = 255$이므로 $E = 128$이 대응된다. exp가 $(0)_{10}$일 때와 $(255)_{10}$일 때는 예약된 값이므로 E의 범위는 $-126 \leqq E \leqq 127$이다. 따라서 가장 큰 단정도 실숫값은 다음과 같다.

$$\begin{aligned} &(1.1111\,1111\,1111\,1111\,1111\,111)_2 \times 2^{127} \\ &= (1 + 1/2 + 1/4 + \cdots + 2^{-23})_{10} \times 2^{127} \\ &= (2 - 2^{-24})_{10} \times 2^{127} \approx 2 \times 1.7014118 \times 10^{38} \\ &\approx 3.402824 \times 10^{38} \end{aligned} \tag{2.10}$$

한편, 가장 작은 단정도 실수는 가수들의 비트가 마지막을 제외하고 모두 0일 때이므로 다음과 같이 주어진다.

$$\begin{aligned} &(0.0000\,0000\,0000\,0000\,0000\,001)_2 \times 2^{-126} \\ &= 2^{-(23+126)} = 2^{-149} \approx 1.401298 \times 10^{-45} \end{aligned} \tag{2.11}$$

3. 반올림오차

컴퓨터에서 발생하는 오차의 가장 근본적인 원인은 실수를 표시할 때 생기는 한정된 자릿수 때문이다. 머신 입실론(ϵ)은 1과 1보다 큰 다음 수 사이의 간격으로, 컴퓨터에서 1과 $1+\epsilon$ 사이에는 어떤 실수도 나타내지 못함을 뜻한다. 그러므로 $1 < \alpha < 1 +$

$\epsilon/2$ 사이의 α는 1로 절단되고 $1+\epsilon/2 \leqq \alpha < 1+\epsilon$ 사이의 α는 $1+\epsilon$으로 반올림된다. 반올림오차는 크게 다음과 같은 두 가지 상황에서 발생한다.

① 매우 작은 수를 큰 수에 더하거나 뺄 때

② 매우 인접한 두 수끼리 뺄셈할 때

예제 2.5

반올림오차를 확인하기 위하여 다음 물음에 답하시오.

① 1에 0.000001을 100,000회 더하는 프로그램을 작성하고,

② 작은 수를 많이 더할 때의 오차를 줄이기 위하여 그룹으로 묶어 계산하는 프로그램을 작성하시오.

풀이 답을 구하는 파이썬 프로그램은 다음과 같다.

```
# Ex25RndErr.py : 2.2 수치계산에서 오차 - 2.2.2 컴퓨터 내부에서 수
# [예제 2.5] 반올림오차 A
>>> sum1 = 1.0 # (1)번 답
>>> for k in range(0, 100000) : sum1 += 0.000001
1.0999999999917733
>>> 1.1 - sum1 # 8.22675261247241e-12
# (2) 그룹으로 묶는 경우
>>> sum2 = 1.0
>>> for i in range(0, 1000) :
      mid = 0
      for k in range(0, 100) : mid += 0.000001
      sum2 += mid

>>> sum2 # 1.099999999999989
>>> 1.1 - sum2 # 1.1102230246251565e-14 : 오차가 다소 개선됨
```

반올림오차를 줄이는 방법은 위와 같은 그룹화 이외에도 테일러 급수를 이용하거나 배정도를 사용하거나 방정식을 되도록 뺄셈을 피할 수 있게 다시 표현하는 방법 등이 있다.

예제 2.6

다음과 같이 주어진 테일러 급수에 대하여 실수 x와 자연수 n값을 인수로 입력받아 합을 계산하는 (a) 사용자정의함수를 작성하고, (b) $\exp(x)$와 비교하시오.

$$f(x) = 1 + x + \frac{x^2}{2!} + \frac{x^3}{3!} + \frac{x^4}{4!} + \cdots + \frac{x^n}{n!}$$

풀이 근삿값인 급수의 합을 구하기 위한 파이썬 프로그램은 다음과 같다.

```
# Ex26ExpErr.py  [예제 2.6] 2.2 수치계산에서 오차 - 급수의 절단오차 1
def fsn(x, n) :
    sn, p = 1.0, 1.0
    for k in range(1, n) : p = p*x/k; sn += p
    return sn

print("fsn(1, 10), np.exp(1) :", (fsn(1, 10), np.exp(1)))
print("fsn(-1, 10), np.exp(-1) :", (fsn(-1, 10), np.exp(-1)))
```

```
fsn(1, 10), np.exp(1) : (2.7182815255731922, 2.718281828459045)
fsn(-1, 10), np.exp(-1) : (0.3678791887125221, 0.36787944117144233)
```

예제 2.7

다음과 같이 주어진 테일러 급수에 대하여 실수 x와 자연수 n값을 인수로 입력받아 합을 계산하는 (a) 사용자정의함수를 작성하고, (b) $\cos(x)$와 비교하시오. 그리고 계산결과를 소수점 이하 아홉째 자리에서 반올림하는 결과 및 8항까지 합한 결과와 절대오차를 출력하시오.

$$\cos(x) \approx \sum_{k=0}^{n} \frac{(-1)^k x^{2k}}{(2k)!} = 1 - \frac{x^2}{2!} + \frac{x^4}{4!} - \frac{x^6}{6!} + \cdots + \frac{(-1)^n x^{2n}}{(2n)!}$$

풀이 근삿값인 급수의 합을 구하기 위한 파이썬 프로그램은 다음과 같다.

```
# Ex27CosErr.py  [예제 2.7] 2.2 수치계산에서 오차 - 급수의 절단오차 2
import numpy as np

def fcos(x, n) :
    nv = np.zeros(2*n+1)
    nv[0] = 1.0
    for k in range(1, 2*n+1, 2) :
        nv[k+1] = nv[k-1]*x*(-x)/(k*(k+1))
    return sum(nv)

p1 = np.round((fcos(2., 4), np.cos(2)), 8)
print("fcos(2., 4), np.cos(2) :", p1)
p2 = np.round((fcos(2., 7), np.cos(2)), 8)
print("fcos(2., 7), np.cos(2) :", p2)
p3 = np.round((fcos(-1., 4), np.cos(-1)), 8)
print("fcos(-1., 4), np.cos(-1) :", p3)
p4 = np.round(np.abs(fcos(2., 7) - np.cos(2)), 15)
print("abs(fcos(2., 7)-np.cos(2)) =", p4)
```

```
fcos(2., 4), np.cos(2) : [-0.41587302 -0.41614684]
fcos(2., 7), np.cos(2) : [-0.41614684 -0.41614684]
fcos(-1., 4), np.cos(-1) : [0.54030258 0.54030231]
abs(fcos(2., 7)-np.cos(2)) = 3.091761e-09
```

2.3 그래프 기초

2.3.1 범용 시각화 모듈

계산결과와 데이터를 시각화하는 결과가 숫자로 된 데이터에서 잘 드러나지 않는 추세를 발견하거나 오류를 찾아내고자 필요하다. matplotlib는 범용 시각화를 위한 파이썬 라이브러리로 계산결과 데이터의 특성을 파악하고 통찰을 얻기 위한 다양한 그래픽 기능을 제공한다. 여기서는 matplotlib가 지원하는 여러 가지 2차원 그래프와 3차원 그래프를 그리는 방법에 대해 알아보기로 한다.

1. 일반 그래프 작성: plt.plot() 함수

다수의 파이썬 출판자료에서 matplotlib 라이브러리를 임포트할 때 별칭을 plt로 쓰고 있다. pyplot 모듈이 제공하는 plot( ) 함수를 사용해서 다양한 선 그래프 등을 그릴 수 있다. 그래프 명령 형식은 "plot(x, y)"로 데카르트 방식을 사용한다.[2]

```
>>> 형식: plt.plot(*args, scalex=True, scaley=True, data=None, **kwargs)
>>> 형식: plt.plot([x], y, [fmt], [x2], y2, [fmt2], ..., **kwargs)
```

위 형식에서 [x]는 일반적 그래프를 그리기 위한 배열형의 x축 좌표를 의미하며 주로 벡터 형식으로 나타낸다. y는 그래프의 y축 좌표를 나타내며 [x]에 대응하는 같은 길이의 벡터에 해당한다. fmt는 format의 약자로 예를 들면, 붉은 동그라미 형태(marker)일 경우 'ro'를 사용하는 것 등이다. 즉, fmt는 선색, 마커의 종류, 선의 유형들을 지정하는 데 사용한다. scalex와 scaley는 부울값을 갖고 디폴트는 True이며 그림의 x, y축 범위를 나타낸다. data는 x, y축 레이블을 표시하는 데 사용한다. kwargs는 자동 범례를 위한 선의 폭, 선의 색, 레이블 등을 표시하는 데 사용한다. 그리고 나머지 인수들의 상세한 값에 대해서는 아래 [표 2.6]을 참조할 수 있다.

표 2.6 그래프를 제어하는 속성

인수	설명	인수	설명
color(or c)	선색	linewidth = lw	선의 폭(float)
data	(2, N)배열 또는 두 1차원 배열	marker	마커 유형(str)
label	자동 범례의 레이블	markersize	or ms; 마커 크기(float)
linestyle = ls	선의 형태(offset, on-off-seq)	fmt =	'[marker][line][color]'

2 https://matplotlib.org/stable/api/_as_gen/matplotlib.pyplot.plot.html

선 마커(Makers)			
‘.’	점 마커	‘4’	Y자 우측방향 마커
‘,’	픽셀 마커	‘8’	팔각형 마커
‘o’	동그라미	‘s’	사각형 마커
‘v’	아랫방향 삼각 마커	‘p’	오각형 마커
‘^’	윗방향 삼각 마커	‘+’, ‘P’	플러스(+) 마커
‘<’	좌측방향 삼각 마커	‘*’	별표 마커
‘>’	우측방향 삼각 마커	‘h’, ‘H’	육각형 마커
‘1’	Y자 아랫방향 마커	‘x’, ‘X’	x형 마커
‘2’	Y자 윗방향 마커	‘d’, ‘D’	다이아몬드 마커
‘3’	Y자 좌측방향 마커	‘|’, ‘_’	수직, 수평선 마커

선의 모양(Line Styles)			
linestyle = ‘-’	실선	linestyle = ‘-.’	대시 점선
linestyle = ‘--’	대시선(파선)	linestyle = ‘:’	점선

선 표시 색(Color)			
color = ‘b’	청색(blue)	color = ‘m’	마젠타(magenta)
color = ‘g’	녹색(green)	color = ‘y’	노란색(yellow)
color = ‘r’	붉은색(red)	color = ‘k’	검정색(black)
color = ‘c’	싸이언(cyan)	color = ‘w’	흰색(white)

[표 2.6]의 그래프 제어 속성을 간단하게 적용한 그림 그리기는 다음과 같다.

```
# SS231pltA.py : 2.3.1 범용 시각화 모듈 - 1a. plt.plot() 함수 A
import numpy as np
import matplotlib as mpl
import matplotlib.pyplot as plt
mpl.rc('font', family="HYGraphic-Medium") # 한글 깨짐 방지
mpl.rcParams['axes.unicode_minus'] = False # "-" 부호 깨짐 방지

plt.figure(1)
```

```
plt.plot([1, 2, 4, 8]); plt.show()
plt.figure(2)
y = [v*v for v in range(0, 100)]
plt.plot(y, 'k:'); plt.show()
plt.figure(3)
x = range(0, 100)
y = [v*v for v in x]
plt.plot(x, y, 'r-'); plt.show()
plt.figure(4)
plt.title("2차함수 그래프")
plt.xlabel("Number")
plt.ylabel("Counting")
plt.plot(x, y, 'b+'); plt.show()
plt.figure(5)
plt.title("2차함수와 지수함수")
```

한글 범례와 바탕에 점선 격자(grid) 무늬를 넣은 스크립트와 그림은 다음과 같다.

```
# SS231pltB.py : 2.3.1 범용 시각화 모듈 - 1b. plt.plot() 함수 B
# 모듈 임포트는 위 스크립트 SS231pltA.py와 동일하게 적용됨
plt.figure(5)
plt.title("2차함수와 지수함수")
x = range(0, 10)
y1 = [v*v for v in x]
y2 = [np.exp(np.sqrt(v)) for v in x]
plt.plot(x, y1, label="2차함수")
plt.plot(x, y2, label="지수함수")
plt.grid(); plt.legend()
plt.show()
```

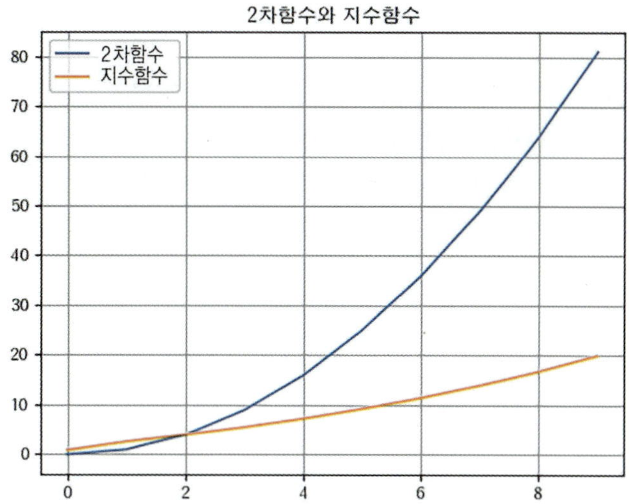

그림 2.2 그래프에 범례 및 격자무늬 넣기

(1) 서브플롯

서브플롯(subplot)은 하나 이상의 그림틀을 한 화면에 나란히 배치하는 것으로 subplot() 함수를 사용하여 작성한다. plt.subplot(m, n, k)는 한 화면에 m×n개의 속틀을 두고 3번째 인덱스 k로 그림틀을 구분한다. 인덱스 k에 따른 속틀의 배치 순서는 수평으로 먼저 정하고 아래로 내려가는 형식이다. 예를 들어, plt.subplot(1, 3)은 수평으로 3개의 속틀이 배치되고, plt.subplot(2, 2, 4)는 2행 2열에 배치되는 속틀을 나타낸다. 불규칙적으로 속틀을 배치하기 위해서는 GridSpec() 함수로 편리하게 속틀을 배치할 수 있다. 서브플롯으로 형성된 틀과는 별도의 속틀을 겹쳐서 배치하고자 하면 plt.axes() 함수를 사용한다. 다음 예시는 4개의 속틀을 배치하는 스크립트와 그림이다.

```
# SS231SubPlt.py : 2.3.1 범용 시각화 모듈 - 1c. plt.subplot() 함수
# [그림 2.2] 한 화면에 4개의 내부 프레임 배치
import numpy as np
import matplotlib.pyplot as plt

t = np.linspace(0, 20, 100)
plt.figure(figsize = (11, 7.5));
plt.subplot(2, 2, 1); plt.plot(t, np.sin(t)),
plt.ylabel('sin(t)'); plt.title("(1, 1)-plot")
```

```
plt.subplot(2, 2, 2); plt.plot(t, t*np.sin(t))
plt.ylabel('t*sin(t)'); plt.title("(1, 2)-plot")
plt.subplot(2, 2, 3); plt.plot(t, np.sin(t**2))
plt.ylabel('sin(t**2)'); plt.title("(2, 1)-plot")
plt.subplot(2, 2, 4); plt.plot(t, t**2*np.sin(t**2));
plt.ylabel('t**2*sin(t**2)'); plt.title("(2, 2)-plot")
plt.show()
```

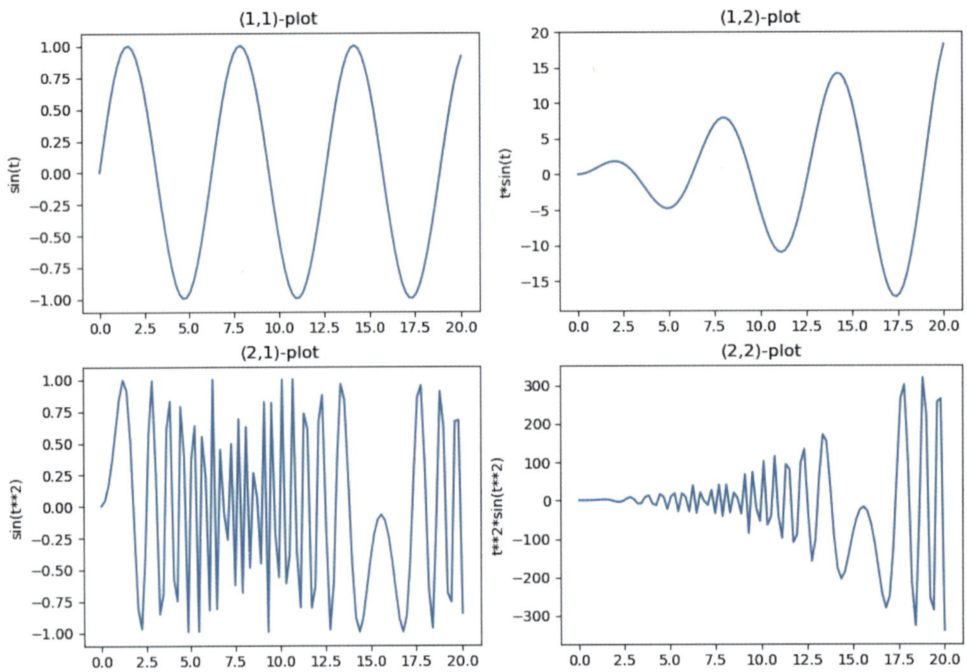

그림 2.3 배열 2×2 형태 속틀 배치

(2) 축 세부조정

그래프 구성요소에서 다루어야 하는 것들은 선 속성, 범례, 텍스트와 주석, 축의 특성 등이다. 2차원 그래프는 수평 x축과 수직 y축을 갖는데 각 축은 레이블, 눈금과 눈금 레이블, 축의 위치 등의 속성을 개별적으로 구성할 수 있다.

다음 스크립트와 그림에서 왼편 틀은 x축과 y축의 범위를 명시적으로 지정한 것이고 오른편 틀은 축들의 범위를 지정하지 않고 axis 메서드에 'tight'를 사용하고 있다.

표 2.7 축을 제어하는 속성

축 속성	설정 메서드	설명
축 레이블	set_xlabel set_ylabel	첫 인수로 지정할 레이블을 가진 문자열, 옵션 labelpad 인수는 축에서 레이블까지 간격 지정, 색상, 글꼴 이름과 같은 속성을 위한 추가 인수를 가짐
축 제목	set_title	Axes 객체의 제목을 설정, 축레이블과 동일한 인수를 가짐, loc 인수는 'best', 'left', 'right', 'centered' 등의 값을 가짐
축 범위	set_xlimit set_ylimit	축 범위를 명시적으로 설정하는 데 필요, 상한과 하한을 설정, autoscale 메서드가 있어 부울값으로 활성/비활성 결정
축 눈금	set_xticks set_yticks	x, y축 눈금을 명시적으로 지정할 때 사용, 각 대응되는 레이블은 set_xticklabels와 set_yticklabels
트윈 축	twinx, twiny	좌우측 2개의 y축 또는 상하 2개의 x축을 사용

```
# SS231Axis.py: 2.3 그래프 기초 - 2.3.1 범용 시각화 모듈 - 1d. 축 세부조정 1
import numpy as np
import matplotlib.pyplot as plt

x = np.linspace(0, 20, 300)
fx = np.sin(1.5*x)*np.exp(-0.4*x) - 0.05
fig, ax = plt.subplots(1, 2, figsize = (9, 3))
ax[0].plot(x, fx, color = "b", lw = 1.5)
ax[0].set_xlim(-4, 24); ax[0].set_ylim(-0.8, 0.8)
ax[0].set_title("set_xlimit, set_ylimit")
ax[0].grid(linestyle=':')
ax[1].plot(x, fx, color = "r", lw = 1.5)
ax[1].axis("tight")
ax[1].set_title("axis('tight')")
ax[1].grid(linestyle = ':')
plt.show()
```

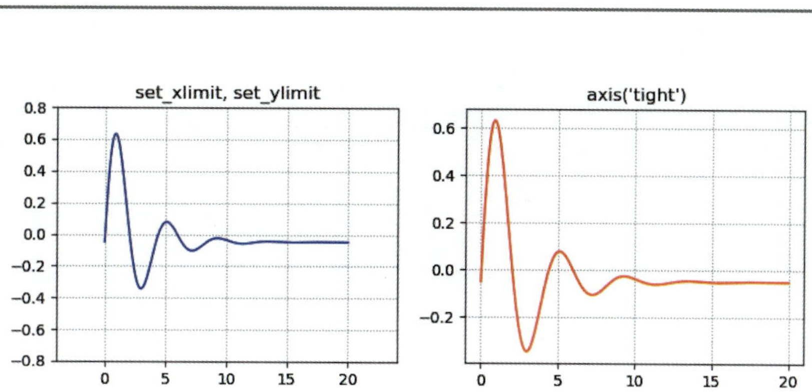

그림 2.4 그래프의 축 범위 조정

아래 스크립트와 그림에서는 x축의 눈금(xticks)을 숫자에서 라디안 기호로 변경하는 예를 보여주고 있다.

```
# SS231Xtick.py: 2.3 그래프 기초 - 2.3.1 범용 시각화 모듈 - 1e. 축 세부조정 2
import numpy as np
import matplotlib.pyplot as plt

x = np.linspace(0, 5, 300)
y1, y2 = np.sin(x), np.cos(x)
fig, ax = plt.subplots(1, 2, figsize = (9, 3))
ax[0].plot(x, y1, color = "b", label = 'sin(x)')
ax[0].plot(x, y2, color = "r", label = 'cos(x)')
ax[0].set_title("Number ticks")
ax[0].legend(); ax[0].grid(linestyle = ':')
ax[1].plot(x, y1, color = "b", label = 'sin(x)')
ax[1].plot(x, y2, color = "r", label = 'cos(x)')
ax[1].set_xticks([0, np.pi/2, np.pi, 3*np.pi/2])
ax[1].set_xticklabels(['$0$', '$\pi/2$', '$\pi$', '$3\pi/2$'])
ax[1].set_title("Radian ticks")
ax[1].legend(); ax[1].grid(linestyle = ':')
plt.show()
```

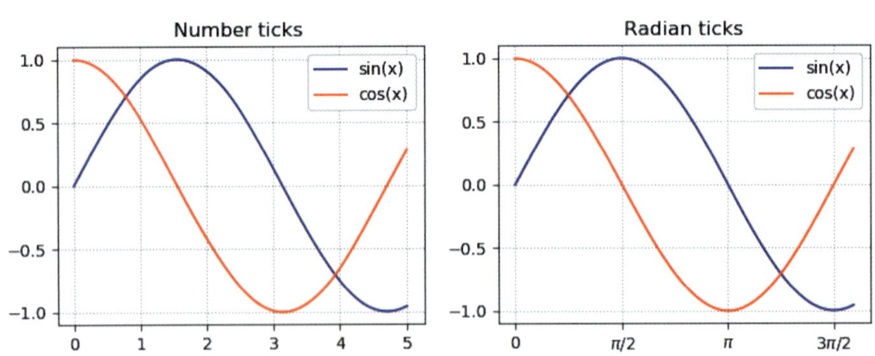

그림 2.5 x축 눈금 표시 변경

(3) 두 개의 y축 구성

두 종류의 데이터는 서로 상관관계가 있지만, 단위가 다를 경우 필요한 그래프는 독립적인 축 2개가 서로 중첩되지 않도록 표시하면 편리할 것이다. 다행히도 pyplot 모듈은 이것이 가능하도록 하는 메서드를 제공한다. 여기서는 twinx 메서드를 이용하여 x축을 공유하는 새로운 독립적인 y축을 생성한다. Axes 인스턴스를 구성하여 새로운 y축을 그래프의 오른편에 생성하는 예를 들어 보기로 하자.

```
# SS231Twinx.py: 2.3 그래프 기초 - 2.3.1 범용 시각화 모듈 - 1f. 2개의 y축
import numpy as np
import matplotlib as mpl
import matplotlib.pyplot as plt
mpl.rc('font', family = "HYGraphic-Medium") # 한글 깨짐 방지
mpl.rcParams['axes.unicode_minus'] = False # "-" 부호 깨짐 방지

x = np.linspace(0, 10, 300)
y1, y2 = np.sin(x)*np.exp(-x/10), 20*np.cos(x)*np.exp(-x/4)

fig, ax1 = plt.subplots(figsize = (7, 4))
ax1.plot(x, y1, color = 'b')
ax1.set_xlabel('radian', fontsize = 12)
ax1.set_ylabel('sin(x)exp(-x/10)', color = 'b', fontsize = 12)
ax1.set_title("두 개의 y축 그리기", fontsize = 14)
for lab in ax1.get_yticklabels() :
    lab.set_color("b")

ax2 = ax1.twinx()
ax2.plot(x, y2, color = 'r')
ax2.set_ylabel('20cos(x)exp(-x/4)', color = 'r', fontsize = 12)
for lab in ax2.get_yticklabels() :
    lab.set_color("r")

plt.grid(); plt.show() # plt.grid()는 적용하지 못함
```

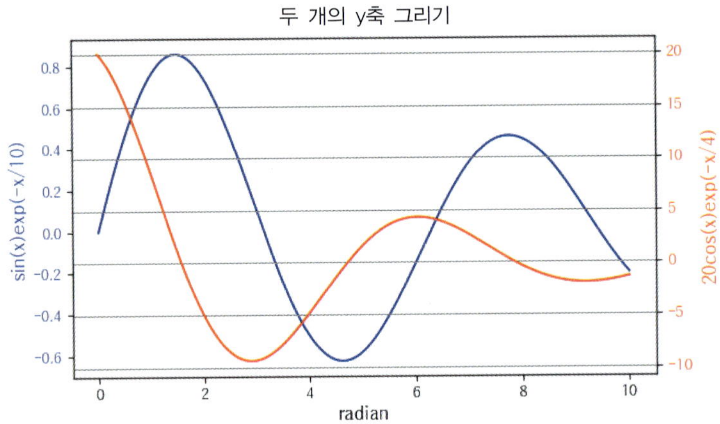

그림 2.6 두 개의 y축 구성

2. 막대 그래프: bar() 함수

모듈 pyplot이 제공하는 함수 plt.bar()를 사용하여 막대 그래프를 그리기 위한 사용 형식은 다음과 같다.

```
>>> plt.bar(x, y, width=, align=, color=, edgecolor=, lw=, tick_label=, log=True)
```

함수 plt.bar()의 형식에서 인수들의 주요 기능을 요약하면 다음과 같다.

표 2.8 plt.bar( ) 함수의 옵션

인수	기능
width	막대의 너비를 지정, 기본값은 0.8임
align	눈금과 막대의 위치를 조정, 기본값은 'center'이고 'edge'도 가능
color	막대의 색을 지정
edgecolor	막대테두리의 색을 지정
linewidth(lw)	막대테두리의 두께를 지정
tick_label	눈금 표시로 문자열 리스트를 순서대로 나타낼 수 있음
log	TRUE를 지정하면 각각의 값마다 막대를 그림

```
# SS231Barplt.py: 2.3 그래프 기초 - 2.3.1 범용 시각화 모듈 - 2. 막대 그래프 1
import numpy as np
```

```
import matplotlib as mpl
import matplotlib.pyplot as plt
mpl.rc('font', family="HYGraphic-Medium") # 한글 깨짐 방지
mpl.rcParams['axes.unicode_minus'] = False # "-" 부호 깨짐 방지

v1 = [100, 120, 140, 160, 160]
v4 = [170, 120, 160, 140, 180]
weekHAN = ['월', '화', '수', '목', '금']
x = np.arange(len(weekHAN))

plt.figure(figsize=(7, 4))
plt.bar(x-0.0, v1, label='홍시', width=0.25, color='r')
plt.bar(x+0.25, v4, label='사과', width=0.25, color='y', edgecolor='b')
plt.xticks(x, weekHAN)
plt.ylim(50, 200)
plt.ylabel("판매량", fontsize=11)
plt.title("요일별 홍시와 사과 판매량", fontsize=13)
plt.legend(loc=2)
plt.show()
```

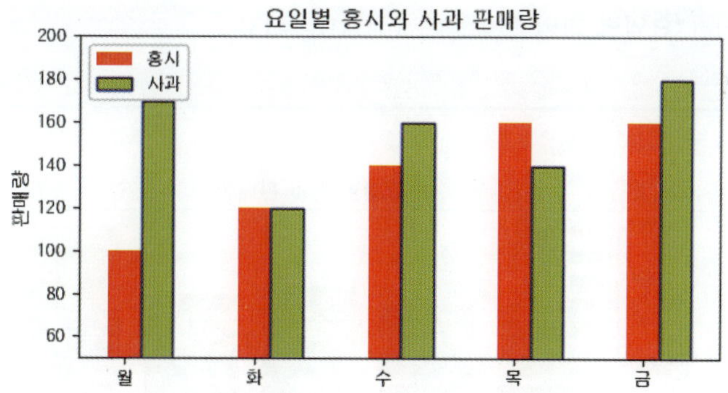

그림 2.7 막대 그래프 그리기

다음 예시 프로그램과 그림은 요일별 네 가지 과일의 요일별 누적 판매량을 나타내기 위하여 누적 막대 그래프를 그리는 방법을 보여주고 있다.

```
# SS231BarStc.py : 2.3 그래프 기초 - 2.3.1 범용 시각화 모듈 - 2. 막대 그래프 2
import numpy as np
```

```
import matplotlib as mpl
import matplotlib.pyplot as plt
mpl.rc('font', family="HYGraphic-Medium") # 한글 깨짐 방지
mpl.rcParams['axes.unicode_minus']=False # "-" 부호 깨짐 방지

v1, v2=[100, 120, 140, 160, 160], [120, 130, 150, 140, 170]
v3, v4=[140, 160, 120, 110, 190], [170, 120, 160, 140, 180]
A=np.array([v1, v2, v3, v4])
weekHAN=['월', '화', '수', '목', '금']
Fr=['홍시', '딸기', '밀감', '사과']
Cl=['r', 'g', 'b', 'y'] # 누적 막대의 색 지정

x=np.arange(len(weekHAN))
plt.figure(figsize=(6.5, 3.5))
plt.bar(x, A[0], label=Fr[0], color=Cl[0])
for k in range(1, 4) :
    plt.bar(x, A[k], label=Fr[k], color=Cl[k], bottom=sum(A[0:k]))

plt.xticks(x, weekHAN)
plt.legend(loc=2); # plt.ylim(50, 200)
plt.ylabel("판매량 합산", fontsize=11)
plt.title("요일별 과일 판매량", fontsize=13)
plt.show()
```

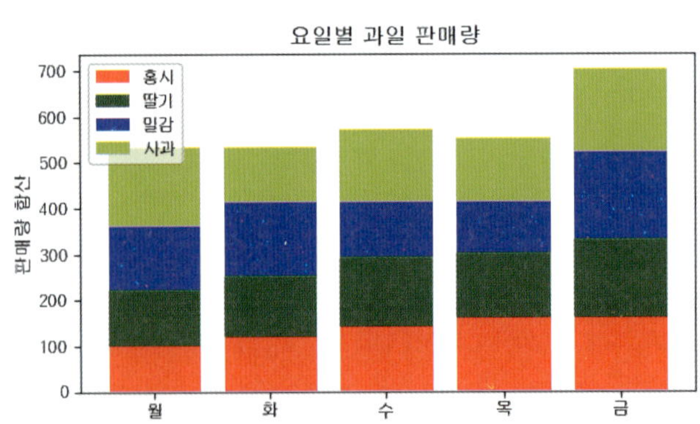

그림 2.8 과일 판매량을 누적 막대 그래프에 표시

3. 히스토그램 그래프: hist() 함수

히스토그램(histogram)이란 데이터의 빈도수를 막대모양으로 표현하는 것이다. 보통

히스토그램에서는 가로축이 계급, 세로축이 도수를 뜻하는데, 때때로 반대로 그리기도 한다. 히스토그램은 일반 막대 그래프와는 다르다. 막대 그래프는 계급, 즉 가로를 생각하지 않고 세로의 높이로만 나타내지만, 히스토그램은 가로와 세로를 함께 생각하여야 한다.

히스토그램을 만드는 절차는 먼저 ①최대, 최소치를 찾아 계급을 5~8개 구간으로 나누고, ②구간을 대표하는 값을 설정(주로 중간값으로 정함)하며, ③계급에 해당하는 개수(도수) 또는 상대도수를 확인한다. 상대도수는 총 도수에 대한 해당 구간의 도수의 비를 의미한다. pyplot 모듈이 제공하는 함수 plt.hist()의 사용형식은 다음과 같다. 표시한 인수를 지정하는 것 외는 다른 그래프와 매우 유사하며 여기서는 생략한다.

```
>>> plt.hist(x, bins = None, density = None, weight = None, cumulative = False)
```

```
# SS231Hist.py : 2.3 그래프 기초 - 2.3.1 범용 시각화 모듈 - 3. 히스토그램
# 필요한 모듈은 막대 그래프 생성과 같고 편의상 여기서는 생략함
height = [183, 177, 168, 174, 161, 179, 180, 166, 158, 154]
height = height + [171, 164, 167, 177, 170, 162, 178, 175, 173, 162]
print("(min(height), max(height)) =",(min(height), max(height)))
plt.figure(figsize = (6.5, 3.2))
plt.hist(height, bins = 8, color = 'w', edgecolor = 'k') # [그림 2.7]
plt.ylabel("빈도", fontsize = 11)
plt.title("키(height)에 대한 히스토그램", fontsize=13)
plt.show()
```

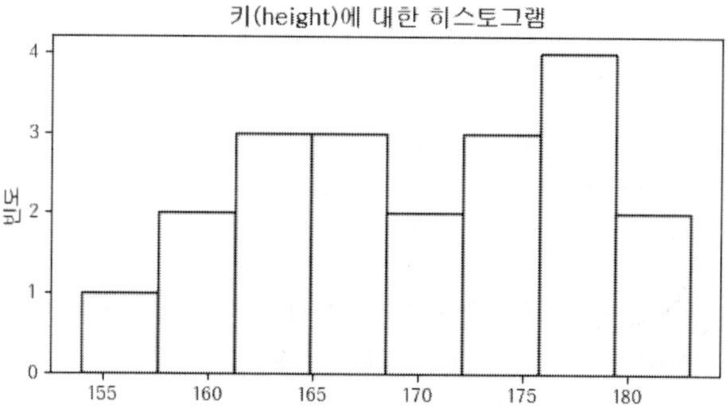

그림 2.9 히스토그램

4. 파이차트: pie() 함수

모듈 pyplot이 제공하는 함수 pie()는 파이차트(Pie chart)를 반환한다. 전체의 합이 100이 되어야 하는 경우에 서로를 비교할 때 유용한데 사용형식은 다음과 같다.

```
>>> plt.pie(x, labels=lab, explode=, colors=, autopct='%0.1f%%', shadow=True,
startangle=, counterclock=False, textprops={'fontsize': 11})
```

표 2.9 pie() 함수에 사용되는 다양한 인수

인수	기능
labels	각 pie 부분의 이름을 지정하는 문자 벡터를 표시
explode	([0, 0, 0.1, 0, …])로 3번째 조각을 0.1만큼 나오게 지정
colors	pie 부분을 구성하는 색상을 지정
autopct	자동으로 퍼센트를 계산하여 표시
shadow	True로 선택하면 차트에 그림자 설정
startangle	시작되는 지점의 각도를 지정
counterclock	True로 선택하면 시계방향으로 차트를 그림
textprops = {'fontsize': 11}	레이블의 폰트 크기 등을 조정

다음 예시 프로그램과 그림은 시드를 배정하고 6개의 난수를 생성하여 파이차트를 그리는 방법을 보여주고 있다. 파이썬에서 난수를 생성하기 위해서는 NumPy의 random 모듈을 이용하여야 한다. 함수 np.random.seed()는 재현성을 위하여 시드를 배정하고 함수 np.random.randint(m, n, k)는 m과 n사이 정수를 k개 생성한다.

```
# SS231PieCh.py: 2.3 그래프 기초 - 2.3.1 범용 시각화 모듈 - 4. 파이차트
import numpy as np
import matplotlib as mpl
import matplotlib.pyplot as plt

np.random.seed(11) # 재현성을 위해 시드를 배정
pn = np.random.randint(20, 100, 6) # 20과 100 사이 정수를 6개 생성
weekENG = ['MON', 'TUE', 'WED', 'THU', 'FRI', 'SAT']
pexp = [0.1, 0, 0, 0, 0, 0]

plt.figure(1)
```

```
plt.pie(pn, autopct='%.1f%%', labels=weekENG, explode=pexp)
plt.title("Pie Chart", fontsize=13)
plt.legend(); plt.show()
```

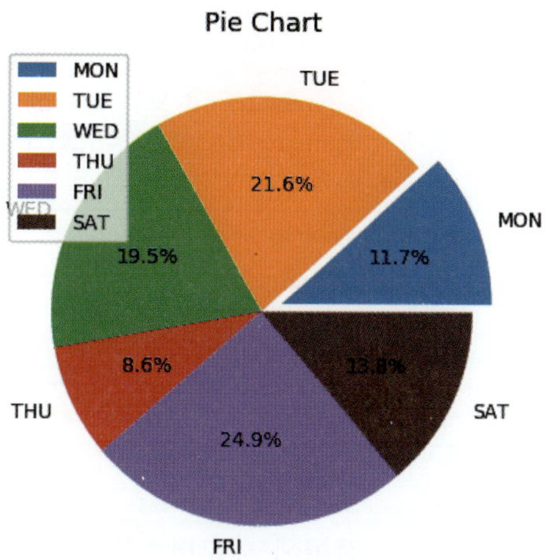

그림 2.10 파이차트의 전형적인 그래프

(1) 기타 그래프 작성에서 고려사항

지금까지 일반 그래프 작성 시에 여러 가지 속성에 대하여 알아보았다. 좀 더 고려하여야 할 내용으로는 마커(marker)의 유형과 색상, 범례의 다양한 표시 방법, 그림에 텍스트와 주석을 넣는 방법 등이 있다. 이 외에도 그림의 원래 프레임과 겹치는 속틀을 삽입하는 방법, 산점도 플롯(scatter plot)을 제공하는 plt.scatter() 함수도 있다. 파이차트 그림 외의 모든 그림은 영역을 둘러싸고 있는 사각상자가 있다. 그러나 plt.spines() 함수는 외부 상자를 제거할 때 사용할 수 있다. 다양한 속틀을 배치하고자 할 때 사용할 수 있는 plt.subplot2grid() 함수와 matplotlib.gridspec 모듈의 GridSpec 관리자도 있다.

2.3.2 3차원 그래프

1. 일반 3D 그래프

앞선 2.3.1절에서는 일반적으로 x와 y 좌표로 표시되는 2D(2 dimensional) 그래프를 그리기 위한 여러 가지 속성을 다루었다. 3차원(3D) 그래프를 그리기 위해서는 세 번

표 2.10 3D 그래픽 함수에 사용되는 다양한 인수

방법	사용 함수	설명
1	plot() 함수 사용 1	fig, ax = plt.subplots(…, subplot_kw = {"projection"="3d"}) ax.plot(x, y, z, label = , …)
2	plot() 함수 사용 2	ax = plt.figure(…).gca(projection = "3d") ax.plot(x, y, z, label = , …)

3	plot_surface()
	함수 사용 1
		ax = Axes(plt.figure(…)) 또는 ax = plt.subplots(1, 2, …))
		X, Y = np.meshgrid(x, y); Z = f(X, Y) # Z는 X, Y의 함수
		ax.plot_surface(X, Y, Z, rstride = 1, cstride = 1, cmap = color)

4	plot_wireframe() 함수 사용	X, Y, Z의 설정은 방법 3과 같음 ax.plot_wireframe(X, Y, Z, rstride = 1, cstride = 1, cmap = color)
5	plot_surface() 함수 사용 2	ax = plt.figure().add_subplot(1, 1, 1, projection = '3d') X, Y = np.meshgrid(x, y); Z = f(X, Y) ax.plot_surface(X, Y, Z, rstride = 1, cstride = 1, cmap = color)

째 좌표 z축이 도입되고 그래프는 화면에 원근법으로 나타난다. 파이썬에서 일반적인 3차원 그래프를 그리려면 matplotlib 라이브러리의 툴킷인 mpl_toolkits이 필요하다. 이 툴킷의 mplot3d 모듈로부터 Axes3D 객체를 사용하여야 한다.

Axes3D 객체를 이용하여 3차원 그래프를 그리는 방법은 크게 두 가지로 구분할 수 있다. 먼저 plot() 함수를 이용하여 2D 그래프를 그리는 것과 유사하게 일반적으로 지정하는 인수들을 도입하여 어렵지 않게 사용할 수 있다. 나머지 한 방법은 np.meshgrid() 함수를 활용하여 Z축 좌표를 얻고 plot_surface() 함수나 plot_wireframe() 함수를 이용하여 3차원 그래프를 그릴 수 있다. 여기서는 이들의 용법을 다음과 같이 대략 다섯 가지로 구분하여 다루기로 한다.

[표 2.10]의 방법 1은 plt.subplots(m, n, k, …)로 모 프레임에 여러 개의 속틀을 배치할 수 있으며 인수 subplot_kw가 {"projection"="3d"}로 3D 구성을 전달하며 그래프는 plot() 함수를 사용한다. 이때 plot()의 인수 사용형식은 3D 좌표 지정을 제외하고 2D의 경우와 유사하다. 방법 2는 gca() 함수를 사용하여 인수 projection = "3d"로 3D 구성을 전달하며 plot() 함수를 사용하여 3차원 그래프를 제공한다.

방법 3과 4에서는 명시적 형식인 Axes3D(fig)로 인스턴스를 만들며 np.meshgrid() 함수를 사용하여야 한다. plot_surface() 함수의 인수에서 rstride(행의 폭)와 cstride(열의 폭)는 값을 정수로 지정하여야 하며 그래프의 그물망 표시를 조절한다. 두 그래프의

차이는 함수 plot_wireframe()가 곡면 구조를 그물망으로 표시한다는 것이다.

방법 5는 add_subplot() 함수를 사용하고 인수 projection = '3d'를 통하여 3D 구성을 전달하며 np.meshgrid()와 plot_surface() 함수로 3차원 그래프를 얻는다. 간단한 명령형식을 위하여 add_subplot(1, 1, 1, …) 대신 add_subplot(111, …)을 사용할 수 있다. mplot3d 모듈의 Axes3D가 지원하는 3D 그래프는 사용자가 그림에 커서를 대고 회전하여 관측 각도를 임의로 조정할 수 있다. 먼저 방법 1을 사용하는 예부터 알아보기로 한다.

```
# SS232Torna3D.py: 2.3 그래프 기초 - 2.3.2 3차원 그래프 - 1. 일반 3D 그래프 1
import numpy as np
import matplotlib as mpl
import matplotlib.pyplot as plt
from mpl_toolkits.mplot3d import Axes3D

fig, ax = plt.subplots(subplot_kw = {'projection':'3d'})
t = np.linspace(0, 20, 200)
r, Z = np.exp(-0.1*t), t
th = np.linspace(-4*np.pi, 4*np.pi, 200)
X, Y = r*np.cos(th), r*np.sin(th)
ax.plot(X, Y, Z, label='Tornado_A') # 3D 그래프 생성
ax.set_title("*_kw = {\'projection\':\'3d\'}")
ax.legend(); plt.show()
```

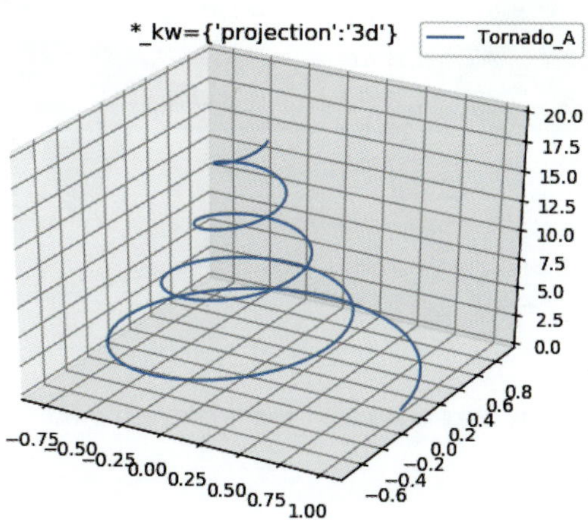

그림 2.11 plot() 함수를 사용한 3D 그래프

다음으로 방법 3과 4를 동시에 사용하여 두 그래프를 속틀로 나란히 배치하는 예를 보기로 한다. 두 그래프를 동시에 나타내기 위하여 [표 2.10]의 설명에서 Axes(plt.figure(…)) 함수 대신에 plt.subplots(1, 2, …))를 사용한다.

```
# SS232Surf2s.py: 2.3 그래프 기초 - 2.3.2 3차원 그래프 - 1. 일반 3D 그래프 2
import numpy as np
import matplotlib as mpl
import matplotlib.pyplot as plt
from mpl_toolkits.mplot3d import Axes3D

fig, ax = plt.subplots(1, 2, figsize=(10, 5), subplot_kw = {'projection':'3d'})
xy = np.arange(-2, 2, 0.1)
X, Y = np.meshgrid(xy, xy)
Z = np.sin(X)*np.exp(-X**2 - Y**2) # f(x, y) = sin(x)exp(-x**2 -y**2)
ax[0].plot_surface(X, Y, Z, cmap='Greens') # 3D 그래프 생성
ax[0].set_title("plot_surface")
ax[1].plot_wireframe(X, Y, Z, rstride = 1, cstride = 1, label = 'Wireframe')
ax[1].legend(); plt.show()
```

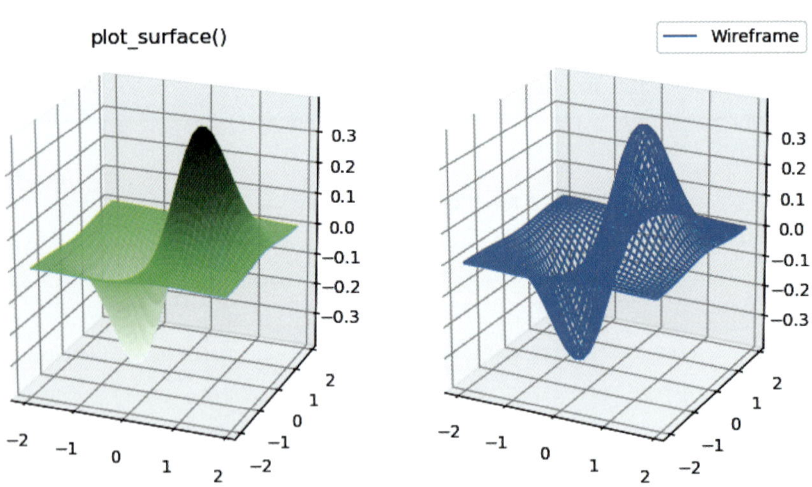

그림 2.12 plot surface()와 plot wireframe()의 3D 그래프

예제 2.8

[표 2.10] 방법 5의 3D 그래픽 함수 add_subplot()과 plot_surface()를 사용하여 다음 함수의 그래프를 그리시오.

$$f(x,\ y) = \cos(x)(-x^2 - y^2),\ -2 \leqq x,\ y \leqq 2$$

풀이 3차원 그래프를 그리는 파이썬 스크립트는 다음과 같다.

```
# Ex28Addsub3D.py: 2.3 그래프 기초 - 2.3.2 3차원 그래프 - 1. 일반 3D 그래프 3
# 임포트할 모듈은 SS232Surf2s.py와 같고 편의상 여기서는 생략함

fig = plt.figure()
ax = fig.add_subplot(111, projection = '3d')
x, y = np.arange(-2, 2, 0.1), np.arange(-2, 2, 0.1)
X, Y = np.meshgrid(x, y)
Z = np.cos(X)*(-X**2 -Y**2)
ax.plot_surface(X, Y, Z, rstride = 1, cstride = 1, cmap = 'winter') # 3D 그래프 생성
ax.set_title("Plot_surface_C"); plt.show() # 안장 모양
```

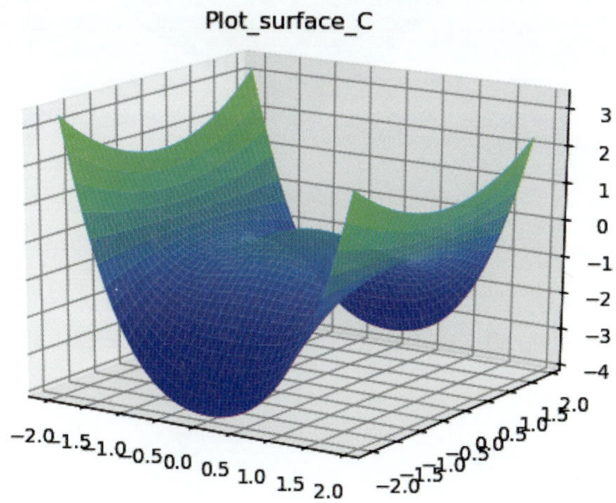

그림 2.13 fig.add_subplot()을 사용한 3D 그래프

방법 2는 3D 그래프 환경을 조성하는 한 줄의 스크립트 외는 방법 1과 동일하다. 방법

2의 3D 그래프를 그리는 함수, 스크립트 및 결과 그래프는 다음과 같다.

$$f(x,\ y) = 1 + \sqrt{0.5(x - \log(5))^2 + (y - \log(5))^2},\ 1 \leq x,\ y \leq 20$$

```
# SS232Axe3D.py: 2.3 그래프 기초 - 2.3.2 3차원 그래프 - 1. 일반 3D 그래프 4
ax = Axes3D(plt.figure(figsize = (6, 4.5)))
xn = np.log(np.arange(1, 20, 0.2))
X, Y = np.meshgrid(xn, xn)
Z = np.sqrt(0.5*(X-np.log(5))**2 + (Y-np.log(5))**2) + 1.0
ax.plot_surface(X, Y, Z, rstride = 1, cstride = 1, cmap = 'winter') # 3D 그래프 생성
ax.set_title("Plot_surface_D"); plt.show() # 종이 깔때기 모양
```

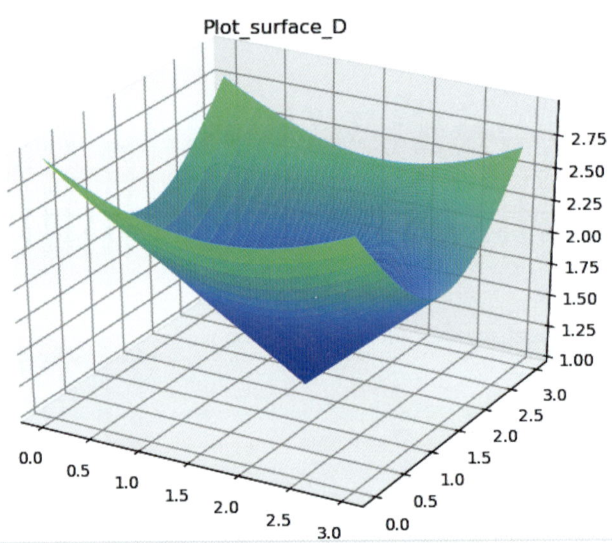

그림 2.14 Axes3D(fig)를 이용한 3D 그래프

2. 등고선 그래프

등고선(contour) 그래프는 지형의 높낮이를 나타내기 위하여 3차원 데이터를 2차원으로 투영하는 지도 형태의 그림이다. 평면의 x와 y 좌표 모두 np.meshgrid()를 사용하여 2차원 배열로 구성하고, 3차원(등고선의 높이)에 대응하는 z 좌표는 일반적으로 x와 y의 함수인 $z = f(x,\ y)$로 나타난다. z는 (len(x), len(y))의 배열을 갖는다. 2차원 배열

z 좌표만을 사용할 경우 plt.contour(Z)를 사용하고, 3차원 (x, y, z) 좌표를 사용할 경우 plt.contour(X, Y, Z) 또는 plt.contourf(X, Y, Z) 함수를 사용할 수 있다. contour( )인 경우, Axes3D 객체를 사용하는 경우가 있고 없을 경우에도 가능하며 contourf( ) 함수를 사용할 경우, Axes3D를 반드시 임포트하여야 한다. 그리고 함수들의 사용형식은 다음과 같다.

① >>> plt.contour([X, Y], Z, [levels], **kwarg)

② >>> plt.contour([X, Y], Z, [levels], **kwarg) # Axes3D 사용

③ >>> plt.contourf([X, Y], Z, [levels], **kwarg) # Axes3D 사용

위 ②항과 ③항인 경우 Axes3D 객체를 필요로 하고, ①항인 경우 Axes3D를 임포트할 필요가 없으며, [levels]는 정수이거나 배열형(array-like)이고 등고선의 수를 조정하는데 필요하다. ①항과 ②항의 경우 등고선이 실선과 점선으로 표시되고 높이값은 표시되지 않는다. ③항의 경우에는 등고선이 기본적으로 컬러맵으로 표시된다. 등고선의 고저값을 표시하기 위해서는 약간의 스크립트 조작이 필요하다. 함수 contourf( )의 상세한 사용형식은 matplotlib.pyplot.contourf의 설명서(documentation)를 참고할 수 있다.

함수 plt.contour([X, Y], Z, …)의 사용형식에서 [X, Y] 좌표는 생략이 가능하고 Z 좌표만 인수로 정할 수 있음을 의미한다. 일반적으로 *args와 **kwargs는 함수를 정의할 때 사용하며 가변 개수의 인자들을 넣을 수 있다는 의미이다. 사용가능한 인자들에는 colors, alpha, cmap, origin, extent, locator, extend, linewidths, linestyles 등이 있고 자세한 의미와 사용법은 설명서(documentation)에 잘 나타나 있다. 다음 스크립트 작성 예는 아래 주어진 함수에 대하여 ①항의 형식을 사용하여 기본적으로 출력되는 등고선 그림에 높이가 값으로 나타나는 것을 보여주고 있다.

$$f(x,\ y) = \sin(x)(0.5x^2 + y^2),\ -2 \leqq x,\ y \leqq 2$$

```
# SS232Cont2D.py: 2.3 그래프 기초 - 2.3.2 3차원 그래프 - 2. 등고선 그림 1
import numpy as np
import matplotlib.pyplot as plt
```

```
plt.figure(figsize = (6, 3.5))
xy = np.arange(-2.0, 2.0, 0.05)
X, Y = np.meshgrid(xy, xy)
Z = np.sin(X)*(0.5*X**2 + Y**2) # f(x, y) = sin(x)(x**2/2 + y**2)
levels = np.arange(np.min(Z), np.max(Z), 0.8)
ctr = plt.contour(Z, levels, colors = 'b', extent = (-2, 2, -2, 2)) # Z만 사용
plt.clabel(ctr, levels, colors = 'b', fmt = '%1.1f', fontsize = 12)
plt.title("Contour_2D")
plt.show()
```

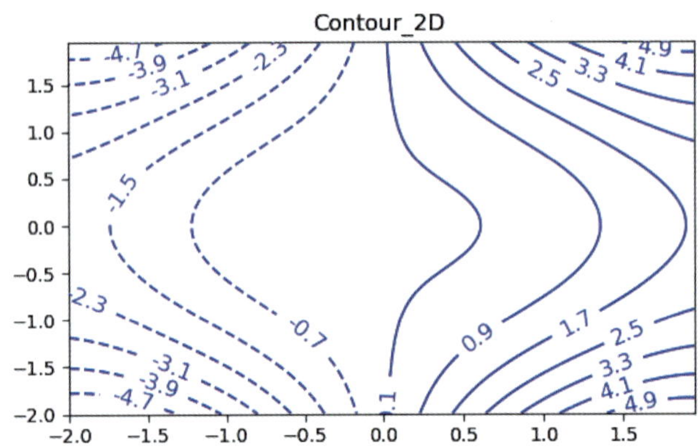

그림 2.15 Axes3D 미사용 등고선 그래프

프로그램의 plt.contour(Z, levels, colors = 'b', extent = (−2, 2, −2, 2))에서 np.meshgrid( ) 함수를 이용하여 2차원 배열로 변경한 X, Y 좌표를 생략하고 Z 좌표만을 사용하였다. 높이를 나타내는 levels는 높이의 최솟값(min(Z))부터 최댓값(max(Z))까지 0.8 간격으로 생성한 배열형(array-like)이다. 등고선의 색은 파랑색(colors = 'b')으로 지정하였고, extent는 X, Y 좌표 둘 다 $-2 \leq X, Y \leq 2$인 범위임을 나타낸다. 그리고 plt.clabel( )에서 'fmt = '%1.1f''는 등고선의 높이 표시를 %1.1f로 출력하라는 의미이다.

이제 ②항의 방법을 고려하기로 하는데, 여기서는 mpl_toolkits.mplot3d 모듈의 Axes3D 객체를 임포트하여야 한다. 다음 스크립트는 아래 주어진 함수에 대하여 Axes3D를 사용하고 함수 plt.contour( )를 적용한 예를 보여주고 있다.

$$f(x,\ y) = \sin(x)\exp(-x^2 - y^2),\ -2.1 \leq x,\ y \leq 2.1$$

```
# SS232Cont3D.py: 2.3 그래프 기초 - 2.3.2 3차원 그래프 - 2. 등고선 그림 2
import numpy as np
import matplotlib.pyplot as plt
from mpl_toolkits.mplot3d import Axes3D

fig, ax = plt.subplots(figsize = (6, 3.5))
xy = np.arange(-2.1, 2.1, 0.05)
X, Y = np.meshgrid(xy, xy)
Z = 10*np.sin(X)*np.exp(-X**2 -Y**2) # f(x, y) = 10sin(x)exp(-x**2 -y**2)
ax.contour(X, Y, Z, 20) # 디폴트 등고선 그림
ax.set_title("Axes3D: Contour_3D")
plt.show()
```

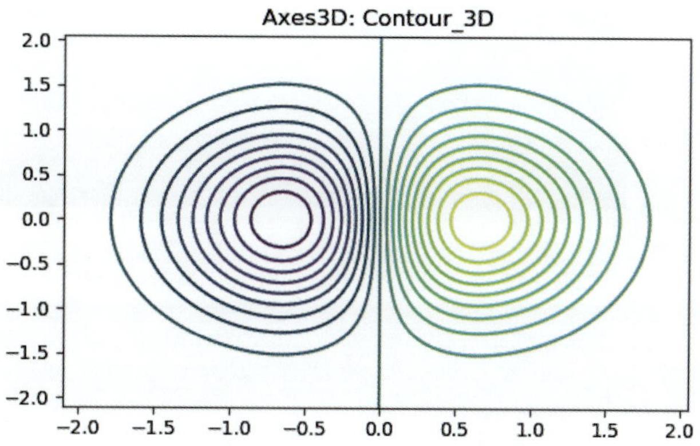

그림 2.16 Axes3D를 사용한 등고선 그래프

예제 2.9

Axes3D 객체와 contourf() 함수 및 [예제 2.8] 다음에 주어진 함수를 이용하여 디폴트 컬러맵(color map)을 그리시오.

풀이 3차원 컬러맵을 그리는 스크립트와 결과 그림은 다음과 같다.

```
# Ex29Cont3D.py: 2.3 그래프 기초 - 2.3.2 3차원 그래프 - 2. 등고선 그림 3
import numpy as np
import matplotlib.pyplot as plt
from mpl_toolkits.mplot3d import Axes3D
```

```
fig, ax = plt.subplots(figsize = (6, 4))
xn = np.log(np.arange(1, 20, 0.2))
[X, Y] = np.meshgrid(xn, xn)
Z = np.sqrt(0.5*(X-np.log(5))**2 + (Y-np.log(5))**2) + 1.0
ax.contourf(X, Y, Z, 20, cmap = 'Blues') # 디폴트 컬러맵
ax.set_title("Axes3D: contourf()")
plt.show()
```

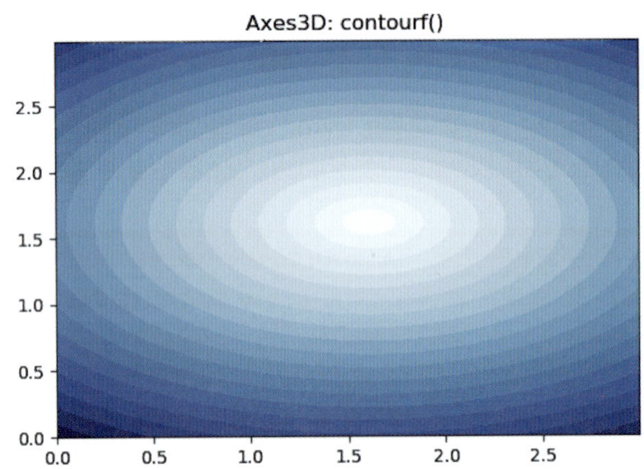

그림 2.17 Axes3D와 contourf()를 이용한 컬러맵

스크립트의 contourf(X, Y, Z, 20, cmap = 'Blues')에서 20은 높이의 등급 수를 20개로 지정한 것이고 cmap은 colormap의 약어로 인스턴스 혹은 등록된 colormap의 이름을 문자열로 지정한다. 즉, 'cmap = 'Blues''는 컬러맵을 푸른색 계통으로 지정한 것이다.

연습문제

1 파이썬 기본 내장함수를 사용하여 다음 명령을 실행할 때 작업창에 나타나는 실행결과를 쓰시오.

(1) len([1, 2, 3])

(2) len(range(11))

(3) bin(8)

(4) bool(0)

(5) divmod(11, 4)

(6) max(range(11))

(7) min(range(11))

(8) round(3.141592, 4)

(9) sum(range(11))

(10) sorted(range(7))

2 파이썬 math 모듈을 임포트하고 내장함수를 사용하여 다음 명령을 실행할 때 작업창에 나타나는 실행결과를 쓰시오.

(1) asin(sin(0.5))

(2) cos(acos(1.0))

(3) round(sin(pi))

(4) modf(3.14)[1]

(5) gcd(12, 16)

(6) round(radians(180), 2)

(7) degrees(pi/2)

(8) fsum(range(11))

(9) floor(pi)

(10) ceil(pi)

3 Numpy 라이브러리를 임포트하고 내장함수를 사용하여 다음 명령을 실행할 때 작업창에 나타나는 실행결과를 쓰시오.

(1) v1 = np.array(range(1, 10)); v1

(2) m1 = v1.reshape(3, 3); m1

(3) m1.T

(4) sum(m1)

(5) np.diag(m1)

(6) sum(m1.T)

(7) np.arange(1, 9, 3)

(8) np.eye(3)

(9) v1[0:3]*v1[0:3]

(10) v1[0:3]@v1[0:3]

4 다음 함수에 대한 사용자정의함수 f4(x)를 작성하고 각 물음에 답하시오.

$$f(x) = 0.2e^{x/4} - x^3\cos(x)/25$$

(1) f4([1, 2, ⋯, 8])의 값을 소수 5자리에서 반올림하여 구하시오.

(2) 구간 $[1,\ 8]$에 대한 $f(x)$의 그래프를 그리는 파이썬 스크립트를 작성하시오.

5 다음 함수에 대한 사용자정의함수 f5(x)를 작성하고 각 물음에 답하시오.

$$f(x) = \cos(x)\log(1+x) - 0.25x^{1.5} + 5$$

(1) f5([1, 2, ⋯, 8])의 값을 소수 5자리에서 반올림하여 구하시오.

(2) 구간 $[1,\ 8]$에 대한 $f(x)$의 그래프를 그리는 파이썬 스크립트를 작성하시오.

6 다음 2차 방정식의 근을 계산하는 사용자정의함수를 문항의 조건에 맞도록 작성하고 주어진 계수에 맞는 근을 구하시오.

$$ax^2 + bx + c = 0,\ (a \neq 0)$$

(1) 사용자정의함수 f1($[a,\ b,\ c]$)의 입력인자가 세 개의 실수로 주어짐

(a) f1([2, 1, 2)의 근

(b) f1([1, 1, -6])의 근

(2) 사용자정의함수 f2($[a, b, c]$)의 입력인자가 실수 벡터로 주어짐

(a) f2([3, 6, -2])의 근

(b) f2([1, 1, 1])의 근

7 위 연습문제 [6]과 같이 2차 방정식의 근을 구하는 사용자정의함수 f7(a, b, c)를 작성하고 주어진 계수에 맞는 근을 구하시오. 여기서 입력인수 a, b, c는 같은 길이의 벡터일 수 있다.

(1) f7([2, 1, 3], [1, 1, 6], [2, -6, -2])의 근들

(2) f7([2, 1], [1, 1], [2, -6])의 근들

(3) f7([3, 6, -2])의 근

(4) f7([1, 1, 1])의 근

8 벡터 A가 'A = np.arange(1, 11)'로 주어져 있다. 출력이 다음 형태가 되도록 파이썬 print() 함수를 사용하여 벡터의 요소들을 출력하는 스크립트를 작성하시오.

$$array([1, 2, 3, 4, 5, 6, 7, 8, 9, 10])$$

9 두 개의 정수를 입력받아 최솟값과 최댓값을 구하고 최솟값부터 최댓값까지 2씩 증가하는 수열의 합을 구하는 사용자정의함수를 작성하고 답을 구하시오.

(1) 파이썬의 기본 내부함수 sum()을 이용하여 구하되 입력하는 두 수가 25와 115일 때 수열의 합은 (   )이다.

(2) 입력하는 두 수가 110과 31일 때 수열의 합은 (   )이다.

10 사용자정의함수 fk2m(n, x)가 n = 1일 때 Km를 입력받아 마일로 환산하여 출력하고, n = 2일 때 마일을 Km로 환산하고, n = 1 또는 n = 2가 아니면 "계산불가"를 출력하는 파이썬 스크립트를 작성하시오. 단, 1 Km는 0.621371마일로 환산된다.

(1) 200, 250, 300, 350 Km를 마일로 환산하고,

(2) 100, 150, 200, 250마일을 Km로 환산하시오.

11 사용자정의함수 fpy2ms(n, x)가 n=1일 때 평수를 입력받아 m^2으로 환산하여 출력하고, n=2일 때 m^2 면적을 평수로 계산하고, n=1 또는 n=2가 아니면 "계산불가"를 출력하는 파이썬 스크립트를 작성하시오. 단, 1평은 3.305785 m^2으로 환산된다.

(1) 18, 25, 33, 45평을 m^2으로 환산하고,

(2) 50, 100, 150, 200 m^2을 평수로 환산하시오.

12 시드 배정은 np.random.seed(555)로 하고, np.random.randint( )를 이용하여 1부터 20까지 정수 난수를 200개 생성하고, 배열 num에 저장하고 다음 물음에 답하시오.

(1) 1부터 20까지 각 수의 빈도를 구하고,

(2) 최빈도(빈도가 가장 높은) 개수와 해당 숫자를 구하시오.

13 파이썬의 pydataset 패키지가 제공하는 'immer' 데이터 셋은 5종(Var)의 보리를 6개 지역(Loc)에서 시험 재배한 산출량을 2년에 걸쳐 제공한다. 이 데이터 셋을 이용하여 다음 각 물음에 답하시오.

(1) 1차 연도(Y1)와 2차 연도(Y2)의 평균 산출량을 구하시오.

(2) 1차 연도(Y1)와 2차 연도(Y2)의 중앙값(median)을 구하시오.

(3) 1차 연도(Y1)와 2차 연도(Y2)의 지역별 평균 산출량을 구하시오.

(4) 1차 연도(Y1)와 2차 연도(Y2)의 품종별 평균 산출량을 구하시오.

14 임의의 주어진 벡터 x를 입력인자로 하여 다음 함수들의 값을 구하는 사용자정의함수를 작성하고 각 물음에 답하시오.

$$f_1(x) = \sqrt{\frac{1}{n-1}\left[\sum_{i=1}^{n}\left(x_i - \frac{1}{n}\sum_{i=1}^{n}x_i\right)^2\right]},$$

$$f_2(x) = \sqrt{\frac{1}{n}\left[\sum_{i=1}^{n}\left(x_i - \frac{1}{n}\sum_{i=1}^{n}x_i\right)^2\right]}$$

(1) $x=[1,\ 2,\ 3,\ 4,\ 5,\ 6,\ 7,\ 8]$일 때 $f_1(x)$와 $f_2(x)$의 함숫값을 구하고,

(2) $y=[1,\ 1/2,\ 1/3,\ 1/4,\ 1/5,\ 1/6,\ 1/7,\ 1/8]$일 때 $f_1(y)$와 $f_2(y)$의 값을 구하고,

(3) Numpy의 내부함수 np.std()로 계산한 sd(x)와 sd(y)의 결과를 (1)과 (2)의 결과와 비교하시오.

15 다음과 같이 주어진 함수와 테일러 급수에 대하여 x와 n값을 인수로 입력받아 합을 계산하는 파이썬 스크립트를 작성하고 각 물음에 답하시오.

$$f_1(x) \equiv \frac{1}{1-x} \approx \sum_{k=0}^{n} x^k = 1 + x + x^2 + x^3 + \cdots + x^n, \ |x| < 1$$

$$f_2(x) \equiv \sin(x) \approx \sum_{k=0}^{n} \frac{(-1)^k x^{2k+1}}{(2k+1)!} = x - \frac{x^3}{3!} + \frac{x^5}{5!} - \frac{x^7}{7!} + \cdots + \frac{(-1)^n x^{2n+1}}{(2n+1)!}$$

$$f_3(x) \equiv \ln(1+x) \approx \sum_{k=1}^{n} \frac{(-1)^{k+1} x^k}{k} = x - \frac{x^2}{2} + \frac{x^3}{3} + \cdots + \frac{(-1)^{n+1} x^n}{n}, \ |x| < 1$$

$$f_4(x) \equiv \cos(x) \approx \sum_{k=0}^{n} \frac{(-1)^k x^{2k}}{(2k)!} = x - \frac{x^2}{2!} + \frac{x^4}{4!} - \frac{x^6}{6!} + \cdots + \frac{(-1)^n x^{2n}}{(2n)!}$$

(1) 테일러 급수를 계산하는 사용자정의함수를 작성하고,

(2) $x = [0.5, 0.9]$일 때, 각 $n = 5, 15$에 대하여 주어진 함수의 참값과 급수의 계산 결과를 비교하시오.

16 다음과 같이 주어진 함수와 테일러 급수에 대하여 x와 오차의 한계인 ϵ값을 인수로 입력받아 오차의 한계를 만족하는 근삿값과 항의 수 n을 계산하는 사용자정의함수 f1(x,ϵ)과 f2(x, ϵ)을 작성하고 각 문항의 답을 구하시오.

$$f_1(x) \equiv \frac{1}{1-x} \approx \sum_{k=0}^{n} x^k = 1 + x + x^2 + x^3 + \cdots + x^n, \ (|x| < 1)$$

$$f_2(x) \equiv \sin(x) \approx \sum_{k=0}^{n} \frac{(-1)^k x^{2k+1}}{(2k+1)!} = x - \frac{x^3}{3!} + \frac{x^5}{5!} - \frac{x^7}{7!} + \cdots + \frac{(-1)^n x^{2n+1}}{(2n+1)!}$$

(1-1) f1(0.5, 1e-6)을 실행하고 ϵ을 만족하는 n과 근삿값

(1-2) f1(0.9, 1e-6)을 실행하고 ϵ을 만족하는 n과 근삿값

(2-1) f2(0.5, 1e-6)을 실행하고 ϵ을 만족하는 n과 근삿값

(2-2) f2(0.9, 1e-6)을 실행하고 ϵ을 만족하는 n과 근삿값

17 함수 $f(x)=e^x$의 테일러 급수 전개에서 $n+1$항까지의 합은 e^x의 근삿값을 계산하는 데 많이 이용한다. 이것을 이용하여 다음 각 물음에 답하시오.

(1) 실수 x와 정수 n을 입력받아 근삿값을 계산하는 사용자정의함수 fexp(x, n)을 작성하고, fexp(1.0, 5)와 fexp(1.0, 10)의 값을 구하고,

(2) 오차 |exp(1) - fexp(1, 5)|와 |exp(1) - fexp(1, 10)|을 구하고,

(3) (1)의 결과를 이용하여 $\sinh(x)=(e^x-e^{-x})/2$로 정의되는 쌍곡사인 함수의 대응되는 값을 구하고, $x=1, n=5$일 때와 $x=1, n=10$일 때, Numpy가 제공하는 함수 np.sinh()의 결과와 (2)와 유사한 오차들을 구하고,

(4) (1)의 결과를 이용하여 $\cosh(x)=(e^x+e^{-x})/2$로 정의되는 쌍곡 코사인 함수의 대응되는 값을 구하고, $x=1, n=5$일 때와 $x=1, n=10$일 때, Numpy가 제공하는 함수 np.cosh()의 결과와 (2)와 유사한 오차들을 구하고,

(5) (1)의 결과를 이용하여 $\tanh(x)=\sinh(x)/\cosh(x)$로 정의되는 쌍곡 탄젠트 함수의 대응되는 값을 구하고, $x=1, n=5$일 때와 $x=1, n=10$일 때, 함수 np.tanh()의 결과와 (2)와 유사한 오차들을 구하시오.

18 패키지 matplotlib.pyplot의 plot() 함수를 적절히 사용하여 다음 세 함수의 그래프를 한 화면에 중복하여 그리시오.

$$f_1(x)=\sin(1.5x)$$

$$f_2(x)=0.04e^{0.4x}$$

$$f_3(x)=-0.04e^{0.4x}$$

19 Matplotlib의 툴킷 mplot3d를 임포트하고 np.meshgrid() 함수와 plot_surface() 함수 그리고 {"projection" = "3d"}를 사용하여 다음 두 함수의 그래프를 동시에 그리시오.

(1) $z=x\times\exp(-x^4-y^4),\ -2\leq x, y\leq 2$

(2) $z=\cos(x)\times\exp(-x^2-y^2),\ -2\leq x, y\leq 2$

20 Matplotlib의 툴킷 mplot3d를 사용하고 np.meshgrid() 함수와 plot_wireframe() 함수와 {"projection" = "3d"}를 사용하여 위 두 함수의 그래프를 동시에 그리시오.

21 다음 함수의 그림을 문항에서 지정한 3차원 그래픽 함수를 사용하여 그래프를 그리시오.

$$z = \sin(x)\sqrt{(x-1.5)^2 + (y-1.5)^2}$$

(1) np.meshgrid( ) 함수와 add_subplot( ) 함수를 사용하여 그래프를 그리고,

(2) np.meshgrid( ) 함수와 Axes3D( ) 함수 및 plot_wireframe( ) 함수를 사용하여 그래프를 그리시오.

3장

선형대수

3.1 행렬과 벡터의 연산

3.1.1 행렬과 벡터의 정의

2장에서 벡터, 행렬 및 배열에 대해서 산술 연산과 자료형을 다루었다. 여기서는 행렬의 종류에 대한 정의와 수리적 연산에 관해 다루기로 한다. 수리적 연산을 위해서는 대상 행렬의 요소는 숫자형이어야 하며 2차원 배열과 행렬을 구분 없이 사용한다.

1. 행렬과 벡터의 종류

장방형 $m \times n$ 행렬은 행(row)의 수가 m개, 열(column)의 수가 n개인 행렬이다. 열벡터는 $m \times 1(m > 1)$ 행렬을 의미하고 행벡터는 $1 \times n(n > 1)$ 행렬을 의미한다. 장방형 $m \times n$ 행렬의 일반 형태는 다음과 같고 파이썬에서 ndarray와 matrix형이 대응된다.

$$A = \begin{pmatrix} a_{11} & a_{12} & \cdots & a_{1n} \\ a_{21} & a_{22} & \cdots & a_{2n} \\ \vdots & \vdots & \ddots & \vdots \\ a_{m1} & a_{m2} & \cdots & a_{mn} \end{pmatrix} = (a_{ij})_{m \times n} \tag{3.1}$$

표 3.1 수치해석에서 주로 사용하는 행렬

행렬	의미
장방행렬	크기가 $m \times n$ $(m \neq n)$인 행렬
정방행렬	크기가 $m \times m$인 행렬로 역행렬의 존재성을 논할 수 있음
항등행렬(I)	대각요소만 1이고, 나머지는 모두 0인 행렬, 단위행렬과 같음
역행렬	A의 역행렬 B는 AB = BA = I인 행렬로 항상 역행렬이 존재
영(0)행렬	행렬의 요소가 모두 0인 행렬
전치행렬	$(a_{ij})_{m \times n}$의 전치는 $(a_{ji})_{n \times m}$로 행과 열의 요소의 치를 바꿈
대각행렬	행렬 A의 대각요소만 빼낸 벡터, R에서 함수 diag(A)를 이용
삼각행렬	대각요소를 기준으로 우상이나 좌하의 요소가 모두 0인 행렬
상(하)삼각행렬	대각요소를 기준으로 좌하(우상)의 요소가 모두 0인 행렬
치환행렬	항등(단위)행렬의 행 단위나 열 단위로 바꾼 행렬
대칭행렬	원행렬과 전치행렬이 같은 행렬

예제 3.1

NumPy 라이브러리의 함수 np.array()를 사용하여 벡터로부터 행렬을 생성하고 앞에 언급한 다양한 행렬들을 생성하시오.

풀이 다양한 행렬들을 생성하는 스크립트는 다음과 같고 실행결과는 생략한다.

```
# Ex31ArrGen.py: [예제 3.1] 3.1.1 행렬과 벡터의 정의 - 1. 행렬과 벡터의 종류
>>> import numpy as np

>>> v1 = np.arange(1, 13); v1            # 벡터의 생성
>>> v2 = np.zeros(16); v2                # 벡터의 생성
>>> mA = v1.reshape(4, 3); mA            # 4x3 장방행렬
>>> mB = mA.T; mB                        # 3x4 장방행렬
>>> m0 = v2.reshape(4, 4); m0            # 4x4 0행렬
>>> mI = np.eye(4); mI                   # 4x4 항등(단위)행렬
>>> v3 = np.array([2, 4, 1, 1, 2, 1, 3, 4, 2])
>>> mC = v3.reshape(3, 3); mC            # 3x3 정방행렬
>>> mD = np.linalg.inv(mC); mD           # mC의 역행렬
>>> np.round(np.dot(mC, mD), 15)         # mC와 mD의 곱 => 항등행렬
>>> np.round(mC.dot(mD), 15)             # mC와 mD의 곱 => 항등행렬
>>> np.round(mC@mD, 15)                  # mC와 mD의 곱 => 항등행렬
```

2. 행렬과 벡터의 산술 연산

(1) NumPy에서 벡터의 곱셈

NumPy를 이용한 수치계산에서 대부분의 연산은 배열구조로도 충분하다. NumPy에서는 길이가 같은 행벡터와 열벡터에 대하여 두 종류의 곱셈이 정의된다. 길이가 3인 두 벡터가 $v = (v_1, v_2, v_3)$과 $w = (w_1, w_2, w_3)$인 배열로 생성되면 벡터의 내적(행렬객체일 경우 행벡터와 열벡터의 곱)은 다음과 같이 정의된다.

$$v@w = v_1 w_1 + v_2 w_2 + v_3 w_3 \tag{3.2a}$$

길이가 같은 벡터의 외적(열벡터와 행벡터의 곱)은 다음과 같이 정의된다.

$$np.outer(v,w) = \begin{pmatrix} v_1w_1 & v_1w_2 & v_1w_3 \\ v_2w_1 & v_2w_2 & v_2w_3 \\ v_3w_1 & v_3w_2 & v_3w_3 \end{pmatrix} \tag{3.2b}$$

참고

식 (3.2)에서 v@w, v.dot(w), np.dot(v, w), np.inner(v, w)는 모두 벡터의 내적이지만 v와 w가 행렬객체로 생성되면 $v@w.T$는 내적, $v.T@w$는 외적을 의미한다.

(2) 행렬의 곱셈

행렬(배열) A의 열(column)의 수와 행렬(배열) B의 행의 수가 같으면 두 행렬의 곱 행렬 C는 다음과 같이 정의한다.

$$C = AB = \left(c_{ij} = \sum_{l=1}^{k} a_{il} b_{lj}\right), \tag{3.3}$$

여기서 $A = (a_{il})_{m\times k}$이고 $B = (b_{lj})_{k\times n}$이면 $C = (c_{ij})_{m\times n}$이다.

참고

파이썬에서 행렬(배열)의 곱을 실행하는 연산자는 @(C=A@B)를 사용한다.

(3) 행렬의 나눗셈

파이썬에서 기호 '/'는 크기가 같은 행렬들의 요소별 나눗셈을 나타내지만, 행렬의 나눗셈은 행렬의 역행렬을 구하는 문제와 관련된다.

예제 3.2

식 (3.2)와 (3.3)을 이용하여 벡터와 행렬 간의 여러 연산을 실행하시오.

풀이 벡터와 행렬들 간을 연산하는 스크립트는 다음과 같고 실행결과는 생략한다.

```
# Ex32MatCalc.py: [예제 3.2] 3.1 행렬과 벡터의 연산 - 3.1.1 행렬과 벡터의 정의
>>> import numpy as np
>>> v1 = np.array([1, 2, 3]); v1          # 벡터의 생성
>>> v2 = np.array([2, 3, 4]); v2
>>> v1@v2; np.vdot(v1, v2)                # 벡터의 내적 1, 2
>>> v1.dot(v2); np.dot(v2, v1)            # 벡터의 내적 3, 4
>>> np.inner(v1, v2)                      # 벡터의 내적 5
>>> np.outer(v1, v2); np.outer(v2, v1)    # 벡터의 외적
>>> np.cross(v1, v2); np.cross(v2, v1)    # 벡터의 교차곱
>>> np.diag(np.outer(v1, v2))             # 벡터 외적의 대각요소
>>> v = np.arange(1, 13)
>>> mA = v.reshape(4, 3); mA              # 4×3 행렬
>>> mB = mA.T; mB                         # 3×4 행렬
>>> mC = mB@mA; mC                        # 3×3 행렬; 연결차원이 아니면 곱셈불가
>>> v3 = np.array([2, 4, 1, 1, 2, 1, 3, 4, 2])
>>> mD = v3.reshape(3, 3); mD             # 3×3 행렬 생성
>>> mC + 5*mD; mC - 50*mD                 # 모두 3×3 정방행렬
>>> mC/50*2*mD; (mC/50)/2*mD              # 행렬요소들의 곱셈과 나눗셈
```

(4) 행렬의 덧셈과 곱셈의 연산법칙

차원이 같은 세 행렬 A, B와 C 사이에 다음 법칙들이 성립한다. 곱셈일 경우 행렬의 차원이 합당하여야 하며, 일반적으로 교환법칙이 성립하지 않는다. 행렬 A에 스칼라 a를 곱하는 것은 A의 모든 요소(원소)에 a를 곱하여 얻는다.

① (덧셈 교환법칙) $A + B = B + A$

② (덧셈 결합법칙) $(A + B) + C = A + (B + C)$

③ (곱셈 분배법칙) $A(B + C) = AB + AC$

④ (곱셈 결합법칙) $(AB)C = A(BC)$

3.1.2 역행렬과 행렬식

1. 역행렬 구하기

앞에서도 언급하였듯 행렬의 나눗셈은 존재하지 않지만, 역행렬은 여기에 가까운 개념이며 정방행렬에 대해서만 역행렬이 정의된다.

정의 3.1

(역행렬) 두 개의 정방행렬 A와 B가 항등행렬 I에 대하여 다음 조건을 만족하면 A와 B는 역의 관계(즉, A는 B의 역이고 또 B는 A의 역)를 가진다. 이때 B는 A의 역행렬이라 하고 $B = A^{-1}$로 표시한다.

$$AB = BA = I$$

예제 3.3

다음 3 × 3 행렬 A의 역행렬이 행렬 B인 것을 보이고 A와 B 두 행렬의 곱이 항등행렬임을 보이시오.

$$A = \begin{pmatrix} 1 & 2 & 3 \\ 2 & -3 & 2 \\ 3 & 1 & -1 \end{pmatrix},$$

$$B = \begin{pmatrix} 0.02 & 0.1 & 0.26 \\ 0.16 & -0.2 & 0.08 \\ 0.22 & 0.1 & -0.14 \end{pmatrix},$$

$$AB\,(A@B) = \begin{pmatrix} 1\,0\,0 \\ 0\,1\,0 \\ 0\,0\,1 \end{pmatrix} = BA = I$$

풀이 역행렬을 구하고 검산하는 스크립트는 다음과 같으며 실행결과는 생략한다.

```
# Ex33MatInv.py: [예제 3.3] 3.1.2 역행렬과 행렬식 - 1. 역행렬 구하기
>>> import numpy as np

>>> v1 = np.array([1, 2, 3, 2, -3, 2, 3, 1, -1])
```

```
>>> mA = v1.reshape(3, 3); mA
>>> mB = np.linalg.inv(mA); mB          # 역행렬 산출
>>> np.round(mA@mB, 15)                 # 역행렬의 검산
>>> v2 = np.array([2, 4, 1, 1, 2, 1, 3, 4, 2])
>>> mA = v2.reshape(3, 3); mA
>>> mB = np.linalg.inv(mA); mB          # 역행렬 산출
>>> np.round(mB@mA, 15)                 # 역행렬의 검산
```

예제 3.4

마방진 5 × 5 행렬이 저장된 파일 "magic5.txt"을 읽고 각 열의 평균과 표준편차를 계산하여 각 원소를 표준화(평균을 빼고 표준편차를 나눔)하시오.

풀이 행렬의 열별 통계치를 계산하는 스크립트는 다음과 같고 실행결과는 생략한다.

```
# Ex34MatStand.py: [예제 3.4]  3.1.2 역행렬과 행렬식 - 행렬의 표준화
import numpy as np
from sklearn.preprocessing import StandardScaler # 행렬의 표준화 모듈

A = np.loadtxt("magic5.txt"); A # 5×5 마방진(magic matrix)
Am = np.mean(A, 0); Am                      # 열별 평균
Ad = A - Am; Ad                             # 모든 요소에서 열별 평균 차감
np.var(A, 0); np.var(Ad, 0)                 # 열별 (모집단) 분산
np.std(A, 0); np.std(Ad, 0)                 # 열별 (모집단) 표준편차
Ad/np.std(A, 0); Ad/np.std(Ad, 0)           # 열별 행렬의 표준화
print("계산된 열별 행렬의 표준화 : \n", Ad/np.std(A, 0))
scaler = StandardScaler()                   # (A-np.mean(A, 0))/np.std(A, 0)
As = scaler.fit_transform(A)                # sklearn 모듈 행렬의 표준화
print("sklearn 모듈 행렬의 표준화 : \n", As)  # 결과가 동일함
```

2. 행렬과 선형연립방정식계

미지수가 많은 선형연립방정식의 해를 선형대수학을 이용하여 구하는데 NumPy를 이용할 수 있다. n개의 미지수를 갖는 m개의 선형연립방정식계(linear equations system)

는 다음과 같다.

$$\begin{aligned} a_{11}x_1 + a_{12}x_2 + \cdots + a_{1n}x_n &= y_1, \\ a_{21}x_1 + a_{22}x_2 + \cdots + a_{2n}x_n &= y_2, \\ &\vdots \\ a_{m1}x_1 + a_{m2}x_2 + \cdots + a_{mn}x_n &= y_m \end{aligned} \tag{3.4}$$

여기서 a_{ij}는 알려진 상수로 대응되는 행렬을 계수행렬이라 하고, x_i는 미지수, y_i들은 알려진 수로 비동차(non-homogeneous)항이라고 한다. 위 선형연립방정식을 행렬형(matrix form)으로 다시 쓰면 다음과 같다.

$$AX = Y,\ \ with\ A = \begin{pmatrix} a_{11} & a_{12} & \cdots & a_{1n} \\ a_{21} & a_{22} & \cdots & a_{2n} \\ \vdots & \vdots & \ddots & \vdots \\ a_{m1} & a_{m2} & \cdots & a_{mn} \end{pmatrix},\ \ X = \begin{pmatrix} x_1 \\ x_2 \\ \vdots \\ x_n \end{pmatrix}\ \ Y = \begin{pmatrix} y_1 \\ y_2 \\ \vdots \\ y_n \end{pmatrix}$$

선형연립방정식이 해를 가질 필요충분조건은 계수행렬 A의 행벡터 중 n개가 서로 독립이어야 한다. 선형연립방정식의 해가 존재하면 $X = A^{-1}Y$로 해를 구할 수 있고 NumPy에서 대응하는 해를 구하는 명령어는 'X=np.linalg.solve(A, Y)'이다.

예제 3.5

다음 선형연립방정식의 해를 파이썬 스크립트를 이용하여 구하시오.

$$\begin{aligned} 2x_1 + 4x_2 + x_3 &= -2, \\ x_1 + 2x_2 + x_3 &= 0.5, \\ 3x_1 + 4x_2 + 2x_3 &= 2 \end{aligned}$$

풀이 NumPy에서 연립방정식의 해 및 계수행렬의 역행렬을 구하기 위해서는 선형대수(np.linalg) 모듈이 필요하다. 모듈의 사용법과 선형연립방정식의 해를 구하는 스크립트는 다음과 같고 실행결과는 생략한다.

```
# Ex35MatLinSol.py: [예제 3.5] 3.1.2 역행렬과 행렬식 - 2. 행렬과 선형연립방정식계
```

```python
import numpy as np

A = np.array([2, 4, 1, 1, 2, 1, 3, 4, 2])
A, Y = A.reshape(3, 3), np.array([-2, 0.5, 2])
print("행렬 A의 행렬식 :", np.linalg.det(A))
X1 = np.linalg.inv(A)@Y; X1          # 역행렬을 이용한 풀이
X = np.linalg.solve(A, Y); X         # linalg.solve() 이용
print("연립방정식 AX = Y의 해 :", X)
```

3. 행렬식

행렬식(determinant)은 정방행렬 A에 대해서만 정의되고 스칼라를 대응시키는 하나의 함수이다. NumPy에서는 선형대수 모듈을 사용하여 명령어 np.linalg.det(A)로 계산한다. 정방행렬 A의 행렬식이 $\det(A) \equiv |A| \neq 0$이면 역행렬이 존재하고 연립방정식 계수행렬의 행렬식이 $\det(A) \neq 0$이면 해를 구할 수 있다.

정의 3.2

(행렬식) 2×2 행렬 $A = (a_{ij})_{2\times 2}$의 행렬식은 다음과 같이 정의한다.

$$\det(A) = \begin{vmatrix} a_{11} & a_{12} \\ a_{21} & a_{22} \end{vmatrix} = a_{11}a_{22} - a_{12}a_{22} \tag{3.5a}$$

행렬 $A = (a_{ij})_{3\times 3}$의 행렬식은 다음과 같이 정의한다.

$$\det(A) = \begin{vmatrix} a_{11} & a_{12} & a_{13} \\ a_{21} & a_{22} & a_{23} \\ a_{31} & a_{32} & a_{33} \end{vmatrix} = \sum_{i=1}^{3}(-1)^{i+1}a_{1i}\det((B_{1i})_{2\times 2}) \tag{3.5b}$$

여기서 $\det(B_{11}) = \begin{vmatrix} a_{22} & a_{23} \\ a_{32} & a_{33} \end{vmatrix}$, $\det(B_{21}) = \begin{vmatrix} a_{12} & a_{13} \\ a_{32} & a_{33} \end{vmatrix}$, $\det(B_{31}) = \begin{vmatrix} a_{12} & a_{13} \\ a_{22} & a_{23} \end{vmatrix}$이다.

참고

식 (3.5b)에서 $(-1)^{i+1}\det((B_{i1})_{2\times 2})$를 a_{i1}의 여인수(cofactor)라 한다.

정의 3.3

귀납적으로 행렬 $A=(a_{ij})_{n\times n}$의 행렬식은 다음과 같이 정의한다.

$$\det(A) \equiv \sum_{i=1}^{n}(-1)^{i+1}a_{i1}\det((B_{i1})_{(n-1)\times(n-1)}) \tag{3.6}$$

여기서 행렬 $(B_{i1})_{(n-1)\times(n-1)}$는 행렬 $A=(a_{ij})_{n\times n}$에서 순열을 고려하여 i행과 1열이 제거된 행렬이고 $(-1)^{i+1}\det((B_{i1})_{(n-1)\times(n-1)})$를 a_{i1}의 여인수라고 한다.

> **참고**
>
> NumPy에서 행렬 A의 행렬식은 함수 det()를 이용하여 구한다.

```
# SS312MatDet.py: [예제 3.5] 3.1.2 역행렬과 행렬식 - 3. 행렬식
import numpy as np

if __name__ == '__main__':  # def main(): … main()과 같은 의미
    mA = np.array([2, 7, 6, 9, 5, 1, 4, 3, 8]).reshape(3, 3)
    print("mA의 행렬식 :", np.linalg.det(mA))
    mB = np.array([3, 4, 1, 0, 2, 7, 5, -1, 2]).reshape(3, 3)
    print("mB의 행렬식 :", np.linalg.det(mB))
    np.linalg.inv(mA); np.linalg.inv(mB)
    mC = np.array([1, 2, 3, 4, 5, 2, 1, 2, 3]).reshape(3, 3)
    print("mC의 행렬식 :", np.linalg.det(mC))
    mD = np.array([1, 2, 3, 2, -3, 2, 3, 1, -1]).reshape(3, 3)
    print("mD의 행렬식 :", np.linalg.det(mD))
    M9 = np.loadtxt("magic5.txt"); M9
    print("5×5 마방진의 행렬식 :", np.linalg.det(M9))
```

```
mA의 행렬식 : -360.00000000000006
mB의 행렬식 : 163.0
mC의 행렬식 : 0.0
mD의 행렬식 : 50.000000000000014
5x5 마방진의 행렬식 : -4679999.999999989
```

(1) 행렬의 연산규칙

일반적으로 두 행렬의 곱이 정의되어도 곱에 대한 교환법칙은 성립하지 않는다. 즉, $AB \neq BA$이다. 세 행렬의 곱에 대한 결합법칙 $A(BC) = (AB)C$와 분배법칙 $A(B+C) = AB + AC$는 성립한다. 그러나 행렬식의 교환법칙과 결합법칙은 성립하고 분배법칙은 성립하지 않는다.

정리 3.1

행렬식의 연산규칙

① 행렬 A와 전치행렬 A^t의 행렬식은 같다. 즉, det(A)=det(A^t)

② 행렬 $A = (a_{ij})_{n \times n}$가 삼각행렬이면 det($A$)=$\prod_{k=1}^{n} a_{kk}$, 즉 대각요소들의 곱이다. 따라서 행렬 A가 항등행렬 $A = I$이면 det(A)=det(I)=1이다.

③ 행렬 A, B, C가 $C = AB$이면 det(C)=det(A)det(B)가 성립한다.

증명 ···› ①은 여인수의 정의와 수학적 귀납법에 의하여, ②는 여인수를 이용하여 쉽게 증명할 수 있다. ③은 정칙행렬과 기본행렬을 이용하여 증명할 수 있다.

정리 3.2

행렬 A가 정방행렬이면 다음 명제들은 동치이다.

① 행렬 A가 역행렬 A^{-1}을 갖는다.

② 행렬형 연립방정식 $AX = Y$가 해벡터를 갖는다.

③ 행렬 A의 행렬식 det(A)$\neq 0$이다.

증명 ···› 증명은 이 책의 범위를 벗어나므로 생략한다.

정의 3.4

(행동치, Row equivalent) 정방행렬 A와 B가 서로 기본 행 연산을 하여 상대가 얻어지면, A와 B는 행동치라고 한다.

정리 3.3

두 행렬 A와 B가 행동치이면 $\det(A)=0$일 필요충분조건은 $\det(B)=0$.

증명 ⋯ 기본 행 연산이 행렬식에 끼치는 영향은 0이 아닌 스칼라를 곱하거나 부호를 바꾸는 정도이다. 그러므로 필요충분조건이 성립한다.

예제 3.6

다음 각 행렬의 행렬식을 구하시오.

$$A=\begin{pmatrix}2&4&1\\1&2&1\\3&4&2\end{pmatrix},\quad B=\begin{pmatrix}1&2&3\\2&-3&2\\3&1&-1\end{pmatrix},\quad C=\begin{pmatrix}1&0&0\\-2&1&0\\5&2&7\end{pmatrix},\quad D=\begin{pmatrix}1&0&2\\-1&1&0\\0&3&2\end{pmatrix}$$

풀이 행렬 A의 행렬식은 [정의 3.2]에 따라 다음 값을 갖는다.

$$|A|=2\begin{vmatrix}2&1\\4&2\end{vmatrix}-1\begin{vmatrix}4&1\\4&2\end{vmatrix}+3\begin{vmatrix}4&1\\2&1\end{vmatrix}=-4+6=2$$

같은 방법으로 행렬 B의 행렬식은 [정의 3.2]에 따라 다음 값을 갖는다.

$$|B|=1\begin{vmatrix}-3&2\\1&-1\end{vmatrix}-2\begin{vmatrix}2&3\\1&-1\end{vmatrix}+3\begin{vmatrix}2&3\\-3&2\end{vmatrix}=1+10+39=50$$

행렬 C의 행렬식 계산은 [정리 3.1]의 ②항에 의해 $|C|=7$이 된다.
행렬 D의 행렬식 계산은 [정의 3.2]에 따라 다음과 같다.

$$|D|=1\begin{vmatrix}1&0\\3&2\end{vmatrix}+2\begin{vmatrix}-1&1\\0&3\end{vmatrix}=2-6=-4$$

한편, np.linalg.det()를 이용한 행렬식의 계산은 다음 프로그램과 같다.

```
# Ex36MatDet.py: [예제 3.6] 3.1.2 행렬과 행렬식 - 행렬식 계산
import numpy as np

if __name__ == '__main__':
    A = np.array([2, 4, 1, 1, 2, 1, 3, 4, 2]).reshape(3, 3)
    print("A의 행렬식 :", np.linalg.det(A))  # 2.0000000000000004
    B = np.array([1, 2, 3, 2, -3, 2, 3, 1, -1]).reshape(3, 3)
    print("B의 행렬식 :", np.linalg.det(B))  # 50.000000000000014
```

```
C = np.array([1, 0, 0, -2, 1, 0, 5, 2, 7]).reshape(3, 3)
print("C의 행렬식 :", np.linalg.det(C))  # 6.999999999999998
D = np.array([1, 0, 2, -1, 1, 0, 0, 3, 2]).reshape(3, 3)
print("D의 행렬식 :", np.linalg.det(D))  # -4.000000000000001
```

(2) 행렬식의 응용과 크래머 공식

식 (3.4)와 같이 n개의 미지수를 갖는 연립방정식은 행렬형으로 다시 표시할 수 있다.

$$AX = \begin{pmatrix} a_{11} & a_{12} & \cdots & a_{1n} \\ a_{21} & a_{22} & \cdots & a_{2n} \\ \vdots & \vdots & \ddots & \vdots \\ a_{n1} & a_{n2} & \cdots & a_{nn} \end{pmatrix} \begin{pmatrix} x_1 \\ x_2 \\ \vdots \\ x_n \end{pmatrix} = \begin{pmatrix} y_1 \\ y_2 \\ \vdots \\ y_n \end{pmatrix} = Y \tag{3.7}$$

행렬식을 이용한 위 연립방정식의 해는 다음과 같이 계산할 수 있다.

$$x_i = \frac{\det(A(i))}{\det(A)}, \ i = 1, 2, \cdots, n \tag{3.8}$$

여기서 $A(i)$는 식 (3.7) 계수행렬 A의 i번째 열을 벡터 Y가 대체되어 구해지는 행렬을 의미한다. 식 (3.8)로 연립방정식의 해를 계산하는 방식을 이른바 크래머 공식(Cramer's rule)이라 한다. [예제 3.5]에 주어진 방정식의 해를 크래머 공식을 이용하여 구해보기로 하자. 계수행렬의 행렬식은 $\det(A) = 2$이므로 x_1은 다음과 같다.

$$x_1 = \frac{\begin{vmatrix} -2 & 4 & 1 \\ 0.5 & 2 & 1 \\ 2 & 4 & 2 \end{vmatrix}}{\det(A)} = \frac{2}{2} = 1$$

같은 방법으로 x_2는 다음과 같이 주어진다.

$$x_2 = \frac{\begin{vmatrix} 2 & -2 & 1 \\ 1 & 0.5 & 1 \\ 3 & 2 & 2 \end{vmatrix}}{\det(A)} = \frac{-3.5}{2} = -1.75$$

마지막으로 x_3는 다음과 같이 주어지고 [예제 3.5]의 결과와 같다.

$$x_3 = \frac{\begin{vmatrix} 2 & 4 & -2 \\ 1 & 2 & 0.5 \\ 3 & 4 & 2 \end{vmatrix}}{\det(A)} = \frac{6}{2} = 3$$

```
# SS312Cramer.py: 3.1.2 행렬과 행렬식 - 크래머 공식
import numpy as np
A = np.array([2., 4., 1., 1., 2., 1., 3., 4., 2.]).reshape(3, 3)
Y = np.array([-2.0, 0.5, 2.0]); X = np.zeros(len(Y))
for k in range(len(Y)):
    Ak = A.copy(); Ak[:, k] = Y
    X[k] = np.linalg.det(Ak)/np.linalg.det(A)
print("Sol =", X) # Sol = [ 1.   -1.75  3.  ]
```

3.2 선형연립방정식의 해법

3.2.1 가우스 소거법

선형연립방정식(linear equations)의 해법에서 가우스 소거법(Gauss elimination)은 전방소거 단계와 후방대입 단계로 구성되어 있으며, 대규모 선형연립방정식을 풀기 위한 가장 기본적인 알고리즘이다.

1. 전방소거와 후방대입

① n원1차 연립방적식의 일반형은 다음과 같이 주어진다.

$$a_{11}x_1 + a_{12}x_2 + a_{13}x_3 + \cdots + a_{1n}x_n = y_1, \tag{3.9}$$

$$a_{21}x_1 + a_{22}x_2 + a_{23}x_3 + \cdots + a_{2n}x_n = y_2,$$

$$
\begin{aligned}
&a_{31}x_1 + a_{32}x_2 + a_{33}x_3 + \cdots + a_{3n}x_n = y_3, \\
&\vdots \\
&a_{n1}x_1 + a_{n2}x_2 + a_{n3}x_3 + \cdots + a_{nn}x_n = y_n
\end{aligned}
$$

② $a_{i1,}$ $(i \geqq 2)$들의 전방소거 결과, 선형연립방정식계는 다음과 같다.

$$
\begin{aligned}
a_{11}x_1 + a_{12}x_2 + a_{13}x_3 + \cdots + a_{1n}x_n &= y_1, \\
a_{22}{}'x_2 + a_{23}{}'x_3 + \cdots + a_{2n}{}'x_n &= y_2{}', \\
a_{32}{}'x_2 + a_{33}{}'x_3 + \cdots + a_{3n}{}'x_n &= y_3{}', \\
&\vdots \\
a_{n2}{}'x_2 + a_{n3}{}'x_3 + \cdots + a_{nn}{}'x_n &= y_n{}'
\end{aligned} \tag{3.10}
$$

여기서 첫 번째 식은 바뀌지 않으며, 첫 번째 열의 소거가 끝나면 $a_{ij}{}' = a_{ij} - (a_{i1}/a_{11})a_{1j}$이고 $y_i{}' = y_i - (a_{i1}/a_{11})y_1$으로 새롭게 둔다.

③ 같은 방법으로 a_{ij}, $(i \geqq j)$들의 전방소거 결과는 다음과 같다.

$$
\begin{aligned}
a_{11}x_1 + a_{12}x_2 + a_{13}x_3 + \cdots + a_{1n}x_n &= y_1, \\
a_{22}'x_2 + a_{23}'x_3 + \cdots + a_{2n}'x_n &= y_2', \\
a_{33}''x_3 + \cdots + a_{3n}''x_n &= y_3'', \\
&\vdots \\
a_{nn}^{(n-1)}x_n &= y_n^{(n-1)}
\end{aligned} \tag{3.11}
$$

④ 후방대입에 의해서 방정식의 해를 구하는 알고리즘은 다음과 같다.

$$
\begin{aligned}
x_n &= y_n^{(n-1)}/a_{nn}^{(n-1)}, \\
x_{n-1} &= \left[y_{n-1}^{(n-2)} - a_{n-2,\ n-1}^{(n-1)}\right]/a_{n-1,\ n-1}^{(n-1)}, \\
&\vdots \\
x_1 &= \left(y_1 - \sum_{i=2}^{n} a_{1i}x_i\right)/a_{11}
\end{aligned} \tag{3.12}
$$

2. 피버팅

가우스 소거법의 전방소거 절차에서 대각요소가 0이 아님을 가정한다. 그러나 일반적으로 그렇지 않은 경우도 있다. 피버팅(pivotting)은 전방소거 절차에서 대각요소가 0이 되지 않게 할 뿐만 아니라 소거될 다른 계수들보다 크게 만들기 위하여 방정식 행의 순서를 바꾸는 것이다. 이 절차는 계산에서 정확도를 증가시킨다.

(1) 행렬 $A=(a_{ij})_{n\times n}$의 피버팅 절차

① 1행의 피버팅: $|a_{11}| \geqq |a_{i1}|, (i \geqq 1)$이면 피버팅 불필요, 그렇지 않으면 필요함, 첫 번째 식은 $|a_{i1}|$이 가장 큰 행(row)과 교환됨

② 2행의 피버팅: $|a_{22}'| \geqq |a_{i2}'|, (i \geqq 2)$이면 피버팅 불필요, 그렇지 않으면 필요함, 첫 번째 식은 $|a_{i2}'|$이 가장 큰 행(row)과 교환됨

③ 나머지 행들의 피버팅: 같은 과정이 전방소거가 완료될 때까지 계속됨

3. 확장행렬

확장행렬(augmented matrix)이란 가우스 소거법을 간편하고 효율적으로 적용하기 위해서 선형연립방정식을 행렬형으로 표시하였을 때, 계수행렬과 비동차 벡터를 열로 합병한 행렬을 의미한다. 먼저 삼원일차연립방정식 행렬형이 다음과 같이 주어졌다고 하자.

$$\begin{pmatrix} a_{11} & a_{12} & a_{13} \\ a_{21} & a_{22} & a_{23} \\ a_{31} & a_{32} & a_{33} \end{pmatrix}\begin{pmatrix} x_1 \\ x_2 \\ x_3 \end{pmatrix} = \begin{pmatrix} y_1 \\ y_2 \\ y_3 \end{pmatrix} \tag{3.13}$$

그러면 삼원일차연립방정식의 확장행렬은 다음과 같이 주어진다.

$$\begin{pmatrix} a_{11} & a_{12} & a_{13} & a_{14} \\ a_{21} & a_{22} & a_{23} & a_{24} \\ a_{31} & a_{32} & a_{33} & a_{34} \end{pmatrix},\ where\ a_{i4} = y_i,\ i = 1,\ 2,\ 3 \tag{3.14}$$

예제 3.7

아래와 같은 행렬형 삼원일차연립방정식이 주어졌을 때,

① 주어진 연립방정식에 대응하는 확장행렬을 나타내고,

② 가우스 소거법에 대한 알고리즘을 연습하기 위하여 가우스 소거법을 절차에 따라 손으로 직접 계산하고,

③ 파이썬 스크립트를 이용하여 단계별로 적용하시오.

$$\begin{pmatrix} 1 & 2 & 3 \\ 2 & -3 & 2 \\ 3 & 1 & -1 \end{pmatrix}\begin{pmatrix} x_1 \\ x_2 \\ x_3 \end{pmatrix}=\begin{pmatrix} 6 \\ 14 \\ -2 \end{pmatrix}$$

풀이 ① 계수행렬과 비동차항 벡터를 열로 묶은 확장행렬은 다음과 같다.

$$\begin{pmatrix} 1 & 2 & 3 & 6 \\ 2 & -3 & 2 & 14 \\ 3 & 1 & -1 & -2 \end{pmatrix}$$

② 해를 구하기 위한 가우스 소거법 단계를 적용하면 다음과 같다.

$$\begin{pmatrix} 1 & 2 & 3 & 6 \\ 2 & -3 & 2 & 14 \\ 3 & 1 & -1 & -2 \end{pmatrix} \Rightarrow (-2)R_1+R_2=\begin{pmatrix} 1 & 2 & 3 & 6 \\ 0 & -7 & -4 & 2 \\ 3 & 1 & -1 & -2 \end{pmatrix}$$

$$\Rightarrow (-3)R_1+R_3=\begin{pmatrix} 1 & 2 & 3 & 6 \\ 0 & -7 & -4 & 2 \\ 0 & -5 & -10 & -20 \end{pmatrix}$$

$$\Rightarrow (-1/5)R_3=\begin{pmatrix} 1 & 2 & 3 & 6 \\ 0 & -7 & -4 & 2 \\ 0 & 1 & 2 & 4 \end{pmatrix} \Rightarrow \begin{pmatrix} 1 & 2 & 3 & 6 \\ 0 & 1 & 2 & 4 \\ 0 & -7 & -4 & 2 \end{pmatrix}$$

$$\Rightarrow 7R_2+R_3=\begin{pmatrix} 1 & 2 & 3 & 6 \\ 0 & 1 & 2 & 4 \\ 0 & 0 & 10 & 30 \end{pmatrix} \Rightarrow \begin{pmatrix} 1 & 2 & 3 & 6 \\ 0 & 1 & 2 & 4 \\ 0 & 0 & 1 & 3 \end{pmatrix}$$

그러므로 $x_3=3$이고 단계적으로 후방대입 2단계는 다음과 같다.

$$x_2+2x_3=4 \Rightarrow x_2=4-2(3)=-2$$

따라서 $x_2=-2$이고 후방대입 3단계는 다음과 같고 $x_1=1$을 구한다.

$$x_1+2x_2+3x_3=6 \Rightarrow x_1=6-2(-2)-3(3)=1$$

③ 단계별로 피버팅을 함께 적용하는 파이썬 스크립트는 다음과 같다.

```
# Ex37MatGaus.py: [예제 3.7] 3.2.1 가우스 소거법 - 2. 전방소거, 후방대입
import numpy as np
A = np.array([1., 2., 3., 2., -3., 2., 3., 1., -1.]).reshape(3, 3)
Y = np.array([6., 14., -2.]); X = np.zeros(len(Y))
C = np.c_[A, Y];  B = C.copy() # np.c_는 np.column_stack([A, Y])의 축약 명령
B[2, :] = B[0, :]; B[0, :] = C[2, :]; B # 1행과 3행을 바꾸기
B[1, :] = B[1, :] - B[1, 0]*B[0, :]/B[0, 0]; B # 1단계 전방소거 시작
B[2, :] = B[2, :] - B[2, 0]*B[0, :]/B[0, 0]; B # 1단계 전방소거 완료
B[2, :] = B[2, :] - B[2, 1]*B[1, :]/B[1, 1]; B # 2단계 전방소거 완료
print('np.linalg.solve(A, Y) =', np.linalg.solve(A, Y)) # 내장함수의 해
X[2] = B[2, 3]/B[2, 2]; X[2] # X[2] = 3을 구함
X[1] = (B[1, 3] - B[1, 2]*X[2])/B[1, 1]; X[1] # X[1] = -2를 구함
X[0] = (B[0, 3] - B[0, 1:3]@X[1:3])/B[0, 0]; X[0] # X[0] = 1을 구함
print("Sol =", X) # 가우스 소거법에 따라 해 x = (1, -2, 3)을 구함
```

예제 3.8

확장행렬 식 (3.14)에 가우스 소거법을 적용하여 연립방정식 (3.13)의 해를 구하는 알고리즘을 구현해서 n × (n + 1) 행렬에 대한 범용 프로그램으로 작성하고, 아래 확장행렬이 파일명 'mat4by5.txt'로 저장되어 있을 때 연립방정식의 해를 구하시오.

$$\begin{pmatrix} 14 & 9 & 2 & 5 & 43 \\ 3 & 4 & 15 & 8 & 64 \\ 13 & 10 & 1 & 6 & 42 \\ 0 & 7 & 12 & 1 & 51 \end{pmatrix}$$

풀이 식 (3.14)의 확장행렬에서 2행 − (1행) × a_{21}/a_{11}을 계산하고 3행 − (1행) × a_{21}/a_{11}을 동시에 계산하여 다음 행렬을 구할 수 있다.

$$\begin{pmatrix} a_{11}, & a_{12}, & a_{13}, & a_{14} \\ 0, & a_{22} - a_{21}a_{12}/a_{11}, & a_{23} - a_{21}a_{13}/a_{11}, & a_{24} - a_{21}a_{14}/a_{11} \\ 0, & a_{32} - a_{31}a_{12}/a_{11}, & a_{33} - a_{31}a_{13}/a_{11}, & a_{34} - a_{31}a_{14}/a_{11} \end{pmatrix}$$

위 식에서 $a_{ij}' = a_{ij} - a_{i1}a_{1j}/a_{11}$, $i = 2, 3$, $j = 2, 3, 4$로 두면 간단한 다음 식을 얻는다.

$$\begin{pmatrix} a_{11}, & a_{12}, & a_{13}, & a_{14} \\ 0, & a_{22}', & a_{23}', & a_{24}' \\ 0, & a_{32}', & a_{33}', & a_{34}' \end{pmatrix} \tag{3.15}$$

위 행렬에서 3행$-$(2행)$\times a_{32}'/a_{22}'$을 계산하면 다음 행렬을 얻는다.

$$\begin{pmatrix} a_{11}, & a_{12}, & a_{13}, & a_{14} \\ 0, & a_{22}', & a_{23}', & a_{24}' \\ 0, & 0, & a_{33}' - a_{32}'a_{23}'/a_{22}', & a_{34}' - a_{32}'a_{24}'/a_{22}' \end{pmatrix}$$

위 식에서 $a_{ij}'' = a_{ij}' - a_{i2}'a_{2j}'/a_{22}'$, $i=3$, $j=3$, 4로 두면 간단한 다음 식을 얻는다.

$$\begin{pmatrix} a_{11}, & a_{12}, & a_{13}, & a_{14} \\ 0, & a_{22}', & a_{23}', & a_{24}' \\ 0, & 0, & a_{33}'', & a_{34}'' \end{pmatrix} \tag{3.16}$$

이로써 가우스 전방소거 절차가 끝났으므로 후방대입법 절차에 따라 다음과 같이 연립방정식의 해를 구할 수 있다.

$$\begin{aligned} x_3 &= a_{34}''/a_{33}'' \\ x_2 &= a_{24}'/a_{22}' - x_3 a_{23}'/a_{22}' \\ x_1 &= a_{14}/a_{11} - x_2 a_{12}/a_{11} - x_3 a_{13}/a_{11} \end{aligned} \tag{3.17}$$

식 (3.15)부터 식 (3.17)까지 구현된 알고리즘을 이용하여 가우스 소거법으로 연립방정식의 해를 구하는 범용 파이썬 프로그램을 사용자정의함수로 먼저 작성한다. 그다음 사용자정의함수(GaussAgPvt( ))를 포함하고 있는 파일(GaussAgPvt.py)을 임포트하여 주어진 확장행렬의 해를 구하기로 한다.

```
# GaussAgPvt.py [예제 3.8] AX=Y에 대한 가우스 소거법 사용자정의함수
import numpy as np

def swapRow(A, m, n):
    B = A.copy(); B[[m, n], :] = B[[n, m], :]
    return B
def GaussAgPvt(A, prt=False):  # 확장행렬 입력
    M = len(A) # n = len(b)
    det1 = 1.0 # 행렬식 변수 초기화
    for k in range(0, M-1):
        pk = np.argmax(np.abs(A[k:M, k])) + k
        if pk != k:
            A = swapRow(A, k, pk); det1 = -det1
```

```
        for n in range(k+1, M):
            if (A[n, k] != 0.0):
                rat = A[n, k]/A[k, k]
                A[n, k+1:M+1] = A[n, k+1:M+1] - rat*A[k, k+1:M+1]

    if (prt): print("det(A) = ", det1*np.prod(np.diag(A)))
    A[M-1, M] /= A[M-1, M-1]
    for k in range(M-2, -1, -1):
        A[k, M] = A[k, M] - A[k, k+1:M]@A[k+1:M, M]
        A[k, M] /= A[k, k]

    return A[:, M]
```

```
# Ex38GausAgPvt.py: [예제 3.8] 3.2.1 가우스 소거법 - 2. 전방소거, 피버팅, 후방대입
import numpy as np
from GaussAgPvt import *    # 가우스 소거법 사용자정의 모듈 임포트
if __name__ == '__main__':
    A = np.genfromtxt("mat4by5.txt", encoding = 'utf-8') # 또는 'ascii'
    Ac, y = A[:, 0:len(A)].copy(), A[:, len(A)]
    print("np.linalg.det(A) = ", np.linalg.det(Ac))
    print("np.linalg.solve(Ac, y) = ", np.linalg.solve(Ac, y))
    x = GaussAgPvt(A, True); x # 선형방정식 Ax = y의 해
    print("계산결과 : x = ", x)
```

```
np.linalg.det(A) = 3600.0000000000045
np.linalg.solve(Ac, y) = [1. 2. 3. 1.]
det(A) = 3599.9999999999995
계산결과 : x = [1. 2. 3. 1.]
```

3.2.2 가우스-조르단 소거법

가우스-조르단 소거법(Gauss-Jordan elimination)은 가우스 소거법에서 후방대입 없이 전방소거와 동시에 후방소거도 이루어진다. 역시 피버팅이 필요하며 대각요소를 모두 1로 정규화 하여야 한다. 전방소거와 후방소거의 결과로 상삼각행렬이 아닌 항등(단위)행렬을 얻게 된다. 가우스-조르단 소거법의 장점은 행렬의 역행렬을 구할 때 아주 유용한 알고리즘을 제공한다는 점이다.

예제 3.9

가우스-조르단 소거법으로 [예제 3.7]의 연립방정식을 단계별로 적용하여 해를 구하는 파이썬 스크립트를 작성하시오.

풀이 예제 [3.8]에 나타나 있는 단계에 따라 연립방정식의 해를 구하는 파이썬 스크립트는 다음과 같다.

```
# Ex39JordEl.py: 3.2 선형연립방정식의 해법 - 3.2.2 가우스-조르단 소거법
import numpy as np

A = np.array([[1., 2., 3.], [2., -3., 2.], [3., 1., -1.]]); A
Y = np.array([6., 14., -2.]); Y
C = np.c_[A, Y]; B = C.copy() # 확장행렬 생성
# 손으로 푸는 방식이 아니라 가우스-조르단 소거법의 피버팅 절차를 따름
B[2, :] = B[0, :]; B[0, :] = C[2, :]; B # 1행과 3행을 바꾸기
B[0, :] = B[0, :]/B[0, 0]; B # 첫 번째 행의 정규화
for i in range(1, 3) :
    B[i, :] = B[i, :] - B[i, 0]*B[0, :]
B[1, :] = B[1, :]/B[1, 1]; B # 두 번째 행의 정규화
for i in range(3) :
    if i !=1 : B[i, :] = B[i, :] - B[i, 1]*B[1, :]
B[2, :] = B[2, :]/B[2, 2]; B # 세 번째 행의 정규화
for i in range(3) :
    if i !=2 : B[i, :] = B[i, :] - B[i, 2]*B[2, :]
print('x =', B[:, 3]) # 가우스-조르단 소거법의 해벡터 x = (1, -2, 3)
```

예제 3.10

가우스-조르단 소거법으로 [예제 3.9] 연립방정식의 계수행렬의 역행렬을 파이썬 스크립트를 이용하여 단계별로 적용하여 구하시오.

풀이 단계에 따라 계수행렬의 역행렬을 구하는 파이썬 스크립트는 다음과 같다.

```
# Ex310JordInv.py: 3.2.2 가우스-조르단 소거법 - 역행렬 계산
```

```
import numpy as np

A = np.array([[1., 2., 3.], [2., -3., 2.], [3., 1., -1.]]); A
Y = np.eye(len(A)); Y
C = np.c_[A, Y]; B = C.copy() # 확장행렬 생성
# 손으로 푸는 방식이 아니라 가우스-조르단 소거법의 피버팅 절차를 따름
B[2, :] = B[0, :]; B[0, :] = C[2, :]; B # 1행과 3행을 바꾸기
B[0, :] = B[0, :]/B[0, 0]; B # 첫 번째 행의 정규화
for i in range(1, 3) :
    B[i, :] = B[i, :] - B[i, 0]*B[0, :]
B[1, :] = B[1, :]/B[1, 1]; B # 두 번째 행의 정규화
for i in range(3) :
    if i !=1 : B[i, :] = B[i, :] - B[i, 1]*B[1, :]
B[2, :] = B[2, :]/B[2, 2]; B # 세 번째 행의 정규화
for i in range(3) :
    if i !=2 : B[i, :] = B[i, :] - B[i, 2]*B[2, :]
print('Ainv = \n', B[:, 3::]) # 가우스-조르단 소거법에 의한 역행렬
print('np.linalg.inv(A) = \n', np.linalg.inv(A)) # 내장함수의 역행렬
```

예제 3.11

확장행렬 식 (3.14)에 가우스-조르단 소거법을 적용하여 연립방정식 (3.13)의 해를 구하는 알고리즘을 구현하고 $n \times (n+1)$ 행렬에 대한 범용 파이썬 스크립트로 작성하시오. [예제 3.8]에 주어진 피벗과 행렬식을 계산하는 스크립트를 포함하고 결과를 출력하시오.

풀이 식 (3.14)의 확장행렬에서 먼저 1행 1열을 기준으로 하여 1행을 정규화한 다음 2행 $-$ (1행) $\times a_{21}$과 3행 $-$ (1행) $\times a_{31}$을 동시에 계산해서 다음 행렬을 구할 수 있다.

$$\begin{pmatrix} 1, & a_{12}/a_{11}, & a_{13}/a_{11}, & a_{14}/a_{11} \\ 0, & a_{22}-a_{21}a_{12}/a_{11}, & a_{23}-a_{21}a_{13}/a_{11}, & a_{24}-a_{21}a_{14}/a_{11} \\ 0, & a_{32}-a_{31}a_{12}/a_{11}, & a_{33}-a_{31}a_{13}/a_{11}, & a_{34}-a_{31}a_{14}/a_{11} \end{pmatrix}$$

위 식에서 $a_{1j}' = a_{1j}/a_{11}$, $j = 2, 3, 4$라 두고 $a_{ij}' = a_{ij} - a_{i1}a_{1j}/a_{11}$, $i = 2, 3$, $j = 2, 3, 4$로 두면 간단한 다음 식을 얻는다.

$$\begin{pmatrix} 1, a_{12}{}', a_{13}{}', a_{14}{}' \\ 0, a_{22}{}', a_{23}{}', a_{24}{}' \\ 0, a_{32}{}', a_{33}{}', a_{34}{}' \end{pmatrix}$$

이제 2행 2열을 기준으로 하여 2행을 정규화한 다음 1행$-$(2행)$\times a_{12}{}'$을 계산하고 3행$-$(2행)$\times a_{32}{}'$을 동시에 계산하여 다음 행렬을 구할 수 있다.

$$\begin{pmatrix} 1, & 0, a_{13}{}' - a_{12}{}' a_{23}{}' / a_{22}{}', a_{14}{}' - a_{12}{}' a_{24}{}' / a_{22}{}' \\ 0, & 1, \quad a_{23}{}' / a_{22}{}', \quad a_{24}{}' / a_{22}{}' \\ 0, & 0, a_{33}{}' - a_{32}{}' a_{23}{}' / a_{22}{}', a_{34}{}' - a_{32}{}' a_{24}{}' / a_{22}{}' \end{pmatrix}$$

위 식에서 $a_{2j}{}'' = a_{2j}{}' / a_{22}{}'$, $j=3$, 4라 두고 $a_{ij}{}'' = a_{ij}{}' - a_{i2}{}' a_{2j}{}' / a_{22}{}'$, $i=1, 3$, $j=3, 4$로 두면 간단한 다음 식을 얻는다.

$$\begin{pmatrix} 1, & 0, a_{13}{}'', a_{14}{}'' \\ 0, & 1, a_{23}{}'', a_{24}{}'' \\ 0, & 0, a_{33}{}'', a_{34}{}'' \end{pmatrix}$$

끝으로 3행 3열을 기준으로 하여 3행을 정규화한 다음 1행$-$(3행)$\times a_{13}{}''$을 계산하고 2행$-$(3행)$\times a_{23}{}''$을 동시에 계산하여 다음 행렬을 구할 수 있다.

$$\begin{pmatrix} 1, & 0, & 0, a_{14}{}'' - a_{13}{}'' a_{34}{}'' / a_{33}{}'' \\ 0, & 1, & 0, a_{24}{}'' - a_{23}{}'' a_{34}{}'' / a_{33}{}'' \\ 0, & 0, & 1, \quad a_{34}{}'' / a_{33}{}'' \end{pmatrix}$$

결과적으로 정리된 위 행렬로부터 해벡터는 다음과 같이 주어진다.

$$\begin{pmatrix} 1, & 0, & 0, x_1 \\ 0, & 1, & 0, x_2 \\ 0, & 0, & 1, x_3 \end{pmatrix}$$

위와 같이 구현된 알고리즘을 이용하여 가우스-조르단 소거법으로 연립방정식의 해를 구하는 범용 파이썬 프로그램을 사용자정의함수로 먼저 작성한다. 그다음 사용자정의함수(JordAgPvt())를 포함하고 있는 파일(JordAgPvt.py)을 임포트하여 주어진 확장행렬의 해를 구하기로 한다. 확장행렬을 푸는 스크립트와 해를 먼저 보이기로 한다.

```
# Ex311JordAgPvt.py [예제 3.11] 3.2.2 조르단 소거법-2. 전방소거+후방소거
import numpy as np
from JordAgPvt import *  # 조르단 소거법 사용자정의함수를 임포트

if __name__ == '__main__':
```

```
A = np.loadtxt("mat4by5.txt", encoding = 'utf-8')
Ac, y = A[:, 0:len(A)].copy(), A[:, len(A)]
print("np.linalg.det(A) = ", np.linalg.det(Ac))
print("np.linalg.solve(Ac, y) = ", np.linalg.solve(Ac, y))
x = JordAgPvt(A, True); x # 선형방정식 Ax = y의 해
print("계산결과 : x = ", x)
```

```
np.linalg.det(A) =  3600.0000000000045
np.linalg.solve(Ac, y) =  [1. 2. 3. 1.]
det(A) =  3599.9999999999986
계산결과 : x =  [1. 2. 3. 1.]
```

```
# JordAgPvt.py: [예제 3.9] 3.2.2 조르단 소거법 - 2. 전방소거+후방소거
import numpy as np
def swapRow(A, m, n):
    B = A.copy(); B[[m, n], :]=B[[n, m], :]
    return B
def JordAgPvt(A, prt=False):  # 확장행렬 입력
    M, det1 = len(A), 1.0  # n = len(b)
    for k in range(0, M):
        pk = np.argmax(np.abs(A[k:M, k])) + k
        if pk != k:
            A = swapRow(A, k, pk); det1 = -det1

        det1 = det1*A[k, k]
        A[k, :] = A[k, :]/A[k, k]
        for n in range(0, M):
            if (n != k):
                A[n, :] = A[n, :] - A[n, k]*A[k, :]

    if (prt): print("det(A) = ", det1)
    return A[:, M]
```

예제 3.12

3×3 행렬 $A=(a_{ij})_{3\times 3}$의 아래 확장행렬에 가우스-조르단 소거법을 적용하여 역행렬을 구하는 알고리즘을 구현하시오. 이 알고리즘을 이용하여 $n\times n$ 행렬에 대해

역행렬을 구하는 사용자정의함수를 범용 스크립트로 작성하시오. 스크립트 작성 시 피벗을 적용하고, 동시에 행렬식을 계산하며, 4×4 마방진의 역행렬을 구하시오.

$$\begin{pmatrix} a_{11} & a_{12} & a_{13} & 1 & 0 & 0 \\ a_{21} & a_{22} & a_{23} & 0 & 1 & 0 \\ a_{31} & a_{32} & a_{33} & 0 & 0 & 1 \end{pmatrix} \tag{3.18}$$

풀이 1단계로 [예제 3.11]과 같은 방법으로 식 (3.18)의 확장행렬에서 먼저 1행 1열을 기준으로 하여 1행을 정규화한 후 2행 $-$ (1행) $\times a_{21}$을 계산하고, 3행 $-$ (1행) $\times a_{31}$을 동시에 계산한다. 그리고 $a_{ij}' = a_{ij} - a_{i1}a_{1j}/a_{11}$, $i=1, 2, 3$, $j=2, 3, 4, 5, 6$으로 두면 간단한 다음 행렬을 얻는다.

$$\begin{pmatrix} 1, a_{12}', a_{13}', a_{14}', a_{15}', a_{16}' \\ 0, a_{22}', a_{23}', a_{24}', a_{25}', a_{26}' \\ 0, a_{32}', a_{33}', a_{34}', a_{35}', a_{36}' \end{pmatrix}$$

2단계로 2행 2열을 기준으로 하여 2행을 정규화한 후 1행 $-$ (2행) $\times a_{12}'$을 계산하고, 3행 $-$ (2행) $\times a_{32}'$을 계산한 다음, $a_{ij}'' = a_{ij}' - a_{i2}'a_{2j}'/a_{22}'$, $i=1, 2, 3$, $j=3, 4, 5, 6$으로 두면 간단한 다음 행렬을 얻는다.

$$\begin{pmatrix} 1, \ 0, a_{13}'', a_{14}'', a_{15}'', a_{16}'' \\ 0, \ 1, a_{23}'', a_{24}'', a_{25}'', a_{26}'' \\ 0, \ 0, a_{33}'', a_{34}'', a_{35}'', a_{36}'' \end{pmatrix}$$

마지막 3단계로 3행 3열을 기준으로 하여 3행을 정규화한 다음 1행 $-$ (3행) $\times a_{13}''$과 2행 $-$ (3행) $\times a_{23}''$을 계산한 후 정리하여 다음 행렬을 얻는다.

$$\begin{pmatrix} 1, \ 0, \ 0, b_{11}, b_{12}, b_{13} \\ 0, \ 1, \ 0, b_{21}, b_{22}, b_{23} \\ 0, \ 0, \ 1, b_{31}, b_{32}, b_{33} \end{pmatrix}$$

결과적으로 행렬 $A=(a_{ij})_{3\times 3}$의 역행렬로 $B=(b_{ij})_{3\times 3}$를 얻을 수 있다.

```
# Ex312JordInvPvt.py: [예제 3.12] 3.2.2 가우스-조르단 소거법 - 역행렬 계산
import numpy as np

def swapRow(A, m, n):
    B = A.copy(); B[[m, n], :]=B[[n, m], :]
    return B

def JordInvPvt(A, prt = False):
```

```
    M, det1 = len(A), 1.0 # n = len(b)
    A = np.append(A, np.eye(M), axis = 1) # 확장행렬 구성
    for k in range(0, M):
        pk = np.argmax(np.abs(A[k:M, k])) + k
        if pk != k:
            A = swapRow(A, k, pk); det1 = -det1

        det1 = det1*A[k, k]
        A[k, :] = A[k, :]/A[k, k]
        for n in range(0, M):
            if (n != k):
                A[n, :] = A[n, :] - A[n, k]*A[k, :]

    if (prt): print("det(A) =", det1)
    return A[:, M:2*M]
```

```
# Ex312JordInvPvt.py [예제 3.12] 3.2.2 가우스-조르단 소거법 - 역행렬 계산 예제 1
import numpy as np
from JordInvPvt import * # 역행렬을 구하는 위 사용자정의함수 임포트
if __name__ == '__main__':
    A = np.genfromtxt("magic4.txt", encoding='ascii')
    print("np.linalg.det(A) = ", np.linalg.det(A))
    print("np.linalg.Inv(A) = \n", np.linalg.inv(A))
    B = JordInvPvt(A, True) #  행렬 A의 역행렬
    print("계산결과 : Inv(A) = \n", B) # 계산결과 생략
    print("검산: A@B = \n", np.round(A@B, 14)) #
```

3.2.3 반복법

지금까지는 직접법인 가우스 소거법과 가우스-조르단 소거법으로 선형연립방정식의 해를 구하였다. 반복법은 선형연립방정식 $AX = Y$의 해 X의 초깃값을 가정하고 시작하여, X의 변화가 무시할 수 있을 정도가 될 때까지 해를 반복적으로 갱신하는 알고리즘이다. 필요한 반복횟수가 커질 수 있으므로 반복법은 일반적으로 직접법보다 느리다.

그러나 반복법은 어떤 경우에 대해서는 두 가지 장점이 있다. 첫 번째로 많은 문제에서 계수행렬을 저장할 필요가 없다. 두 번째로 한 반복 단계에서의 반올림오차를 다

음 반복 단계에서 보정할 수 있다. 반복법의 단점은 계산된 값이 항상 해로 수렴한다는 보장이 없다는 것이다. 대표적인 반복법은 가우스-사이델(Gauss-Seidel) 반복법과 야코비 반복법 및 공액경사법(conjugate gradient method) 등이 있다.

1. 가우스-사이델 반복법

선형연립방정식의 해를 구하는 방법으로 가우스 소거법과 가우스-조르단 소거법 외에도 가우스-사이델 반복법이 있다. 가우스 소거법은 행렬의 차원이 커지면 비효율적이 되고 가우스-조르단 소거법 계산량이 많아진다는 것이다. 그러나 가우스 소거법을 이용하여 행렬식을 계산할 수 있으며, 가우스-조르단 소거법은 역행렬을 구하는 알고리즘을 간단하게 한다.

행렬의 차원이 커지면서 비효율적으로 나타나는 문제점은 가우스-사이델 반복법으로 해결할 수 있다. 가우스-사이델 반복법은 프로그래밍이 간단하나 잘 수렴하기 위해서는 계수행렬이 대각 지배적(diagonally dominant) 행렬이어야 한다. 다음과 같은 행렬형 선형연립방정식을 고려하자.

$$AX = Y$$

간단하게 설명하기 위하여 계수행렬 A를 3×3 행렬이라고 하면 위 식은 다음과 같이 다시 쓸 수 있다.

$$\begin{pmatrix} a_{11} & a_{12} & a_{13} \\ a_{21} & a_{22} & a_{23} \\ a_{31} & a_{32} & a_{33} \end{pmatrix}\begin{pmatrix} x_1 \\ x_2 \\ x_3 \end{pmatrix} = \begin{pmatrix} y_1 \\ y_2 \\ y_3 \end{pmatrix}$$

계수행렬 A의 대각요소들이 모두 0이 아니라면 다음 식을 얻는다.

$$x_1^{(k)} = \left(y_1 - 0x_1^{(k-1)} - a_{12}x_2^{(k-1)} - a_{13}x_3^{(k-1)}\right)/a_{11}, \tag{3.19}$$

$$x_2^{(k)} = \left(y_2 - a_{21}x_1^{(k)} - 0x_2^{(k-1)} - a_{23}x_3^{(k-1)}\right)/a_{22},$$

$$x_3^{(k)} = \left(y_3 - a_{31}x_1^{(k)} - a_{32}x_2^{(k)} - 0x_3^{(k-1)}\right)/a_{33}$$

여기서 k와 $k-1$은 반복에서 현 단계와 전 단계를 나타낸다. 반복을 시작하기 위해서는 초기치가 필요하다. 가장 간편한 방법 중 하나는 모든 초기치를 0으로 두는 것이다. 식 (3.19)를 $n\times n$에 대해서 일반화하여 가우스-사이델 반복법의 효율적인 알고리즘을 구현한다면 다음과 같이 다시 쓸 수 있다.

$$x_i^{(k)} = \frac{y_i}{a_{ii}} - \left(\sum_{j=1}^{i-1} a_{ij} x_j^{(k)} + \sum_{j=i+1}^{n} a_{ij} x_j^{(k-1)} \right) / a_{ii} \tag{3.20}$$

가우스-사이델 반복법이 수렴하기 위한 충분조건은 다음 식으로 알려져 있다.

$$|a_{ii}| > \sum_{j=1, j\neq i}^{n} |a_{ij}|, \ i = 1, \ 2, \ \cdots, \ n \tag{3.21}$$

(1) 가우스-사이델 반복법 손계산

다음 연립방정식을 가우스-사이델 반복법을 이용하여 손계산으로 풀어 보자.

$$\begin{pmatrix} 5 & -2 & 1 \\ -2 & 5 & -1 \\ 1 & -1 & 5 \end{pmatrix} \begin{pmatrix} x_1 \\ x_2 \\ x_3 \end{pmatrix} = \begin{pmatrix} 7 \\ 5 \\ 5 \end{pmatrix}$$

주어진 행렬형 연립방정식으로부터 다음의 반복 공식을 얻는다.

$$x_0 = (7 + 2x_1 - x_2)/5.0,$$
$$x_1 = (5 + 2x_0 + x_2)/5.0,$$
$$x_2 = (5 - x_0 + x_1)/5.0$$

초기치 벡터로 $(x_0, \ x_1, \ x_2) = (0, \ 0, \ 0)$로 두면 첫 반복 결과는 다음과 같다.

$$x_0 = (7 + 0 - 0)/5.0 = 1.4,$$
$$x_1 = (5 + 2*1.4 + 0)/5.0 = 1.56,$$
$$x_2 = (5 - 1.4 + 1.56)/5.0 = 1.032$$

두 번째 반복 결과는 다음과 같다.

$$x_0 = (7+2*1.56-1.032)/5.0 = 1.8176,$$
$$x_1 = (5+2*1.8176+1.032)/5.0 = 1.93344,$$
$$x_2 = (5-1.8176+1.93344)/5.0 = 1.02317$$

세 번째 반복 결과는 다음과 같다.

$$x_0 = (7+2*1.93344-1.02317)/5.0 = 1.96874,$$
$$x_1 = (5+2*1.96874+1.02317)/5.0 = 1.99213,$$
$$x_2 = (5-1.96874+1.99213)/5.0 = 1.00468$$

반복을 4회 더 계산하면 소수 5자리 근삿값 $x_1 = x_2 = 2$와 $x_3 = 1$을 얻는다. 손계산에 대응하는 파이썬 스크립트는 다음과 같고 출력결과는 생략한다.

```
# GausSeid313.py: 3.2.3 반복법 - 1. 가우스-사이델 반복법 - 손계산
import numpy as np
if __name__ == '__main__':
    A = np.array([[5., -2., 1.], [-2., 5., -1.], [1., -1., 5.]])
    y, X = np.array([7., 5., 5.]), np.zeros(3, float)
    for k in range(1, 8):
        X[0] = (7 +2*X[1] -X[2])/5.0
        X[1] = (5 +2*X[0] +X[2])/5.0
        X[2] = (5 - X[0] +X[1])/5.0
        print("Solution : %s, itn =%d" % (np.round(X, 5), k))
    print("np.linalg.inv(A)@Y :", np.linalg.inv(A)@y)
```

예제 3.13

가우스-사이델 반복법을 사용하여 다음 선형연립방정식의 해를 구하는 범용 파이썬 스크립트를 작성하고 다음 물음에 답하시오.

① 상대오차가 $\epsilon = 10^{-8}$보다 작은 해와 반복횟수를 구하고,

② 가우스-사이델 반복법의 결과와 NumPy가 제공하는 내장함수 np.linalg.solve(A, Y)를 이용한 결과를 비교하시오.

$$\begin{pmatrix} 4 & -1 & -2 \\ 1 & 7 & -3 \\ 3 & -2 & 10 \end{pmatrix}\begin{pmatrix} x_1 \\ x_2 \\ x_3 \end{pmatrix} = \begin{pmatrix} 4 \\ 25 \\ 21 \end{pmatrix}$$

풀이 가우스-사이델 반복법으로 답을 구하는 스크립트는 다음과 같다.

```
# Ex313GausSeid.py: [예제 3.13] 3.2.3 반복법 - 1. 가우스-사이델 반복법
import numpy as np
def Seidel(A, y):
    rn, cn = A.shape
    X, oX = np.zeros(rn, float), np.ones(rn, dtype=float)
    for k in range(1, 101):
        for i in range(rn):
            X[i] = y[i]
            for j in range(i): X[i] -= A[i, j]*X[j]
            for j in range(i+1, cn): X[i] -= A[i, j]*oX[j]
            X[i] = X[i]/A[i, i]

        if (max(abs((X-oX)/oX))<1.0e-8 or k>50): break
        oX = X.copy()
    return X, k

if __name__ == '__main__':
    A = np.array([[4., -1., -2.], [1., 7., -3.], [3., -2., 10.]])
    y, Ac = np.array([4., 25., 21.]), A.copy()
    X, k = Seidel(A, y)
    print("Sol : %s, itn = %d" % (X, k)) # Sol : [3. 4. 2.], itn = 13
    print("np.linalg.inv(A)@Y :", np.linalg.inv(Ac)@y) #  [3. 4. 2.]
```

2. 야코비 반복법

야코비 반복법(Jacobi iterative method)은 강한 대각지배행렬으로 이루어진 선형연립방정식에서 반복법의 수렴성을 보증하는 해법으로, 대각행렬과 나머지 요소들로 계수행렬을 분리하여 계산한다. 연립방정식이 $AX = Y$로 표시된다면 $A = D + L + U$로 분리한다. 여기서 D, L, U는 각각 A의 대각, 하삼각, 상삼각 요소들이다. 예를 들어, 3×3 행렬의 야코비 반복법은 다음과 같은 식으로 주어진다.

$$X^{(k)} = [Y - (L+U)X^{(k-1)}]/D$$
$$= \begin{pmatrix} y_1/a_{11} \\ y_2/a_{22} \\ y_3/a_{33} \end{pmatrix} - \begin{pmatrix} 0 & a_{12}/a_{11} & a_{13}/a_{11} \\ a_{21}/a_{22} & 0 & a_{23}/a_{22} \\ a_{31}/a_{33} & a_{32}/a_{33} & 0 \end{pmatrix} X^{(k-1)}$$

따라서 $n \times n$ 행렬의 야코비 반복법은 다음과 같다.

$$X^{(k)} = \begin{pmatrix} y_1/a_{11} \\ y_2/a_{22} \\ \vdots \\ y_n/a_{nn} \end{pmatrix} - \begin{pmatrix} 0 & a_{12}/a_{11} & \cdots & a_{1n}/a_{11} \\ a_{21}/a_{22} & 0 & \cdots & a_{2n}/a_{22} \\ \vdots & \vdots & \ddots & \vdots \\ a_{n1}/a_{nn} & a_{n2}/a_{nn} & \cdots & 0 \end{pmatrix} X^{(k-1)} \quad (3.22)$$

연립방정식의 반복 해가 모든 i와 주어진 상대오차 ϵ에 대해서 다음 조건을 만족하면 수렴한 것으로 판단한다.

$$\left| \frac{x_i^{(k)} - x_i^{(k-1)}}{x_i^{(k)}} \right| < \epsilon, \ i = 1, \ 2, \ \cdots, \ n \quad (3.23)$$

식 (3.20)으로 주어지는 가우스-사이델 반복법과 식 (3.22)로 주어지는 야코비 반복법을 비교하자. 식 (3.20)에서는 새로운 x_i 값이 계산되면 이것을 사용하여 다음 방정식에서 x_{i+1}이 계산된다. 즉, 해벡터의 요소별로 점진적으로 계산된다. 그러나 식 (3.22)에서는 $x_i^{(k-1)}$, $i=1, \ \cdots, \ n$을 다 구한 다음 $x_i^{(k)}$, $i=1, \ \cdots, \ n$를 구하는 것으로 벡터 단위로 반복 단계가 적용된다. 일반적으로 가우스-사이델 반복법이 야코비 반복법보다 빨리 수렴하고 선호되는 것으로 알려져 있다.

예제 3.14

가우스-사이델 방법을 사용하여 13회 반복(상대오차 10^{-8})으로 다음 연립방정식의 근사해를 구하였다. 야코비 반복법을 사용하여 해와 반복횟수를 구하시오.

$$\begin{pmatrix} 4 & -1 & -2 \\ 1 & 7 & -3 \\ 3 & -2 & 10 \end{pmatrix}\begin{pmatrix} x_1 \\ x_2 \\ x_3 \end{pmatrix} = \begin{pmatrix} 4 \\ 25 \\ 21 \end{pmatrix}$$

풀이 야코비 반복법으로 해를 구하는 스크립트와 출력결과는 다음과 같다.

```
# Ex314Jacob.py: 3.2 선형연립방정식의 해법 - 3.2.3 반복법
# [예제 3.14] 2. 야코비 반복법으로 연립방정식의 해 계산
import numpy as np
def Jacobi(A, y):
    rn, cn = A.shape
    z, Aii = np.arange(rn), np.diag(A).copy()
    A[z, z] = itn = 0
    X, oX = np.zeros(rn, dtype = float), np.ones(rn, float)
    for k in range(1, 101):
        X = (y - A@oX)/Aii
        if (max(abs(X-oX)/oX)<1.0e-8 or k>50): break
        oX = X.copy()
    return X, k

if __name__ == '__main__':
    A = np.array([[4., -1., -2.], [1., 7., -3.], [3., -2., 10.]])
    y, Ac = np.array([4., 25., 21.]), A.copy()
    X, k = Jacobi(A, y)
    print("Sol : %s, itn =%d" % (np.round(X, 7), k))
    print("np.linalg.inv(A)@Y :", np.linalg.inv(Ac)@y)
```

```
Sol : [3. 4. 2.], itn = 22
np.linalg.inv(A)@Y : [3. 4. 2.]
```

3.3 행렬의 분해

3.3.1 행렬의 LU 분해

1. 행렬의 수학적 LU 분해

행렬의 LU 분해(LU decomposition)란 정방행렬을 하삼각(lower triangular) 행렬과 상삼각(upper triangular) 행렬로 분해하는 것을 말한다. LU 분해는 여러 가지 수치적 문제에서 계산량을 줄일 수 있게 한다. 행렬 A의 하삼각행렬을 L이라 하고 상삼각행렬을 U라고 하면 다음 식을 갖는다.

$$A = LU \tag{3.24}$$

위 식을 이용하여 선형연립방정식계 $AX = Y$에 $A = LU$를 대입해서 $UX = Z$로 두고 다시 쓰면 다음 식을 얻는다.

$$LUX = Y \Rightarrow \begin{cases} UX = Z \\ LZ = Y \end{cases} \Rightarrow \begin{cases} X = U^{-1}Z \\ Z = L^{-1}Y \end{cases} \Rightarrow X = U^{-1}(L^{-1}Y) \tag{3.25}$$

위 식은 계수행렬이 같은 여러 개의 연립방정식의 해를 구하는 데 유용하다.

예제 3.15

수학적 LU 분해를 이용하여 다음 연립방정식의 해를 구하시오.

$$AX = Y \Rightarrow \begin{pmatrix} 1 & 2 & 3 \\ -1 & 3 & 2 \\ 2 & 1 & -2 \end{pmatrix} \begin{pmatrix} x_1 \\ x_2 \\ x_3 \end{pmatrix} = \begin{pmatrix} 10 \\ 5 \\ 6 \end{pmatrix}$$

풀이 파이썬의 내장함수를 이용한 LU 분해에 앞서 수학적 LU 분해를 실행한다.

① 먼저 수학적 LU 분해를 위해 L과 U를 다음과 같이 두고,

$$L=\begin{pmatrix}1&0&0\\l_{21}&1&0\\l_{31}&l_{32}&1\end{pmatrix},\quad U=\begin{pmatrix}1&2&3\\0&u_{22}&u_{23}\\0&0&u_{33}\end{pmatrix} \tag{3.26}$$

② $A=LU$이므로 위 식의 L과 U를 곱해서 정리하면,

$$LU=\begin{pmatrix}1&2&3\\l_{21}&2l_{21}+u_{22}&3l_{21}+u_{23}\\l_{31}&2l_{31}+l_{32}u_{22}&3l_{31}+l_{32}u_{23}+u_{33}\end{pmatrix}=\begin{pmatrix}1&2&3\\-1&3&2\\2&1&-2\end{pmatrix}=A \tag{3.27}$$

③ 이렇게 하여 L과 U는 다음과 같이 주어진다.

$$L=\begin{pmatrix}1&0&0\\-1&1&0\\2&-3/5&1\end{pmatrix},\quad U=\begin{pmatrix}1&2&3\\0&5&5\\0&0&-5\end{pmatrix} \tag{3.28}$$

④ 다음의 $LZ=Y$ 식으로부터 Z의 계산결과는 $z_1=10,\ z_2=15,\ z_3=-5$

$$LZ=\begin{pmatrix}1&0&0\\-1&1&0\\2&-3/5&1\end{pmatrix}\begin{pmatrix}z_1\\z_2\\z_3\end{pmatrix}=\begin{pmatrix}10\\5\\6\end{pmatrix}=Y$$

⑤ 다음의 $UX=Z$ 식으로부터 X의 계산결과는 $x_1=3,\ x_2=2,\ x_3=1$

$$UX=\begin{pmatrix}1&2&3\\0&5&5\\0&0&-5\end{pmatrix}\begin{pmatrix}x_1\\x_2\\x_3\end{pmatrix}=\begin{pmatrix}10\\15\\-5\end{pmatrix}=Z$$

2. 파이썬에서 행렬의 LU 분해

파이썬에서 LU 분해를 실행하려면 SciPy 라이브러리의 linalg(선형대수) 모듈이 필요하고 내장함수 lu()를 사용한다. [표 1.3]에서 언급하였듯 SciPy는 선형대수, 최적화, 수치미적분, 신호처리, 통계처리 등 과학기술 컴퓨팅과 관련된 기능을 지원한다. SciPy 라이브러리는 주로 SciPy 자체만을 가리키고 'SciPy Stack'은 [표 1.3]에 나타난 과학기술 컴퓨팅을 지원하는 도구들을 통칭하는 의미이다. 아래 파이썬 스크립트는 [예제 3.15]와 관련하여 SciPy의 linalg 모듈을 이용하여 행렬을 LU 분해하는 것을 보여준다.

```
# Ex315LUdeco.py: [예제 3.15] SciPy 라이브러리 linalg 모듈의 lu() 함수
```

```
import numpy as np
import scipy.linalg as sla
if __name__ == '__main__':
    A = np.array([[1.0, 2.0, 3.0], [-1.0, 3.0, 2.0], [2.0, 1.0, -2.0]])
    P, L, U = sla.lu(A) # SciPy 라이브러리의 LU 분해를 이용
    print("L@U = \n", L@U) # 출력결과는 아래와 동일 함
    print("np.linalg.inv(P)@A = \n", np.linalg.inv(P)@A)
    print(np.allclose(L@U, np.linalg.inv(P)@A)) # True
# L, U 행렬, P 행렬(치환행렬)을 얻음; LU 분해인 L과 U는 P^-1@A를
# 수학적으로 LU 분해한 결과를 출력하는 것임; 즉, P^-1@A = L@U
# 치환행렬 P는 피버팅까지 고려한 LU 분해를 위해서 도입한 것임
```

(1) 관계식 A = P@L@U의 고찰

행렬 A는 [예제 3.15]의 계수행렬이고 행렬 P는 SciPy를 이용한 LU 분해의 결과로 얻은 순열(치환)행렬이라고 하면 세 행렬의 곱 P@L@U는 다음과 같다.

$$P@L@U = \begin{pmatrix} 0&0&1 \\ 0&1&0 \\ 1&0&0 \end{pmatrix}\begin{pmatrix} 1 & 0 & 0 \\ -0.5 & 1 & 0 \\ 0.5 & 0.42857143 & 1 \end{pmatrix}\begin{pmatrix} 2 & 1 & -2 \\ 0 & 3.5 & 1 \\ 0 & 0 & 3.57142857 \end{pmatrix}$$

$$= \begin{pmatrix} 0&0&1 \\ 0&1&0 \\ 1&0&0 \end{pmatrix}\begin{pmatrix} 2 & 1 & -2 \\ -1 & 3 & 2 \\ 1 & 2 & 3 \end{pmatrix} = \begin{pmatrix} 1 & 2 & 3 \\ -1 & 3 & 2 \\ 2 & 1 & -2 \end{pmatrix} = A$$

(2) 검증 과정: $P^{-1}@A = L@U$의 수학적 LU 분해 계산

① 먼저 식 (3.26)과 같은 방법으로 행렬 L과 U를 다음과 같이 두면

$$L = \begin{pmatrix} 1 & 0 & 0 \\ l_{21} & 1 & 0 \\ l_{31} & l_{32} & 1 \end{pmatrix}, \quad U = \begin{pmatrix} 2 & 1 & -2 \\ 0 & u_{22} & u_{23} \\ 0 & 0 & u_{33} \end{pmatrix} \tag{3.29}$$

② 위 식의 L과 U를 곱해서 정리하면

$$LU = \begin{pmatrix} 2 & 1 & -2 \\ 2l_{21} & l_{21} + u_{22} & -2l_{21} + u_{23} \\ 2l_{31} & l_{31} + l_{32}u_{22} & -2l_{31} + l_{32}u_{23} + u_{33} \end{pmatrix} = \begin{pmatrix} 2 & 1 & -2 \\ -1 & 3 & 2 \\ 1 & 2 & 3 \end{pmatrix}$$

따라서 $2l_{21} = -1$이고 $2l_{31} = 1$이므로 $l_{21} = -1/2$이고 $l_{31} = 1/2$이다. $l_{21} + u_{22} = 3$이고 $-2l_{21} + u_{23} = 2$이므로 $u_{22} = 3.5$이고 $u_{23} = 1$이 된다.

③ 이렇게 하여 L과 U는 다음과 같이 주어진다.

$$L = \begin{pmatrix} 1 & 0 & 0 \\ -1/2 & 1 & 0 \\ 1/2 & 3/7 & 1 \end{pmatrix}, \quad U = \begin{pmatrix} 2 & 1 & -2 \\ 0 & 3.5 & 1 \\ 0 & 0 & 25/7 \end{pmatrix}$$

결과적으로 $L@U = P^{-1}@A$의 수학적 LU 분해와 SciPy 제공하는 행렬 A의 LU 분해가 같게 됨을 알 수 있다.

(3) LU 분해를 이용한 $AX = Y$의 해 구하기

[예제 3.15]의 해를 구하기 위하여 $AX = Y$의 양변에 P를 곱하면 다음 식 $LZ = PY$을 얻고 이로부터 Z를 구하면 $z_1 = 6$, $z_2 = 8$, $z_3 = 25/7$을 얻는다.

$$LZ = \begin{pmatrix} 1 & 0 & 0 \\ -1/2 & 1 & 0 \\ 1/2 & 3/7 & 1 \end{pmatrix} \begin{pmatrix} z_1 \\ z_2 \\ z_3 \end{pmatrix} = \begin{pmatrix} 6 \\ 5 \\ 10 \end{pmatrix} = PY$$

그리고 다음 식 $UX = Z$로부터 X를 구하면 $x_1 = 3$, $x_2 = 2$, $x_3 = 1$을 얻는다.

$$UX = \begin{pmatrix} 2 & 1 & -2 \\ 0 & 3.5 & 1 \\ 0 & 0 & 25/7 \end{pmatrix} \begin{pmatrix} x_1 \\ x_2 \\ x_3 \end{pmatrix} = \begin{pmatrix} 6 \\ 8 \\ 25/7 \end{pmatrix} = Z$$

결국 [예제 3.15]에서 구한 해와 결과가 같음을 알 수 있다. 위에 설명한 검정 과정을 파이썬 스크립트로 작성하면 다음과 같고 출력결과는 생략한다.

```
# SS331LUdeco.py: [예제 3.15] SciPy 라이브러리의 linalg 모듈의 LU() 함수
import numpy as np
import scipy.linalg as sla
if __name__ == '__main__':
```

```
A = np.array([[1.0, 2.0, 3.0], [-1.0, 3.0, 2.0], [2.0, 1.0, -2.0]]) # Okey
y = np.array([10., 5., 6.])
P, L, U = sla.lu(A) # SciPy 라이브러리의 LU 분해를 이용
Z = np.linalg.solve(P@L, y) # 방정식의 해 계산 1단계
x = np.linalg.solve(U, Z) # 방정식의 해 계산 2단계
print("SciPy의 내장함수를 이용한 해: x =", x) # x = [3. 2. 1.]
```

3. 행렬의 촐레스키 분해

행렬의 촐레스키(Cholesky) 분해는 행렬 A 자신과 켈레 전치행렬이 같은 자기수반(self-adjoint) 또는 에르미트(Hermite) 행렬의 분해에 사용된다. 촐레스키 분해의 결과는 하삼각행렬 L과 상삼각행렬인 전치행렬(L^T)의 곱으로 다음과 같이 표현된다.

$$A = LL^T \tag{3.30}$$

분해과정에서 음수의 제곱근을 피하기 위하여 A는 모든 벡터 x에 대해서 $x^TAx > 0$을 만족하는 양의 정부호(positive definite)이다. 식 (3.30)의 예로 3×3 행렬을 고려하자.

$$A = \begin{pmatrix} a_{11} & a_{21} & a_{31} \\ a_{21} & a_{22} & a_{32} \\ a_{31} & a_{32} & a_{33} \end{pmatrix} = \begin{pmatrix} l_{11} & 0 & 0 \\ l_{21} & l_{22} & 0 \\ l_{31} & l_{32} & l_{33} \end{pmatrix} \begin{pmatrix} l_{11} & l_{21} & l_{31} \\ 0 & l_{22} & l_{32} \\ 0 & 0 & l_{33} \end{pmatrix} = LL^T \tag{3.31}$$

위 식의 우변을 곱하면 다음 식을 얻는다.

$$\begin{pmatrix} a_{11} & a_{21} & a_{31} \\ a_{21} & a_{22} & a_{32} \\ a_{31} & a_{32} & a_{33} \end{pmatrix} = \begin{pmatrix} l_{11}^2 & l_{11}l_{21} & l_{11}l_{31} \\ l_{11}l_{21} & l_{21}^2 + l_{22}^2 & l_{21}l_{31} + l_{22}l_{32} \\ l_{11}l_{31} & l_{21}l_{31} + l_{22}l_{32} & l_{31}^2 + l_{32}^2 + l_{33}^2 \end{pmatrix}$$

위 식의 첫 번째 열로부터 다음 식을 얻는다.

$$l_{11}^2 = a_{11} \Rightarrow l_{11} = \sqrt{a_{11}}$$

$$l_{11}l_{21} = a_{21} \Rightarrow l_{21} = a_{21}/l_{11}$$

$$l_{11}l_{31} = a_{31} \Rightarrow l_{31} = a_{31}/l_{11}$$

두 번째 열의 두 요소로부터 다음 식을 얻는다.

$$l_{21}^2 + l_{22}^2 = a_{22} \Rightarrow l_{22} = \sqrt{a_{22} - l_{21}^2}$$

$$l_{21}l_{31} + l_{22}l_{32} = a_{32} \Rightarrow l_{32} = (a_{32} - l_{21}l_{31})/l_{22}$$

마지막 세 번째 열의 마지막 요소로부터 다음 식을 얻는다.

$$l_{31}^2 + l_{32}^2 + l_{33}^2 = a_{33} \Rightarrow l_{33} = \sqrt{a_{33} - l_{31}^2 - l_{32}^2}$$

결과적으로 3×3 하삼각행렬 L은 다음과 같이 주어진다.

$$L = \begin{pmatrix} \sqrt{a_{11}} & 0 & 0 \\ a_{21}/l_{11} & \sqrt{a_{22} - l_{21}^2} & 0 \\ a_{31}/l_{11} & (a_{32} - l_{31}l_{21})/l_{22} & \sqrt{a_{33} - l_{31}^2 - l_{32}^2} \end{pmatrix} \tag{3.32}$$

일반 차원인 $n \times n$ 행렬에 대하여 결과를 어렵지 않게 다음과 같이 확장할 수 있다. 만약 $i = j$인 대각요소이면 해는 다음과 같다.

$$l_{jj} = \sqrt{a_{jj} - \sum_{k=1}^{j-1} l_{jk}^2}$$

대각요소가 아니면 구하는 $l_{ij}(i > j)$ 요소는 다음과 같다.

$$l_{ij} = \frac{1}{l_{jj}}\left(a_{ij} - \sum_{k=1}^{j-1} l_{ik}l_{jk}\right),\ i > j$$

(1) 촐레스키 분해의 예

다음 행렬을 손계산으로 촐레스키 LU 분해를 구하기로 하자.

$$A = \begin{pmatrix} 1 & -1 & 1 \\ -1 & 2 & -3 \\ 1 & -3 & 6 \end{pmatrix}$$

먼저 A가 대칭행렬이므로 양의 정부호이면 촐레스키 분해가 가능하다. 식 (3.31)과 식 (3.32)로부터 다음 식을 얻는다.

$$\begin{pmatrix} l_{11} & 0 & 0 \\ l_{21} & l_{22} & 0 \\ l_{31} & l_{32} & l_{33} \end{pmatrix} = \begin{pmatrix} \sqrt{a_{11}} & 0 & 0 \\ a_{21}/l_{11} & \sqrt{a_{22}-l_{21}^2} & 0 \\ a_{31}/l_{11} & (a_{32}-l_{31}l_{21})/l_{22} & \sqrt{a_{33}-l_{31}^2-l_{32}^2} \end{pmatrix}$$

따라서 다음 식들을 얻는다.

$$l_{11} = \sqrt{a_{11}} = \sqrt{1} = 1$$

$$l_{21} = a_{21}/l_{11} = -1/1 = -1$$

$$l_{31} = a_{31}/l_{11} = 1/1 = 1$$

$$l_{22} = \sqrt{a_{22}-l_{21}^2} = \sqrt{2-(-1)^2} = 1$$

$$l_{32} = (a_{32}-l_{31}l_{21})/l_{11} = (-3-1(-1))/1 = -2$$

$$l_{33} = \sqrt{a_{33}-l_{13}^2-l_{32}^2} = \sqrt{6-1-(-2)^2} = 1$$

결과적으로 하삼각행렬 L은 다음과 같다.

$$L = \begin{pmatrix} 1 & 0 & 0 \\ -1 & 1 & 0 \\ 1 & -2 & 1 \end{pmatrix}$$

예제 3.16

NumPy 라이브러리의 linalg 모듈은 행렬의 촐레스키 분해를 지원하며 행렬을 구하는 함수는 cholesky()이다. 먼저 위 손계산의 결과를 이용하여 손계산으로 다음 연립 방정식의 해를 구하시오. 그리고 함수 cholesky()의 분해 결과를 이용하여 손계산으로 구한 해가 올바른지 검증하시오.

$$AX = \begin{pmatrix} 1 & -1 & 1 \\ -1 & 2 & -3 \\ 1 & -3 & 6 \end{pmatrix} X = \begin{pmatrix} 2 \\ -3 \\ 7 \end{pmatrix} = Y$$

풀이 먼저 손계산으로 방정식의 해를 구하기 위해 $LL^TX = Y$에서 $L^TX = Z$라 두면 해를 구하는 방정식은 두 개의 식 $L^TX=Z$과 $LZ=Y$로 분할된다. L과 L^T가 각각 하삼각행렬과 상삼각행렬이므로 손계산으로 쉽게 해결할 수 있다. 먼저 $LZ=Y$로부터 전방대입 방법으로 $z_1=2$이고 z_2와 z_3에 관한 다음 식을 얻는다.

$$-z_1+z_2=-2+z_2=-3$$

$$z_1-2z_2+z_3=2-2z_2+z_3=7$$

위 식으로부터 $z_2=-1$과 $z_3=3$을 얻고 X에 관한 다음 식을 갖는다.

$$L^TX=\begin{pmatrix}1 & -1 & 1\\ 0 & 1 & -2\\ 0 & 0 & 1\end{pmatrix}\begin{pmatrix}x_1\\ x_2\\ x_3\end{pmatrix}=\begin{pmatrix}2\\ -1\\ 3\end{pmatrix}=Z$$

위 식으로부터 후방대입을 통하여 먼저 $x_3=3$을 얻고 다음 식을 얻는다.

$$x_1-x_2+x_3=x_1-x_2+3=2$$

$$x_2-2x_3=x_2-6=-1$$

위 식으로부터 $x_2=5$와 $x_1=4$를 쉽게 얻을 수 있다. 함수 cholesky()의 분해 결과를 이용하여 손계산의 해를 검증하는 스크립트와 출력결과는 다음과 같다.

```
# Ex316CholDe.py: [예제 3.16] 3.3 행렬의 분해 - 3.3.3 행렬의 촐레스키 분해
import numpy as np

if __name__ == '__main__':
    A = np.array([[1.0, -1.0, 1.0], [-1.0, 2.0, -3.0], [1.0, -3.0, 6.0]])
    Y = np.array([2.0, -3.0, 7.0])
    L =  np.linalg.cholesky(A)
    Z = np.linalg.solve(L, Y)
    X = np.linalg.solve(L.T, Z)
    print("촐레스키 분해에 의한 행렬 L: \n", L)
    print("촐레스키 분해를 이용한 해: ", X)
```

```
# Ex316CholDe.py: [예제 3.16] 3.3.3 행렬의 촐레스키 분해
촐레스키 분해에 의한 행렬 L:
 [[ 1.  0.  0.]
 [-1.  1.  0.]
 [ 1. -2.  1.]]
촐레스키 분해를 이용한 해:  [4. 5. 3.]
```

3.3.2 행렬의 QR 분해

행렬의 QR 분해(QR decomposition)는 행렬을 직교행렬(orthogonal matrix) Q와 상삼각행렬(upper triangular matrix) R의 곱으로 나타내는 행렬의 분해를 의미한다. 직교행렬은 행렬의 행벡터와 열벡터가 유클리드 공간에서 각자 직교 기저(base)를 이루는 행렬이다. $n \times m$ 행렬 A가 $rank(A) = m,\ m \leqq n$일 경우 QR 분해는 $A = QR$로 표시된다. 이때 Q는 $n \times n$ 직교행렬이고 $Q^t = Q^{-1}$을 만족한다. R은 $m \times m$ 상삼각행렬과 $(n-m) \times m$ 차원의 0행렬로 이루어진다.

주어진 행렬을 QR 분해하는 방법에는 그램-슈미트(Gram-Schmidt) 과정, 하우스홀더 변환(householder reflection) 방법, 기븐스 회전(Givens rotation)을 통한 방법 등이 있다. 여기서는 기븐스 회전 방식은 생략하고 그램-슈미트 과정과 하우스홀더 변환 방법을 소개하기로 한다.

1. 그램-슈미트 과정

행렬 $A = (a_{ij})_{m \times n}$을 고려하기로 하고 행렬 A를 n개의 1차 독립인 열벡터 $\boldsymbol{a}_i$ $i = 1,\ \cdots,\ n$로 표시하면 $A = [\boldsymbol{a}_1,\ \boldsymbol{a}_2,\ \cdots,\ \boldsymbol{a}_n]$으로 쓸 수 있다. 그램-슈미트의 직교 정규화 과정은 다음과 같이 주어진다.

$$\begin{aligned} \boldsymbol{u}_1 &= \boldsymbol{a}_1, \\ \boldsymbol{u}_i &= \boldsymbol{a}_i - \sum_{k=1}^{i-1} \frac{<\boldsymbol{u}_k,\ \boldsymbol{a}_i>}{<\boldsymbol{u}_k,\ \boldsymbol{u}_k>} \boldsymbol{u}_k = \boldsymbol{a}_i - \sum_{k=1}^{i-1} <\boldsymbol{e}_k,\ \boldsymbol{a}_i> \boldsymbol{e}_k, \\ \boldsymbol{e}_i &= \frac{\boldsymbol{u}_i}{\|\boldsymbol{u}_i\|},\ i = 1,\ 2,\ \cdots,\ n \end{aligned} \tag{3.33}$$

여기서 $<\boldsymbol{u}_k,\ \boldsymbol{u}_k>$와 $<\boldsymbol{u}_k,\ \boldsymbol{a}_i>$는 벡터의 내적을 의미하고, $\|\boldsymbol{u}_i\|$는 벡터 $\boldsymbol{u}_i$의 유클리드 노름(Euclidean norm)을 나타내며, $\|\boldsymbol{u}_i\| = \sqrt{u_{1i}^2 + \cdots + u_{mi}^2}$을 의미한다. 직교행렬 Q와 상삼각행렬 R을 다음과 같이 두면 $A = QR$이 성립한다.

$$Q = [\boldsymbol{e}_1,\ \boldsymbol{e}_2,\ \cdots,\ \boldsymbol{e}_n], \tag{3.34}$$

$$R = \begin{pmatrix} <e_1, a_1> & <e_1, a_2> & <e_1, a_3> & \cdots & <e_1, a_n> \\ 0 & <e_2, a_2> & <e_2, a_3> & \cdots & <e_2, a_n> \\ 0 & 0 & <e_3, a_3> & \cdots & <e_3, a_n> \\ 0 & 0 & 0 & \ddots & \vdots \\ 0 & 0 & 0 & \cdots & <e_m, a_n> \\ 0 & 0 & 0 & 0 & 0 \end{pmatrix}$$

예를 들어, 다음 행렬을 그램-슈미트 과정으로 QR 분해하기로 하자.

$$A = \begin{pmatrix} 6 & 1 & 2 \\ 2 & 3 & 3 \\ 3 & 3 & 4 \end{pmatrix} \tag{3.35}$$

식 (3.33)의 그램-슈미트 과정을 적용하기 위한 열벡터는 $a_1 = (6, 2, 3)^t$, $a_2 = (1, 3, 3)^t$과 $a_3 = (2, 3, 4)^t$이다. $u_1 = a_1$이라 두면 $\|u_1\| = 7$이므로 $e_1 = u_1/\|u_1\|$은 다음과 같다.

$$e_1 = \frac{u_1}{\|u_1\|} = \frac{1}{7}(6, 2, 3)^t$$

같은 방법으로 $e_2 = u_2/\|u_2\|$은 다음과 같다.

$$u_2 = (1, 3, 3)^t - <e_1, a_2> e_1 = (1, 3, 3)^t - (6, 2, 3)^t \times 3/7 = (-11, 15, 12)^t/7$$
$$e_2 = \frac{u_2}{\|u_2\|} = \frac{1}{\sqrt{11^2 + 15^2 + 12^2}}(-11, 15, 12)^t = \frac{1}{22.13594}(-11, 15, 12)^t$$

같은 방법으로 $e_3 = u_3/\|u_3\|$은 다음과 같다.

$$u_3 = (2, 3, 4)^t - <e_1, a_3> e_1 - <e_2, a_3> e_2 \approx (-0.07959, -0.39796, 0.42449)^t$$
$$e_3 = (-0.13553, -0.67763, 0.72281)^t$$

결과적으로 정규직교행렬 Q는 다음과 같다.

$$Q = (e_1, e_2, e_2) = \begin{pmatrix} 0.85714 & -0.49693 & -0.13553 \\ 0.28571 & 0.67763 & -0.67763 \\ 0.42857 & 0.54210 & 0.72281 \end{pmatrix} \tag{3.36}$$

그리고 $Q^t A = Q^t(QR) = Q^{-1}(QR) = R$이므로 R은 다음과 같다.

$$\begin{pmatrix} 0.85714 & -0.49693 & -0.13553 \\ 0.28571 & 0.67763 & -0.67763 \\ 0.42857 & 0.54210 & 0.72281 \end{pmatrix}^t \begin{pmatrix} 6 & 1 & 2 \\ 2 & 3 & 3 \\ 3 & 3 & 4 \end{pmatrix} = \begin{pmatrix} 7 & 3 & 4.28571 \\ 0 & 3.16228 & 3.20745 \\ 0 & 0 & 0.58728 \end{pmatrix} \tag{3.37}$$

예제 3.17

식 (3.35)의 행렬에 대하여 식 (3.33)의 그램-슈미트 과정을 따라 파이썬 스크립트로 식 (3.36)의 행렬 Q와 식 (3.37)의 행렬 R을 계산하시오.

풀이 답을 구하는 파이썬 스크립트는 다음과 같다.

```
# Ex317QRgram.py: [예제 3.17]  3.3.2 행렬의 QR 분해 - 1. 그램-슈미트 과정
import numpy as np
if __name__ == '__main__':
    A = np.array([[6., 1., 2.], [2., 3., 3.], [3., 3., 4.]])
    u0 = A[:, 0]
    e0 = u0/np.linalg.norm(u0)
    u1 = A[:, 1] - (e0@A[:, 1])*e0
    e1 = u1/np.linalg.norm(u1)
    u2 = A[:, 2] - (e0@A[:, 2])*e0 - (e1@A[:, 2])*e1; u2
    e2 = u2/np.linalg.norm(u2)
    mQ = np.array([e0, e1, e2]).T
    mR = np.round(mQ.T@A, 13)
    print("mQ =\n", mQ); print("mR =\n", mR) # 출력 생략
    np.round(mQ@mR, 9); A # A = QR임을 보여줌
    print("A = mQ@mR ? ==>", np.allclose(A, mQ@mR))
    mQinv = np.linalg.inv(mQ)  # t(Q) = Q^-1임을 나타냄
    print("mQ.T = np.linalg.inv(mQ) ? ==>", np.allclose(mQinv, mQ.T))

    Q, R = np.linalg.qr(A) # NumPy 모듈에 의한 QR 분해
    print("Q =\n", Q); print("R =\n", R) # 출력 생략
    print("A = Q@R ? ==>", np.allclose(A,Q@R)) # 역시 A = QR임을 나타냄
    print("mQ = Q ? ==>", np.allclose(np.abs(Q), np.abs(mQ))) # True
    print("mR = R ? ==>", np.allclose(np.abs(R), np.abs(mR))) # True
    print("A = mQ@mR =\n", mQ@mR)
```

2. 하우스홀더 변환 방법

행렬의 QR 분해에서 하우스홀더 변환(householder reflection) 방법은 그램-슈미트 방법과는 달리 수치 연산에서 오차가 누적되지 않기 때문에 실제로 더 많이 활용된다. 하우스홀더 변환은 행렬의 1열부터 한 열씩 상삼각행렬로 바꾸어 가면서 Q 행렬과 R 행렬을 구해가는 반복과정으로 구성된다. 행렬이 $A=(a_{ij})_{n\times m}$로 주어지면 $A=QR$로 계산되는 과정이 $(n-1)$번 반복되는데, Q 행렬이 하우스홀더 행렬의 곱으로 나타나기 때문에 직접 Q를 구할 수 없을 때 유용하다.

요소의 수가 n인 열벡터 $\boldsymbol{a}=(a_1,\ a_2,\ \cdots,\ a_n)^t$에 대한 $n\times n$ 하우스홀더 행렬 H는 다음과 같이 정의한다.

$$H=I_{n\times n}-\frac{2}{\boldsymbol{v}^t\boldsymbol{v}}\boldsymbol{v}\boldsymbol{v}^t \tag{3.38}$$

여기서 $I_{n\times n}$은 $n\times n$ 항등행렬이고 $\boldsymbol{v}$는 n개의 요소를 갖는 열벡터로 다음과 같이 주어진다.

$$\boldsymbol{v}=\boldsymbol{a}+\|\boldsymbol{a}\|\boldsymbol{e} \tag{3.39}$$

여기서 $\|\boldsymbol{a}\|$는 벡터 $\boldsymbol{a}=(a_1,\ a_2,\ \cdots,\ a_n)^t$의 유클리드 노름 $\|\boldsymbol{a}\|=\sqrt{a_1^2+\cdots+a_n^2}$을 나타내고, $\boldsymbol{e}$는 한 요소가 1이고 나머지 요소는 0인 단위 열벡터를 의미한다. 하우스홀더 행렬은 대칭행렬이며 직교행렬로서 $H^t=H^{-1}=H$를 만족한다.

예를 들어, 식 (3.35)로 주어진 아래 행렬 A에 대해 하우스홀더 변환 방법으로 QR 분해 절차를 적용하기로 하자.

$$A=(a_{ij})_{3\times 3}=\begin{pmatrix}6&1&2\\2&3&3\\3&3&4\end{pmatrix} \tag{3.40}$$

행렬 A는 3×3이므로 QR 분해 절차는 두 단계를 갖는다. 먼저 1단계로 열벡터 $\boldsymbol{a}$는 $\boldsymbol{a}=(6,\ 2,\ 3)^t$이므로 $\|\boldsymbol{a}\|=7$이고 $a_{11}>0$이므로 식 (3.39)의 $\boldsymbol{v}=\boldsymbol{a}+\|\boldsymbol{a}\|\boldsymbol{e}$는 다음과 같이 계산된다.

$$v = a + \|a\|e = (6,\ 2,\ 3)^t + 7(1,\ 0,\ 0)^t = (13,\ 2,\ 3)^t$$

따라서 $v^t v$와 vv^t는 각각 다음과 같이 계산된다.

$$v^t v = (13,\ 2,\ 3) \times (13,\ 2,\ 3)^t = 182$$

$$vv^t = (13,\ 2,\ 3)^t (13,\ 2,\ 3) = \begin{pmatrix} 169 & 26 & 39 \\ 26 & 4 & 6 \\ 39 & 6 & 9 \end{pmatrix}$$

그러므로 1단계의 하우스홀더 행렬 $Q_1 = H_1$은 다음과 같다.

$$Q_1 = H_1 = \begin{pmatrix} 1 & 0 & 0 \\ 0 & 1 & 0 \\ 0 & 0 & 1 \end{pmatrix} - \frac{2}{182}\begin{pmatrix} 169 & 26 & 39 \\ 26 & 4 & 6 \\ 39 & 6 & 9 \end{pmatrix} = \begin{pmatrix} -0.85714 & -0.28571 & -0.42857 \\ -0.28571 & 0.95604 & -0.06593 \\ -0.42857 & -0.06593 & 0.90110 \end{pmatrix}$$

한편, $A = H_1 R_1$이고 $H_1 = H_1^{-1}$이므로 $R_1 = H_1 A$ 행렬은 다음과 같이 주어진다.

$$R_1 = \begin{pmatrix} -0.85714 & -0.28571 & -0.42857 \\ -0.28571 & 0.95604 & -0.06593 \\ -0.42857 & -0.06593 & 0.90110 \end{pmatrix}\begin{pmatrix} 6 & 1 & 2 \\ 2 & 3 & 3 \\ 3 & 3 & 4 \end{pmatrix} = \begin{pmatrix} -7 & -3 & -4.28571 \\ 0 & 2.38462 & 2.03297 \\ 0 & 2.07692 & 2.54945 \end{pmatrix}$$

2단계로 열벡터 a는 $a = (0,\ 2.38466,\ 2.07692)^t$이므로 $\|a\| = 3.162277$이고 $a_{22} > 0$ 이므로 $v = a + \|a\|e$는 다음과 같이 계산된다.

$$v = a + \|a\|e = (0,\ 2.38466,\ 2.07692)^t + 3.162277(0,\ 1,\ 0)^t$$
$$= (0,\ 5.54689,\ 2.07692)^t$$

따라서 $v^t v$와 vv^t는 각각 다음과 같다.

$$v^t v = (0,\ 5.54689,\ 2.07692) \times (0,\ 5.54689,\ 2.07692)^t = 35.08162$$

$$vv^t = (0,\ 5.54689,\ 2.07692)^t (0,\ 5.54689,\ 2.07692)$$

$$= \begin{pmatrix} 0 & 0 & 0 \\ 0 & 30.76801 & 11.52047 \\ 0 & 11.52047 & 4.31361 \end{pmatrix}$$

그러므로 2단계의 하우스홀더 행렬 H_2는 다음과 같다.

$$H_2 = \begin{pmatrix} 1 & 0 & 0 \\ 0 & 1 & 0 \\ 0 & 0 & 1 \end{pmatrix} - \frac{2}{35.08162} \begin{pmatrix} 0 & 0 & 0 \\ 0 & 30.76801 & 11.52047 \\ 0 & 11.52047 & 4.31361 \end{pmatrix}$$

$$= \begin{pmatrix} 1 & 0 & 0 \\ 0 & -0.75408 & -0.65678 \\ 0 & -0.65678 & 0.75408 \end{pmatrix}$$

따라서 $Q_2 = Q_1 H_2$는 다음과 같다.

$$Q_1 H_2 = \begin{pmatrix} 0.85714 & -0.28571 & -0.42857 \\ -0.28571 & 0.95604 & -0.06593 \\ -0.42857 & -0.06593 & 0.90110 \end{pmatrix} \begin{pmatrix} 1 & 0 & 0 \\ 0 & -0.75408 & -0.65678 \\ 0 & -0.65678 & 0.75408 \end{pmatrix} \tag{3.41}$$

$$= \begin{pmatrix} -0.85714 & 0.49693 & -0.13553 \\ -0.28571 & -0.67763 & -0.67763 \\ -0.42857 & -0.54210 & 0.72281 \end{pmatrix}$$

그리고 $R_2 = H_2 R_1$ 행렬은 다음과 같이 주어진다.

$$H_2 R_1 = \begin{pmatrix} 1 & 0 & 0 \\ 0 & -0.75408 & -0.65678 \\ 0 & -0.65678 & 0.75408 \end{pmatrix} \begin{pmatrix} -7 & -3 & -4.28571 \\ 0 & 2.38462 & 2.03297 \\ 0 & 2.07692 & 2.54945 \end{pmatrix} \tag{3.42}$$

$$= \begin{pmatrix} -7 & -3 & -4.28571 \\ 0 & -3.16228 & -3.20745 \\ 0 & 0 & 0.58728 \end{pmatrix}$$

소수 여섯째 자리에서 반올림한 결과로 $A \approx Q_2 R_2$인 QR 분해를 얻고 $Q_2^t \approx Q_2^{-1}$를 만족하는 것을 알 수 있다. 더구나 행렬이 $A = (a_{ij})_{n \times m}$로 주어지면 식 (3.41)의 반복식은 $Q_k = Q_{k-1} H_k$이고 식 (3.42)의 반복식은 $R_k = H_k R_{k-1}$, $k = 2, \cdots, n-1$이 된다.

예제 3.18

아래와 같이 식 (3.40)에 주어진 행렬 A를 하우스홀더 변환을 이용하여 QR로 분해하는 파이썬 스크립트를 작성하고,

$$A = \begin{pmatrix} 6 & 1 & 2 \\ 2 & 3 & 3 \\ 3 & 3 & 4 \end{pmatrix}$$

① 작성한 스크립트로 행렬 A의 QR 분해 결과를 구하고,

② 식 (3.35)로 주어진 행렬 A에 대한 QR 분해의 결과인 식 (3.41)과 (3.42)가 파이썬의 라이브러리 NumPy의 함수 np.linalg.qr()로 구한 결과와 같은지 확인하시오.

풀이 답을 구하는 파이썬 프로그램은 다음과 같고 출력결과는 생략한다.

```
# Ex318Hous.py: [예제 3.18] 3.3.2 행렬의 QR 분해-2. 하우스홀더 변환
import numpy as np

if __name__ == '__main__':
    A = np.array([[6., 1., 2.], [2., 3., 3.], [3., 3., 4.]])
    u0 = A[:, 0]
    alp0 = (u0@u0)/np.linalg.norm(u0); alp0
    v0 = u0 + alp0*np.array([1, 0, 0]); v0 # 13  2  3
    Q0 = H0 = np.diag([1, 1, 1]) - 2*np.outer(v0, v0)/(v0@v0); H0
    A0 = R0 = H0@A; A0 # R0 = A0
    u1 = A0[:, 1]*np.array([0, 1, 1]); u1 # 열벡터 a에 해당
    alp1 = (u1@u1)/np.linalg.norm(u1); alp1
    v1 = u1 + alp1*np.array([0, 1, 0]); v1 # 0.000000 5.546892 2.076923

    H1 = np.diag([1, 1, 1]) - 2*np.outer(v1, v1)/(v1@v1); H1
    Q1 = np.round(Q0@H1, 13) # 식 (3.41)
    R1 = np.round(H1@R0, 13) # 식 (3.42)
    print("Q1 =\n", Q1)
    print("R1 =\n", R1)
    np.round(Q1@R1, 9); A # A = QR임을 보여줌
    print("A = mQ@mR ==>", np.allclose(A, Q1@R1)) # A = QR임을 나타냄
    Q1inv = np.round(np.linalg.inv(Q1), 13)
    print("Q1.T = np.linalg.inv(Q1) ==>", np.allclose(Q1inv, Q1.T))

    Q, R = np.linalg.qr(A)  # NumPy 모듈에 의한 QR 분해
    print("Q =\n", Q)
    print("R =\n", R)
    print("A = Q@R ==>",np.allclose(A,Q@R)) # 역시 A = QR임을 나타냄
    print("Q1 = Q ==>",np.allclose(np.abs(Q),np.abs(Q1)))
    print("R1 = R ==>",np.allclose(np.abs(R),np.abs(R1)))
    print("A = Q1@R1 =\n", Q1@R1)
```

연습문제

1 다음 파이썬 명령을 실행한 후 작업창에 나타나는 실행결과를 쓰시오.

(1) A = np.array([[1., 2., 3.], [2., −3., 2.], [3., 1., −1.]]); A@np.array([1., 1., 1.])

(2) A.dot(np.array([3., 2., 1.]))

(3) np.linalg.inv(A)@np.array([10., 2., 10.])

(4) np.round(A@np.linalg.inv(A))

(5) P, L, U = sla.lu(A); P@L@U

2 두 정방행렬 A와 B 및 두 벡터 v1과 v2가 다음과 같이 주어져 있다.

$$A = \begin{pmatrix} 1 & 3 & 4 \\ 2 & 1 & 2 \\ 4 & 2 & 5 \end{pmatrix}, \quad B = \begin{pmatrix} 6 & 3 & 6 \\ 3 & 4 & 1 \\ 1 & 2 & 8 \end{pmatrix}, \quad \mathrm{v1} = (5\ 8\ 3), \quad \mathrm{v2} = (2\ 5\ 1)$$

(1) $A+B$, $A-B$, $B-A$를 구하고,

(2) $\mathrm{v1}+\mathrm{v2}$, $\mathrm{v1}-\mathrm{v2}$, $\mathrm{v2}-\mathrm{v1}$을 구하시오.

3 위 연습문제 [2]에서 주어진 행렬 A와 B 및 벡터 v1과 v2에 대하여 다음 각 물음에 답하시오.

(1) 행렬의 곱 AB와 BA를 구하여 결과를 비교하고,

(2) 행렬 $B^t A^t$와 $(AB)^t$를 구하여 결과를 비교하고,

(3) 행렬 C를 파이썬 스크립트 'C = np.c_[ ]'을 이용하여 구하고, 행렬 D를 파이썬 스크립트 'D = np.vstack( )'을 이용하여 구하고,

(4) 행렬의 곱 DC와 CD를 구하고,

(5) 곱행렬 A1 = AC와 곱행렬 B1 = BC를 구하고,

(6) 행렬 $A1+B1$과 $(A+B)C$를 각각 구하고 두 결과를 비교하시오.

4 위 연습문제 [2]에서 주어진 행렬 A와 B에 대해 파이썬 스크립트를 이용하여 다음 각 물음에 답하시오.

(1) 행렬 A와 B의 행렬식을 스크립트를 이용하여 구하고,

(2) 행렬 A와 B의 역행렬 A^{-1}와 B^{-1}을 구하고,

(3) $AA^{-1}=A^{-1}A=I$임을 보이고,

(4) $BB^{-1}=B^{-1}B=I$임을 보이고,

(5) 두 행렬의 $(AB)^{-1}$과 역행렬들의 곱 $B^{-1}A^{-1}$을 구하여 비교하시오.

5 파이썬 스크립트를 이용하여 다음 선형연립방정식의 해를 구하시오.

(1) $\begin{cases} 6x_1+4x_2+3x_3=23 \\ 4x_1+3x_2+4x_3=22 \\ 3x_1+2x_2+2x_3=13 \end{cases}$ (2) $\begin{cases} 6x_1+4x_2+3x_3=27 \\ 4x_1+3x_2+4x_3=21 \\ 3x_1+2x_2+2x_3=14 \end{cases}$

(3) $\begin{cases} 6x_1+4x_2+3x_3=28 \\ 4x_1+3x_2+4x_3=23 \\ 3x_1+2x_2+2x_3=15 \end{cases}$ (4) $\begin{cases} 5x_1+3x_2-3x_3=-1 \\ 3x_1+2x_2-2x_3=-1 \\ 2x_1-x_2+2x_3=8 \end{cases}$

6 다음 주어진 행렬에 대하여 각 문항에 답하시오.

$$A=\begin{pmatrix} 1 & -1 & 0 & 0 \\ -1 & 2 & -1 & 0 \\ 0 & -1 & 2 & -1 \\ 0 & 1 & -1 & 2 \end{pmatrix},\quad B=\begin{pmatrix} 1 & 0 & 2 \\ -1 & 1 & 0 \\ 0 & 3 & 2 \end{pmatrix},\quad C=\begin{pmatrix} 3 & 2 & 1 \\ 0 & 4 & 3 \\ 0 & 0 & 6 \end{pmatrix},\quad D=\begin{pmatrix} 2 & 3 & 1 \\ 2 & 2 & 2 \\ 4 & 5 & 1 \end{pmatrix}$$

(1) 행렬의 행렬식을 손계산으로 구하고,

(2) 행렬들의 역행렬을 가우스-조르단 방법으로 손계산하여 구하고,

(3) 파이썬 스크립트를 이용하여 손계산으로 구한 (1)과 (2)의 답을 검정하시오.

7 다음 선형연립방정식에 대한 행렬식과 해를 문항의 지시에 따라 구하시오.

(A) $\begin{cases} x_1+x_2+x_3=1 \\ 2x_1-x_2+3x_3=2 \\ 3x_1+2x_2-2x_3=5 \end{cases}$, $\begin{cases} x_1+x_2+x_3=2 \\ 2x_1-x_2+3x_3=5 \\ 3x_1+2x_2-2x_3=1 \end{cases}$, $\begin{cases} x_1+x_2+x_3=2 \\ 2x_1-x_2+3x_3=1 \\ 3x_1+2x_2-2x_3=5 \end{cases}$

(B) $\begin{cases} 2x_1+x_2-3x_3=1 \\ -x_1+3x_2+2x_3=4 \\ 3x_1+x_2-2x_3=-2 \end{cases}$, $\begin{cases} 2x_1+x_2-3x_3=-2 \\ -x_1+3x_2+2x_3=5 \\ 3x_1+x_2-2x_3=1 \end{cases}$, $\begin{cases} 2x_1+x_2-3x_3=2 \\ -x_1+3x_2+2x_3=-1 \\ 3x_1+x_2-2x_3=5 \end{cases}$

(1) 가우스-조르단 소거법을 이용하여 손계산으로 구하고,

(2) 연립방정식들의 계수행렬의 행렬식을 손계산으로 구하고,

(3) Numpy.linalg 모듈의 함수 det()와 solve()로 행렬식과 해를 구하고 정답을 확인하시오.

8 행렬 A, B, C가 다음과 같이 주어지고 $D = ABC$라 할 때 각 물음에 답하시오.

$$D = ABC, \quad A = \begin{pmatrix} -1 & 2 & -1 \\ 2 & 1 & 3 \\ 1 & -2 & -3 \end{pmatrix}, \quad B = \begin{pmatrix} 1 & -2 & -2 \\ -2 & 5 & 1 \\ 3 & -4 & -3 \end{pmatrix}, \quad C = \begin{pmatrix} 2 & -2 & 3 \\ 1 & 1 & 1 \\ 1 & 3 & -1 \end{pmatrix}$$

(1) 행렬 A, B, C의 행렬식들을 구하고,

(2) 행렬 A, B, C의 역행렬들 A^{-1}, B^{-1}, C^{-1}의 행렬식을 구하고,

(3) 행렬 D와 행렬 D^{-1}의 행렬식을 구하고,

(4) 함수 np.allclose()를 이용하여 $D^{-1} = C^{-1}B^{-1}A^{-1}$임을 보이고,

(5) 산술 연산 스크립트로 관계식 $\det(D^{-1}) = \det(C^{-1})\det(B^{-1})\det(A^{-1})$이 성립함을 보이시오.

9 아래 두 4×4 행렬에 가우스-조르단 소거법을 적용하여, 역행렬을 함께 구하는 사용자 정의함수 GJInv()를 주어진 조건에 따라 구현하는 파이썬 스크립트를 작성하시오.

$$A = \begin{pmatrix} 1 & -1 & 0 & 0 \\ -1 & 2 & -1 & 0 \\ 1 & -1 & 2 & -1 \\ 0 & 1 & -1 & 2 \end{pmatrix}, \quad B = \begin{pmatrix} 2 & -1 & 1 & 0 \\ 1 & 2 & -1 & 1 \\ 1 & -1 & 2 & 1 \\ 0 & 1 & -1 & 2 \end{pmatrix}$$

(1) 프로그램 작성 시 피벗을 적용하지 말고,

(2) 행렬식 계산도 추가하지 않으며,

(3) numpy.linalg의 내부함수 solve()로 계산한 결과와 비교하고,

(4) $AA^{-1} = I$와 $BB^{-1} = I$를 만족하는지를 보이시오.

10 아래 두 행렬에 가우스 소거법을 적용하여, 역행렬을 동시에 구하는 사용자정의함수를 주어진 조건에 따라 구현하는 파이썬 스크립트를 작성하시오.

$$A=\begin{pmatrix}1 & -1 & 0 & 0\\ -1 & 2 & -1 & 0\\ 0 & -1 & 2 & -1\\ 0 & 1 & -1 & 2\end{pmatrix},\quad B=\begin{pmatrix}2 & 3 & 1\\ 2 & 2 & 2\\ 4 & 5 & 1\end{pmatrix}$$

(1) 프로그램 작성 시 피벗을 적용하지 말고,

(2) 행렬식 계산도 추가하지 않으며,

(3) numpy.linalg의 내부함수 solve()로 계산한 결과와 비교하고,

(4) $AA^{-1}=I$와 $BB^{-1}=I$를 만족하는지를 보이시오.

11 크래머 공식(Cramer's Rule)을 이용하여 다음 선형연립방정식의 해를 구하는 파이썬 스크립트를 작성하시오.

(1) $\begin{cases}6x_1+4x_2+3x_3=28\\ 4x_1+3x_2+4x_3=23\\ 3x_1+2x_2+2x_3=15\end{cases}$ (2) $\begin{cases}5x_1+3x_2-3x_3=-1\\ 3x_1+2x_2-2x_3=-1\\ 2x_1-x_2+2x_3=8\end{cases}$

12 가우스 소거법을 적용하여 파일로 주어진 행렬 A와 9×9 마방진(magic) 행렬 B의 역행렬을 구하는 사용자정의함수 GaussInvPvt() 스크립트를 작성하시오. 여기서 정방행렬인 입력행렬의 차원은 임의로 하고 '*.txt' 파일로 입력하는 것으로 한다. 스크립트 작성 시 피벗을 적용하며 동시에 행렬식을 계산하는 알고리즘을 적절하게 삽입하고 다음 각 문항에 답하시오.

$$A=\begin{pmatrix}5 & 1 & 6 & 2 & 19\\ 3 & 32 & 7 & 21 & 2\\ 1 & 9 & 2 & 22 & 7\\ 8 & 28 & 33 & 17 & 10\\ 7 & 2 & 13 & 2 & 3\end{pmatrix}$$

(1) 파일명 'mat5by5.txt'로 저장된 행렬 A를 배열로 읽어 행렬식을 구하고,

(2) 사용자정의함수 GaussInvPvt(A)를 실행하여 역행렬 A^{-1}를 구하고,

(3) 행렬 A의 행렬식 값이 화면에 출력되게 하여 det(A)와 같은지 확인하고,

(4) 계산한 역행렬에 대하여 $AA^{-1}=I$를 만족하는지를 보이고,

(5) 역행렬 A^{-1}를 파일명 'mat5by5Inv.csv'의 CSV 파일로 저장하고,

(6) 파일명 'magic9.txt'로 저장된 행렬 B에 대하여 위 과정을 반복하시오.

13 가우스-사이델 반복법을 사용하여 $AX=Y$ 형태로 주어지는 다음 선형연립방정식의 해 X를 구하는 파이썬 스크립트를 작성하고 다음 물음에 답하시오.

$$A1=\begin{pmatrix}3 & -0.1 & -0.2\\0.1 & 7 & -0.3\\0.3 & -0.2 & 10\end{pmatrix},\ Y1=\begin{pmatrix}7.85\\-19.3\\71.4\end{pmatrix},\qquad A2=\begin{pmatrix}5 & 3 & -3\\3 & 3 & -2\\2 & -1 & 6\end{pmatrix},\ Y2=\begin{pmatrix}18\\13\\10\end{pmatrix}$$

$$A3=\begin{pmatrix}8 & -2 & 3\\2 & -6 & 1\\3 & -1 & 7\end{pmatrix},\ Y3=\begin{pmatrix}22\\-10\\31\end{pmatrix},\qquad A4=\begin{pmatrix}3 & -1 & 1\\1 & 5 & 2\\2 & 3 & 8\end{pmatrix},\ Y4=\begin{pmatrix}4\\17\\32\end{pmatrix}$$

(1) 상대오차가 $\epsilon=10^{-8}$보다 작은 해와 반복횟수를 구하고,

(2) 가우스-사이델 반복법의 결과와 numpy.linalg가 제공하는 내부함수 solve(A)를 이용한 결과를 비교하시오.

14 연습문제 [13]에 주어진 계수행렬 A와 비동차항 Y에 대하여 야코비 반복법을 사용해서 $AX=Y$ 형태로 주어지는 선형연립방정식의 해 X를 구하는 파이썬 스크립트를 작성하고 다음 물음에 답하시오.

(1) 상대오차가 $\epsilon=10^{-8}$보다 작은 해와 반복횟수를 구하고,

(2) 가우스-사이델 반복법의 결과와 numpy.linalg가 제공하는 내부함수 solve(A)를 이용한 결과를 비교하시오.

15 다음 행렬들의 LU 분해와 관련하여 각 문항에 알맞게 답하시오.

$$A=\begin{pmatrix}1 & 1 & 1\\1 & 2 & 2\\1 & 2 & 3\end{pmatrix},\qquad B=\begin{pmatrix}1 & 2 & 3\\4 & 12 & 17\\3 & 14 & 25\end{pmatrix}$$

(1) 행렬 A와 B의 수학적 LU 분해를 구하고,

(2) scipy.linalg의 함수 lu()를 이용하여 행렬 A와 B의 LU 분해를 구하고,

(3) 위 문항 (2)의 결과로 얻은 치환행렬 P_A와 P_B를 이용하여 $P_A^{-1}A$와 $P_B^{-1}B$를 구하고, 또 $L_A@U_A$와 $L_B@U_B$의 결과와 비교하고,

(4) 행렬 $P_A^{-1}A$와 $P_B^{-1}B$의 수학적 LU 분해가 문항 (2)의 결과와 같음을 보이시오.

16 파이썬의 LU 분해를 이용하여 다음 선형연립방정식의 해를 구하시오.

(1) $\begin{pmatrix} 6 & 4 & 3 \\ 4 & 3 & 4 \\ 3 & 2 & 2 \end{pmatrix}\begin{pmatrix} x_1 \\ x_2 \\ x_3 \end{pmatrix} = \begin{pmatrix} 23 \\ 22 \\ 13 \end{pmatrix}$ (2) $\begin{pmatrix} 6 & 4 & 3 \\ 4 & 3 & 4 \\ 3 & 2 & 2 \end{pmatrix}\begin{pmatrix} x_1 \\ x_2 \\ x_3 \end{pmatrix} = \begin{pmatrix} 27 \\ 21 \\ 14 \end{pmatrix}$

(3) $\begin{pmatrix} 6 & 4 & 3 \\ 4 & 3 & 4 \\ 3 & 2 & 2 \end{pmatrix}\begin{pmatrix} x_1 \\ x_2 \\ x_3 \end{pmatrix} = \begin{pmatrix} 28 \\ 23 \\ 15 \end{pmatrix}$ (4) $\begin{pmatrix} 6 & 4 & 3 \\ 4 & 3 & 4 \\ 3 & 2 & 2 \end{pmatrix}\begin{pmatrix} x_1 \\ x_2 \\ x_3 \end{pmatrix} = \begin{pmatrix} 36 \\ 33 \\ 20 \end{pmatrix}$

17 다음과 같은 식으로 주어지는 행렬은 힐버트 행렬(Hilbert matrix)로 알려져 있다. 임의의 차원의 힐버트 행렬을 구하는 사용자정의함수 MyHilbert(n)을 작성하여 다음 각 문항에 답하시오.

$$H = (h_{ij})_{n \times n}, \quad h_{ij} = 1/(i+j-1)$$

(1) 행렬 $H=$ MyHilbert(9)를 구하고,

(2) 행렬 H의 역행렬 H^{-1}을 구하고,

(3) $H^{-1}H$와 HH^{-1}를 계산하고,

(4) scipy.linalg의 함수 hilbert(9)를 사용하여 MyHilbert(9)와 같은지 확인하시오.

18 아래 행렬들에 대하여 그램-슈미트 과정을 따라 직교행렬 Q와 상삼각행렬 R을 구하는 사용자정의함수 QRGram(A)를 작성하고 각 물음에 답하시오.

$$A = \begin{pmatrix} 6 & -50 & 4 \\ 3 & 85 & 32 \\ -2 & 20 & -40 \end{pmatrix} \quad B = \begin{pmatrix} 6 & -7 & 2 \\ 4 & -5 & 2 \\ 1 & -1 & 1 \end{pmatrix} \quad C = \begin{pmatrix} 1 & 1 & 0 \\ 1 & 0 & 1 \\ 0 & 1 & 1 \end{pmatrix}$$

(1) 직교행렬 $Q=$ QRGram(A)를 구하고,

(2) 위 (1)항의 결과를 이용하여 상삼각행렬 $R = Q^t A$를 구하고,

(3) 행렬 Q가 정규직교행렬 $Q^t = Q^{-1}$와 $QR = A$임을 확인하고,

(4) numpy.linalg의 내부함수 qr()의 결과와 비교하고,

(5) 행렬 B와 C에 대해 위 과정을 반복하시오.

19 주어진 행렬 A를 하우스홀더 방법으로 직교행렬 Q와 상삼각행렬 R의 QR 분해하는 사용자정의함수 QRHous(A)를 작성하고 각 물음에 답하시오.

$$A=\begin{pmatrix} 8 & 3 & 11 \\ 12 & 2 & 4 \\ 6 & 9 & 1 \end{pmatrix} \qquad B=\begin{pmatrix} 6 & -7 & 2 \\ 4 & -5 & 2 \\ 1 & -1 & 1 \end{pmatrix}$$

(1) 행렬 A의 QR 분해 결과 QRHous(A)를 구하고,

(2) QRHous(A)로부터 직교행렬 Q와 상삼각행렬 R을 추출하고,

(3) 위 (2)항의 결과를 이용하여 상삼각행렬 $R=Q^tA$임을 보이고,

(4) 행렬 Q가 정규직교행렬 $Q^t=Q^{-1}$와 $A=QR$임을 확인하고,

(5) 행렬 B에 대하여 연습문제 [18]의 QRGram(B)의 결과와 QRHous(B)의 결과를 서로 비교하시오.

4장

다항식과 보간법

4.1 다항식의 표현

다항식(polynomial)은 거듭제곱의 상수 배인 합들을 표현하는 수식을 말한다. 다항함수(다항식으로부터 유도되는 함수)에 의한 근사는 다항식의 해석학에서 중요한 응용 분야이다. 다항식은 다음과 같은 형태를 갖는 함수이다.

$$P(x) = p_n x^n + p_{n-1} x^{n-1} + \cdots + p_1 x + p_0 \tag{4.1}$$

여기서 계수들 p_n, p_{n-1}, $\cdots$, p_1, p_0는 실수이며, 음수가 아닌 정수 n은 다항식의 차수(order)라고 한다.

1. 다항식의 다른 표현

식 (4.1)은 다음과 같이 묶인(clustered) 형태로 표시할 수 있다.

$$P(x) = (\cdots((p_n x + p_{n-1})x + \cdots + p_2)x + p_1)x + p_0 \tag{4.2}$$

다항식의 n개의 근을 α_1, α_2, $\cdots$, α_n이라고 하면 다음과 같이 표현을 할 수 있다.

$$P(x) = p_n(x-\alpha_1)(x-\alpha_2)\cdots(x-\alpha_n) \tag{4.3}$$

위 표현들의 구체적인 예는 다음과 같다.

$$\begin{aligned} P(x) &= x^4 + x^3 - 7x^2 - x + 6, \\ &= (((x+1)x-7)x-1)x+6, \\ &= (x-1)(x+1)(x-2)(x+3) \end{aligned} \tag{4.4}$$

2. 파이썬에서의 다항식 표현

파이썬에서 다항식은 리스트와 NumPy 라이브러리의 poly1d() 함수를 사용하여 표현하며 식 (4.1)은 np.poly1d([p_n, p_{n-1} ⋯ , p_0]) 형태로 사용한다. 예를 들어, 파이썬에서 'print(np.poly1d([1, 1, −7, −1, 6]))' 명령은 다음과 같은 거듭제곱형 결과를 표시한다.

$$1x^{**}4 + 1x^{**}3 - 7x^{**}2 - 1x + 6 \tag{4.5}$$

식 (4.4)에서와 같이 다항식 P가 인수분해의 곱으로 표시될 때 다항식을 생성하는 명령은 np.poly([1, −1, 2, −3])이다. 이때 계수들의 순서는 식 (4.5)의 역순으로 생성된다. 객체로서 다항식 P를 함수로 바꾸어 x=a에서 다항식의 값을 구하기 위해서는 명령어 np.polyval(P, a)'를 사용한다. 여기서 a는 벡터형이 되어도 무방하다.

표 4.1 NumPy에서 지원하는 다항식 관련 함수

함수	명령의 의미
np.poly1d(v)	계수를 v = [p_n, p_{n-1} ⋯ , p_0]로 갖는 다항식을 생성
c = np.poly(r)	근 $r=[r_1, \cdots, r_n]$로부터 다항식 계수배열 c를 생성하는 함수
np.poly1d(c)	근 $r=[r_1, \cdots, r_n]$로부터 반환된 계수배열 c로 다항식 생성
p.roots	객체로서 다항식 p의 근을 구하는 명령
np.polyder(p)	객체로서 다항식 p를 미분하는 명령
np.polyint(p)	객체로서 다항식 p를 적분하는 명령
p.coef == p.c	객체로서 다항식 p의 계수를 반환하는 명령
np.polyval(p, a)	객체로서 x = a에서 다항식 p의 함숫값을 반환하는 명령
plt.plot(p)	matplotlib.pyplot 모듈로 다항식 p의 그림을 그리는 명령
len(p)	다항식 p의 차수를 의미함
p1 + p2	다항식 p1과 p2를 합한 다항식을 반환하는 명령
p1 - p2	다항식 p1에서 p2를 뺀 다항식을 반환하는 명령
p1*p2	다항식 p1과 p2 곱(convolution)을 반환하는 명령
p3, p4 = p1/p2	p1를 p2로 나눈 몫(p3)과 나머지(p4) 다항식을 반환

예제 4.1

식 (4.4)의 $P(x)$를 다항식 p로, $p1(x) = x^4 + x^3 - 7x - 3x + 2$를 p1으로 하고, $p2(x) = x^2 + x - 6$를 p2로 하여 [표 4.1]의 함수명령들을 실행하시오.

풀이 [표 4.1]의 NumPy 내장함수들을 실행하기 위한 스크립트는 다음과 같다

```
# Ex41PolyIntrp.py: [예제 4.1] 4.1 다항식-4.1.1 다항식의 표현
# Python에서 다항식 표현과 연산 및 명령 함수들의 실행 예
import numpy as np
if __name__ == '__main__':
    pp = np.poly([1, -1, 2, -3]); pp # 근으로 다항식 계수 생성
    print("np.poly([1, -1, 2, -3]) =>", pp)
    p = np.poly1d(pp); print(p)
    print("p.roots =", p.roots)
    print("p.coef =", p.coef) # = p.c : 다항식의 계수
    print("p(2) = ", p(2)) # x=2에서 다항식 p의 값
    print("np.polyval(p, [2, 5]) = ", np.polyval(p, [2, 5]))
    print(" ")
    pd = np.polyder(p); print('pd=np.polyder(p) =\n', pd)
    pi = np.polyint(pd); print('np.polyint(pd) =\n', pi+6); print(" ")
    p1 = np.poly1d([1, 1, -7, -3, 2])
    p2 = np.poly1d([1, 1, -6])
    print('np.poly1d([1, 1, -6]) =\n', p2) # 계수로 다항식 생성
    print('p1+p2 =\n', p1+p2)
    print('p1-p2 =\n', p1-p2)
    print('p1*p2 =\n', p1*p2)
    p3, p4 = p1/p2; print('p1/p2 =', (p3, p4)) # 몫과 나머지
```

4.2 다항식보간

4.2.1 보간다항식의 계수결정

1. 선형연립방정식을 이용한 계수결정

주어진 데이터 점들 사이에 있는 값들을 추정해야 할 경우 가장 보편적인 방법이 다항식보간법(polynomial interpolation)이다. 데이터 점 n개가 $(x_1,\ y_1)$, $(x_2,\ y_2)$, $\cdots$, $(x_n,$

y_n)으로 주어져 있을 때, 모든 점을 지나는 $(n-1)$차 보간다항식은 단 하나만 존재하며 다음과 같다고 하자.

$$P(x)=p_0+p_1x+\cdots+p_{n-2}x^{n-2}+p_{n-1}x^{n-1} \tag{4.6}$$

여기서 $p\equiv(p_0,\ p_1,\ \cdots,\ p_{n-1})$는 계수벡터이고 $P(x_i)=y_i,(1\leq i\leq n)$을 만족한다.

조건 $P(x_i)=y_i,\ (0\leq i\leq n)$로부터 다음 행렬형 연립방정식을 얻는다.

$$AP=Y\Leftrightarrow\begin{pmatrix}1 & x_1 & \cdots & x_1^{n-2} & x_1^{n-1}\\ 1 & x_2 & \cdots & x_2^{n-2} & x_2^{n-1}\\ \vdots & \vdots & \ddots & \vdots & \vdots\\ 1 & x_n & \cdots & x_n^{n-2} & x_n^{n-1}\end{pmatrix}\begin{pmatrix}p_0\\ p_1\\ \vdots\\ p_{n-1}\end{pmatrix}=\begin{pmatrix}y_1\\ y_2\\ \vdots\\ y\end{pmatrix} \tag{4.7}$$

여기서 형성된 계수행렬 A를 반데몬드 행렬(Vandermonde matrix)이라 한다. 식 (4.7)의 연립방정식을 풀어서 보간다항식 $P(x)$의 계수벡터 P를 구할 수 있다.

2. 선형보간법

식 (4.7)의 특수한 경우로 $n=2$일 때 두 점을 지나는 직선인 선형보간다항식의 계수 $P=(p_0,\ p_1)$를 구해보기로 한다. 특별히 $n=2$일 때 식 (4.6)과 식(4.7)은 다음과 같다.

$$P(x)=p_0+p_1x\ \Rightarrow\ AP=Y\Leftrightarrow\begin{pmatrix}1 & x_1\\ 1 & x_2\end{pmatrix}\begin{pmatrix}p_0\\ p_1\end{pmatrix}=\begin{pmatrix}y_1\\ y_2\end{pmatrix}$$

행렬 A의 행렬식은 $\det(A)\equiv|A|=x_2-x_1$이므로 크래머(Cramer) 공식에 의하여 다음 식을 갖는다.

$$p_0=\frac{\begin{vmatrix}y_1 & x_1\\ y_2 & x_2\end{vmatrix}}{x_2-x_1}=\frac{x_2y_1-y_2x_1}{x_2-x_1},\quad p_1=\frac{\begin{vmatrix}1 & y_1\\ 1 & y_2\end{vmatrix}}{x_2-x_1}=\frac{y_2-y_1}{x_2-x_1}$$

이렇게 하여 두 점을 지나는 선형보간다항식은 다음과 같다.

$$P(x)=\frac{x_2y_1-y_2x_1}{x_2-x_1}+\frac{y_2-y_1}{x_2-x_1}x=\frac{y_2-y_1}{x_2-x_1}(x-x_1)+y_1 \tag{4.8}$$

예제 4.2

scipy.interpolate의 interp1d()를 이용하여 $x=(3,\ 4,\ 5,\ 6)$, $y=(33.3,\ 25,\ 20,\ 17)$로 주어진 점들을 구간별 선형보간식 $f(x)$를 구하고 $f((3.2,\ 4.5,\ 5.6))$를 구하시오.

풀이 구간별 선형보간식과 답을 구하기 위한 파이썬 스크립트는 다음과 같다.

```
# Ex42PolyIntp.py: [예제 4.2] 4.2 다항식보간 - 4.2.1 다항식의 계수결정
import numpy as np
import matplotlib as mpl
import matplotlib.pyplot as plt
import scipy.interpolate as ipl
mpl.rc('font', family="HYGraphic-Medium") # 한글 깨짐 방지
mpl.rcParams['axes.unicode_minus'] = False # "-" 부호 깨짐 방지

if __name__ == '__main__':
    x = np.array([3, 4, 5, 6])
    y = np.array([33.3, 25, 20, 17])
    f = ipl.interp1d(x, y, kind=1) # 인접 점 간 선형보간
    print("f([3.2, 4.5, 5.6]) =", f([3.2, 4.5, 5.6])) # [31.64 22.5  18.2 ]
    xx = np.linspace(x.min(), x.max(), 100)
    plt.figure(figsize = (7, 3.5)) # [그림 4.1]
    plt.plot(xx, f(xx))
    plt.xlabel("X축 "); plt.ylabel("Y축 ")
    plt.title("구간별 직선보간(scipy.interpolate 적용)")
    plt.plot(x, f(x), 'ro', lw=2)
    plt.grid(linestyle=':'); plt.show()
```

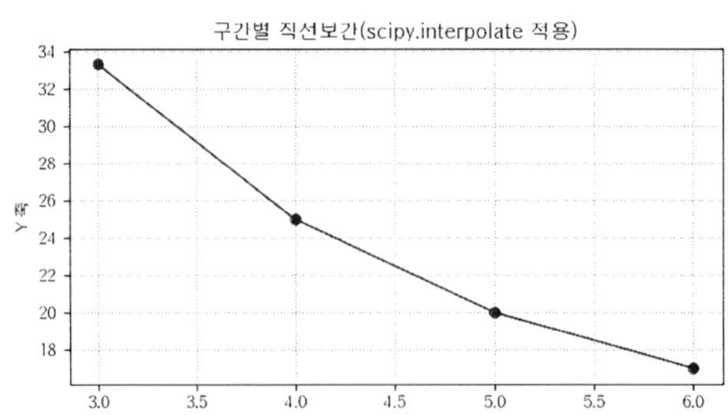

그림 4.1 구간별 선형보간(linear Interpolation)

예제 4.3

세 점 (0, 1), (1, 2), (2, 1)를 지나는 다항식을 식 (4.7)로 결정하시오.

풀이 먼저 세 점이므로 2차의 보간다항식을 다음과 같이 둘 수 있다.

$$P(x) = p_0 + p_1 x + p_2 x^2$$

식 (4.7)을 이용하여 다음 연립방정식을 얻는다.

$$\begin{pmatrix} 1 & 0 & 0 \\ 1 & 1 & 1 \\ 1 & 2 & 4 \end{pmatrix} \begin{pmatrix} p_0 \\ p_1 \\ p_2 \end{pmatrix} = \begin{pmatrix} 1 \\ 2 \\ 1 \end{pmatrix}$$

위 연립방정식의 해는 $p_0 = 1$, $p_1 = 2$, $p_2 = -1$이므로 구하는 다항식은 다음과 같다.

$$P(x) = 1 + 2x - x^2$$

```
# Ex43PolyIntp.py: [예제 4.3] 4.2.1 보간다항식의 계수결정 - 2. 선형보간법
import numpy as np
if __name__ == '__main__':
    x, y = np.array([0.0, 1.0, 2.0]), np.array([1.0, 2.0, 1.0])
    A = np.vander(x, increasing=True) # = np.vander(x)[:, ::-1]
    c = np.linalg.solve(A, y) # Ac = y의 해벡터
    p1 = np.poly1d(c[::-1]) # 보간다항식
    print("P(x) = \n", p1) # P(x) = -x**2 + 2*x + 1
    print("np.roots(p1) =", np.roots(p1)) # [ 2.41421356 -0.41421356]
```

예제 4.4

연립방정식을 이용하여 점 $x = (0, 1, 2, 3, 4)$와 대응된 $y = \sin(1.5x)e^{-0.4x}$를 지나는 보간다항식을 구하는 파이썬 스크립트를 작성하고 그래프 그리시오.

풀이 보간다항식을 구하기 위한 파이썬 스크립트는 다음과 같다.

```
# Ex44PolyIntp.py: [예제 4.4] 4.2 다항식보간 - 4.2.1 보간다항식 계수결정
import numpy as np
```

```
import matplotlib as mpl
import matplotlib.pyplot as plt
mpl.rc('font', family="HYGraphic-Medium") # 한글 깨짐 방지
mpl.rcParams['axes.unicode_minus'] = False # "-" 부호 깨짐 방지
### 이상의 임포트는 4장 내에서 PolyHeader.py로 사용할 것임 ###

if __name__ == '__main__':
    x = np.arange(0.0, 5, 1) # xz = [0., 1., 2., 3., 4.]
    y = np.sin(1.5*x)*np.exp(-0.4*x)
    y = np.round(y, 4) # y = [0., 0.6686, 0.0634, -0.2944, -0.0564]

    A = np.vander(x, increasing=True) # = np.vander(x)[:, ::-1]
    c = np.linalg.solve(A, y) # Ac = y의 해벡터
    p = np.poly1d(c[::-1]) # 보간다항식
    print("np.roots(p) =", np.roots(p)) # [4.920471 4.165209 2.102587 0.0]
    xx = np.linspace(x.min()-0.1, x.max()+0.1, 110)
    plt.figure(figsize = (8, 4)) # [그림 4.2]
    plt.plot(xx, p(xx), 'b', label = r'$p(x)$')
    plt.plot(x, y, 'ro', label = r'$y(x_z)$')
    plt.xlabel("X축 "); plt.ylabel("Y축 ")
    plt.title("보간다항식: $p(x)$")
    plt.legend(loc=1); plt.grid(linestyle = ':')
    plt.show()
```

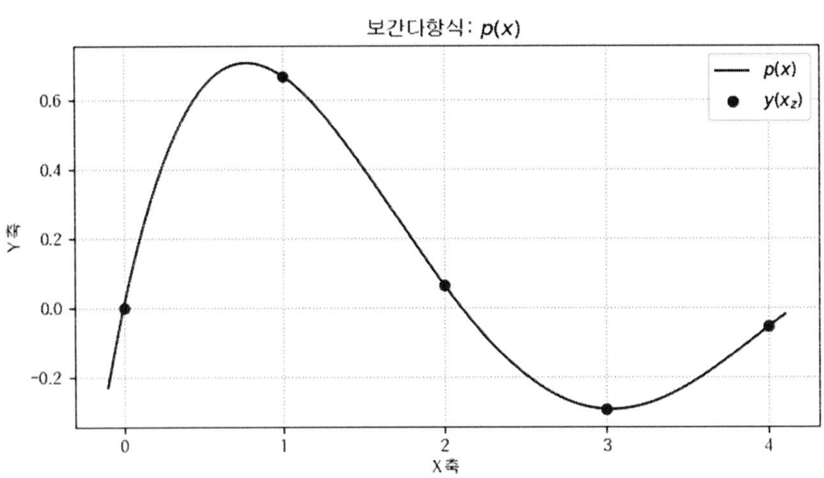

그림 4.2 주어진 점과 최고 차수 보간다항식의 그래프

4.2.2 라그랑지 보간다항식

1. 라그랑지 보간다항식의 일반형

식 (4.8)의 두 점을 지나는 선형보간다항식은 다음과 같이 선형 라그랑지(Lagrange) 보간다항식으로 다시 쓸 수 있다. 다음 식에서 $P_1(x_1) = y_1$이고 $P_1(x_2) = y_2$이다.

$$P_1(x) = \frac{x - x_2}{x_1 - x_2}y_1 + \frac{x - x_1}{x_2 - x_1}y_2 \equiv L_{11}(x)y_1 + L_{12}(x)y_2$$

여기서 $L_{11}(x) = (x - x_2)/(x_1 - x_2)$는 $L_{11}(x_1) = 1$이고 $L_{11}(x_2) = 0$이어야 한다. 또한 $L_{12}(x) = (x - x_1)/(x_2 - x_1)$은 $L_{12}(x_1) = 0$이고 $L_{12}(x_2) = 1$이어야 한다.

유사한 방법으로 세 점 $(x_1,\ x_2,\ x_3)$을 지나는 곡선을 적합시키기 위하여 $L_{2j}(x)$, $j = 1,\ 2,\ 3$을 $L_{2j}(x_j) = 1$, $L_{2j}(x_i) = 0$, $(i \neq j)$가 되도록 정의하면 2차 라그랑지 보간식은 다음과 같이 쓸 수 있다.

$$\begin{aligned} P_2(x) &= \frac{(x - x_2)(x - x_3)}{(x_1 - x_2)(x_1 - x_3)}y_1 + \frac{(x - x_1)(x - x_3)}{(x_2 - x_1)(x_2 - x_3)}y_2 \\ &\quad + \frac{(x - x_1)(x - x_2)}{(x_3 - x_1)(x_3 - x_2)}y_3 \equiv L_{21}(x)y_1 + L_{22}(x)y_2 + L_{23}(x)y_3 \end{aligned} \tag{4.9}$$

같은 방법으로 고차 다항식의 일반형도 다음과 같이 간단히 표현할 수 있다.

$$P_{n-1}(x) = \sum_{j=1}^{n} L_{(n-1)j}(x)y_j \equiv \sum_{j=1}^{n}\left(\prod_{i=1,\, j \neq i}^{n} \frac{(x - x_i)}{(x_j - x_i)}y_j \right) \tag{4.10}$$

예를 들어, [예제 4.3]에서 주어진 세 점 $x = [0,\ 1,\ 2]$, $y = [1,\ 2,\ 1]$을 라그랑지 보간다항식 (4.10)에 적용하기로 하자. 구하는 라그랑지 다항식은 식 (4.9) 형태로 나타난다. 먼저 $L_{21}(x)$, $L_{22}(x)$, $L_{23}(x)$를 구하면 다음과 같다.

$$L_{21}(x) = \frac{(x - 1)(x - 2)}{(0 - 1)(0 - 2)} = \frac{1}{2}(x - 1)(x - 2)$$

$$L_{22}(x) = \frac{(x - 0)(x - 2)}{(1 - 0)(1 - 2)} = -x(x - 2)$$

$$L_{23}(x)=\frac{(x-0)(x-1)}{(2-0)(2-1)}=\frac{1}{2}x(x-1)$$

그러므로 $P_2(x)=L_{21}(x)y_1+L_{22(x)}y_2+L_{23}(x)y_3$는 다음과 같다.

$$P_2(x)=(x-1)^2-2x(x-2)=1+2x-x^2$$

결과적으로 구하는 라그랑지 보간다항식은 [예제 4.3]의 결과와 같다. 사실 주어진 점을 보간하는 최고 차수 다항식은 유일하게 결정된다.

예제 4.5

5개의 점 $x=[0,\ 1,\ 2,\ 3,\ 4]$, $y=[0.0,\ 0.6686,\ 0.0634,\ -0.2944,\ -0.0564]$을 지나는 라그랑지 보간다항식 $P(x)$에 대하여 주어진 점 $x=a_k$, $(k=1,\ 2,\ \cdots,\ m)$의 $P(a_k)$ 값을 구하는 사용자정의함수 Lag(x, y, a)를 작성하여 파일명 "PolyLag.py"로 저장하고 $a=[0.5,\ 1.5,\ 2.5]$일 때 $P(a)$의 값을 구하시오.

풀이 라그랑지 보간다항식을 구하기 위한 파이썬 스크립트는 다음과 같다.

```
# Ex45PolyIntp.py: [예제 4.5] 4.2 다항식보간 - 4.2.2 라그랑지 보간다항식
import numpy as np
from PolyHeader import *  ## matplotlib.pyplot와 한글 깨짐 방지 임포트

def Lag(x, y, xa):
    n, ya = len(y), np.zeros(len(xa))
    for j in range(n):
        z = np.ones(len(xa))
        for i in range(n):
            if (j != i):
                z = z*(xa-x[i])/(x[j]-x[i])

        ya += z*y[j]
    return ya

if __name__ == '__main__':
    xp = np.arange(0.0, 5, 1)
```

```
yp = np.array([0.0, 0.6686, 0.0634, -0.2944, -0.0564])
xa = np.array([0.5, 1.5, 2.5])
ya = Lag(xp, yp, xa)
print("ak=%s, yk=%s" % (xa, ya)) # [ 0.6344125  0.4026625  - 0.1956875]

xk = np.linspace(xp.min()-0.1, xp.max()+0.1, 100)
yk = Lag(xp, yp, xk)
fk = np.sin(1.5*xk)*np.exp(-0.4*xk)
ek = fk - yk
fig, ax = plt.subplots(figsize = (8, 4))
ax.scatter(xp, yp)
ax.plot(xk, fk, 'k', label = '$f(x)$')
ax.plot(xk, yk, 'b--', label = '$p(x)$')
ax.plot(xk, 5*ek, 'g:', label = '$5e(x)$')
ax.text(1.1, 0.0, "$5e(x)$")
plt.title("라그랑지 보간") # [그림 4.3] 참조
plt.legend(loc = 1); plt.grid(linestyle = ':')
plt.show()
```

2. 라그랑지 보간다항식의 오차

라그랑지 보간다항식에 오차가 얼마나 발생하는지 알아보기 위하여 [예제 4.4]와 [예제 4.5]를 참고하자. 등간격인 5개의 점 $x = (0,\ 1,\ 2,\ 3,\ 4)$에서 다음 식의 보간근사를 사용하여 얻은 4차 보간다항식 $P(x)$를 고려한다.

$$y = f(x) = \sin(1.5x)\exp(-0.4x)$$

그러면 오차 $e(x)$는 다음과 같이 나타난다.

$$e(x) = \sin(1.5x)\exp(-0.4x) - P(x)$$

[예제 4.5]에서 작성한 사용자정의함수 PolyLag()를 이용하여 구한 보간다항식 $P(x)$와 원함수 $f(x)$ 그리고 오차의 5배인 $5e(x)$의 그래프를 그리면 [그림 4.3]과 같다.

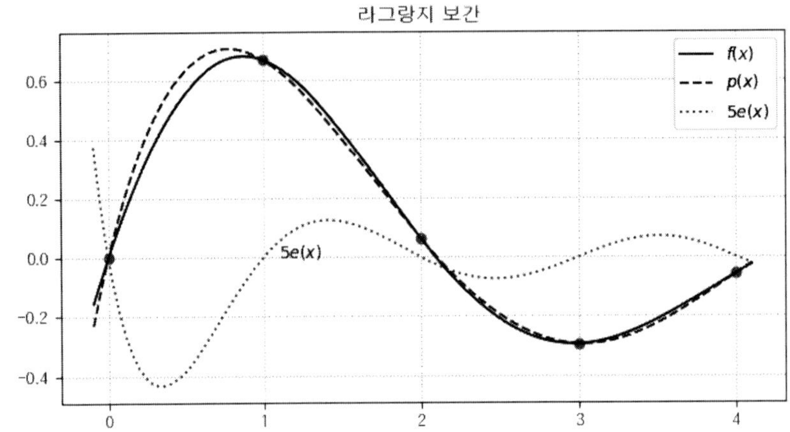

그림 4.3 보간다항식 $P(x)$와 오차 $e(x)$

[그림 4.3]에서 보듯이 오차는 x 좌표의 중간에서 작게 나타나고 양 끝으로 갈수록 커지며 진동하는 모습을 보인다. 일반적으로 라그랑지 보간다항식의 오차는 보간 구간의 크기, x 좌표의 분포 및 보간다항식의 차수에 관계되는 좌표의 수에 의존하는 것으로 알려져 있다. 보간식의 오차를 좀 더 체계적으로 분석하기 위해서 식 (4.10)을 미루어 보면 라그랑지 보간다항식의 오차는 다음과 같이 주어진다.

$$e(x) = f(x) - P(x) = L_n(x) f^{(n)}(\theta),\ a \leqq x_1 \leqq \theta \leqq x_n \leqq b \tag{4.11}$$

여기서 $[a,\ b]$는 보간 구간을 나타내고 $f^{(n)}(\theta)$는 $x=\theta$에서 $f(x)$의 n계 도함숫값이며 n개의 좌표를 근으로 갖는 다항식 $L_n(x)$는 다음 식으로 주어진다.

$$L_n(x) = (x - x_1)(x - x_2) \cdots (x - x_n)/n! \tag{4.12}$$

식 (4.11)로부터 오차의 상한값에 대하여 다음 식을 갖는다.

$$|e(x)| = |L_n(x)| Max \left| f^{(n)}(\theta) \right|$$

위 식으로부터 보간식에 관한 오차의 특성은 $L_n(x)$의 특성에 의존함을 알 수 있다.

이제 정해진 구간 [0, 5]에서 등간격으로 6개의 점을 갖는 $L_6(x)$와 7개의 점을 갖는 $L_7(x)$의 그래프를 함께 그리고 $L(x)$의 특성을 알아보기로 한다.

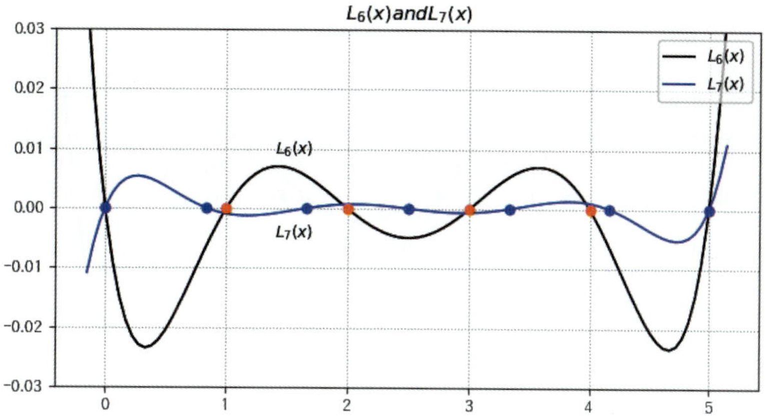

그림 4.4 보간점의 수에 따른 $L(x)$의 특성

[그림 4.4]에서 보듯이 같은 크기의 구간 [0, 5]에서 등간격으로 6개의 점들을 갖는 $L_6(x)$ 보다 7개의 점들을 갖는 $L_7(x)$의 오차가 더 작다는 것을 알 수 있다. 다시 말해서 데이터의 수가 같을 경우, 보간하는 구간이 짧을수록 오차가 줄어드는 것이다. 두 그래프 모두 중앙에서 두 끝점으로 갈수록 오차가 커진다는 사실도 알 수 있다.

보간식의 오차를 줄이는 다른 방법으로 정해진 구간 [0, 5]에서 서로 다른 간격으로 6개의 점을 갖는 $L_\alpha(x)$와 $L_\beta(x)$를 비교하기로 하자. $L_\alpha(x)$는 등간격인 경우를 나타내고 $L_\beta(x)$는 구간의 두 끝점에 갈수록 좀 더 조밀한 경우를 나타낸다.

아래 [그림 4.5]에서 보듯이 구간의 두 끝점에 갈수록 좀 더 조밀한 $L_\beta(x)$의 오차분포가 등간격인 $L_\alpha(x)$의 오차분포보다 균일하다는 점을 알 수 있다. 보간식의 오차에 관한 이상의 내용을 요약하면 다음의 결론을 얻을 수 있다.

① 보간 구간의 크기가 같을 때 점들의 수가 많을수록 오차가 적음
② 점들의 수가 같을 때 보간 구간의 크기가 작을수록 오차가 적음
③ 점들 간 등간격일 경우 두 가장자리에서 오차가 증가함
④ 보간 구간이 커질수록 오차의 진동폭이 증가함
⑤ 점들 간의 간격 조정으로 오차분포를 바꿀 수 있음

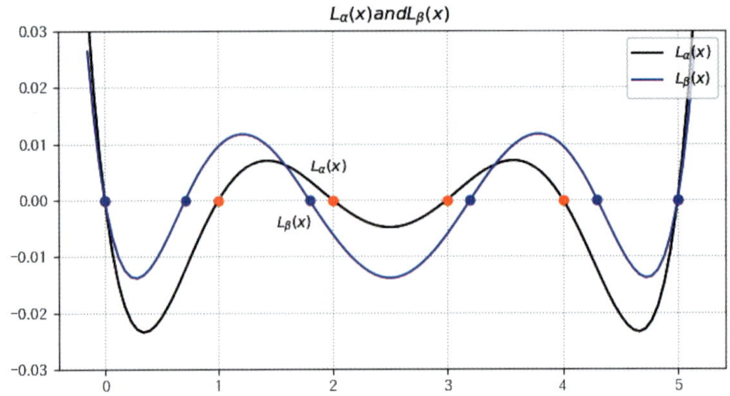

그림 4.5 보간점의 위치에 따른 $L(x)$의 특성

이제까지 보간다항식을 구하는 방법으로 반데몬드 행렬을 이용하는 것과 라그랑지 보간 방법을 알아보았다. 다음 절에서는 보간다항식을 멱급수 형태로 쉽게 나타낼 수 있는 뉴턴 보간법에 대하여 알아보기로 한다. 특히 n개의 점들을 지나는 $(n-1)$차 보간다항식은 보간 방법에 관계없이 유일하게 결정된다는 사실은 수치해석적인 방법이나 프로그램 구현으로 쉽게 확인할 수 있다.

오차의 관점에서 근사하는 점들의 수가 많을수록 유리하기는 하지만 보간다항식의 차수가 높아지므로 주의가 필요하다. 보간다항식의 차수가 높아질수록 정확한 해에 수렴한다는 보장을 할 수가 없다는 것이다. 보간다항식의 차수를 결정하는 기준은 없으나 좁은 구간에서 적용하고 상대적으로 낮은 차수의 다항식을 사용하는 것이 바람직한 것으로 알려져 있다. 보간하는 점들의 간격 조정으로 오차의 분포를 바꾸는 방법은 4.2.4절 체비쇼프(Chebyshev) 다항식에서 다루기로 한다.

4.2.3 뉴턴 보간다항식

1. 2차 보간다항식

식 (4.8)의 선형(1차) 보간다항식은 다음과 같이 다시 쓸 수 있다.

$$P_1(x) = y_1 + \frac{y_2 - y_1}{x_2 - x_1}(x - x_1) \equiv b_1 + b_2(x - x_1) \tag{4.13}$$

여기서 $b_1 = y_1 = f(x_1)$이고 b_2는 다음과 같은 직선의 기울기이다.

$$b_2 = \frac{y_2 - y_1}{x_2 - x_1} = \frac{f(x_2) - f(x_1)}{x_2 - x_1} \equiv f_{[2,1]} \tag{4.14}$$

직선 근사보다 오차를 줄이는 방법은 곡선을 도입하는 것이므로 3개의 점 $(x_k,\ f(x_k))$, $k = 1,\ 2,\ 3$이 있다면 2차 다항식을 적합할 수 있으며 유용한 방정식은 다음과 같다.

$$P_2(x) = b_1 + b_2(x - x_1) + b_3(x - x_1)(x - x_2) \tag{4.15}$$

여기서 상수 $b_1,\ b_2,\ b_3$를 $(x_k,\ f(x_k))$, $k = 1,\ 2,\ 3$으로 나타내기로 하면 다음 식을 얻는다.

$$f(x_1) = P_2(x_1) = b_1$$

또한 $f(x_2) = P_2(x_2)$로부터 다음 식을 얻을 수 있다.

$$f(x_2) = P_2(x_2) = b_1 + b_2(x_2 - x_1)$$

따라서 2차 다항식의 계수 b_2는 다음과 같이 주어진다.

$$b_2 = \frac{f(x_2) - f(x_1)}{x_2 - x_1} \tag{4.16}$$

다음으로 $f(x_3) = P_2(x_3)$로부터 다음 식을 얻을 수 있다.

$$f(x_3) = P_2(x_3) = b_1 + b_2(x_3 - x_1) + b_3(x_3 - x_1)(x_3 - x_2)$$

식 (4.16)과 $f(x_1) = b_1$을 위 식에 대입하여 간단히 하면 다음 식을 얻을 수 있다.

$$f(x_3) - f(x_2) = \frac{(f(x_2) - f(x_1))(x_3 - x_2)}{x_2 - x_1} + b_3(x_3 - x_1)(x_3 - x_2)$$

위 식의 양변을 $(x_3 - x_2)$로 나누면 다음 식을 얻을 수 있다.

$$\frac{f(x_3) - f(x_2)}{x_3 - x_2} = \frac{f(x_2) - f(x_1)}{x_2 - x_1} + b_3(x_3 - x_1)$$

다시 위 식의 양변을 $(x_3 - x_1)$로 나누고 정리하면 다음 식을 얻을 수 있다.

$$b_3 = \frac{\dfrac{f(x_3) - f(x_2)}{x_3 - x_2} - \dfrac{f(x_2) - f(x_1)}{x_2 - x_1}}{x_3 - x_1} = \frac{f_{[3,\ 2]} - f_{[2,\ 1]}}{x_3 - x_1} \equiv f_{[3,\ 2,\ 1]} \tag{4.17}$$

위 b_1, b_2, b_3를 식 (4.15)에 대입하여 2차 보간다항식을 얻을 수 있다.

2. 뉴턴 보간다항식의 일반형

뉴턴(Newton) 보간식의 일반형은 주어진 데이터 점들의 간격이 등간격이 아닐 경우에도 적용이 가능하다. 식 (4.13)과 (4.15)를 고려하면 n개 데이터 점에 $(n-1)$차 다항식을 적합시키는 것으로 일반화할 수 있는데 유용한 다항식 형태는 다음과 같다.

$$P_{n-1}(x) = b_1 + b_2(x - x_1) + \cdots + b_n(x - x_1)(x - x_2)\cdots(x - x_{n-1}) \tag{4.18}$$

선형 및 2차 보간법과 마찬가지로 데이터 점들은 계수 b_1, b_2, $\cdots$, b_n을 구하는 데 사용되고 n개의 점 $(x_1,\ y_1)$, $(x_2,\ y_2)$, $\cdots$, $(x_n,\ y_n)$, $y_i = f(x_i)$이 필요하다. 식 (4.14)와 (4.17)로부터 귀납적으로 b_1, b_2, $\cdots$, b_n에 대한 다음 식을 얻는다.

$$\begin{aligned}
&b_1 = y_1 = f(x_1) \qquad (4.19)\\
&b_2 = f_{[2,\ 1]} = (y_2 - y_1)/(x_2 - x_1)\\
&b_3 = f_{[3,\ 2,\ 1]} = (f_{[3,\ 2]} - f_{[2,\ 1]})/(x_3 - x_1)\\
&b_4 = f_{[4,\ 3,\ 2,\ 1]} = (f_{[4,\ 3,\ 2]} - f_{[3,\ 2,\ 1]})/(x_4 - x_1)\\
&\vdots\\
&b_n = f_{[n,\ n-1,\ \cdots,\ 2,\ 1]} = (f_{[n,\ \cdots,\ 2]} - f_{[n-1,\ \cdots,\ 1]})/(x_n - x_1)
\end{aligned}$$

식 (4.19)를 식 (4.18)에 대입하여 다음 $(n-1)$차 뉴턴 보간다항식을 얻는다.

$$P_{n-1}(x) = f(x_1) + f_{[2,\ 1]}(x-x_1) + f_{[3,\ 2,\ 1]}(x-x_1)(x-x_2) \qquad (4.20)$$
$$+\cdots + f_{[n,\ n-1,\ \cdots,\ 2,\ 1]}(x-x_1)(x-x_2)\cdots(x-x_{n-1})$$

(1) 보간다항식과 분할차분표

분할차분표를 이용하면 보간다항식 (4.20)은 효율적으로 계산할 수 있다. 오차는 한 점을 추가할 때 적합하는 보간식의 추가 항과 같다.

$$e(x) \cong f_{[j+1,\ j,\ \cdots,\ 2,\ 1]}(x-x_1)(x-x_2)\cdots(x-x_j) \qquad (4.21)$$

분할차분표는 다음과 같이 작성하면 효과적이다.

표 4.2 분할차분표 $(y_i = f(x_i))$

i	x_i	y_i	$f_{[i+1,\ i]}$	$f_{[i+2,\ i+1,\ i]}$	$f_{[i+3,\ \cdots,\ i]}$	$\cdots$	$f_{[m-1,\ \cdots,\ i]}$	$f_{[m,\ m-1,\ \cdots,\ i]}$
1	x_1	y_1	$f_{[2,\ 1]}$	$f_{[3,\ 2,\ 1]}$	$f_{[4,\ 3,\ 2,\ 1]}$	$\cdots$	$f_{[m-1,\ \cdots,\ 1]}$	-
2	x_2	y_2	$f_{[3,\ 2]}$	$f_{[4,\ 3,\ 2]}$	$f_{[5,\ 4,\ 3,\ 2]}$	$\cdots$		
3	x_3	y_3	$f_{[4,\ 3]}$	$f_{[5,\ 4,\ 3]}$	$f_{[6,\ 5,\ 4,\ 3]}$			
$\vdots$	$\vdots$	$\vdots$	$\vdots$	$\vdots$				
$m-1$	x_{m-1}	y_{m-1}	$f_{[m,\ m-1]}$	-				
m	x_m	y_m	-					

[주] $f_{[j,\ i]} = \dfrac{y_j - y_i}{x_j - x_i}$, $f_{[k,\ j,\ i]} = \dfrac{f_{[k,\ j]} - f_{[j,\ i]}}{x_k - x_i}$, $f_{[m-1,\ \cdots,\ 2,\ 1]} = \dfrac{f_{[m,\ \cdots,\ 2,\ 1]} - f_{[m-1,\ \cdots,\ 2,\ 1]}}{x_m - x_1}$

[예제 4.3]에서 주어진 세 점 $x=[0,\ 1,\ 2]$, $y=[1,\ 2,\ 1]$을 적합하는 뉴턴 보간다항식을 [표 4.2] 분할차분표에 적용하기로 하자. 세 점이므로 표에서 $f_{[2,\ 1]}$, $f_{[3,\ 2]}$와 $f_{[3,\ 2,\ 1]}$을 채우면 된다. 세 값들을 차례로 계산하면 다음과 같다.

$$f_{[2,\ 1]} = \frac{y_2 - y_1}{x_2 - x_1} = \frac{2-1}{1-0} = 1$$

$$f_{[3,\,2]} = \frac{y_3 - y_2}{x_3 - x_2} = \frac{1-2}{2-1} = -1$$

$$f_{3,\,2,\,1} = \frac{f_{[3,\,2]} - f_{[2,\,1]}}{x_3 - x_1} = \frac{-1-1}{2-0} = -1$$

계산된 결과를 [표 4.2]에 대입하면 다음 표를 얻는다.

i	x_i	y_i	$f_{[i+1,\,i]}$	$f_{[i+2,\,i+1,\,i]}$	$f_{[i+3,\,\cdots,\,i]}$
1	0	1	$f_{[2,\,1]}=1$	$f_{[3,\,2,\,1]}=-1$	
2	1	2	$f_{[3,\,2]}=-1$	-	
3	2	1	-	-	

식 (4.20)에 따라 다음과 같은 뉴턴 보간다항식 $P_2(x)$를 얻는다.

$$P_2(x) = 1 + 1(x-0) + (-1)(x)(x-1) = 1 + 2x - x^2$$

예제 4.6

다섯 개의 점 (1.1, 3.9), (2.5, 4.3), (5.1, 3.2), (5.9, 2.5)을 적합하는 뉴턴 보간다항식을 파이썬 스크립트로 구하기 위한

① 분할차분표를 만들고,

② 다섯 개의 점들을 적합하는 보간다항식 구하시오.

풀이 분할차분표와 뉴턴 보간다항식을 구하기 위한 프로그램은 다음과 같다.

```
# Ex46PolyIntp.py: [예제 4.6] 4.2 다항식보간 - 4.2.3 뉴턴 보간식 - 분할차분표
import numpy as np
if __name__ == '__main__':
    x = np.array([1.1, 2.5, 4, 5.1, 5.9])
    y = np.array([3.9, 4.3, 4.8, 3.2, 2.5])
    n = len(x) # n : number of x points
    fx = np.vstack([x, y])
```

```
fx = np.vstack([fx, np.zeros((n-1, n))])
fx = fx.T
for k in range(2, n+1):
    for i in range(n+1-k):
        fx[i, k] = (fx[(i+1), (k-1)] - fx[i, (k-1)])/(x[(i+k-1)]-x[i])

hd = 'x(n), y(n), f[n+1 n], f[n+2...n], f[n+3...n], fx[n+4...n]'
np.savetxt('Ex46분할차분표.csv', fx, fmt = '%.6f', delimiter = ',',
           header = hd, comments = '', encoding = 'utf-8')
```

① 완성된 분할차분표는 다음과 같다.

표 4.3 분할차분표([예제 4.6])

n	x(n)	y(n)	f(n+1, n)	f(n+2, .. n)	f(n+3, .. n)	fx(n+4, .. n)
1	1.1	3.9	0.285714	0.01642	−0.17602	0.097495
2	2.5	4.3	0.333333	−0.68765	0.291962	0
3	4	4.8	−1.45455	0.305024	0	0
4	5.1	3.2	−0.875	0	0	0
5	5.9	2.5	0	0	0	0

② 다섯 개의 점들을 적합하는 뉴턴 보간다항식의 전개식은 다음과 같다.

$$
\begin{aligned}
P_4(x) = 3.9 &+ 0.285714(x-1.1) \\
&+ 0.01642(x-1.1)(x-2.5) \\
&- 0.17602(x-1.1)(x-2.5)(x-4) \\
&+ 0.097495(x-1.1)(x-2.5)(x-4)(x-5.1) \\
= 0.0\,975x^4 &- 1.4142x^3 + 6.80512x^2 - 12.39197x + 11.03655
\end{aligned}
$$

4.2.4 체비쇼프 다항식과 르장드르 다항식

1. 체비쇼프 다항식과 점

보간하는 구간에서 등간격을 사용한 라그랑지 보간다항식의 오차는 구간의 중앙에서 작고 양 가장자리로 갈수록 증가한다는 사실을 4.2.2절의 [그림 4.4]에서 확인하였다. 그리고 [그림 4.5]에 나타난 바와 같이 보간하는 점들의 간격 조정으로 오차의 분포를 조절하는 방법을 알아보았다.

보간다항식 $P(x)$가 함수 $f(x)$를 근사하는 것이라면 식 (4.12)에 나타나 있는 $L(x)$가 가장 고르게 나타나는 것이 바람직하다. 이런 의미에서 체비쇼프(Chebyshev) 다항식에 의하여 결정되는 점들이 최적인 것으로 알려져 있다. 정해진 구간에서 체비쇼프 점들의 간격은 구간의 중앙부에서 크고 양 끝부분에서 더 좁아지는 특성이 있다. 체비쇼프 다항식은 여러 가지 다른 방법으로 나타낼 수 있는데, 여기서는 두 가지 다른 방법을 소개한다. 첫 번째는 거듭제곱 형태의 다항식들의 반복식으로 나타내는 것이고, 두 번째는 코사인 함수로 나타내는 것이다. 거듭제곱의 반복식으로 표현되는 체비쇼프 다항식은 다음과 같다.

$$T_n(x) = 2x\,T_{n-1}(x) - T_{n-2}(x),\ T_0(x) = 1,\ T_1(x) = x,\ n = 2,\ 3,\ \cdots \tag{4.22}$$

식 (4.22)를 전개하면 다음과 같은 차수 k의 다항식 $T_k(x)$를 얻는다.

$$\begin{aligned} T_0(x) &= 1 \\ T_1(x) &= x \\ T_2(x) &= 2x^2 - 1 \\ T_3(x) &= 4x^3 - 3x \\ T_4(x) &= 8x^4 - 8x^2 + 1 \\ T_5(x) &= 16x^5 - 20x^3 + 5x \\ T_6(x) &= 32x^6 - 48x^4 + 18x^2 - 1 \\ T_7(x) &= 64x^7 - 112x^5 + 56x^3 - 7x \\ &\cdots \end{aligned} \tag{4.23}$$

코사인 함수로 정의되는 체비쇼프 다항식은 다음과 같다.

$$T_n(x) = \begin{cases} \cos(n\cos^{-1}(x)), & |x| \leq 1 \\ \cosh(n\cosh^{-1}(x)), & x \geq 1 \\ (-1)^n\cosh(n\cosh^{-1}(-x)), & x \leq -1 \end{cases} \tag{4.24}$$

식 (4.23)과 (4.24)에서 분명하게 모든 n에 대하여 $T_n(1)=1$이고 $T_n(-1)=\pm 1$이 성립한다. 식 (4.24) 체비쇼프 다항식의 코사인 식으로부터 구간 [-1, 1]에서 $T_n(x)$의 극댓값은 1이고 극솟값은 -1임을 알 수 있다.

파이썬의 NumPy 라이브러리는 numpy.polynomial이라는 패키지에서 Chebyshev() 함수가 식 (4.23)의 $T_n(x)$에 대한 기본함수를 제공한다. 예를 들어, Chebyshev.basis(4)는 4차 체비쇼프 기본 다항식 $T_4(x)$를 반환한다. 식 (4.23)의 $T_n(x)$의 계수를 생성하기 위해서 다음과 같은 모듈과 명령이 필요하다. [그림 4.6]은 $n=1, 2, 3, 4, 5, 6$일 때 체비쇼프 다항식의 그래프들을 나타내고 있다.

```
# ChebFig46.py: [그림 4.6] 4.2.4 체비쇼프와 다항식 - 체비쇼프 그래프 1
import numpy as np
import matplotlib.pyplot as plt
from numpy.polynomial import Chebyshev
if __name__ == '__main__':
    T = [0]*7
    for k in range(0, 7):
        T[k] = Chebyshev.basis(k) # T[k]=Cheb.basis(k)와 동일
    k, x = 0, np.linspace(-1, 1, 100)
    fig, ax = plt.subplots(2, 3, figsize = (10, 6.5)) # [그림 4.6]
    for a in range(len(ax)):
        for b in range(len(ax[a])):
            ax[a, b].plot(x, T[1+k](x))
            sub_title = ('T'+str(1+k)+'(x)')
            ax[a, b].set_title(sub_title);
            ax[a, b].grid(linestyle = ':'); k += 1
    plt.show()
```

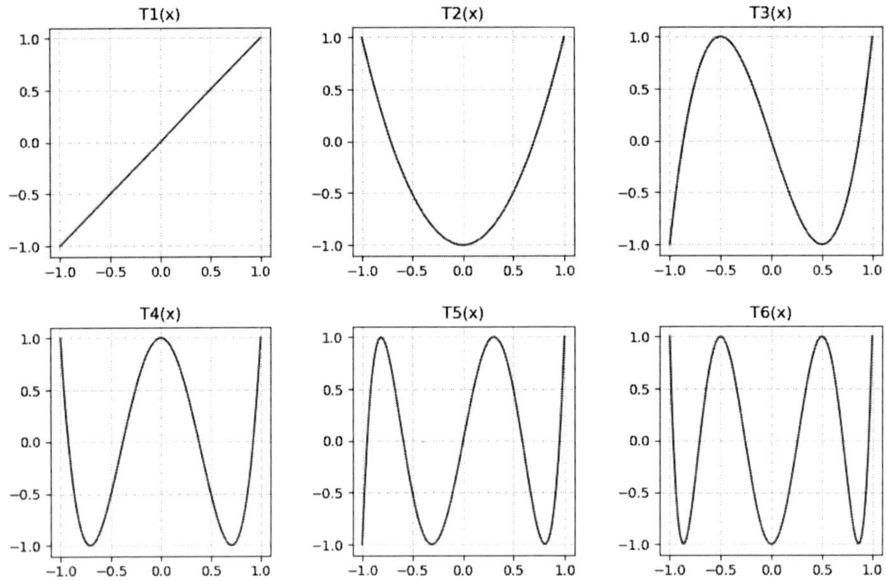

그림 4.6 체비쇼프 다항식 그래프

식 (4.24)에서 코사인 함수는 $\pm\pi/2$, $\pm 3\pi/2$, $\pm 5\pi/2$, $\cdots$ 에서 0이 되므로 x_k를 $T_n(x)$의 근이라 하면 다음 식을 만족한다.

$$n\cos^{-1}(x_k) = \left(n + \frac{1}{2} - k\right)\pi,\ \ k = 1,\ 2,\ \cdots,\ n$$

위 식을 다시 정리하면 근에 대한 다음 식을 얻는다.

$$x_k = \cos\left(\frac{n + 1/2 - k}{n}\pi\right),\ \ k = 1,\ 2,\ \cdots,\ n \tag{4.25}$$

예를 들어, $n=4$이면 x_k들은 ± 0.38268과 ± 0.92388이 된다.

보간 구간이 [-1, 1]이라고 하면, 등간격의 점들을 사용하는 대신 n개의 근인 체비쇼프 점들 $x_k\,(k=1,\ 2,\ \cdots,\ n)$이 라그랑지 보간법에서 x 좌표로 사용된다. 앞 절에서 다루었던 바와 같이 식 (4.10)에서 근사하는 라그랑지 보간다항식의 차수가 3차일 때 $x_1 = -0.92388$, $x_2 = -0.38268$, $x_3 = 0.38268$, $x_4 = 0.92388$을 사용한다. 양 끝점 -1과 +1은 사용하지 않기 때문에 x_1, $\cdots$, x_4의 범위 밖에 있는 $f(x)$의 근사는 보외법

(extrapolation)을 사용한다.

보외법은 오차가 크게 나타날 수 있으므로 항상 큰 주의가 필요하다. 체비쇼프 다항식은 [-1, 1]을 관심의 대상인 구간 [a, b]로 다음 식과 같이 대응시켜 임의의 다른 보간 구간에도 적용할 수 있다.

$$z_k = ((b-a)x_k + a + b)/2 \tag{4.26}$$

여기서 $-1 < x_k < 1$이고 $a < z_k < b$가 된다.

식 (4.26)을 식 (4.25)에 대입하면 다음과 같이 구간에 대응된 점들을 얻는다.

$$z_k = \frac{1}{2}\left[(b-a)\cos\left(\frac{n+1/2-k}{n}\pi\right) + a + b\right],\ k = 1,\ 2,\ \cdots,\ n \tag{4.27}$$

구간 [0, 5]에서 6개 등간격 점들을 이용한 $L(x)$의 그래프 $L_{equal}(x)$와 식 (4.27)의 체비쇼프 점들을 이용한 $L(x)$의 그래프 $L_{Cheby}(x)$는 [그림 4.7]에 나타나 있다. 그림에서 $L_{Cheby}(x)$의 그래프는 $L_{equal}(x)$의 그래프에 비하여 극대와 극소의 높이가 균일하다. 그래프를 그리는 파이썬 스크립트와 그림은 다음과 같다.

```
# ChebFig47.py : [그림 4.7] 라그랑지 보간다항식의 L(x)의 보간 특성
import numpy as np, math
from PolyHeader import *  ## matplotlib.pyplot와 한글 깨짐 방지 임포트
if __name__ == '__main__':
    c6 = np.arange(0, 6, 1)
    L6 = np.poly1d(np.poly(c6))/math.factorial(6)
    xa = np.linspace(-0.15, 5.15, 100)
    v6 = 0.5*(5.0*np.cos((6.5-(c6+1))/6.0*np.pi)+5.0)
    D6 = np.poly1d(np.poly(v6))/math.factorial(6)
    fig, ax = plt.subplots(figsize = (8, 4))
    ax.plot(xa, L6(xa), 'k', label = '$L_{equal}(x)$')
    ax.plot(xa, D6(xa), 'b', label = '$L_{Cheby}(x)$')
    ax.plot(c6, L6(c6), 'ro'); ax.plot(v6, D6(v6), 'bo')
    ax.set_ylim(-0.03, 0.03)
    ax.text(1.5, 0.009, "$L_{equal}(x)$")
```

```
ax.text(1.4, -0.005, "$L_{Cheby}(x)$")
plt.title(r"$L_{equal}(x)-&-L_{Cheby}(x)$", fontsize=12)
plt.legend(loc=1); plt.grid(linestyle=':') # [그림 4.7]
plt.show()
```

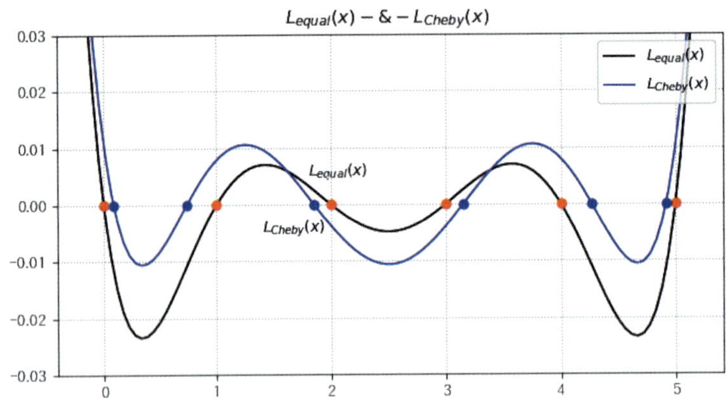

그림 4.7 등간격 점들과 체비쇼프 점들의 $L(x)$

예제 4.7

반복식 (4.22) 또는 (4.23)을 사용하여 n차 체비쇼프 다항식을 구하는 사용자정의함수 ChebPoly(n)을 작성하고 다음 물음에 답하시오.

① 6차 체비쇼프 다항식 p6 = ChebPoly(6)과 다항식의 근들을 구하고,

② numpy.polynomial.chebyshev 모듈의 Chebyshev()로 6차 다항식을 구하고,

③ chebyshev 모듈의 Chebyshev()로 6차 다항식의 근을 구하고,

④ xa = [−1, −0.6, −0.2, 0.2, 0.6, 1]에서 다항식 p6(x)의 값 p6(xa)를 구하고,

⑤ Chebyshev()로 얻은 6차 다항식으로 xa에서 다항식의 값을 구하시오.

풀이 사용자정의함수 ChebPoly(n)과 답을 구하는 파이썬 스크립트는 다음과 같다.

```
# ChebPoly.py : [예제 4.7] 사용자정의함수 - 제n차 체비쇼프 다항식
import numpy as np
def ChebPoly(n):
    T0, T1 = np.poly1d([1]), np.poly1d([1, 0])
    if n == 0: return T0
    if n == 1: return T1
```

```
    for k in range(2, n+1):
        Tn = np.poly1d([2, 0])*T1 - T0
        T0, T1 = T1, Tn
    return Tn
```

```
# Ex47ChebNp.py: [예제 4.7] 4.2.4 체비쇼프 다항식과 르장드르 다항식
import numpy as np
import numpy.polynomial.chebyshev as cheb
from ChebPoly import * # "ChebPoly.py": 사용자정의함수 파일

if __name__ == '__main__':
    p6 = ChebPoly(6)
    print('(1-1)번 p6 = ChebPoly(6) =\n', p6)
    print('(1-2)번 np.roots(p6) =\n', np.roots(p6))
    pc = cheb.Chebyshev([0]*6 + [1]) # 식(4.23) T_n (x) 계수의 역순
    pc = cheb.cheb2poly(pc.coef)[::-1]
    print('(2)번 Chebyshev([0]*6+[1]) =\n', np.poly1d(pc))
    # 식(4.23) T_n (x) 계수의 역순을 바른 순으로 수정
    print('(3)번 Chebyshev(6, x)의 근 =>\n', np.roots(pc))
    xa = np.array([-1.0, -0.6, -0.2, 0.2, 0.6, 1.0])
    print('(4)번 p6([-1.0, -0.6, -0.2, 0.2, 0.6, 1.0]) =>\n', p6(xa))
    print('(5)번 Chebyshev(6, xa) =>\n', np.polyval(pc[::-1], xa))
```

```
(1-1)번 p6 = ChebPoly(6) =
    6      4      2
32 x - 48 x + 18 x - 1
(1-2)번 np.roots(p6) =
 [-0.96592583 -0.70710678  0.96592583  0.70710678  - 0.25881905  0.25881905]
(2)번 chebyt(6, x) =
    6      4      2
32 x - 48 x + 18 x - 1
(3)번 chebyt(6, x)의 근 =>
 [-0.96592583 -0.70710678  0.96592583  0.70710678 -0.25881905  0.25881905]
# 이하 생략
```

2. 르장드르 다항식과 점

르장드르(Legendre) 다항식과 점들은 다항식보간에는 잘 사용하지 않으나 보간식의

적분에 근거한 수치적분인 가우스-르장드르(Gauss-Legendre) 구적법에서 유용하게 사용된다. 르장드르 다항식에 대한 자세한 내용은 6.3절 고차 다항식 적합 구적법에서 다루기로 한다. 르장드르 다항식은 다음과 같다.

$$
\begin{aligned}
&P_0(x) = 1, \qquad (4.28)\\
&P_1(x) = x,\\
&P_2(x) = \frac{1}{2}(3x^2 - 1),\\
&P_3(x) = \frac{1}{2}(5x^3 - 3x),\\
&P_4(x) = \frac{1}{8}(35x^4 - 30x^2 + 3),\\
&P_5(x) = \frac{1}{8}(63x^5 - 70x^3 + 15x),\\
&\qquad \cdots
\end{aligned}
$$

식 (4.28)로부터 르장드르 다항식의 성질인 (1) $P_n(1) = 1$과 (2) $P_n(-1) = (-1)^n$을 만족하고 (3) '$P_n(0) = 0,\ n =$ 홀수', (4) '$P_n'(0) = 0,\ n =$ 짝수'가 항상 성립한다. 그리고 (5) $P_n(-x) = (-1)^n P_n(x)$를 쉽게 유추할 수 있다. 르장드르 다항식을 계산하기 위한 반복식은 다음과 같다.

$$nP_n(x) = (2n-1)xP_{n-1}(x) - (n-1)P_{n-2}(x),\ n = 2,\ 3,\ \cdots \qquad (4.29)$$

반복식 (4.29)를 사용하여 n차 르장드르 다항식과 점들을 구하는 사용자정의함수문은 [예제 6.6]에 주어져 있고, 르장드르 다항식의 그래프 예는 [그림 6.4]에 나타나 있다.

4.2.5 구간별 3차 스플라인 보간다항식

일반적으로 주어진 점들이 많아 적합하는 다항식의 차수가 높으면 진동으로 오차가 커진다. 이를 해결하기 위해서 저차의 다항식을 구간별로 적용하기로 한다.

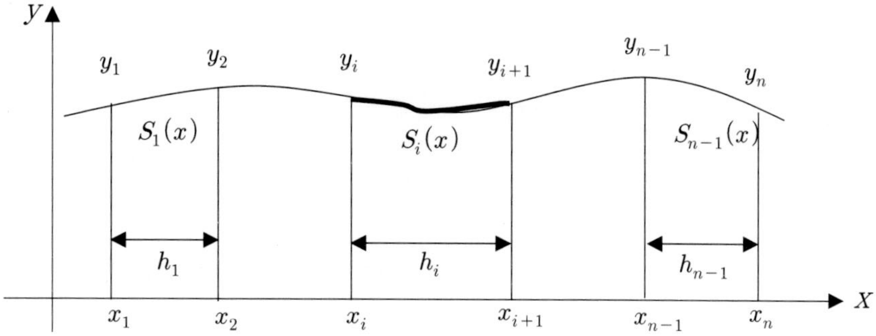

그림 4.8 스플라인 보간을 위한 구간의 정의

(1) 구간별 보간다항식의 유도

데이터 점 n개 $(x_1,\ y_1)$, $(x_2,\ y_2)$, $\cdots$, $(x_n,\ y_n)$이 주어져 있을 때, 구간별이란 의미는 인접 두 점으로 구성되는 구간 $[x_i,\ x_{i+1}]$들 사이($h_i = x_{i+1} - x_i$)를 의미한다. 스플라인(spline) 보간은 구간별 함숫값과 1차 도함수와 2차 도함숫값을 둘 다 적합하는 3차 다항식보간 방법이다. 구간 i번째를 적합하는 3차 다항식을 다음과 같이 두고 다항식의 계수를 결정하기로 하자.

$$S_i(x) = a_i + b_i(x - x_i) + c_i(x - x_i)^2 + d_i(x - x_i)^3,\ i = 1,\ \cdots,\ n \tag{4.30}$$

계수결정을 위한 조건식을 구하려는 위 식의 1, 2차 도함수는 다음과 같다.

$$\begin{aligned} S_i'(x) &= b_i + 2c_i(x - x_i) + 3d_i(x - x_i)^2, \\ S_i''(x) &= 2c_i + 6d_i(x - x_i) \end{aligned} \tag{4.31}$$

주어진 점들을 지나야 하므로 $a_i = y_i = f(x_i)$이고 이를 식 (4.30)에 대입하면,

$$S_i(x) = y_i + b_i(x - x_i) + c_i(x - x_i)^2 + d_i(x - x_i)^3,\ i = 1,\ \cdots,\ n \tag{4.32}$$

각 3차식은 $(x_{i+1},\ y_{i+1})$, $i = 1,\ 2,\ \cdots,\ n-2$에서 만나므로 다음 식을 얻는다.

$$y_i + b_i h_i + c_i h_i^2 + d_i h_i^3 = y_{i+1},\ \ with\ h_i = x_{i+1} - x_i \tag{4.33}$$

또한 1차 및 2차 도함수 역시 (x_{i+1}, y_{i+1}), $i=1, 2, \cdots, n-2$에서 만나므로

$$b_i + 2c_ih_i + 3d_ih_i^2 = b_{i+1}, \qquad (4.34)$$
$$c_i + 3d_ih_i = c_{i+1}$$

식 (4.34)의 아래 식을 위 식에 대입하고 재정리하면 다음 식을 얻는다.

$$b_{i+1} = (c_{i+1} + c_i)h_i + b_i \qquad (4.35)$$
$$d_i = (c_{i+1} - c_i)/(3h_i)$$

식 (4.35)의 아래 식을 식 (4.33)에 대입하고 다시 쓰면 다음 식을 얻는다.

$$y_i + b_ih_i + \frac{h_i^2}{3}(2c_i + c_{i+1}) = y_{i+1} \qquad (4.36)$$

식 (4.36)을 b_i에 관해서 풀면,

$$b_i = \frac{y_{i+1} - y_i}{h_i} - \frac{h_i}{3}(2c_i + c_{i+1}) \qquad (4.37)$$

식 (4.37)에서 $i \Rightarrow (i-1)$로 대치하면,

$$b_{i-1} = \frac{y_i - y_{i-1}}{h_{i-1}} - \frac{h_{i-1}}{3}(2c_{i-1} + c_i) \qquad (4.38)$$

식 (4.35)의 위 식에서 $i \Rightarrow (i-1)$로 대치하면 다음 식을 얻는다.

$$b_i = (c_i + c_{i-1})h_{i-1} + b_{i-1} \qquad (4.39)$$

식 (4.37)과 식 (4.38)을 식 (4.39)에 대입하면 다음 식을 얻는다.

$$h_{i-1}c_{i-1} + 2(h_{i-1} + h_i)c_i + h_ic_{i+1} = 3\frac{y_{i+1} - y_i}{h_i} - 3\frac{y_i - y_{i-1}}{h_{i-1}} \qquad (4.40)$$

식 (4.17)과 유사하게 차분을 $y_{[j,\ i]} \equiv (y_j - y_i)/(x_j - x_i)$로 두고 (4.40)을 다시 쓰면 c_1과 c_n을 제외한 $i=2,\ 3,\ \cdots,\ n-1$에 대하여 다음 식을 얻는다.

$$h_{i-1}c_{i-1} + 2(h_{i-1} + h_i)c_i + h_i c_{i+1} = 3(y_{[i+1,\ i]} - y_{[i,\ i-1]}) \tag{4.41}$$

자연(natural) 스플라인 보간법은 주어진 점들의 왼쪽 끝과 오른쪽 끝점에서 2차 도함숫값을 0으로 가정하므로 식 (4.31)로부터 다음 식을 얻는다.

$$S_1''(x_1) = 0 = 2c_1 + 6d_1(x_1 - x_1), \tag{4.42a}$$

$$S_{n-1}''(x_n) = 0 = 2c_{n-1} + 6d_{n-1}h_{n-1} \tag{4.42b}$$

식 (4.42a)로부터 $c_1 = 0$이고 식 (4.42b)를 식 (4.34)에 대입하면 $c_n = 0$가 된다.

이렇게 하여 c_i들에 대한 모든 값을 구할 수 있고 c_i 값을 식 (4.35)와 식 (4.37)에 대입하여 b_i 값들과 d_i 값들을 구할 수 있다.

결국 식 (4.30)의 스플라인 보간다항식의 계수를 모두 구할 수 있다. 식 (4.41)에 $c_1 = 0$와 $c_n = 0$를 대입하여 다시 정리하면 다음과 같다.

$$2(h_1 + h_2)c_2 + h_2 c_3 = 3(y_{[3,\ 2]} - y_{[2,\ 1]}), \tag{4.43}$$

$$h_{i-1}c_{i-1} + 2(h_{i-1} + h_i)c_i + h_i c_{i+1} = 3(y_{[i+1,\ i]} - y_{[i,\ i-1]}),\ i = 2,\ \cdots,\ n-2,$$

$$h_{n-2}c_{n-2} + 2(h_{n-2} + h_{n-1})c_{n-1} = 3(y_{[n,\ n-1]} - y_{[n-1,\ n-2]})$$

미지수 $(c_2,\ \cdots,\ c_{n-1})$ 벡터를 구하기 위한 행렬형 방정식은 다음과 같다.

$$\begin{pmatrix} e_1 & h_2 & 0 & 0 & 0 & 0 \\ h_2 & e_2 & h_3 & 0 & 0 & 0 \\ & \ddots & & \ddots & \ddots & \\ 0 & 0 & 0 & h_{n-3} & e_{n-3} & h_{n-2} \\ 0 & 0 & 0 & 0 & h_{n-2} & e_{n-2} \end{pmatrix} \begin{pmatrix} c_2 \\ c_3 \\ \vdots \\ c_{n-2} \\ c_{n-1} \end{pmatrix} = 3 \begin{pmatrix} y_{[3,\ 2]} - y_{[2,\ 1]} \\ y_{[4,\ 3]} - y_{[3,\ 2]} \\ \vdots \\ y_{[n-1,\ n-2]} - y_{[n-2,\ n-3]} \\ y_{[n,\ n-1]} - y_{[n-1,\ n-2]} \end{pmatrix} \tag{4.44}$$

여기서 $e_i = 2(h_i + h_{i+1}),\ i = 1\ 2,\ \cdots,\ n-2$을 나타낸다.

예제 4.8

점들 (1.1, 3.9), (2.5, 4.3), (4, 4.8), (5.1, 3.2), (5.9, 2.5)을 적합하는 구간별 3차 스플라인 다항식 4개를 구하고 $x=(1.5,\ 3,\ 4.5)$에서 다항식의 값들을 구하시오.

풀이 아래 선형연립방정식 (4.45a)를 완성하기 위하여 먼저 [표 4.4]를 작성해야 한다.

$$\begin{pmatrix} 2(h_1+h_2) & h_2 & 0 \\ h_2 & 2(h_2+h_3) & h_3 \\ 0 & h_3 & 2(h_3+h_4) \end{pmatrix}\begin{pmatrix} c_2 \\ c_3 \\ c_4 \end{pmatrix} = \begin{pmatrix} 3(y_{[3,\ 2]}-y_{[2,\ 1]}) \\ 3(y_{[4,\ 3]}-y_{[3,\ 2]}) \\ 3(y_{[5,\ 4]}-y_{[4,\ 3]}) \end{pmatrix} \tag{4.45a}$$

표 4.4 스플라인 보간 선형연립방정식의 행렬요소

n	x(n)	y(n)	h(n)	대각요소	y(n+1)−y(n)	y[n+1, n]	비동차항
1	1.1	3.9	2.5−1.1=1.4	5.8	4.3−3.9=0.4	0.4/1.4	0.142857
2	2.5	4.3	4.0−2.5=1.5	5.2	4.8−4.3=0.5	0.5/1.5	−5.363636
3	4	4.8	5.1−4.0=1.1	3.8	3.2−4.8=−1.6	−1.6/1.1	1.738636
4	5.1	3.2	5.9−5.1=0.8	−	2.5−3.2=−0.7	−0.7/0.8	−
5	5.9	2.5	−	−	−	−	−

식 (4.45a)에 [표 4.4]의 값을 대입하면 다음 행렬식 표현을 얻는다.

$$\begin{pmatrix} 5.8 & 1.5 & 0 \\ 1.5 & 5.2 & 1.1 \\ 0 & 1.1 & 3.8 \end{pmatrix}\begin{pmatrix} c_2 \\ c_3 \\ c_4 \end{pmatrix} = \begin{pmatrix} 0.1428571 \\ -5.3636364 \\ 1.7386364 \end{pmatrix} \tag{4.45b}$$

위 연립방정식을 풀면 $b_n,\ d_n,\ n=1,\ 2,\ 3,\ 4$는 다음 식으로 구할 수 있다.

$$b_n=(y_{n+1}-y_n)/h_n-(2c_n+c_{n+1})h_n/3$$

$$d_n=(c_{n+1}-c_n)/(3h_n)$$

연립방정식 (4.45)의 답과 함께 구하는 c_i들은 다음과 같다.

$$(c_1,\ c_2,\ c_3,\ c_4,\ c_5)=(0.0,\ 0.3644131,\ -1.3138260,\ 0.8378539,\ 0.0)$$

구하는 스플라인 다항식의 계수들은 다음과 같다.

	xv	yv	bv	cv	dv
[1,]	1.1	3.9	0.1156548	0.0000000	0.08676503
[2,]	2.5	4.3	0.6258332	0.3644131	−0.37294204

```
[3,] 4.0  4.8  -0.7982861  -1.3138260   0.65202424
[4,] 5.1  3.2  -1.3218554   0.8378539  -0.34910581
[5,] 5.9  2.5  -0.6515723   0.0000000   0.00000000
```

결국 구하는 스플라인 다항식들은 다음과 같다.

$$S_1(x) = 3.9 + 0.1156548(x-1.1) + 0.08676503(x-1.1)^3$$

$$S_2(x) = 4.3 + 0.6258332(x-2.5) + 0.3644131(x-2.5)^2 - 0.37294204(x-2.5)^3$$

$$S_3(x) = 4.8 - 0.7982861(x-4) - 1.3138260(x-4)^2 + 0.65202424(x-4)^3$$

$$S_4(x) = 3.2 - 1.3218554(x-5.1) + 0.8378539(x-5.1)^2 - 0.34910581(x-5.1)^3$$

구하는 점 $x=(1.5,\ 3,\ 4.5)$에서 해당 함숫값은 다음과 같이 계산한다.

$$S_1(1.5) = 3.9 + 0.1156548(0.4) + 0.08676503(0.4)^3 = 3.951815,$$

$$S_3(4.5) = 4.8 - 0.7982861(0.5) - 1.3138260(0.5)^2 + 0.65202424(0.5)^3 = 4.153903$$

(2) 삼대각행렬 연립방정식의 해

식 (4.44)와 같이 유도된 삼대각행렬(tridiagonal matrix)형 연립방정식을 다음과 같이 나타내기로 하자.

$$\begin{pmatrix} D_1 & B_1 & & & & \\ A_2 & D_2 & B_2 & & & \\ & \ddots & \ddots & \ddots & & \\ & & A_i & D_i & B_i & \\ & & & \ddots & \ddots & \ddots \\ & & & A_{N-1} & D_{N-1} & B_{N-1} \\ & & & & A_N & D_N \end{pmatrix} \begin{pmatrix} \alpha_1 \\ \alpha_2 \\ \vdots \\ \alpha_i \\ \vdots \\ \alpha_{N-1} \\ \alpha_N \end{pmatrix} = \begin{pmatrix} Y_1 \\ Y_2 \\ \vdots \\ Y_i \\ \vdots \\ Y_{N-1} \\ Y_N \end{pmatrix} \tag{4.46}$$

식 (4.46)에 가우스(Gauss) 소거법을 적용하면 다음과 같다.

$$\begin{pmatrix} D_1 & B_1 & & & \\ & D_2' & B_2 & & \\ & & \ddots & \ddots & \\ & & & D_i' & B_i \\ & & & \ddots & \ddots \\ & & & D_{N-1}' & B_{N-1} \\ & & & & D_N' \end{pmatrix} \begin{pmatrix} \alpha_1 \\ \alpha_2 \\ \vdots \\ \alpha_i \\ \vdots \\ \alpha_{N-1} \\ \alpha_N \end{pmatrix} = \begin{pmatrix} Y_1 \\ Y_2' \\ \vdots \\ Y_i \\ \vdots \\ Y_{N-1}' \\ Y_N' \end{pmatrix}, \tag{4.47}$$

여기서 $D_i' = D_i - R_i B_{i-1}$, $Y_i' = Y_i - R_i Y_{i-1}$, $R_i = A_i / D_{i-1}'$, $i = 2, \cdots, N$. 앞의 연립방정식 (4.47)을 후방대입법으로 풀면 다음과 같다.

$$\alpha_N = Y_N' / D_N', \tag{4.48}$$

$$\alpha_i = (Y_i' - B_i \alpha_{i+1}) / D_i', \; i = N-1, \cdots, 2,$$

$$\alpha_1 = (Y_1 - B_1 \alpha_2) / D_1$$

예제 4.9

식 (4.48)을 사용하여 [예제 4.8]을 해결하는 파이썬 스크립트를 작성하고 SciPy 라이브러리의 interpolate 모듈에서 제공하는 CubicSpline()과 결과를 비교하시오. 주어진 점들은 (x, y)=(1.1, 3.9), (2.5, 4.3), (4, 4.8), (5.1, 3.2), (5.9, 2.5)이다. 작성한 사용자 정의함수 SplinPoly(x, y)와 CubicSpline(x, y, …)의 결과를 비교하기 위하여 x=1.5와 x=4.5에서 두 다항식 각각의 값들을 구하시오. 참고로 CubicSpline() 함수의 간단한 사용형식은 다음과 같다.

```
>>> import scipy.interpolate as ipl
>>> fc = ipl.CubicSpline(x, y, bc_type="natural")
```

여기서 bc_type는 경계조건의 사용인자로 값은 "natural"외에도 "not-a-knot", "periodic"과 "clamped" 등을 쓸 수 있다. 이 중 "not-a-knot"는 디폴트이고 예제에서는 "natural"을 사용하기로 한다.

풀이 사용자정의함수 SplinPoly()와 답을 구하는 스크립트는 다음과 같다.

```
# PolySpline.py: [예제 4.8] 4.2.4 구간별 3차 스플라인 보간다항식
import numpy as np

def SplinPoly(xv, yv):
    n = len(xv)-1 # n+1 = 보간점의 개수
    hv = [0]*n; yd = [0]*n; ydd = [0]*n
    for k in range(0, n) :
        hv[k] = xv[k+1] - xv[k]
        yd[k] = yv[k+1] - yv[k]    # 1차 차분
        ydd[k] = yd[k]/hv[k]       # 1차 차분 비율
```

```
    ad = [0]*(n-1); ym = [0]*(n-1); cv = [0]*(n-1)
    for k in range(0, n-1) :
        ad[k] = 2*(hv[k+1] + hv[k])    # 계수행렬의 대각요소 구하기
        ym[k] = 3*(ydd[k+1] - ydd[k]) # 연립방정식의 비동차항 구하기

    for k in range(1, n-1) : # 2대각 행렬요소 및 비동차항 구하기
        r = hv[k]/ad[k-1]
        ad[k] = ad[k] - r*hv[k]
        ym[k] = ym[k] - r*ym[k-1]

    cv[n-2] = ym[n-2]/ad[n-2]
    for k in range(n-3, -1, -1) :
        cv[k] = (ym[k] - hv[k+1]*cv[k+1])/ad[k]
    cv = list(cv) # c[2], c[3], c[4]
    cv = [0]+cv+[0]; cv # 분명하게, c[1] = c[5] = 0 : 좌우 끝점
    bv = [0]*(n+1); dv = [0]*(n+1)

    for k in range(0, n) :
        bv[k] = (yv[k+1] - yv[k])/hv[k] - (2*cv[k]+cv[k+1])*hv[k]/3.0
        dv[k] = (cv[k+1] - cv[k])/(3.0*hv[k])
    bv[n] = bv[n-1]+hv[n-1]*(cv[n-1]+cv[n])
    dv[n] = 0.0
    return bv, cv, dv
```

아래 파이썬 스크립트는 작성자 파일 "PolySpline.py"에 정의된 사용자정의함수 SplinPoly(x, y)를 이용하여 주어진 점들에 대해서 스플라인 보간다항식을 구하는 것이다. 그리고 SciPy 라이브러리의 interpolate 모듈에서 제공하는 CubicSpline(x, y, …)과 함수 SplinPoly(x, y)로 구한 다항식으로 $x = 1.5$와 $x = 4.5$에서 각각의 값들을 구한다.

```
# Ex49PolyIntp.py: [예제 4.9] 4.2.4 구간별 3차 스플라인 보간다항식
import numpy as np
import scipy.interpolate as ipl
from PolyHeader import *
from PolySpline import *

if __name__ == '__main__':
```

```
x, y = [1.1, 2.5, 4, 5.1, 5.9], [3.9, 4.3, 4.8, 3.2, 2.5]
b, c, d = SplinPoly(x, y)
print('삼대각 계수행렬 ==>\n', np.array([x, y, b, c, d]).T)
S1 = lambda x: y[0]+b[0]*(x-1.1) + d[0]*(x-1.1)**3
S2 = lambda x: y[1]+b[1]*(x-2.5) + c[1]*(x-2.5)**2 + d[1]*(x-2.5)**3
S3 = lambda x: y[2]+b[2]*(x-4.0) + c[2]*(x-4.0)**2 + d[2]*(x-4.0)**3
S4 = lambda x: y[3]+b[3]*(x-5.1) + c[3]*(x-5.1)**2 + d[3]*(x-5.1)**3
Sc = ipl.CubicSpline(x, y, bc_type='natural')
print('\nS1(1.5) = %8.6f,  Sc(1.5) = %8.6f' % (S1(1.5), Sc(1.5)))
print('S3(4.5) = %8.6f,  Sc(4.5) = %8.6f' % (S3(4.5), Sc(4.5)))
```

[그림 4.9]의 범례에서 실선은 interpolate 모듈에서 제공하는 CubicSpline(x, y, …)을 사용하고 인수 method = "natural"을 선택하여 얻은 결과이다. 그리고 'Ex4.9'는 삼대각 연립방정식의 해로 유도되는 식 (4.48)을 사용하여 얻은 SplinPoly(x, y)의 결과이다.

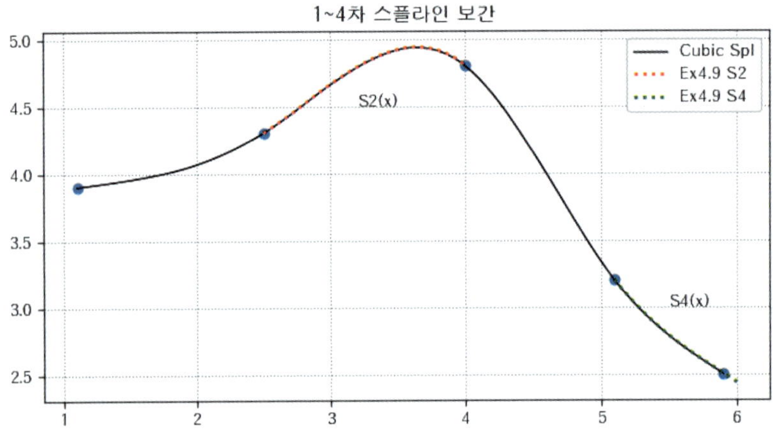

그림 4.9 PolySpline()와 CubicSpline()의 결과 비교

```
# PolyFig49.py: [예제 4.9] 4.2.4 구간별 3차 스플라인 보간다항식
# 필요한 모듈들의 임포트는 Ex49PolyIntp.py와 같으므로 생략함

if __name__ == '__main__':
    x, y = [1.1, 2.5, 4, 5.1, 5.9], [3.9, 4.3, 4.8, 3.2, 2.5]
    b, c, d = PolySplin(x, y)
    S2 = lambda x: y[1]+b[1]*(x-2.5) + c[1]*(x-2.5)**2 + d[1]*(x-2.5)**3
```

```
S4 = lambda x: y[3]+b[3]*(x-5.1) + c[3]*(x-5.1)**2 + d[3]*(x-5.1)**3
Sc = ipl.CubicSpline(x, y, bc_type='natural')
xx = np.linspace(min(x), max(x), 100)
x2, x4 = np.linspace(2.5, 4, 25), np.linspace(5.1, 6, 25)

fig, ax = plt.subplots(figsize=(8, 4))
ax.scatter(x, y)
ax.plot(xx, Sc(xx), 'k', label='Cubic Spl', lw=1)
ax.plot(x2, S2(x2), 'r:', label='Ex4.9 S2', lw=2)
ax.plot(x4, S4(x4), 'g:', label='Ex4.9 S4', lw=2)
ax.text(3.2, 4.5, 'S2(x)'); ax.text(5.5, 3.0, 'S4(x)')
ax.legend(); plt.title("1~4차 스플라인 보간")
plt.grid(linestyle=':'); plt.show()
```

연습문제

1 다음과 같이 주어진 벡터들에 대하여 각 문항에 알맞게 답하시오.

$$v1 = (1,\ -6,\ 15,\ -20,\ 15,\ -6,\ 1),$$
$$v2 = (24,\ -22,\ -7,\ 4,\ 1),$$
$$v3 = (1,\ 1/2,\ -3,\ 4),$$
$$v4 = (-2,\ 1,\ 2,\ -4,\ 1,\ 3)$$

(1) 벡터들의 첫 요소를 상수항으로 하는 다항식 $p_1(x)$, $\cdots$, $p_4(x)$를 구하고,

(2) 다항식 $p_1(x)$, $p_2(x)$, $p_3(x)$, $p_4(x)$의 근들을 구하고,

(3) 다항식 $p_1(x)$, $p_2(x)$, $p_3(x)$, $p_4(x)$의 1계 도함수를 구하고,

(4) 1계 도함수 $p_1{}'(x)$, $p_2{}'(x)$, $p_3{}'(x)$, $p_4{}'(x)$의 근들을 구하고,

(5) $p_4(x)/p_3(x)$의 몫과 나머지를 구하시오.

2 다음과 같이 주어진 벡터들에 대하여 각 문항에 알맞게 답하시오.

$$v1 = (-3,\ -2,\ 1,\ 3),$$
$$v2 = (-1,\ -1,\ -1,\ 1,\ 1),$$
$$v3 = (1,\ 2,\ 3,\ 4,\ 5)$$

(1) 벡터들의 요소들을 근으로 하는 다항식 $p_1(x)$, $p_2(x)$, $p_3(x)$를 구하고,

(2) $p_1([-2,\ -1,\ 0,\ 2])$, $p_2([-2,\ 0,\ 1,\ 2])$, $p_3[(1.5,\ 2.5,\ 3.5)]$의 값들을 구하고,

(3) Numpy의 내장함수를 이용하여 다항식 $p_1(x)$, $p_2(x)$, $p_3(x)$를 적분하고,

(4) 주어진 벡터들 v와 (2)에 주어진 $x = [\cdots]$에 대한 다항식의 함숫값들을 구하는 사용자정의함수 polyval(v, x)를 작성하고 답을 구하시오.

3 좌표평면 상의 두 점 (1.1, 3.9), (2.5, 4.6)을 지나는 직선의 방정식을 문항에 주어진 방식으로 구하시오.

(1) Scipy.interpolate 모듈의 내부함수 interp1d()을 이용하여 구하고 $x=1.1$과 $x=2$에 대응하는 y 좌푯값을 구하고,

(2) 반데몬드 행렬을 이용하여 직선을 구하고 $x=1.1$과 $x=2$에 대응하는 y 좌푯값을 구하시오.

4 네 개의 점 $(x, y)=(2, 4), (3, 4.5), (4, 5), (5, 4)$를 지나는 3차 보간다항식 $g(x)$에 대하여 다음 물음에 답하시오.

(1) 반데몬드 행렬을 이용하여 $g(x)=c_0+c_1x+c_2x^2+c_3x^3$의 계수를 구하고,

(2) $g(2.5)$, $g(3.5)$와 $g(4.5)$의 값을 구하고,

(3) Matplotlib.pyplot 모듈의 함수 plot()를 이용하여 그래프를 그리시오.

5 좌표평면 상 여섯 개의 점 (1, 1), (1.6, 1.3), (2.2, 1.7), (2.8, 2), (3.4, 2.2), (4, 2.3)에 대하여 다음 각 문항의 물음에 답하시오.

(1) 반데몬드 행렬을 이용하여 여섯 개의 점을 지나는 5차 보간다항식의 계수를 구하는 사용자정의함수 polyVand(x, y)를 작성하고,

(2) Numpy의 함수를 이용하여 (1)에서 구한 계수를 갖는 다항식 $p(x)$를 구하고,

(3) p([1, 1.5, 2, 2.5, 3, 3.5, 4])의 값을 구하고,

(4) x축 구간을 [0.5, 4.5]로 하는 $p(x)$의 그래프를 그리고 주어진 점들도 그래프에 붉은 'o'로 표시하시오.

6 세 개의 좌표 쌍 $(x, y)=(2, y_1), (3, y_2), (4, y_3)$를 지나는 라그랑지 보간다항식을 $g(x)=y_1v_1(x)+y_2v_2(x)+y_3v_3(x)$라 할 때 다음 각 물음에 답하시오.

(1) $v_1(x)$, $v_2(x)$, $v_3(x)$를 각각 2차 다항식으로 나타내고,

(2) $(x, y)=(2, 2), (3, 1), (4, 2)$일 때 $g(x)$를 2차 다항식으로 쓰시오.

7 네 개의 점 $(x, y)=(2, 4), (3, 4.5), (4, 5), (5, 4)$를 지나는 3차 보간다항식 $g(x)$에 대하여 다음 물음에 답하시오.

(1) 라그랑지 보간식을 이용하여 $g(x)=c_0+c_1x+c_2x^2+c_3x^3$의 계수를 구하고,

(2) 연습문제 [4]의 (1) 및 (2)와 결과를 비교하고 이유를 설명하시오.

8 네 개의 점 $(x, y)=(2, 4), (3, 4.5), (4, 5), (5, 4)$를 지나는 3차 보간다항식 $p(x)$에 대하여 다음 물음에 답하시오.

(1) 뉴턴 보간다항식을 구하기 위한 분할차분표를 작성하고,

(2) 뉴턴 보간다항식을 본문 식 (4.18)의 형태로 쓰고,

(3) 보간다항식을 $p(x)=c_0+c_1x+c_2x^2+c_3x^3$의 형태로 쓰시오.

9 좌표평면 상에 주어진 점들을 보간하는 다항식의 그래프를 다음 조건에 따라 그리는 사용자정의함수 polyinterp(x, y, v)를 작성하고 물음에 답하시오.

(조건 1) 주어진 점들의 x 좌표와 y 좌표를 각각 벡터의 인수로 입력하고,

(조건 2) 그래프의 x축 하한 a와 상한 b를 벡터 $v=[a, b]$로 입력하고,

(조건 3) 주어진 점들도 그래프에 빨간 'o'로 표시하고,

(조건 4) 보간다항식을 화면에 출력하시오.

(1) $(x, y)=(2, 4), (3, 4.5), (4, 5), (5, 4)$, $v=[1.9, 5.1]$의 그래프와 보간다항식,

(2) 네 점 (1.1, 3.9), (2.5, 4.3), (4, 4.8), (5.5, 2.5), $v=[1, 6.2]$의 그래프를 그리고 보간다항식을 구하시오.

10 여섯 개의 점 $(x, y)=(1, 1), (1.6, 1.3), (2.2, 1.7), (2.8, 2), (3.4, 2.2), (4, 2.3)$을 지나는 5차 보간다항식 $p(x)$에 대하여 다음 각 문항의 물음에 답하시오.

(1) 주어진 점 $x=a, (0 \leqq a \leqq 5)$에서 $p(x)$의 모든 차수의 도함숫값 $p^{(k)}(a)$를 구하는 사용자정의함수 polydrv(x, y, a)를 작성하고,

(2) $x=0$에서 모든 차수의 도함숫값 $p^{(k)}(0)$, $k=1, 2, 3, 4, 5$를 구하고,

(3) $x=0.5$에서 모든 차수의 도함숫값 $p^{(k)}(0.5)$, $k=1, 2, 3, 4, 5$를 구하고,

(4) polydrv(x, y, 0.5)와 polydrv(x−0.5, y, 0)의 결과를 비교하시오.

11 좌표평면 상의 네 점 (1.1, 3.9), (2.5, 4.3), (4, 4.8), (5.5, 2.5)에 대하여 다음 각 문항의 물음에 답하시오.

(1) 두 인접한 점들을 이용한 구간별 선형보간식을 구하고,

(2) 구간별 선형보간 직선에 대하여 $x=2.5$, 3에 대응하는 y 좌푯값을 구하고,

(3) 반데몬드 행렬을 이용하고 네 점을 적합하여 $m=1$, 2, 3차 다항식을 구하는 사용자정의함수 polyfit(x, y, m)을 작성하고,

(4) (3)에서 구한 사용자정의함수를 이용하며 두 점 (2.5, 4.3), (4, 4.8)을 지나는 직선을 구하여 $x=2.5$, 3에 대응하는 y 좌푯값을 구하고,

(5) 네 점을 적합하는 2차 다항식을 구하고,

(6) 네 점을 적합하는 3차 다항식 $p(x)$를 구하여 $p(2.5)$와 $p(3)$의 값을 구하시오.

12 주어진 점들 (x_1, y_1), $\cdots$, (x_n, y_n)을 지나는 $(n-1)$차 라그랑지 보간다항식 $p(x)$를 구하는 사용자정의함수 polyLag(x, y)를 작성하고 다음 물음에 답하시오.

(1) 점들 (2, 4), (3, 4.5), (4, 5), (5, 4)을 지나는 다항식을 구하고,

(2) 점들 (1.1, 3.9), (2.5, 4.3), (4, 4.8), (5.5, 2.5)을 지나는 다항식을 구하고,

(3) 사용자정의함수 polyLag()를 파일명 "polyLag.py"로 저장하시오.

13 연습문제 [12]에서 작성한 polyLag(x, y)를 이용하여 $x=$(1, 2, 3, 4, 5)에 대응하여 아래 주어진 식의 y 좌푯값을 갖는 라그랑지 보간다항식 $p(x)$를 구하고 각 물음에 답하시오.

$$y=\frac{1+x}{1+x+x^2}$$

(1) 파일 'polyLag.py'를 작업창에 로딩하고,

(2) x에 대응하는 y 값을 구하고,

(3) 함수 plot()으로 오차 $e(x)=y-p(x)$, $0.5 \leqq x \leqq 5.5$의 그래프를 그리고,

(4) 오차 그래프의 특성을 설명하시오.

14 연습문제 [12]에서 작성한 polyLag(x, y)를 이용하여 $x=$(1, 2, 3, 4, 5)에 대응해서 아래 y 좌푯값을 갖는 등간격 점에 대한 보간다항식 $p(x)$와 체비쇼프 점들에 관한 보간다항식 $g(z)$ 대하여 문항 순서에 따라 물음에 답하시오.

$$y=\frac{1+x}{1+x+x^2}$$

(1) 파일 'polyLag.py'를 작업창에 로딩하고,

(2) 등간격 점들 x에 대응하는 y 값과 보간다항식 $p(x)$를 구하고,

(3) x에 대응하는 체비쇼프 점들 z와 대응하는 $y(z)$ 및 보간다항식 $g(z)$를 구하고,

(4) 등간격 점들에 대한 오차 $e_{equal}(x) = y - p(x)$, $1 \le x \le 5$의 그래프를 그리고,

(5) 체비쇼프 점들에 대한 오차 $e_{Cheby}(x) = y - g(x)$, $1 \le x \le 5$의 그래프를 그리시오.

15 연습문제 [12]에서 작성한 polyLag(x, y)를 이용하여 $x = (1, 2, 3, 4, 5)$에 대응하여 아래 $f(x)$ 값을 갖는 등간격 점에 대한 보간다항식 $p1(x)$와 체비쇼프 점들에 관한 보간다항식 $p2(z)$ 대하여 각 물음에 답하시오.

$$f(x) = \sin(1.5x)\exp(-0.5x)$$

(1) 파일 'polyLag.py'를 작업창에 로딩하고,

(2) 등간격 점들 x에 대응하는 y 값과 보간다항식 $p1(x)$를 구하고,

(3) x에 대응하는 체비쇼프 점들 z와 대응하는 $y(z)$와 보간다항식 $p2(z)$를 구하고,

(4) 원함수와 보간다항식 $f(x)$, $p1(x)$, $p2(x)$ $1 \le x \le 5$의 그래프를 그리고,

(5) 그래프들을 비교하시오.

16 네 개의 점 (3, 2.5), (4.5, 1), (7, 2.5), (9, 0.5)를 보간하는 구간별 3차 스플라인 다항식 3개를 구하는 다음 각 물음에 파이썬 스크립트를 작성하여 답하시오.

(1) 본문 [예제 4.8]과 같이 스플라인 보간다항식의 행렬형 선형방정식계를 구하고,

(2) 스플라인 다항식의 계수들을 구하고,

(3) 3차 스플라인 보간다항식 3개를 구하고,

(4) Scipy.interpolate 모듈이 제공하는 함수 CubicSpline(x, y, bc_type = "natural")를 이용하여 구간 [3, 9]에서 그래프를 그리고,

(5) (4)항의 그래프와 (1)~(3)항에 따라 계산한 보간다항식의 그래프와 비교하시오.

17 Scipy 라이브러리의 interpolate 모듈은 3차 스플라인 보간다항식을 구하는 내장함수 CubicSpline(x, y, bc_type = "~")을 제공한다. 'bc_type ='의 인수로 "natural", "not-a-knot", "clamped" 등을 가진다. 네 개의 점 (3, 2.5), (4.5, 1), (7, 2.5), (9, 0.5)를 보간하는 방법에 따라 다음 각 물음에 파이썬 스크립트로 답하시오.

(1) 'bc_type='의 인수로 "natural"을 사용하여 보간식의 그래프를 그리고,

(2) 'bc_type='의 인수로 "not-a-knot"를 사용하여 보간식의 그래프를 그리고,

(3) 'bc_type='의 인수로 "clamped"를 사용하여 보간식의 그래프를 그리고,

(4) 세 보간다항식의 그래프들을 함께 그려 비교하시오.

5장

수치미분

5.1 보간다항식의 미분

5.1.1 보간다항식의 미분근사

4장에서 언급되었듯, 주어진 n개의 점들 $(x_i,\ y_i)$, $i=1,\ 2,\ \cdots,\ n$을 적합하는 보간다항식은 n-1차로 유일하게 결정된다. 라그랑지 보간다항식, 뉴턴 보간다항식, 3차 스플라인 보간다항식 및 선형연립방정식계를 풀어서 적합한 보간다항식 등이 제시되었다. 적합된 보간다항식은 다음과 같은 형태를 갖는다.

$$P(x)=p_0+p_1x+\cdots+p_{n-2}x^{n-2}+p_{n-1}x^{n-1} \tag{5.1}$$

뉴턴 보간식과 라그랑지 보간식은 각각 다음과 같은 형태를 갖는다.

$$\begin{aligned} P(x) &= b_1+b_2(x-x_1)+\cdots+b_n(x-x_1)(x-x_2)\cdots(x-x_{n-1}) \\ &= \sum_{j=1}^{n} L_{(n-1)j}(x)y_j \equiv \sum_{j=1}^{n}\left(\prod_{i=1,\,j\neq i}^{n}\frac{(x-x_i)}{(x_j-x_i)}y_j\right) \end{aligned} \tag{5.2}$$

(1) k계 도함수의 유도

k계 도함수(k차 미분)의 유도는 원점 $x=0$에 대하여 먼저 구하고 좌표변환을 통해서 일반적인 점 $x=a$에서 도함수로 확장하는 방법을 사용한다. 원점 $x=0$에서 다항식 (5.1)의 도함숫값은 다음과 같이 주어진다.

$$P^{(k)}(0)\equiv\frac{d^kP(x)}{dx^k}=p_kk!,\ k=0,\ 1,\ 2,\ \cdots,\ n-1 \tag{5.3}$$

식 (5.3)을 식 (5.1)에 대입하면 다음 식을 얻는다.

$$P(x)=P(0)+P'(0)x+\frac{P''(0)}{2!}x^2+\frac{P^{(3)}(0)}{3!}x^3+\cdots+\frac{P^{(n-1)}(0)}{(n-1)!}x^{n-1} \tag{5.4}$$

식 (5.4)의 멱급수(power series)를 $x=0$에서 테일러 급수(Taylor series) 또는 맥클로린 급수(Mclaurin series)라고 한다. 식 (5.4)를 $z=x-a$로 좌표변환을 시행하여 z에 관해서 다시 쓰면 다음과 같은 식을 얻는다.

$$Q(z)=P(z+a)=q_0+q_1z+q_2z^2+\cdots+q_{n-1}z^{n-1} \tag{5.5}$$

분명하게도 $Q^{(k)}(z)=P^{(k)}(z+a)$이므로 $P^{(k)}(a)=Q^{(k)}(0)$는 다음과 같다.

$$P^{(k)}(a)=\left[\frac{d^kQ(z)}{dz^k}\right]_{z=0}=k!q_k,\ k=0,\ 1,\ 2,\ \cdots,\ n-1 \tag{5.6}$$

식 (5.6)의 우측 항에 있는 계수 q_k는 복잡하게 계산할 필요 없이 $Q(z)$를 데이터 점들의 집합, $(x_i-a,\ y_i)$, $i=1,\ 2,\ \cdots,\ n-1$에 적합하여 얻을 수 있다.

예제 5.1

[예제 4.3]에서 세 점 (0, 1), (1, 2), (2, 1)를 지나는 2차 다항식은 반데몬드 행렬을 이용하여 다음과 같이 얻었다.

$$P(x)=1+2x-x^2$$

위 다항식을 이용하여 다음 각 물음에 답하시오.

① $P(x)$에 대하여 $x=0.5$에서 1계와 2계 도함숫값을 구하고,

② $z=x-0.5$로 치환하고 $Q(z)=P(z+0.5)$에 대하여 $z=0$에서 1계와 2계 도함숫값을 구하시오.

풀이 ① $P(x)$의 1계, 2계 도함수와 $x=0.5$에서 값은 다음과 같다.

$$P'(x)=2-2x,\ P''(x)=-2$$
$$P'(0.5)=2-1=1,\ P''(0.5)=-2$$

② 구하는 $Q(z)$는 다음과 같다.

$$Q(z) = 1 + 2(z+0.5) - (z+0.5)^2$$
$$= 1.75 + z - z^2$$

따라서 $Q(z)$의 1계 및 2계 도함수와 $z=0$에서 값은 다음과 같다.

$$Q'(z) = 1 - 2z, \quad Q''(z) = -2$$
$$Q'(0) = 1, \quad Q''(0) = -2$$

예제 5.2

데이터 점들이 아래와 같이 주어질 때 식 (5.5)를 사용하여 미분근삿값을 구하는 사용자정의함수를 작성하고 x = 0.2에서 모든 차수의 미분값들을 구하시오.

x : (0, 0.2, 0.4, 0.6, 0.8, 1.0)

y : (1.0000, 1.2214, 1.4918, 1.8220, 2.2251, 2.7168)

풀이 모든 차수의 미분값들을 구하는 파이썬 스크립트는 다음과 같다.

```
# Ex52DiffPoly.py: [예제 5.2] 5.1 보간다항식 미분 - 5.1.1 미분근사
import numpy as np
def Polydrv(x, y, a) :
    n, z = len(x), x-a
    fact = [0]*(n-1)
    A = np.vander(z, increasing=True)
    dc = np.linalg.solve(A, y)
    for k in range(n-1): fact[k]=np.math.factorial(k+1)
    drv = dc[1:n]*fact
    return drv

if __name__ == '__main__':
    xv = np.arange(0, 1.1, 0.2)
    yv = np.array([1.0000, 1.2214, 1.4918, 1.8220, 2.2251, 2.7168])
    pd2 = Polydrv(xv, yv, 0.2)
    print('pd2 =', pd2) # 아래는 [예제 5.2]의 답
#   [1.22138333 1.22083333 1.215625 1.25 0.9375]
```

5.1.2 부등간격을 갖는 점들의 미분근사

차분근사(difference approximation)는 데이터 점들이 등간격으로 분포되어 있어야 하는데, 데이터의 간격 조절은 일반적으로 함수가 주어지고 그 함숫값을 이용하여 데이터 점들의 집합으로 만들 수 있을 때만 가능하다. 그러나 실험적으로 얻어지는 데이터는 간격이 일정하지 않을 수 있다. 간격이 일정하지 않은 데이터 점들에 대한 도함수를 구하고자 할 경우에는 그 위치와 인접한 점들에 대한 라그랑지 보간다항식을 구하고, 해석적으로 미분(derivative, differentiation)하여 도함수의 근삿값을 구한다. 예를 들어, 세 점 (x_1, y_1), (x_2, y_2), (x_3, y_3)을 지나는 라그랑지 보간다항식은 다음과 같이 주어진다.

$$P(x)=\frac{(x-x_2)(x-x_3)y_1}{(x_1-x_2)(x_1-x_3)}+\frac{(x-x_1)(x-x_3)y_2}{(x_2-x_1)(x_2-x_3)}+\frac{(x-x_1)(x-x_2)y_3}{(x_3-x_1)(x_3-x_2)}$$

위 라그랑지 보간다항식을 미분하면 다음 식을 얻는다.

$$P'(x)=\frac{(2x-x_2-x_3)y_1}{(x_1-x_2)(x_1-x_3)}+\frac{(2x-x_1-x_3)y_2}{(x_2-x_1)(x_2-x_3)}+\frac{(2x-x_1-x_2)y_3}{(x_3-x_1)(x_3-x_2)}$$

여기서 x는 도함수를 추정하고자 하는 x_i, $i=1, 2, 3$의 범위 내 값이다. 만약 세 점들이 등간격일 경우($h=x_3-x_2=x_2-x_1$)라면 $P'(x_2)$는 다음과 같이 주어진다.

$$P'(x_2)\cong\frac{y_3-y_1}{2h}=\frac{f(x_2+h)-f(x_2-h)}{2h} \tag{5.7}$$

여기서 $f(x_i)=y_i$, $i=1, 2, 3$을 나타낸다. 위 식 (5.7)은 다음절 두 점 차분근사에서 나타나는 중간차분근사에 해당한다. 한편, $P'(x_1)$은 제1계 도함수의 세 점 전방차분근사를 나타내고 $P'(x_3)$는 1계 도함수의 세 점 후방차분근사를 나타낸다. 식 (5.7)을 포함하여 1계 도함수의 세 점 차분근사에 대한 세 가지 방법은 다음 5.2절에서 테일러 급수전개를 이용하여 다시 유도하기로 한다.

5.2 차분근사

5.2.1 차분근사의 종류

1계 도함수의 차분근사 공식을 유도하기 전에 미분의 의미와 정의에 대하여 먼저 알아보기로 한다. 미분 또는 도함수의 수리적 정의는 어떤 함수의 정의역 내 각 점에서의 함숫값의 변화량과 독립변수값의 변화량의 비에 대한 극한값들로 치역이 형성되는 새로운 함수를 의미한다. 다시 말해서 미분은 함수 $f(x)$의 순간변화율을 의미하고 평균변화율의 극한값으로 정의한다.

$$f'(x) = \lim_{h \to 0} \frac{f(x+h) - f(x)}{h} = \lim_{h \to 0} \frac{f(x) - f(x-h)}{h} \tag{5.8}$$

미분의 정의에서 암시하는 바와 같이 차분근사 방법에는 전방(forward, 전향), 후방(backward 후향), 중간(central) 차분근사가 있다.

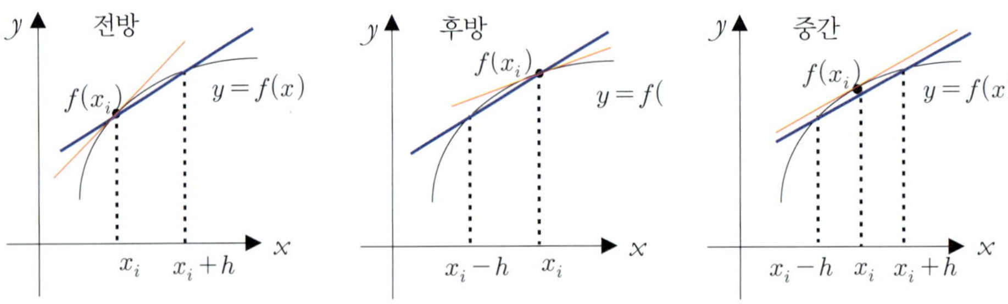

그림 5.1 $x = x_i$에서 $f'(x_i)$의 차분근사 유도 방법

식 (5.8)과 [그림 5.1]로부터 전방차분근사는 다음과 같이 정의된다.

$$f'(x_i) \cong \frac{f(x_i + h) - f(x_i)}{h} \tag{5.9}$$

식 (5.8)과 [그림 5.1]로부터 후방차분근사는 다음과 같이 정의된다.

$$f'(x_i) \cong \frac{f(x_i) - f(x_i - h)}{h} \tag{5.10}$$

식 (5.8)과 [그림 5.1]로부터 중간차분근사는 다음과 같이 정의된다.

$$f'(x_i) \cong \frac{f(x_i + h) - f(x_i - h)}{2h} \tag{5.11}$$

예제 5.3

근사식 (5.9), (5.10) 및 (5.11)을 이용하여 $h = 0.1$, 0.01, 0.001로 하고 $x = 1$에서 $f(x) = \sin(2x)$의 1계 도함수의 차분근삿값 및 정확한 값과 비교한 상대오차를 구하시오.

풀이 차분근삿값과 상대오차를 구하는 파이썬 스크립트는 다음과 같다.

```
# Ex53Differr.py: [예제 5.3] 5.2 차분근사 - 5.2.1 차분근사의 종류
import numpy as np
if __name__ == '__main__':
    fd = 2.0*np.cos(2.0) # 1차 미분 참값
    print(" fd = 2.0*cos(2.0) = ", np.round(fd, 9))
    f1, g1, f2, g2 = [0]*3, [0]*3, [0]*3, [0]*3
    for k, h in enumerate([0.1, 0.01, 0.001]) :
        f1[k] = (np.sin(2*(1+h)) - np.sin(2))/h # 전향차분
        g1[k] = (f1[k]-fd)/fd # 전향차분 상대오차; fd는 참값
        f2[k] = (np.sin(2*(1+h)) - np.sin(2*(1-h)))/(2*h) # 중간차분
        g2[k] = (f2[k]-fd)/fd # 중간차분 상대오차; fd는 참값

    [f1, g1, f2, g2] = np.round((f1, g1, f2, g2), 9)
    print(" f1 :%s \n g1 :%s \n f2 :%s \n g2 :%s" % (f1, g1, f2, g2))
```

```
fd = 2.0*cos(2.0) =  -0.832293673
f1 :[-1.00801023 -0.85042353 -0.83411171]
g1 :[0.21112326 0.02178301 0.00218437]
f2 :[-0.82675614 -0.83223819 -0.83229312]
g2 :[-6.653346e-03 -6.666500e-05 -6.670000e-07]
```

5.2.2 테일러 전개를 이용한 차분근사

테일러 급수전개는 2.2절에서 이미 다루었으며 수치해법을 유도하고 절단오차를 분석하는데 사용되는 가장 중요한 수단이 된다고 언급하였다. 테일러 급수는 잘 모르거나 복잡한 함수를 다루기 쉽고, 이해하기 쉬운 다항식으로 대체시켜 정적분의 근사적 계산이나 함수의 특성을 파악하기 위한 수치계산을 원활하게 해준다. 여기서는 미분의 근삿값으로 차분근사를 구하기 위하여 테일러 정리(Taylor's theorem)를 활용하는 방법을 다루기로 한다.

정리 5.1

(테일러 정리) 함수 $f(x)$가 $x=a$ 근방에서 $(n+1)$번 미분가능하고 연속이면 적절한 실수 c에 대하여 다음과 같이 $(n+2)$개의 항으로 전개 가능하다.

$$f(x)=f(a)+hf'(a)+\frac{h^2}{2!}f''(a)+\cdots+\frac{h^n}{n!}f^{(n)}(a)+R_{n+1}(x) \tag{5.12}$$

여기서 $h=x-a$이고 $R_{n+1}(x)=f^{(n+1)}(c)(x-a)^{n+1}/(n+1)!$은 나머지 항을 나타내며 상수 c는 구간 $[a, x]$에서 결정된다.

증명 … [정리 2.2]의 증명과 동일하므로 생략한다.

1. 1계 도함수의 차분근사

(1) 전방차분근사

편의를 위하여 먼저 $f_i=f(x_i)$, $f_{i+1}=f(x_{i+1})$이라 두고 $x_{i+1}=x_i+h$를 이용하여 $f_i'=f'(x_i)$를 구하자. x_i에 관한 f_{i+1}의 테일러 전개는 다음과 같이 주어진다.

$$f_{i+1}=f(x_i+h)=f_i+hf_i'+\frac{h^2}{2}f_i''+\frac{h^3}{6}f_i'''+\frac{h^4}{24}f_i^{(4)}+\cdots \tag{5.13}$$

위 식을 f_i'에 관하여 정리하면 전방(향) 차분근사에 대한 다음 식을 얻는다.

$$f_i' = \frac{f_{i+1} - f_i}{h} - \frac{1}{2}hf_i'' - \frac{1}{6}h^2 f_i''' - \frac{1}{24}h^3 f_i^{(4)} - \cdots \tag{5.14}$$

2항부터 절단하고, 2항을 근사오차로 두면 $f_i' = f'(x_i)$는 다음과 같다.

$$f_i' \cong \frac{f_{i+1} - f_i}{h} + E, \quad \text{근사오차 } E \approx -\frac{1}{2}hf_i'' \tag{5.15}$$

(2) 후방차분근사

전방차분근사와 같은 방법으로 $f_i = f(x_i)$, $f_{i-1} = f(x_{i-1})$이라 $x_i = x_{i-1} + h$를 이용하여 $f_i' = f'(x_i)$를 구하자. x_i에 관한 f_{i-1}의 테일러 전개는 다음과 같이 주어진다.

$$f_{i-1} = f(x_i - h) = f_i - hf_i' + \frac{h^2}{2}f_i'' - \frac{h^3}{6}f_i''' + \frac{h^4}{24}f_i^{(4)} - \cdots \tag{5.16}$$

위 식을 f_i'에 관하여 정리하면 후방(향) 차분근사에 대한 다음 식을 얻는다.

$$f_i' \cong \frac{f_i - f_{i-1}}{h} + E, \quad \text{근사오차 } E \approx \frac{1}{2}hf_i'' \tag{5.17}$$

(3) 중간차분근사

전방 및 후방차분근사와 같은 방법으로 f_{i+1}, f_{i-1}와 함께 $x_i = x_{i+1} - h = x_{i-1} + h$를 이용하여 $f_i' = f'(x_i)$를 구한다. 식 (5.13)에서 (5.16)을 빼면 다음 식을 얻는다.

$$f_{i+1} - f_{i-1} = 2hf_i' + \frac{1}{3}h^3 f_i''' + \cdots \tag{5.18}$$

따라서 f_i''항은 자동적으로 소거되며, f_i'에 관해서 풀면 다음 식을 얻는다.

$$f_i' \cong \frac{f_{i+1} - f_{i-1}}{2h} + E, \quad \text{근사오차 } E \approx -\frac{1}{6}h^2 f_i''' \tag{5.19}$$

2. 1계 도함수의 세 점 차분근사

(1) 세 점 전방차분근사

세 점에 대한 함숫값 $f_i = f(x_i)$, $f_{i+1} = f(x_i + h)$, $f_{i+2} = f(x_i + 2h)$를 이용하여 f_i'에 대한 전방차분근사를 유도하기로 한다. f_{i+1}에 대한 테일러 급수전개는 식 (5.13)에 주어져 있고 f_{i+2}의 테일러 전개는 다음과 같다.

$$f_{i+2} = f(x_i + 2h) = f_i + 2hf_i' + \frac{4h^2}{2}f_i'' + \frac{8h^3}{6}f_i''' + \frac{16h^4}{24}f_i^{(4)} + \cdots \quad (5.20)$$

식 (5.13)에 4배를 하고 식 (5.20)을 빼면 다음 식을 얻는다.

$$4f_{i+1} - f_{i+2} = 3f_i + 2hf_i' - \frac{2h^3}{3}f_i''' - \frac{12h^4}{24}f_i^{(4)} + \cdots \quad (5.21)$$

위 식을 f_i'에 관해서 정리하면 다음 식을 얻는다.

$$f_i' \cong \frac{-f_{i+2} + 4f_{i+1} - 3f_i}{2h} + E, \quad \text{근사오차 } E = \frac{1}{3}h^2 f_i''' \quad (5.22)$$

(2) 세 점 후방차분근사

위와 유사한 방법으로 3점에 대한 값 $f_i = f(x_i)$, $f_{i-1} = f(x_i - h)$, $f_{i-2} = f(x_i - 2h)$를 이용하여 f_i'에 대한 후방차분근사를 유도하기로 한다. f_{i-1}에 대한 테일러 급수전개는 식 (5.16)에 주어져 있고 f_{i-2}의 테일러 전개는 다음과 같다.

$$f_{i-2} = f(x_i - 2h) = f_i - 2hf_i' + \frac{4h^2}{2}f_i'' - \frac{8h^3}{6}f_i''' + \frac{16h^4}{24}f_i^{(4)} - \cdots \quad (5.23)$$

식 (5.23)에 식 (5.16)을 4배로 하여 빼면 다음 식을 얻는다.

$$f_{i-2} - 4f_{i-1} = -3f_i + 2hf_i' - \frac{2}{3}h^3 f_i''' + \cdots \quad (5.24)$$

위 식을 f_i'에 관하여 정리하면 다음 식을 얻는다.

$$f_i' \cong \frac{3f_i - 4f_{i-1} + f_{i-2}}{2h} + E, \quad \text{근사오차 } E = \frac{1}{3}h^2 f_i''' \tag{5.25}$$

3. 고계 도함수의 차분근사

(1) 2계 도함수의 세 점 중간차분근사

세 점에 대한 함숫값 $f_{i+1} = f(x_i + h)$, $f_i = f(x_i)$, $f_{i-1} = f(x_i - h)$를 이용하여 제2계 도함수 f_i''에 대한 중간차분근사를 유도하기로 한다. f_{i+1}과 f_{i-1}의 테일러 전개 식인 (5.13)과 (5.16)으로부터 두 식의 합은 다음과 같다.

$$f_{i+1} + f_{i-1} = 2f_i + h^2 f_i'' + \frac{1}{12}h^4 f_i^{(4)} + \cdots$$

위 식에서 f_i''항 이후를 절단하고 f_i''에 대하여 정리해서 중간차분근사를 구하면 다음과 같다.

$$f_i'' \cong \frac{f_{i+1} - 2f_i + f_{i-1}}{h^2} + E, \quad \text{오차 } E \approx -\frac{1}{12}h^2 f_i^{(4)} \tag{5.26}$$

다른 방법으로 위 식 (5.26)의 2차 중간차분근사 f_i''를 유도하기로 하자. 세 함숫값 f_{i+1}, f_i, f_{i-1}을 갖고 f_i''에 식 (5.17)을 적용하면 다음 식을 얻는다.

$$f_i'' = \frac{f_i' - f'_{i-1}}{h} \tag{5.27}$$

그리고 f_i'와 f'_{i-1}의 전향차분근사로부터 다음 식을 얻는다.

$$f_i' = \frac{f_{i+1} - f_i}{h}, \quad f'_{i-1} = \frac{f_i - f_{i-1}}{h}$$

위 두 식을 식 (5.27)에 대입하여 결과적으로 식 (5.26)을 얻을 수 있다.

(2) 2계 도함수의 세 점 후방 및 전방차분근사

식 (5.26)을 구하는 방법과 유사하게 f_{i-1}과 f_{i-2}에 대한 테일러 급수전개인 식 (5.16)과 식 (5.23)을 이용하여 $f_{i-2}-2f_{i-1}$를 계산하면 다음 식을 얻는다.

$$f_{i-2}-2f_{i-1}=-f_i+h^2f_i''-h^3f_i'''+\cdots$$

위 식을 f_i''에 대하여 정리하면 후방차분에 대한 다음 식을 얻는다.

$$f_i''\cong\frac{f_{i-2}-2f_{i-1}+f_i}{h^2}+E,\quad \text{오차 } E\approx hf_i''' \tag{5.28}$$

또한 위 식을 구하는 방법과 유사한 방법으로 f_{i+1}과 f_{i+2}에 대한 테일러 급수전개인 식 (5.13)과 식 (5.20)을 이용하여 $f_{i+2}-2f_{i+1}$를 계산하면 다음 식을 얻는다.

$$f_{i+2}-2f_{i+1}=-f_i+h^2f_i''+h^3f_i'''+\cdots$$

위 식을 f_i''에 대하여 정리하면 전방차분에 대한 다음 식을 얻는다.

$$f_i''\cong\frac{f_{i+2}-2f_{i+1}+f_i}{h^2}+E,\quad \text{오차 } E\approx -hf_i''' \tag{5.29}$$

예제 5.4

등간격을 갖는 좌표점들의 값이 다음과 같이 주어져 있다. 식 (5.22)와 식 (5.29)를 사용하여 $x=0.1$과 $x=0.2$에서 $f'(x)$와 $f''(x)$의 근삿값을 구하시오.

x	0.0	0.1	0.2	0.3	0.4	0.5
$f(x)$	0.0000	0.3162	0.4472	0.5477	0.6325	0.7071

풀이 위 표에 따라 $h=0.1$에 해당하므로 $x=0.1$에서 근삿값은 다음과 같다.

$$f'(0.1)=\frac{-0.5477+4(0.4472)-3(0.3162)}{2(0.1)}=1.4625$$

$$f''(0.1) = \frac{0.5477 - 2(0.4472) + 0.3162}{(0.1)^2} = -3.05$$

그리고 $x=0.2$에서 근삿값은 다음과 같다.

$$f'(0.2) = \frac{-0.6325 + 4(0.5477) - 3(0.4472)}{2(0.1)} = 1.0835$$

$$f''(0.2) = \frac{0.6325 - 2(0.5477) + 0.4472}{(0.1)^2} = -1.57$$

---

(3) 3계 도함수의 중간차분근사

등간격 좌표점들에 대하여 3차 차분근사도 가능하다. f_{i+1}, f_{i-1}과 f_{i+2}, f_{i-2}의 테일러 급수인 식 (5.13), (5.16), (5.20), (5.23)으로부터 식 $f_{i+2} - 2f_{i+1} + 2f_{i-1} - f_{i-2}$를 계산하면 다음 식을 얻는다.

$$f_{i+2} - 2f_{i+1} + 2f_{i-1} - f_{i-2} = 2h^3 f_i''' + \frac{1}{2}h^5 f_i^{(5)} + \cdots \qquad (5.30)$$

위 식을 f_i'''에 대하여 정리하면 다음 중간차분근사식을 얻는다.

$$f_i''' = \frac{f_{i+2} - 2f_{i+1} + 2f_{i-1} - f_{i-2}}{2h^3}, \quad \text{근사오차} \ -\frac{1}{4}h^2 f_i^{(5)} \qquad (5.31)$$

같은 방법으로 f_{i+3}, f_{i+2}와 f_{i+1}의 테일러 급수전개를 이용하여 다음과 같이 전방차분근사식을 구할 수 있다.

$$f_i''' = \frac{f_{i+3} - 3f_{i+2} + 3f_{i+1} - f_i}{h^3}, \quad \text{근사오차} \ -\frac{3}{2}h^2 f_i^{(4)} \qquad (5.32)$$

같은 방법으로 f_{i-3}, f_{i-2}와 f_{i-1}의 테일러 급수전개를 이용하여 다음과 같이 후방차분근사식을 구할 수 있다.

$$f_i''' = \frac{f_i - 3f_{i-1} + 3f_{i-2} - f_{i-3}}{h^3}, \quad \text{근사오차} \ \frac{3}{2}h^2 f_i^{(4)} \qquad (5.33)$$

예제 5.5

2계 도함수의 세 차분근사식인 식 (5.26), 식 (5.28), 식 (5.29)를 이용하여 $h=0.1$, 0.01, 0.001로 하고 $x=0.5$에서 $f(x)=\sin(2x)$의 2계 도함수의 차분근사치를 구하고 정확한 값과 비교한 상대오차를 구하시오.

풀이 차분근사치와 상대오차를 구하는 스크립트는 다음과 같고 출력결과는 생략한다.

```
# Ex55Diff2err.py: [예제 5.5] 테일러 전개 이용 - 3. 제2계 도함수의 차분근사
import numpy as np
if __name__ == '__main__':
    fd = -4.0*np.sin(1.0) # -3.365884 : 2차 미분 참값
    f1, f2, f3, g1, g2, g3 = [0]*3, [0]*3, [0]*3, [0]*3, [0]*3, [0]*3
    for k, h in enumerate([0.1, 0.01, 0.001]) :
        f1[k]=(np.sin(1+2*h) - 2*np.sin(1) + np.sin(1-2*h))/h/h # 중간(5.26)
        g1[k]=abs(f1[k]-fd)/fd # 중간 상대오차
        f2[k]=(np.sin(1) - 2*np.sin(1-2*h) + np.sin(1-4*h))/h/h # 후방(5.28)
        g2[k]=abs(f2[k]-fd)/fd # 후방 상대오차
        f3[k]=(np.sin(1+4*h) - 2*np.sin(1+2*h) + np.sin(1))/h/h # 전방(5.29)
        g3[k]=abs(f3[k]-fd)/fd; # 전방 상대오차

    [f1, g1, f2, g2, f3, g3] = np.round((f1, g1, f2, g2, f3, g3), 9)
    print(" f1 :%s \n g1 :%s \n f2 :%s \n g2 :%s \n f3 :%s \n g3 :%s" %
          (f1, g1, f2, g2, f3, g3))
```

5.2.3 리차드슨 보외법

리차드슨 보외법(Richardson extrapolation, 외삽법)은 근사적인 해의 정확도를 개선하는 방법으로 적분 근사 보완에서도 나타난다. 계산결과가 변화량 h에 의존한다고 하자. 근삿값을 $Df(h)$로 표현하면 Df는 오차 $E(h)$와 합으로 표시되고 $Df=Df(h)+E(h)$가 된다. 여러 근사식의 오차항에서 보았듯이 오차는 $E(h)=Ch^p$으로 표시할 수 있다. 여기서 C와 p는 적절한 상수이고 다음 식을 얻을 수 있다.

$$Df=Df(h_1)+Ch_1^p \tag{5.34a}$$

$$Df = Df(h_2) + Ch_2^p \tag{5.34b}$$

위 두 등식으로부터 정확하게는 아니지만 상수 C에 대한 다음 식을 얻는다.

$$C = \frac{(Df(h_2) - Df(h_1))/h_2^p}{(h_1/h_2)^p - 1}$$

위 C 값을 식 (5.34b)에 대입하여 정리하면 다음 식을 얻는다.

$$Df = \frac{(h_1/h_2)^p Df(h_2) - Df(h_1)}{(h_1/h_2)^p - 1}$$

위 식에서 $h_2 = h$로 $h_1 = 2h$로 두면 다음과 같은 리차드슨 보외법 식을 얻는다.

$$Df = \frac{2^p Df(h) - Df(2h)}{2^p - 1} \tag{5.35a}$$

특히 $p = 2$일 때 다음 식을 얻는다.

$$Df = \frac{4}{3}Df(h) - \frac{1}{3}Df(2h) \tag{5.35b}$$

여기서 h는 변화량이자 구간의 크기이다.

예제 5.6

[예제 5.4]의 주어진 표와 식 (5.35b)의 $p = 2$일 때를 이용하여 오차가 개선된 $f'(0.1)$을 구하시오.

풀이 변화량 $h = 0.1$을 사용하면 $2h = 0.2$이고 다음 식을 얻는다.

$$Df(0.1) = \frac{-0.5477 + 4(0.4472) - 3(0.3162)}{2(0.1)} = 1.4625$$

$$Df(0.2) = \frac{-0.7071 + 4(0.5477) - 3(0.3162)}{2(0.2)} = 1.33775$$

그러므로 $p=2$일 때 식 (5.35b)로부터 $Df=4*1.4625/3-1.33775/3\approx 1.5041$이다.

5.3 내장함수를 이용한 미분

5.3.1 SymPy의 기호관점 미분

파이썬에서 SymPy 라이브러리는 기호관점 미분(symbolic derivative)을 위하여 관련 함수를 지원하고 있다. 기호관점 미분이란 $f(x)$가 x의 함수로 표현되면 x에 관한 미분을 의미한다. SymPy에서 기호관점 미분이 가능한 함수는 산술 연산자 +, −, *, / 및 **를 포함하여 단일 독립변수 함수들 exp, log, sin, cos, tan, sinh, cosh, tanh, sqrt, asin, acos, atan 등이다. SymPy가 내장함수로 제공하는 이들 독립변수 함수의 결합으로 나타나는 사용자정의함수의 기호관점 미분도 당연히 가능하다.

[표 1.3]에서 보았듯이 SymPy 라이브러리(www.sympy.org)는 파이썬에서 기호관점 수식 처리를 지원하는 컴퓨터 대수 시스템(Computer Algebra System, CAS) 기능을 제공한다. 특히 sympy.init_printing 함수는 기호관점 수식처리에서 수식이 잘 포맷되도록 구성하여 주는데 이 경우 주피터 노트북(Jupyter notebook)을 사용하는 것이 바람직하다. 주피터 노트북의 설치와 사용법은 부록을 참조하기 바란다.

(1) SymPy에서 기호관점 미분의 형식

```
>>> sympy.diff(expr, var) # var은 독립변수의 기호 표현임(예, f(x)의 "x")
>>> dfx.subs(var, a) # dfx는 sympy.diff()의 결과이고 x = a에서 값을 반환
```

위 함수들에서 expr은 피적분 함수의 간단한 기호적 표현을 의미한다. 예를 들어, expr은 exp(x), x**3, sin(x**2), xcos(x**2) 등을 나타낸다. 함수 dfx.subs()는 기호로 표현된 함수의 도함수 dfx에 대한 특정 위치에서 함숫값을 반환한다. sympy.Symbol() 함수는

변수 x를 추상적인 수학기호로 나타내기 위하여 사용한다. 이때 x는 정수, 실수, 복소수 등 구체적인 숫자형일 수 있고 함수일 수도 있으므로 추상적이다.

예제 5.7

sympy.diff()를 이용하여 $f(x) = \sin(2x)$와 $g(x) = x\cos(x^2)$를 x에 관해서 각각 미분하고 $x = 1$에서 1계 도함숫값들을 구하시오.

풀이 도함수들과 답을 구하는 스크립트와 출력결과는 다음과 같다.

```
# Ex57Diffsym.py: [예제 5.7] 5.3 내장함수를 이용한 미분 - 5.3.1 기호적 미분
import sympy as sp   # x = symbols('x')를 위하여 임포트
sp.init_printing()   # 특히 Jupyter notebook에서 고급적 수식표현을 지원

if __name__ == '__main__':
    x = sp.symbols('x')
    fx = sp.sin(2.0*x)
    dfx = sp.diff(fx, x); print('sp.diff(fx, x) =', dfx)
    print('dfx.subs(x, 1.0) =', dfx.subs(x, 1.0).evalf(8))
    fsub = sp.diff(sp.sin(2.0*x), x).subs(x, 1)
    print('sp.diff(sp.sin(2.0*x), x).subs(x, 1) =', fsub.evalf(8))
    gx = x*sp.cos(x**2)
    dgx = sp.diff(gx, x); print('sp.diff(gx, x) =', dgx)
    print('dgx.subs(x, 1.0) =', dgx.subs(x, 1.0).evalf(8))
```

```
sp.diff(fx, x) = 2.0*cos(2.0*x)
dfx.subs(x, 1.0) = -0.83229367
sp.diff(sp.sin(2.0*x), x).subs(x, 1) = -0.83229367
sp.diff(gx, x) = -2*x**2*sin(x**2) + cos(x**2)
dgx.subs(x, 1.0) = -1.1426397
```

예제 5.8

$f(x) = \sin(x)\exp(-x^2)$의 1계 도함수 $f'(x)$와 2계 도함수 $f''(x)$를 기호관점 미분으로 구하고 $f(x)$, $f'(x)$, $f''(x)$의 그래프를 그리시오.

풀이 도함수들을 구하고 그래프를 그리는 스크립트와 그림은 다음과 같다.

```
# Ex58DiffGraph.py: [예제 5.8] 5.3 내장함수를 이용한 미분 - 5.3.1 기호관점
import sympy as sp
import numpy as np
import matplotlib.pyplot as plt

if __name__ == '__main__':
    x = sp.symbols('x')
    fx = sp.sin(x)*sp.exp(-x**2) # 원 함수
    dfx = sp.diff(fx, x, 1) # 1계 도함수
    ddfx = sp.diff(fx, x, 2) # 2계 도함수, 3계일 때 3을 사용
    f_x = sp.lambdify(x, fx, modules='numpy')
    df_x = sp.lambdify(x, dfx, modules='numpy')
    ddf_x = sp.lambdify(x, ddfx, modules='numpy')
    xn = np.linspace(-3, 3, 100)

    fig, ax = plt.subplots(figsize=(7, 4))
    ax.plot(xn, f_x(xn), 'k', label=r'$f(x)$')
    ax.plot(xn, df_x(xn), 'r', label=r'$df(x)/dx$')
    ax.plot(xn, ddf_x(xn), 'b:', label=r'$d^2f(x)/dx^2$')
    ax.set_ylabel(r"$y=f(x)$", fontsize=12)
    plt.title(r"$f(x)=sin(x)exp(-x^2)$")
    plt.legend(loc=1); plt.grid(linestyle=':')
    plt.show() # 끝
```

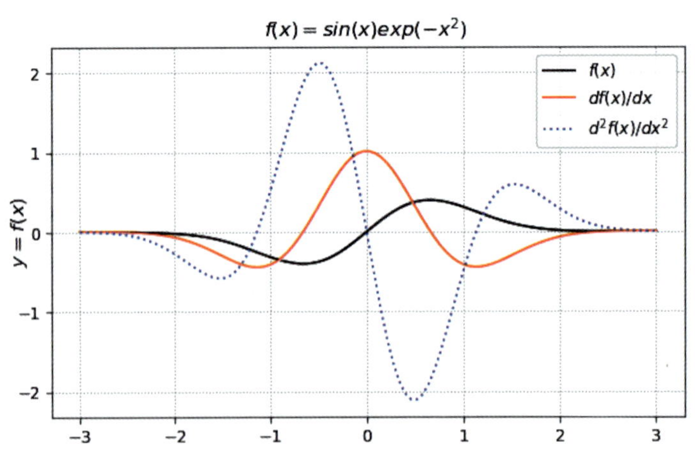

그림 5.2 주어진 함수와 1계 및 2계 도함수 그래프

5.3.2 패키지를 이용한 미분

1. Numdifftools 패키지

파이썬의 numdifftools 패키지는 단일 또는 다변수 함수의 수치미분 문제 해결을 지원하는 여러 가지 도구들로 구성되어 있다. 최대한 정확한 결과를 제공하기 위하여 리차드슨의 보외법으로 보완한 차분을 이용한다. numdifftools 패키지는 도함수의 정확도 높은 근삿값을 제공하며 내장함수로 Derivative( ), Gradient( ), Hessian( ), Jacobian( ), Directionaldiff( ) 등의 함수를 제공한다. 함수 Derivative( )는 1차부터 10차까지 스칼라 함수의 미분값을 계산한다. Gradient( )는 다변수 스칼라함수의 gradient(기울기, 1차 미분)를 제공한다. 함수 Hessian( )은 다변수 스칼라함수의 hessian(2차 편미분)을 제공한다. 함수 Jacobian( )은 단일 또는 다변수 함수의 gradient를 제공하고 함수 Directional-diff( )는 방향성 미분을 계산한다.

(1) Gradient() 함수

기울기(gradient)란 미적분학에서 스칼라장의 최대 변화율을 나타내는 벡터장을 의미한다. 독립변수가 벡터 $x=(x_1,\ x_2,\ \cdots,\ x_n)$인 스칼라 함수 $f(x)$의 기울기는 ∇f로 표시한다. 기호 ∇는 벡터미분을 의미하는 것으로 델(del) 또는 나블라(nabla) 연산자라고 한다. 기울기 벡터는 f의 각 성분 x_i, $i=1,\ \cdots,\ n$의 편미분으로 구성된 다음과 같은 열벡터로 정의한다.

$$\nabla f=\left(\frac{\partial f}{\partial x_1},\ \frac{\partial f}{\partial x_2},\ \cdots,\ \frac{\partial f}{\partial x_n}\right) \tag{5.36}$$

예를 들어, 함수 $f(x_1,\ x_2,\ x_3)=3e^{-x_1}+2x_2^2+\sin(2x_3)$의 기울기 벡터는 다음과 같다.

$$\nabla f=\left(\frac{\partial f}{\partial x_1},\ \frac{\partial f}{\partial x_2},\ \frac{\partial f}{\partial x_3}\right)=(-3e^{-x_1},\ 4x_2,\ 2\cos(2x_3))$$

점 (1, 1, $\pi/8$)에서 기울기는 (−1.103638, 4, 1.414214)가 된다.

(2) Hessian() 함수

헤시안 행렬(Hessian matrix)은 독립변수가 다변수 벡터인 실함수의 2계 도함수를 행렬로 표현한 것이다. 헤시안 행렬은 다변수 함수가 극값을 가질 때 그것이 극대인지, 극소인지를 판정할 때 사용한다. 즉, 함수의 기울기가 0이 되는 점을 찾고 그 점이 극대점인지 극소점인지 구분할 때 이용하며 행렬은 다음과 같이 주어진다.

$$H=\begin{pmatrix} \frac{\partial^2 f}{\partial x_1^2} & \frac{\partial^2 f}{\partial x_1 \partial x_2} & \cdots & \frac{\partial^2 f}{\partial x_1 \partial x_n} \\ \frac{\partial^2 f}{\partial x_2 \partial x_1} & \frac{\partial^2 f}{\partial x_2^2} & \cdots & \frac{\partial^2 f}{\partial x_2 \partial x_n} \\ \vdots & \vdots & \ddots & \vdots \\ \frac{\partial^2 f}{\partial x_n \partial x_1} & \frac{\partial^2 f}{\partial x_n \partial x_2} & \cdots & \frac{\partial^2 f}{\partial x_n^2} \end{pmatrix} \tag{5.37}$$

함수 $f(x_1, x_2, x_3) = 3e^{-x_1} + 2x_2^2 + \sin(2x_3)$의 기울기 벡터(gradient vector)와 헤시안 행렬을 구하는 파이썬 스크립트는 다음과 같다.

```
# SS532GradHes.py: 5.3.2 패키지를 이용한 미분 - 1. Numdifftools 패키지
import numpy as np
import numdifftools as nd
f = lambda x: 3*np.exp(-x[0]) + 2.0*x[1]**2 + np.sin(2*x[2])
fg, fh = nd.Gradient(f), nd.Hessian(f) # 기울기와 헤시안 계산
x0 = [1.0, 1.0, np.pi/8] # x0 = np.array([1.0, 1.0, nd.pi/8])
print("Gradient(f, [1.0, 1.0, np.pi/8]) =", np.round(fg(x0), 6))
print("Hessian(f, [1.0, 1.0, np.pi/8]) = \n", np.round(fh(x0), 6))
```

```
Gradient(f, [1.0, 1.0, np.pi/8]) = [-1.103638  4.         1.414214]
Hessian(f, [1.0, 1.0, np.pi/8]) =
 [[ 1.103638 -0.        0.       ]
 [-0.        4.        0.       ]
 [ 0.        0.       -2.828427]]
```

(3) Jacobian() 함수

야코비안 행렬(Jacobian matrix)은 독립변수와 종속변수가 모두 벡터(행렬)형인 함수

의 1계 도함수 행렬이다. 함수가 $f : D \subseteq R^n \rightarrow R^m$ 일 때 해당하는 야코비안 행렬은 다음 식으로 정의된다.

$$J = (J_{i,\,j})_{m \times n} = \begin{pmatrix} \frac{\partial f_1}{\partial x_1} & \cdots & \frac{\partial f_1}{\partial x_n} \\ \vdots & \ddots & \vdots \\ \frac{\partial f_m}{\partial x_1} & \cdots & \frac{\partial f_m}{\partial x_n} \end{pmatrix} = \begin{pmatrix} \nabla f_1 \\ \vdots \\ \nabla f_m \end{pmatrix} = \left(\frac{\partial f}{\partial x_1},\ \cdots,\ \frac{\partial f}{\partial x_n} \right) \tag{5.38}$$

함수 $f(x_1,\ x_2) = (3x_1 + 2x_2^2,\ \sin(\pi x_1/4) - x_2^3)$의 야코비안 행렬은 다음과 같다.

$$J = \begin{pmatrix} \frac{\partial f_1}{\partial x_1} & \frac{\partial f_1}{\partial x_2} \\ \frac{\partial f_2}{\partial x_1} & \frac{\partial f_2}{\partial x_2} \end{pmatrix} = \begin{pmatrix} 3 & 4x_2 \\ \frac{\pi}{4}\cos(\frac{\pi}{4}x_1) & -3x_2^2 \end{pmatrix}$$

점 (1, 2)에서 구한 야코비안 행렬요소들의 스크립트와 출력결과는 다음과 같다.

```
# SS532Jacob.py: 5.3.2 패키지를 이용한 미분 - 1. Numdifftools 패키지
import numpy as np
import numdifftools as nd

g = lambda x : np.vstack((3*x[0] + 2*x[1]**2,
                          np.sin(np.pi*x[0]/4.0) - x[1]**3))
gj, x1 = nd.Jacobian(g), [1.0, 2.0] # 야코비안 계산
print("Jacobian(g, [1.0, 2.0]) = \n", np.round(gj(x1), 6))
```

```
Jacobian(g, [1.0, 2.0]) =
 [[  3.        8.     ]
 [  0.55536  -12.     ]]
```

2. scipy.misc 미분

여기서는 앞에서 다룬 SymPy 라이브러리를 이용한 sympy.diff()와 SciPy 라이브러리의 misc 모듈이 제공하는 derivative() 함수의 사용법을 비교하면서 알아보기로 한다.

SciPy 라이브러리는 [표 1.3]에서 언급하였듯이 선형대수, 최적화, 수치미적분, 신호처리, 통계처리 등 과학기술 컴퓨팅과 관련된 기능을 지원한다. SciPy의 misc(miscellaneous) 모듈은 문자 그대로 잡다한 몇 가지 기능을 제공하는데, 이 중에 derivative() 함수는 한 점에서 함수의 n차 도함숫값을 계산하고 사용형식은 다음과 같다.

```
>>> derivative(func, x0[, dx = 1.0, n = 1, args = (), order = 3])
```

함수(func)가 주어지면 x0 점에서 n차(디폴트는 1) 도함숫값을 계산하기 위하여 간격을 dx(디폴트는 1)로 하고 중간차분을 이용한다. 인수 arg는 튜플형의 값을 가지며, 사용하는 점의 수이고 반드시 홀수 정수이어야 한다. 차례로 인수 dx부터 order까지는 생략하여도 무방하다. 예를 들어, $f(x) = x^2 \sin(x)$를 $x = 1$에서 dx = 1e−6으로 하여 미분값을 구하는 스크립트와 출력결과는 다음과 같다.

```
# SS532misc.py: 5.3.2 패키지를 이용한 미분 - 2. scipy.misc 모듈
>>> import numpy as np
>>> from scipy.misc import derivative

>>> f = lambda x: x**2*np.sin(x)
>>> fx0 = derivative(f, 1.0, dx = 1e-6)
>>> print("derivative(x**2sin(x), 1.0, dx = 1e-6) =", fx0)
```

```
derivative(x**2sin(x), 1.0, dx = 1e-6) = 2.2232442755121262
```

위와 같은 문제를 SymPy 라이브러리의 sympy.diff() 함수를 이용하여 구하기 위한 스크립트는 다음과 같다.

```
# SS532misc.py: 5.3.2 패키지를 이용한 미분 - 2. scipy.misc 모듈
>>> import sympy as sp
>>> x = sp.Symbol('x')
>>> f = lambda x: x**2*sp.sin(x)
>>> df = sp.diff(f(x), x)
>>> print("df.subs(x, 1.0) =", df.subs(x, 1.0).evalf()) # 2.22324427548393
```

예제 5.9

함수 $f(x) = x\sin(x^2)$의 도함숫값을 주어진 점 $x = 1$에서 다른 방법으로 계산하는 다음 물음에 답하시오.

① SymPy의 diff() 함수를 사용하여 $x = 1$에서 도함숫값

② $x = 1$에서 정확한 미분값: sin(1) + 2cos(1)

③ SymPy의 diff()를 사용하여 $x = 1$에서 제2계 도함숫값

④ $x = 1$에서 정확한 2차 미분값: −4sin(1) + 6cos(1)

⑤ scipy.misc 모듈의 derivative() 함수를 사용하여 $x = 1$에서 도함숫값

⑥ scipy.misc 모듈의 derivative() 함수를 사용하여 $x = 1$에서 2계 도함숫값

풀이 답을 구하기 위한 파이썬 스크립트는 다음과 같다

```
# Ex59Diffderiv.py : [예제 5.9] SymPy와 SciPy로 도함수와 도함숫값 구하기
import numpy as np
import sympy as sp
from scipy.misc import derivative

if __name__=='__main__':
    x = sp.Symbol('x')
    df = sp.diff(x*sp.sin(x**2), x) # sp.diff(f, x)
    print("df = sp.diff(x*sin(x**2), x) =", df)
    print("(1) df.subs(x, 1.0) =", df.subs(x, 1.0).evalf(9)) # (1)
    print("(2) f\'(1.0) =", (sp.sin(1.0)+2*sp.cos(1.0)).evalf(9)) # (2)
    ddf = sp.simplify(sp.diff(x*sp.sin(x**2), x, 2))
    print("(3) ddf.subs(x, 1.0) =", ddf.subs(x, 1.0).evalf(9)) # (3)
    print("(4) f\'\'(1.0) =", (-4*sp.sin(1.0)+6*sp.cos(1.0)).evalf(9))

    f = sp.lambdify(x, x*sp.sin(x**2)) # 위 f의 함수화
    df = lambda x: derivative(f, x, dx=1e-5) # (5-1): misc.derivative(f, x)
    ddf = lambda x: derivative(df, x, dx=1e-4) # (6-1): misc.derivative()
    print("(5) misc: df(1.0) =", np.round(df(1.0), 9)) # (5)
    print("(6) misc: ddf(1.0) =", np.round(ddf(1.0), 9)) # (6)
```

```
df = sp.diff(x*sin(x**2), x) = 2*x**2*cos(x**2) + sin(x**2)
(1) df.subs(x, 1.0) = 1.92207560
(2) f'(1.0) = 1.92207560
(3) ddf.subs(x, 1.0) = -0.124070104
```

```
(4) f''(1.0) = -0.124070104
(5) misc: df(1.0) = 1.922075596
(6) misc: ddf(1.0) = -0.124070143
```

3. 기호관점 다변수함수 미분

파이썬의 많은 라이브러리는 같은 이름의 함수와 변수 및 상수를 가지고 있다. [표 2.2] math 모듈의 수학함수는 Numpy의 수학 관련함수와 많은 부분 같은 함수명을 사용하는 것을 보았다. [표 2.5]는 Numpy의 수학함수들로 math 모듈에서 언급되지 않은 함수들만을 정리한 것이다. SymPy의 기호적 계산은 선형대수를 포함한 복잡하지 않은 여러 가지 수치적 계산을 지원한다. 그러나 여기서는 비선형방정식과 미분방정식의 해법에 자주 나타나는 야코비안 행렬의 계산 방법에 집중하기로 한다.

NumPy와 SymPy도 같은 이름을 가진 함수와 변수 및 상수를 많이 사용한다는 것을 유의하여야 한다. 예를 들어, numpy.pi는 숫자 π의 근삿값을 나타내지만 sympy.pi는 π의 기호적 표시를 의미한다. 이러한 상수뿐만 아니라 numpy.exp()나 sympy.exp()와 같은 많은 수학함수에도 같이 적용된다. 그러므로 둘 이상 여러 패키지를 동시에 사용할 때는 별칭의 구분을 분명하게 하는 것이 바람직하다.

표 5.1 NumPy와 SymPy의 수학 상수 일부

수학기호	설명	NumPy 기호	SymPy 기호
π	원주율	numpy.pi	sympy.pi
e	자연로그 밑수	numpy.e	sympy.E
∞	무한대	numpy.inf	sympy.oo
i	허수부 표시, $\sqrt{-1}$	j (파이썬 전 범위)	sympy.I
γ	오일러 상수	np.euler_gamma	sympy.EulerGamma

(1) SymPy의 Jacobian()

이 절의 서두에서 이미 언급하였듯, SymPy 라이브러리는 기호관점 미분 함수를 제공할뿐만 아니라 독립변수와 종속변수가 벡터형인 Jacobian 미분도 지원한다. Jacobian

행렬의 정의는 식 (5.38)에 잘 나타나 있다. SymPy가 지원하는 Jacobian 행렬 계산을 효과적으로 하기 위해서는 sympy.Matrix() 함수가 필요하며, 이를 포함한 사용형식과 간단한 스크립트는 다음과 같다. 스크립트에는 식 (5.38)의 정의에 따라 계산하는 방법도 같이 다루고 있다.

```
>>> F = sympy.Matrix([f1, f2]) # f1, f2는 변수가 (x, y, …)인 다변수 함수
>>> F.jacobian([x, y, …])
```

```
# SS532JacMat.py: 5.3.2 패키지를 이용한 미분 - SymPy 야코비안 행렬
import sympy as sp, numpy as np

if __name__=='__main__':
    x, y = sp.symbols('x, y', real=True)
    J = sp.Function('J')(x, y)
    f1, f2 = x**2 - y, x - 3*y*(1-x**2)
    F = sp.Matrix([f1, f2])
    print('F = sp.Matrix([f1, f2]) =', F)
    F.jacobian([x, y]) # Matrix([[x**2 - y], [6*x*y + 1, 3*x**2 - 3]])
    J1 = F.jacobian([x, y]).subs([(x, 2), (y, 2)])
    print ('F.jacobian([x, y]).subs([(x, 2), (y, 2)]) =', J1)
### 식 (5.38)의 정의에 의한 야코비 행렬
    f1x, f1y = sp.diff(f1, x), sp.diff(f1, y)
    f2x, f2y = sp.diff(f2, x), sp.diff(f2, y)
    J = sp.Matrix([[f1x, f1y], [f2x, f2y]])
    print('J=sp.Matrix([[f1x, f1y], [f2x, f2y]])= \n    ', J)
    print('J.subs([(x, 2), (y, 2)]) =', J.subs([(x, 2), (y, 2)]))
```

```
F = sp.Matrix([f1, f2]) = Matrix([[x**2 - y], [x - 3*y*(1 - x**2)]])
F.jacobian([x, y]).subs([(x, 2), (y, 2)]) = Matrix([[4, -1], [25, 9]])
J = sp.Matrix([[f1x, f1y], [f2x, f2y]]) =
    Matrix([[2*x, -1], [6*x*y + 1, 3*x**2 - 3]])
J.subs([(x, 2), (y, 2)]) = Matrix([[4, -1], [25, 9]])
```

출력결과를 보면 행렬형태가 한눈에 들어오지 않는다. Jupyter notebook을 사용하면 보다 나은 고품질의 출력결과를 얻을 수 있다. 위 스크립트 예시는 독립변수가 $(x,\ y)$

로 두 개일 때 야코비안 행렬의 기호적 표현과 주어진 점 $(x, y)=(2, 2)$에서 행렬요소를 계산한다. 당연히 독립변수가 세 개 이상일 때도 가능하나 기호적 계산이니만큼 복잡한 식들은 계산결과를 쉽게 얻을 수 없다. 여기서는 세 개의 독립변수를 가지나 간단하게 계산결과를 얻을 수 있는 함수식들의 예를 들어 보기로 하자.

예제 5.10

예시 스크립트를 참고하여 아래에 주어진 함수들의 기호관점 야코비안 행렬과 주어진 점 $(x, y, z)=(1.0, 1.0, 1.0)$에서 야코비안 행렬요소들의 값을 구하시오.

$$f_1(x, y, z)=\sin(x)+y^2+z$$

$$f_2(x, y, z)=\cos(y)+x+z^2$$

$$f_3(x, y, z)=x^2+y+\exp(2x)$$

풀이 답을 구하기 위한 파이썬 스크립트는 다음과 같고 출력결과는 생략한다.

```
# Ex510JacM3D.py: [예제 5.10] 5.3.2 패키지에 의한 미분 - SymPy 야코비안
import sympy as sp, numpy as np

if __name__=='__main__':
    x, y, z = sp.symbols('x, y, z', real=True)
    J = sp.Function('J')(x, y, z)
    f1, f2 = sp.sin(x) + y**2 + z, sp.cos(y) + x + z**2
    f3 = x**2 + y + sp.exp(2*z)
    F = sp.Matrix([f1, f2, f3])
    print('F = sp.Matrix([f1, f2, f3]) =\n', F)
    F.jacobian([x, y, z])
    Jv = F.jacobian([x, y, z]).subs([(x, 1), (y, 1), (z, 1)]).evalf(6)
    print ('F.jacobian([x, y, z]).subs([(x, 1), (y, 1), (z, 1)]) =\n', Jv)
```

(2) SymPy의 hessian()

SymPy 라이브러리는 1차 편미분 행렬인 Jacobian뿐만 아니라 1차 편미분 행렬인 헤시안의 기호적 계산과 주어진 점에서 요소들의 값 계산도 지원한다. 헤시안 행렬에 대한 정의는 식 (5.37)에 잘 나타나 있다. sympy.hessian() 함수의 사용형식은 다음과 같다.

```
>>> sympy.hessian(G, [x, y, …])
```

여기서 함수 G는 독립변수들의 기호로 표현되어 있어도 SymPy의 기호관점 미분을 적용하여 헤시안 행렬을 구할 수 있다. 출력결과는 jupyter notebook의 실행결과이다.

```
# SS532HessMat.py: 5.3.2 패키지를 이용한 미분 - SymPy 헤시안 행렬
>>> import sympy as sp
>>> x, y = sp.symbols('x y')
>>> G = sp.Function('G')(x, y)
>>> H = sp.hessian(G, [x, y]); H
```

Out[1]: $\begin{bmatrix} \frac{\partial^2}{\partial x^2} G(x,y) & \frac{\partial^2}{\partial y \partial x} G(x,y) \\ \frac{\partial^2}{\partial y \partial x} G(x,y) & \frac{\partial^2}{\partial y^2} G(x,y) \end{bmatrix}$

예제 5.11

예시 스크립트를 참고하여 아래에 주어진 함수의 기호관점 헤시안 행렬과 주어진 점 $(x,\ y,\ z) = (1.0,\ 1.0,\ 1.0)$에서 야코비안 행렬요소들의 값을 구하시오.

$$G(x,\ y) = \exp(2x) - 3y(1 - x^2)$$

풀이 Jupyter notebook에서 작성한 스크립트와 출력결과는 다음과 같다.

```
# Ex511HesMat.py: 5.3.2 패키지를 이용한 미분 - SymPy 헤시안 행렬
import sympy as sp
x, y = sp.symbols('x y')
G = sp.exp(2*x) - 3*y*(1-x**2)
H = sp.hessian(G, [x, y]); H
```

Out[1]: $\begin{bmatrix} 6y + 4e^{2x} & 6x \\ 6x & 0 \end{bmatrix}$

```
Hv = H.subs([(x, 1.0), (y, 1.0)]).evalf(7); Hv
```

Out[2]: $\begin{bmatrix} 35.55622 & 6.0 \\ 6.0 & 0 \end{bmatrix}$

```python
# Ex511HesMat.py: 5.3.2 패키지를 이용한 미분 - SymPy 헤시안 행렬
import sympy as sp
if __name__ == '__main__':
    x, y = sp.symbols('x y')
    G = sp.exp(2*x) - 3*y*(1-x**2)
    H = sp.hessian(G, [x, y]); H
    print("H = hessian(G, [x, y], [g1, g2]) =\n", H)
    Hv = H.subs([(x, 1.0), (y, 1.0)]).evalf(7); Hv
    print("H.subs([(x, 1.0), (y, 1.0)]).evalf(7) =\n", Hv)
```

```
# 파이썬 쉘(Shell)에서 작성, 실행하고 출력한 결과
H = hessian(G, [x, y]) = Matrix([[6*y + 4*exp(2*x), 6*x], [6*x, 0]])
H.subs([(x, 1.0), (y, 1.0)]) = Matrix([[35.55622, 6.000000], [6.000000, 0]])
```

연습문제

1 주어진 n개의 점들 (x_i, y_i), $i=1, 2, \cdots, n$을 지나는 보간다항식 $P(x)$은 $(n-1)$차로 유일하게 결정되고 다음과 같이 표현된다. 파이썬 스크립트를 이용하여 각 물음에 답하시오.

$$P(x) = \sum_{j=1}^{n} L_j(x) y_j \equiv \sum_{j=1}^{n} \left(\prod_{i=1, j \neq i}^{n} \frac{(x - x_i)}{(x_j - x_i)} y_j \right)$$

(1) $L_j(x),\ j=1,\ \cdots,\ n$을 거듭제곱 형태로 나타내는 사용자정의함수를 작성하고,

(2) $x=[2,\ 3,\ 4,\ 5]$일 때 $L_1(x),\ \cdots,\ L_4(x)$를 출력하고,

(3) $L_j'(x),\ j=1,\ \cdots,\ n$을 거듭제곱 형태로 나타내는 사용자정의함수를 작성하고,

(4) $x=c(2,\ 3,\ 4,\ 5)$일 때 $L_1'(x),\ \cdots,\ L_4'(x)$를 출력하시오.

2 데이터 점이 $x=[1, 2, 3, 4, 5]$로 주어지고 대응하는 y는 각 항의 함수로 결정될 때 $x=$ a에서 모든 차수의 미분값들을 구하는 사용자정의함수 polydrv(x, y, a)를 작성하고 미분값들을 구하시오.

(1) $y=x^4$과 $x=2$에서 모든 차수의 미분값

(2) $y=(1+x)/(1+x+x^2)$과 $x=2$에서 모든 차수의 미분값

(3) $y=\sin(1.5x)\exp(-0.5x)$과 $x=2$에서 모든 차수의 미분값

3 세 점 (x_1, y_1), (x_2, y_2), (x_3, y_3)을 지나는 라그랑지 보간다항식은 다음과 같이 주어진다. 등간격을 가정하고 아래 식을 이용하여 다음 각 물음에 답하시오.

$$P(x) = \frac{(x-x_2)(x-x_3)y_1}{(x_1-x_2)(x_1-x_3)} + \frac{(x-x_1)(x-x_3)y_2}{(x_2-x_1)(x_2-x_3)} + \frac{(x-x_1)(x-x_2)y_3}{(x_3-x_1)(x_3-x_2)}$$

(1) $P'(x_1)$을 이용하여 1계 도함수의 세 점 전방차분근사식을 유도하고,

(2) $P'(x_3)$를 이용하여 1계 도함수의 세 점 후방차분근사식을 유도하시오.

4 변화량 $h = 0.01, 0.001, 0.0001$을 사용하고 두 점 차분근사로 유도된 1계 도함수의 전방차분, 후방차분과 중간차분에 대하여 다음 물음에 답하시오.

(1) 파이썬 스크립트로 $x = 0.5$에서 $f(x) = \cos(2x)$의 1계 도함수를 근사하고,

(2) 엄밀해와 비교하여 각 근사치들의 상대오차를 구하시오.

5 주어진 n개의 점들 (x_i, y_i), $1 \leq i \leq n$을 지나는 보간다항식을 이용하여 $y = f(x)$에 대한 1계 도함수 근삿값 $P'(x)$를 구할 수 있다. 순서대로 각 문항에 답하시오.

(1) 라그랑지 보간다항식 $P(x)$를 거듭제곱형으로 출력하고,

(2) $P'(x)$를 반환하는 사용자정의함수 Lagdrv(x, y)를 작성하고,

(3) $x = (1, 2, 3, 4, 5)$와 대응하는 $y = (1+x)/(1+x+x^2)$에 대한 $P'(x)$를 구하고,

(4) $a = (1.5, 3, 4.5)$에 대한 $P'(a)$의 값들을 구하고 참값과 차를 구하시오.

6 변화량 $h = 0.05, 0.01, 0.005$를 사용하고 세 점 차분근사로 유도된 1계 도함수의 세 점 전방차분과 세 점 후방차분에 대하여 다음 물음에 답하시오.

(1) 파이썬 스크립트로 $x = 0.5$에서 $f(x) = \cos(2x)$의 1계 도함수를 근사하고,

(2) 엄밀해와 비교하여 각 근사치들의 상대오차를 구하시오.

7 변화량 $h = 0.01, 0.001, 0.0001$을 사용하고 세 점 차분근사로 유도된 2계 도함수의 세 점 중간차분, 세 점 후방차분과 세 점 전방차분에 대하여 다음 물음에 답하시오.

(1) 파이썬 스크립트로 $x = 1$에서 $f(x) = \cos(2x)$의 2계 도함수를 근사하고,

(2) 엄밀해와 비교하여 각 근사치들의 상대오차를 구하시오.

8 Sympy의 기호관점 미분함수 sp.diff()를 이용하여 아래 주어진 함수들에 대하여 각 물음에 답하시오.

(1) $f_1(x) = \exp(\sin(x^2))$의 $f_1'(x)$와 $f_1'(1)$을 구하고,

(2) $f_2(x) = \exp(\cos(x^2))$의 $f_2'(x)$와 $f_2'(1)$을 구하고,

(3) $g_1(x) = 1/\sin(x^2)$의 $g_1'(x)$와 $g_1'(2)$을 구하고,

(4) $g_2(x) = 1/\cos(x^2)$의 $g_2'(x)$와 $g_2'(2)$을 구하시오.

9 임의의 함수 $f(x)$와 변화량 h에 대하여 $x=a$에서 1계, 2계, 3계 도함수의 근삿값인 중간차분을 파이썬 스크립트로 구하는 사용자정의함수 Fxdrv3(f, a, h)를 작성하고 다음 물음에 답하시오. 중간차분근사식과 근사오차는 각각 다음과 같이 주어진다.

$$f_i' = \frac{f_{i+1}-f_{i-1}}{2h} + E_1,\ \text{근사오차}\ e_1 = -\frac{1}{6}h^2 f_i''',$$

$$f_i'' = \frac{f_{i+1}-2f_i+f_{i-1}}{h^2} + E_2,\ \text{근사오차}\ e_2 = -\frac{1}{12}h^2 f_i^{(4)},$$

$$f_i''' = \frac{f_{i+2}-2f_{i+1}+2f_{i-1}-f_{i-2}}{2h^3} + E_3,\ \text{근사오차}\ e_3 = -\frac{1}{4}h^2 f_i^{(5)}$$

(1) $f(x)=\sqrt{2x}$ 에 대하여 $h=0.001$로 $x=1$에서 근삿값들을 구하고,

(2) $f(x)=\sqrt{2x}$ 에 대하여 $h=0.001$로 $x=1$에서 참오차 E_1, E_2, E_3를 구하고,

(3) 1계 도함수에 대한 참오차와 근사오차의 $|E_1-e_1|$를 구하시오.

10 연습문제 [9]에 이어서 4계 도함수의 근삿값인 아래 식의 중간차분을 파이썬 스크립트로 구하는 사용자정의함수 Fxdrv4(f, a, h)를 작성하고 다음 물음에 답하시오.

$$f_i^{(4)} = \frac{f_{i+2}-4f_{i+1}+6f_i-4f_{i-1}+f_{i-2}}{h^4} + E_4$$

(1) $f(x)=\sqrt{2x}$ 에 대하여 $x=1$에서 4계 도함수 근삿값을 구하고,

(2) $f(x)=\sqrt{2x}$ 에 대하여 $x=1$에서 참오차 E_4를 구하고,

(3) 2계 도함수에 대한 참오차와 근사오차의 $|E_2-e_2|$를 구하시오.

11 파이썬 패키지 numdifftools의 적절한 함수를 사용하여 아래 수식에 대해 각 문항의 주어진 점 $x=a$에 대한 기울기와 헤시안을 구하시오.

$$f_1(x) = f_1(x_1,\ x_2,\ x_3) = 2x_1^2 + \frac{1}{4}x_2^2 x_3 - \exp(x_1 x_3/2)$$

$$f_2(x) = f_2(x_1,\ x_2,\ x_3) = \frac{1+2x_1x_2}{\sqrt{1+x_2+x_3^2}}$$

$$f_3(x) = f_3(x_1,\ x_2,\ x_3) = x_1^2 + \sin(x_2^3) + x_3^2 + 2x_1x_2 + 3x_3$$

(1) $a=(1, 2, 3)$에서 $f_1(x)$의 기울기와 헤시안을 구하고,

(2) $a=(3, 2, 1)$에서 $f_2(x)$의 기울기와 헤시안을 구하고,

(3) $a=(1, 1, 1)$에서 $f_3(x)$의 기울기와 헤시안을 구하시오.

12 기호관점 n계 도함수를 구하는 사용자정의함수 DD(expr, name, ord = n)를 작성하고 $f(x)=\sqrt{2x}$에 대하여 다음 각 물음에 답하시오.

(1) $f(x)$의 1계 도함수를 구하고 $f'(1)$의 값을 구하시오.

(2) $f(x)$의 2계 도함수를 구하고 $f''(1)$의 값을 구하시오.

(3) $f(x)$의 3계 도함수를 구하고 $f'''(1)$의 값을 구하시오.

(4) $f(x)$의 4계 도함수를 구하고 $f^{(4)}(1)$의 값을 구하시오.

(5) 함수 derivative()를 이용하여 $x=1$에서 $f(x)$의 1, 2, 3, 4차 중간차분근삿값들을 구하시오.

13 (리차드슨 보외법) 변화량 h에 대하여 함수 $f(x)=\sqrt{2x}$의 1계 도함수 근삿값을 $Df(h)$라 하면 개선된 근삿값 Df는 다음 식으로 주어진다.

$$Df=\frac{4}{3}Df(h)-\frac{1}{3}Df(2h)$$

(1) 변화량 $h=[0.1, 0.01, 0.001]$에서 중간차분으로 $x=1$에서 $Df(2h)$를 구하고,

(2) 변화량 $h=[0.1, 0.01, 0.001]$에서 중간차분으로 $x=1$에서 $Df(h)$를 구하고,

(3) 위 보외법 공식을 이용하여 $x=1$에서 개선된 Df 값들을 구하고,

(4) $f(x)$의 1계 도함수 참값 $f'(1)$을 구하고,

(5) 참값 $f'(1)$과 $Df(2h)$, $Df(h)$, Df의 차이들을 구하시오.

14 변화량 h = 0.01, 0.001, 0.0001을 사용하고 두 점 차분근사로 유도된 1계 도함수의 전방차분과 중간차분에 대하여 다음 물음에 답하시오.

(1) 파이썬 스크립트로 $x=1$에서 $f(x)=\sin(x^2)$의 1계 도함수를 근사하고,

(2) 엄밀해와 비교해 각 근사치들의 상대오차를 구하시오.

15 변화량 h = 0.05, 0.01, 0.005를 사용하고 세 점 차분근사로 유도된 1계 도함수의 세 점 전방차분과 세 점 후방차분에 대하여 다음 물음에 답하시오.

(1) 파이썬 스크립트로 $x=1$에서 $f(x)=\sin(x^2)$의 1계 도함수를 근사하고,

(2) 엄밀해와 비교해 각 근사치들의 상대오차를 구하시오.

16 주어진 n개의 점들 $(x_i,\ y_i),\ 1 \leq i \leq n$을 지나는 보간다항식을 이용하여 $y=f(x)$에 대한 1계 도함수 근삿값 $P'(x)$를 구할 수 있다. 순서대로 각 문항에 답하시오.

(1) 반데몬드 행렬을 이용한 보간다항식 $P(x)$를 거듭제곱형으로 출력하고,

(2) $P'(x)$를 반환하는 사용자정의함수 Vanddrv(x, y)를 작성하고,

(3) $x=$(1, 2, 3, 4, 5)와 대응하는 $y=(1+x)/(1+x+x^2)$에 대한 $P'(x)$를 구하고,

(4) $a=$(1.5, 3, 4.5)에 대한 $P'(a)$의 값들을 구하고 참값과 차를 구하시오.

17 연습문제 [9]에서 작성한 사용자정의함수 Fxdrv3(f, a, h)를 이용하여 다음 각 물음에 답하시오.

(1) $f(x)=e^x\cos(2x)$에 대하여 $h=0.001$로 $x=1$에서 1계 도함수의 근삿값과 참값을 구하고,

(2) $f(x)$에 대하여 $h=0.001$로 $x=1$에서 참오차 E_1, E_2, E_3를 구하고,

(3) $g(x)=x^2\sin(2x)$에 대하여 $h=0.001$로 $x=1$에서 1계 도함수의 근삿값과 참값을 구하고,

(4) $g(x)$에 대하여 $h=0.001$로 $x=1$에서 참오차 E_1, E_2, E_3를 구하고,

(5) $f'(x)$와 $g'(x)$의 $x=1$에서 각 근사오차 $f:e_1$과 $g:e_1$을 구하시오.

18 아래 주어진 함수에 대해 본문 식 (5.38)과 Sympy의 함수 jacobian()을 이용하여 야코비안 값을 계산하는 각 물음에 답하시오.

$$f(x,\ y)=(x^2-y,\ x-3y(1-x^2))$$

(1) 본문 식 (5.38)의 정의를 이용하여 점 (2, 2)에서 야코비안 값을 구하고,

(2) Sympy의 함수 jacobian()을 이용하여 점 (2, 2)에서 야코비안 값을 구하시오.

19 연습문제 [13]의 1계 도함수 근사에 대한 중간차분의 보외법은 $f_{i\pm 1} = f(x_i \pm h)$와 $f_{i\pm 2} = f(x_i \pm 2h)$를 $x = x_i$에서 테일러 급수로 전개하여 최저차수의 절단오차를 제거하는 방향으로 아래 식에서 최적의 α를 구한 결과이다.

$$f_i' = \frac{\alpha(f_{i+1} - f_{i-1})}{h} + \frac{(1-\alpha)(f_{i+2} - f_{i-2})}{2h}$$

같은 방법으로 아래 f_i''를 위한 최적의 β를 구하시오.

$$f_i'' = \frac{\beta(f_{i+1} - 2f_i + f_{i-1})}{h^2} + \frac{(1-\beta)(f_{i+2} - 2f_i + f_{i-2})}{4h^2}$$

6장

수치적분

6.1 사다리꼴 공식

6.1.1 정적분의 정의와 사다리꼴 공식

해석적인 적분이 가능하다고 해도 바람직한 수치해를 얻는다면, 수치적분으로 시간과 노력을 절약할 수 있다. 사다리꼴 공식을 유도하기 전에 적분의 의미와 정의에 대하여 먼저 알아보기로 한다. 정적분(definite integral)은 구간 $[a, b]$에 대하여 $f(x) \geq 0$이면 x축과 곡선 $f(x)$가 구간에서 이루는 면적과 동일하다. 폐구간 $[a, b]$에서 연속함수 $f(x)$의 정적분을 수식으로 나타내면 다음과 같다.

$$\int_a^b f(x)dx = \lim_{n\to\infty}\frac{b-a}{n}\sum_{i=1}^{n} f(x_i),\ x_{i+1}-x_i = \frac{b-a}{n},\ a = x_1,\ b = x_{n+1} \quad (6.1)$$

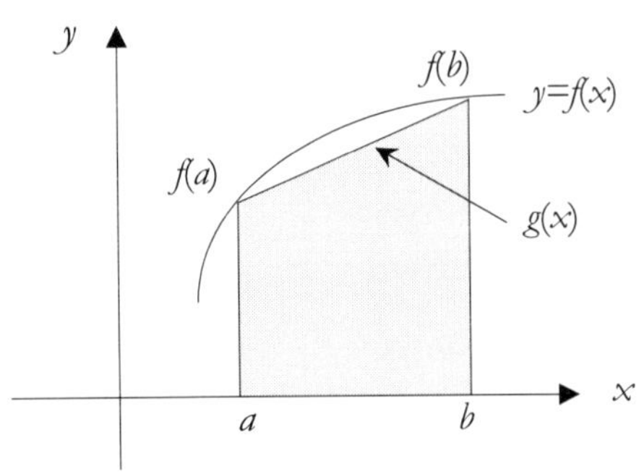

그림 6.1 사다리꼴 공식

1. 사다리꼴 공식

사다리꼴 공식(trapezoidal rule)은 식 (6.1)의 좌변에서 $f(x)$를 두 점 $(a, f(a))$와 $(b, f(b))$를 지나는 직선 $g(x)$로 근사한 결과로 나타나는 면적이고 $h = b-a$, $f_i = f(x_i)$, $i = 1$, 2라 두면 다음과 같은 식으로 나타난다.

$$I = \int_a^b f(x)dx \approx \frac{b-a}{2}(f(a)+f(b)) = \frac{h}{2}(f_1+f_2),\ a = x_1,\ b = x_2 \quad (6.2)$$

구간 $[a,\ b]$에서 그래프 $f(x)-g(x)$가 이루는 면적을 오차 E라 두면 위 식 (6.2)는 다음과 같이 나타낼 수 있다.

$$I=\int_a^b f(x)dx=\int_a^b g(x)dx+E=\frac{h}{2}(f_1+f_2)+E \tag{6.3}$$

2. 사다리꼴 공식의 오차

식 (6.3)으로부터 사다리꼴 공식의 오차는 다음과 같이 정의된다.

$$E\equiv\int_a^b f(x)dx-\frac{b-a}{2}[f(a)+f(b)] \tag{6.4}$$

함수 $f(x)$가 $a\leqq x\leqq b$에서 해석적이라 가정하고, $f(x)$, $f(a)$, $f(b)$를 $m=(a+b)/2$에 대하여 테일러 전개를 이용해서 유도하는데 $f(x)$에 관한 테일러 전개는 다음과 같다.

$$f(x)=f(w+m)=f(m)+wf'(m)+\frac{w^2}{2}f''(m)+\frac{w^3}{6}f'''(m)+\cdots,\ w=x-m$$

위 식의 우변을 변수 변환하여 적분하면 다음 식을 얻는다.

$$\begin{aligned}\int_a^b f(x)dx&=\int_{-h/2}^{h/2} f(w+m)dw \\ &=\int_{-h/2}^{h/2}\left[f(m)+wf'(m)+\frac{w^2}{2}f''(m)+\frac{w^3}{6}f'''(m)+\cdots\right]dw \\ &=hf(m)+\frac{1}{24}h^3f''(m)+\cdots,\ where\ h=b-a\end{aligned} \tag{6.5}$$

같은 방법으로 $f(a)$와 $f(b)$를 m에 대하여 전개하면 각각 다음과 같다.

$$\begin{aligned}f(a)&=f(m)-\frac{h}{2}f'(m)+\frac{1}{2}\left(\frac{h}{2}\right)^2f''(m)-\frac{1}{6}\left(\frac{h}{2}\right)^3f'''(m)+\cdots \\ f(b)&=f(m)+\frac{h}{2}f'(m)+\frac{1}{2}\left(\frac{h}{2}\right)^2f''(m)+\frac{1}{6}\left(\frac{h}{2}\right)^3f'''(m)+\cdots\end{aligned} \tag{6.6}$$

식 (6.4) 우변의 두 번째 항에 식 (6.6)을 대입하면 다음 식을 얻는다.

$$\frac{h}{2}[f(a)+f(b)] = \frac{h}{2}\left[2f(m)+\frac{h^2}{4}f''(m)+\frac{h^4}{12}f^{(4)}(m)+\cdots\right] \tag{6.7}$$

$$= hf(m)+\frac{h^3}{8}f''(m)+\cdots$$

식 (6.5)와 (6.7)을 식 (6.4)에 대입하여 계산하면 오차 E는 다음과 같다.

$$E = \frac{1}{24}h^3f''(m) - \frac{1}{8}h^3f''(m) + \cdots$$

따라서 근사오차 E_a는 다음과 같이 주어진다.

$$E_a \simeq -\frac{1}{12}h^3f''(m), \quad m = \frac{a+b}{2} \tag{6.8}$$

식 (6.3)은 여러 개의 구간으로 나누어 확장할 수 있다. 만약 피적분 함수가 횡좌표 상에서 등간격으로 n개의 간격을 갖는다면, 대응되는 x 좌표점들을 $a = x_1$, x_2, $\cdots$, x_n 및 $x_{n+1} = b$라 하고 각 구간별로 사다리꼴 공식을 적용할 수 있다.

6.1.2 확장 사다리꼴 공식

피적분 함수 $f(x)$가 구간 $[a, b]$에서 횡좌표 상의 등구간으로 $n+1$개의 데이터 점

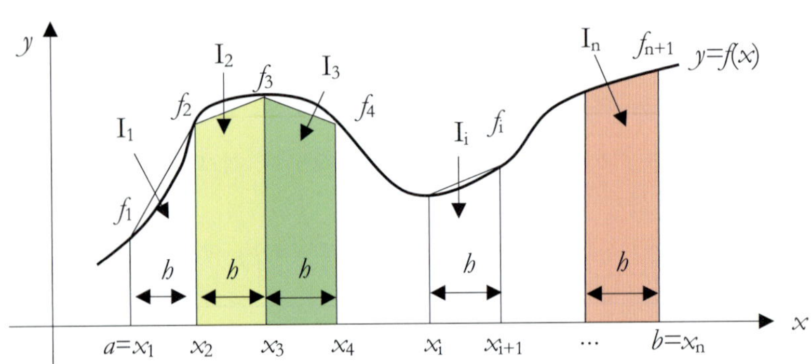

그림 6.2 확장 사다리꼴 공식

들에 대하여 값을 갖는다면 식 (6.3)을 n번 반복해서 적용할 수 있다.

1. 사다리꼴 공식의 확장

등간격 $h=(b-a)/n$인 n개 구간에 대하여 다음 공식을 얻는다.

$$I=\int_a^b f(x)dx=\frac{h}{2}\left[f(a)+2\sum_{k=1}^{n-1}f(a+kh)+f(b)\right]+E \tag{6.9}$$

$$=\frac{h}{2}(f_1+2f_2+\cdots+2f_n+f_{n+1})+E$$

식 (6.9)에서 $f_i=f(x_i)=f(a+(i-1)h),\ i=1,\ \cdots,\ n+1$으로 주어지고 식 (6.8)을 n번 반복하여 적용해서 확장 사다리꼴 공식의 근사오차를 얻을 수 있다.

$$E\simeq-\frac{1}{12}h^3\sum_{k=1}^{n}f''(m_k),\quad h=\frac{b-a}{n},\quad m_k=\frac{x_k+x_{k+1}}{2} \tag{6.10}$$

$$=\frac{-(b-a)}{12}h^2\overline{f''},\quad \overline{f''}=\frac{1}{n}\sum_{k=1}^{n}f''(m_k)$$

예제 6.1

확장 사다리꼴 공식 (6.9)를 이용하여 $\int_a^b e^x dx$ 수치적분을 구하는 사용자정의함수 파이썬 스크립트를 작성하고, $[a,\ b]=[0,\ 1]$, n = 50, 100에 대하여 적분값들을 정확한 값과 비교하시오.

풀이 사용자정의함수를 작성하는 스크립트와 실행결과는 다음과 같다.

```
# Ex61IntTrapz.py: [예제 6.1] 6.1 정적분의 정의와 사다리꼴 공식
import numpy as np
def Trapz(a, b, n):
    u = a + np.arange(n+1)*(b-a)/n
    fu = np.exp(u)
    Ih = (sum(fu) - 0.5*(fu[0] + fu[n]))*(b-a)/n
    return Ih  ### Ih = np.trapz(fu, dx = (b-a)/n)과 동일
```

```
if __name__ == '__main__':
    I2h, Ih = Trapz(0.0, 1.0, 50), Trapz(0.0, 1.0, 100)
    Int = np.round(np.exp(1)-1, 8)
    print("Trapz(0.0, 1.0, 50)  = %f, Exact = %s"% (np.round(I2h, 7), Int))
    print("Trapz(0.0, 1.0, 100) = %f, Exact = %s"% (np.round(Ih, 7), Int))
```

```
Trapz(0.0, 1.0, 50)  = 1.718339, Exact = 1.71828183
Trapz(0.0, 1.0, 100) = 1.718296, Exact = 1.71828183
```

2. 롬베르크 적분

롬베르크 적분(Romberg integration)은 사다리꼴 공식의 오차분석을 통하여 오차를 보정한 적분이다. 구간 $h=(b-a)/n$을 가진 사다리꼴 공식의 결과를 I_h라 두고 $2h$로 계산한 결과를 I_{2h}라 두자. 확장 사다리꼴 공식의 오차는 h^2에 비례하므로 구간 h와 $2h$에 대한 오차는 각각 다음과 같이 주어진다.

$$E_h \cong Ch^2,\ E_{2h} \cong C(2h)^2 = 4Ch^2,\ (C\text{: 상수}) \tag{6.11}$$

반면 정확한 적분은 $I = I_h + E_h = I_{2h} + E_{2h}$이고, 정리하여 다음 식을 얻는다.

$$E_h - E_{2h} = I_{2h} - I_h \tag{6.12}$$

식 (6.11)을 (6.12)에 대입하여, C에 대해서 풀면 다음 식을 얻는다.

$$C = \frac{1}{3}h^{-2}(I_h - I_{2h}) \Leftarrow E_h - E_{2h} = -3Ch^2 = I_{2h} - I_h$$

위 식을 (6.11)의 첫 식에 다시 대입하여 다음 식을 얻을 수 있다.

$$E_h = \frac{1}{3}(I_h - I_{2h})$$

실제 계산으로부터 I_h와 I_{2h}의 값을 알면 확인할 수 있는 좀 더 정확한 적분은 다음과 같다.

$$I = I_h + E_h \cong \frac{4}{3} I_h - \frac{1}{3} I_{2h} \tag{6.13}$$

식 (6.11)이 정확하지 않으므로 위 I도 정확하지는 않으나 식 (6.13)의 오차는 I_h의 오차보다 2차 높은 h^4에 비례하므로, 식 (6.13)은 I_h 또는 I_{2h}보다 더 정확한 근사치를 제공한다.

예제 6.2

[예제 6.1]에서 수치적분 근삿값은 $I_{0.02} = 1.718339$, $I_{0.01} = 1.718296$이다. 롬베르크 적분법을 이용하여 더 정확한 값을 구하고 SciPy 라이브러리 integrate 모듈의 quad() 함수 적용결과와 비교하시오.

풀이 롬베르크 적분법과 integrate 모듈의 quad() 함수 적용결과는 다음과 같다.

```
# Ex62IntRomb.py: [예제 6.2] 6.1.2 확장 사다리꼴 공식 - 2. 롬베르크 적분
import numpy as np
from scipy import integrate
if __name__ == '__main__':
    f = lambda x: np.exp(x)
    val, err = integrate.quad(f, 0.0, 1.0)
    I2h, Ih = 1.718339, 1.718296
    Int = (4.0*Ih - I2h)/3.0
    print("Romberg => %s, integrate.quad => %s"% (Int, val))
# Romberg => 1.7182816666666667, integrate.quad => 1.7182818284590453
```

(1) 롬베르크 적분의 일반화

롬베르크 적분 식 (6.13)에서 계수 (4/3, −1/3)의 합은 1이 되고 근사적분의 정확도가 증가함에 따라 계수 가중치(waiting factor)가 보다 정확한 적분값에 더 큰 값으로 부과된다. 반복실행에 적합한 롬베르크 적분의 일반화된 형태는 다음과 같다.

$$I_{1,1} = \frac{b-a}{2}(f(a) + f(b)) \tag{6.14}$$

$$I_{j,\ k+1} = \frac{1}{4^k - 1}\left(4^k I_{j+1,\ k} - I_{j,\ k}\right),\ \ j,\ k = 1,\ 2,\ \cdots$$

여기서 $I_{j+1,\ k}$와 $I_{j,\ k}$는 더 정확한 적분값과 덜 정확한 적분값을 나타내고, $I_{j,\ k+1}$은 $I_{j,\ k}$보다 한 단계 개선된 적분값이다. 첨자 k는 적분의 단계를 나타내며 $k = 1$이고 $j = 1$일 때 $I_{1,\ 1}$은 단일구간을 적용한 사다리꼴 공식을 의미한다. 그리고 $I_{1,\ 2}$가 식 (6.13)을 나타낼 때 $I_{1,\ 1}$은 I_{2h}에 대응하고 $I_{2,\ 1}$은 I_h에 대응한다. 다시 말해서 $k = 1$일 때 식 (6.14)는 식 (6.13)과 동일하다.

식 (6.14)로 표시되는 반복식은 롬베르크가 개발하여 적분계산에 효과적으로 적용한 것으로 롬베르크 적분법이라 한다. 아래 표는 $a = 0$에서 $b = 1$까지 e^x의 정적분 $\int_0^1 e^x dx$을 식 (6.14)에 따라 계산한 결과를 나타낸다.

표 6.1 롬베르크 적분 반복법을 이용한 적분계산 순서

j \ k	[,1]	[,2]	[,3]	[,4]	[,5]	[,6]
[1,]	1.859141	1.718861	1.718283	1.718282	1.718282	1.718282
[2,]	1.753931	1.718319	1.718282	1.718282	1.718282	
[3,]	1.727222	1.718284	1.718282	1.718282		
[4,]	1.720519	1.718282	1.718282			
[5,]	1.718841	1.718282				
[6,]	1.718422					

[표 6.1]에서 첫 번째 열은 확장 사다리꼴 공식의 계산결과를 나타내며 식 (6.14)의 견지에서 $I_{j,\ 1}$을 의미한다. 여기서 $j = 1$일 때 단일구간을 의미하며 간격의 크기는 $(b-a)$이고, $j = 2$일 때 간격의 크기는 $(b-a)/2$에 해당하고 $j = 3$일 때 간격의 크기는 $(b-a)/4$에 해당한다. 행렬의 나머지 열([,2] ~ [,6])은 보다 정확한 적분값을 구하기 위하여 식 (6.14)를 체계적으로 적용한 결과이다. 반복식은 적절한 오차범위인 ϵ에 대하여 $(I_{1,\ k+1} - I_{2,\ k})/I_{1,\ k+1} < \epsilon$를 만족할 때 종료한다. [표 6.1]에서 첫 번째 열은 오차 $O(h^2)$, 두 번째 열은 오차 $O(h^4)$, 세 번째 열은 오차 $O(h^6)$을 가진다. 롬베르크 반복법은 확장 사다리꼴 공식과 심프슨 공식보다 더 효율적이다.

3. 리차드슨 적분

리차드슨 적분은 롬베르크 적분의 일반화로 볼 수 있다. 리차드슨 보외법(Richardson's extrapolation, 외삽법)이라 불리며 두 개의 수치적분값을 이용하여 수치적분을 개선하는 기법으로 보다 개선된 적분값을 제공한다. 적분구간 h_1을 갖는 확장 사다리꼴 공식의 근삿값과 오차를 각각 I_1과 E_1이라 두고, 적분구간 h_2를 갖는 확장 사다리꼴 공식의 근삿값과 오차를 각각 I_2와 E_2이라 두자. 정확한 적분에 대한 다음 식을 얻는다.

$$I_f = I_1 + E_1 = I_2 + E_2 \tag{6.15}$$

그리고 $\overline{f''}$가 구간 크기에 관계없이 크게 차이가 없다면 식 (6.10) 또는 (6.11)로부터 다음 식을 얻을 수 있다.

$$E_1 \cong E_2(h_1/h_2)^2$$

위 식을 식 (6.15)의 중간 항에 대입하고 정리하면 다음 식을 얻는다.

$$E_2 = (I_1 - I_2)/[1-(h_1/h_2)^2]$$

위 식을 다시 식 (6.15)의 우측 항에 대입하여 개선된 적분값을 계산할 수 있다.

$$I_f = I_2 + \frac{I_2 - I_1}{(h_1/h_2)^2 - 1} \tag{6.16}$$

위 식에 $h_1 = h$와 $h_2 = 2h$를 대입하여 정리하면 롬베르크 적분 결과, 식 (6.14)를 얻을 수 있다. 식 (6.16)으로부터 근사적분 I_f의 오차는 h^2에 비례하는 확장 사다리꼴 공식에 의한 I_1과 I_2의 오차보다 2배 높은 h^4에 비례하는 $O(h^4)$의 오차를 갖는 것으로 알려져 있다. 증명은 이 책의 범위를 벗어나므로 생략한다.

(1) 오차 $O(h^4)$를 갖는 리차드슨 보외법

식 (6.16)으로부터 적분 I_f는 이제 $O(h^4)$의 오차를 갖고 다음 식과 같이 표현된다.

$$I_f = I_{f_1} + Ch_1^4 = I_{f_2} + Ch_2^4 \tag{6.17}$$

위 식의 관계로부터 상수 C에 대한 다음 식을 얻을 수 있다.

$$C = \frac{(I_{f_2} - I_{f_1})/h_2^4}{(h1/h2)^4 - 1}$$

위 상수 C를 식 (6.17)의 우변에 대입하면 다음 식을 얻는다.

$$I_f = I_{f_2} + \frac{I_{f_2} - I_{f_1}}{(h_1/h_2)^4 - 1}$$

다시 $h_1 = h$와 $h_2 = 2h$를 위 식에 대입하면 대응하는 근사적분으로 다음 식을 얻을 수 있다.

$$I = \frac{16}{15} I_{f_1} - \frac{1}{15} I_{f_2} = \frac{16}{15} I_{f_1}(h) - \frac{1}{15} I_{f_2}(2h) \tag{6.18}$$

여기서 $I_{f_1}(h)$와 $I_{f_2}(2h)$는 $O(h^4)$의 오차를 갖고 적분구간의 크기가 각각 h와 $2h$에 대응하는 근사적분값이다.

(2) 리차드슨 보외법의 일반화

적분구간의 크기 h를 적분구간의 수 n으로 치환하고 $O(h^p)$의 오차를 갖는 $I_{f,\ n}$과 $I_{f,\ 2n}$를 고려하면 리차드슨 보외법의 일반화된 공식은 다음과 같이 주어진다.

$$I_f = I_{f,\ n} + \frac{I_{f,\ n} - I_{f,\ 2n}}{(1/2)^p - 1} = \frac{2^p I_{f,\ 2n} - I_{f,\ n}}{2^p - 1} \tag{6.19}$$

위 식에 $p = 4$를 대입하면 식 (6.18)을 얻고 $p = 6$을 대입하면 다음 식을 얻는다.

$$I_f = \frac{2^6 I_{f,\ 2n} - I_{f,\ n}}{2^6 - 1} = \frac{64}{63} I_{f,\ 2n} - \frac{1}{63} I_{f,\ n}$$

[예제 6.2]의 연속선 상에서 리차드슨 보외법으로 근사적분을 개선하기 위한 파이썬 프로그램과 출력결과는 다음과 같다.

```
# SS612IntRichd.py: 6.1.1 사다리꼴 공식 - [예제 6.2]의 리차드슨 보외법
import numpy as np
from Ex61IntTrapz import *
if __name__ == '__main__':
    I4h, I2h = Trapz(0.0, 1.0, 5), Trapz(0.0, 1.0, 10)
    Ih, Int = Trapz(0.0, 1.0, 20), np.round(np.exp(1)-1.0, 12)
    E2, E1 =(4.0*I2h - I4h)/3.0, (4.0*Ih - I2h)/3.0
    print("1차 Romberg: %.8f, Exact: %s" % (E2, Int)) # 오차: O(h**2)
    print("2차 Romberg: %.8f, Exact: %s" % (E1, Int)) # 오차: O(h**4)
    print("Richardson : ", (16.0*E1-E2)/15.0) # O(h**4)
```

```
1차 Romberg: 1.71828278, Exact: 1.718281828459
2차 Romberg: 1.71828189, Exact: 1.718281828459
Richardson :  1.7182818285157921
```

6.2 심프슨 공식

6.2.1 심프슨 1/3 공식

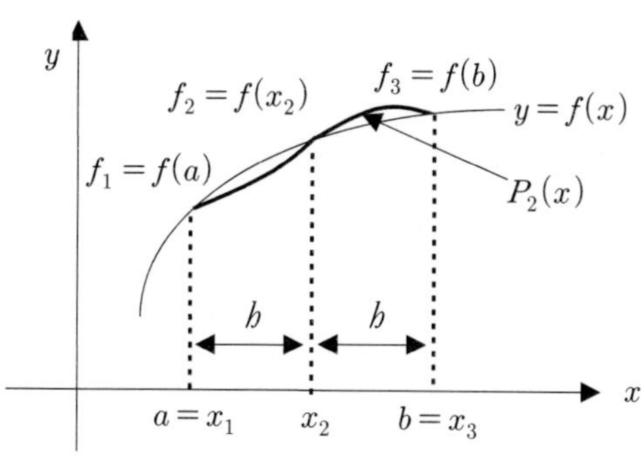

그림 6.3 심프슨 1/3 공식

심프슨 1/3 공식(Simpson's 1/3 rule)은 수치적분에서 뉴턴-코츠 법칙의 한 경우로, 토머스 심프슨이 만든 적분법이다. 심프슨 1/3 공식은 세 점을 적합하는 2차 보간다항식에 기초하며 4장에서 논의한 뉴턴(또는 라그랑지) 보간다항식의 결과를 이용한다.

1. 심프슨 1/3 공식의 유도

세 점 $a = x_1$, $x_2 = (a+b)/2$, $x_3 = b$를 사용하여 공식을 유도하기로 하자. 각 점에서 함숫값을 $f_1 = f(x_1)$, $f_2 = f(x_2)$, $f_3 = f(x_3)$라 두면 식 (4.13), (4.14), (4.17)로부터 세 점을 지나는 보간다항식은 다음과 같이 주어진다.

$$P_2(x) = f_1 + \frac{f_2 - f_1}{x_2 - x_1}(x - x_1) + \frac{\dfrac{f_3 - f_2}{x_3 - x_2} - \dfrac{f_2 - f_1}{x_2 - x_1}}{x_3 - x_1}(x - x_1)(x - x_2) \quad (6.20)$$

간편한 계산을 위하여 위 식 (6.20)에서 $h = (x_3 - x_1)/2$라 하고, $s = (x - x_1)/h$라 두자. 이 식을 다시 쓰면 다음과 같이 나타낼 수 있다.

$$P_2(x) = f_1 + (f_2 - f_1)s + \frac{1}{2}(f_3 - 2f_2 + f_1)s(s-1) \quad (6.21)$$

식 (6.21)을 $x = a$에서 $x = b$까지 적분하면 심프슨의 1/3 공식을 얻을 수 있다.

$$\begin{aligned}\int_a^b P_2(x)dx &= \int_0^2 [f_1 + (f_2 - f_1)s + \frac{1}{2}(f_3 - 2f_2 + f_1)s(s-1)](hds) \quad (6.22)\\ &= 2hf_1 + 2h(f_2 - f_1) + \frac{h}{3}(f_3 - 2f_2 + f_1)\end{aligned}$$

결국 식 (6.22)를 다시 정리하여 다음과 같이 심프슨 1/3 공식을 얻는다.

$$I = \int_a^b f(x)dx = \frac{h}{3}(f_3 + 4f_2 + f_1) + E \quad (6.23)$$

심프슨 1/3 공식의 오차를 구하기 위하여 $x_2 - a = b - x_2 = h$와 $x_1 = a$, $x_3 = b$를 생각하면 $x = x_2$에서 $f_3 = f(x_3)$와 $f_1 = f(x_1)$의 테일러 급수전개는 다음과 같다.

$$f_3 = f_2 + hf_2' + \frac{1}{2}h^2 f_2'' + \frac{1}{6}h^3 f_2''' + \frac{1}{24}h^4 f_2^{(4)} + \cdots$$

$$f_1 = f_2 - hf_2' + \frac{1}{2}h^2 f_2'' - \frac{1}{6}h^3 f_2''' + \frac{1}{24}h^4 f_2^{(4)} + \cdots$$

위 두 식을 식 (6.23)에 대입하면 다음과 같은 식을 얻는다.

$$I = 2hf_2 + \frac{1}{3}h^3 f_2'' + \frac{1}{36}h^5 f_2^{(4)} + \cdots + E \tag{6.24}$$

한편, $\omega = x - x_2$일 때 $x = x_2$에서 $f(x)$의 테일러 급수전개는 다음과 같다.

$$f(x) = f_2 + \omega f_2' + \frac{1}{2}\omega^2 f_2'' + \frac{1}{6}\omega^3 f_2''' + \frac{1}{24}\omega^4 f_2^{(4)} + \cdots$$

위 함수의 구간 $[a, b]$에서 적분은 다음과 같다.

$$\int_a^b f(x)dx = 2hf_2 + \frac{1}{3}h^3 f_2'' + \frac{1}{60}h^5 f_2^{(4)} + \cdots \tag{6.25}$$

오차는 식 (6.25)에서 식 (6.24)를 뺀 값이므로 테일러 전개를 이용하여 유도하는 심프슨 1/3 공식의 근사오차는 다음과 같다.

$$E \cong \frac{-h^5}{90} f^{(4)}(x_2), \text{ 여기서 } x_2 = (a+b)/2$$

2. 확장 심프슨 1/3 공식

구간들이 짝수 개로 나누어진 영역에 대하여 식 (6.22)를 반복 적용하자. 구간의 수 N이 짝수인 확장 심프슨 1/3 공식은 다음과 같다.

$$I = \frac{h}{3}\left[f(a) + 4\sum_{\text{홀수}\,i}^{N-1} f(a+ih) + 2\sum_{\text{짝수}\,i}^{N-2} f(a+ih) + f(b)\right] + E, \; h = \frac{b-a}{N} \tag{6.26}$$

위 식에서 $x_1 = a, x_{N+1} = b$라 하고 식 (6.26)을 다시 쓰면 다음 식을 얻는다.

$$\int_a^b f(x)dx = \frac{h}{3}[f_1 + 4f_2 + 2f_3 + 4f_4 + \cdots + 2f_{N-1} + 4f_N + f_{N+1}] + E$$

한편 $m_i = (x_i + x_{i+1})/2$라 두면 확장 심프슨 1/3 공식의 근사오차는 다음과 같다.

$$E \cong \frac{-(b-a)^5}{180N^4}\overline{f^{(4)}} = \frac{-(b-a)^5}{180N^5}\sum_{i=1}^{N} f^{(4)}(m_i) \tag{6.27}$$

예제 6.3

확장 심프슨 1/3 공식을 적용하고 $[a, b] = [0, 1]$과 $N = 50$, 100에 대하여 파이썬 스크립트로 사용자정의함수를 작성해서 [예제 6.1]을 반복하시오.

풀이 확장 심프슨 1/3 공식을 적용한 사용자정의함수 스크립트는 다음과 같다.

```
# Ex63IntSimp13.py: [예제 6.3] 6.2 심프슨 공식 - 6.2.1 심프슨 1/3 공식
import numpy as np
from scipy import integrate
def Simps13(f, a, b, N) :
    if (N == 1):
        print("N이 2 이상이어야 함"); return [None]
    h = (b-a)/N
    u = a + np.arange(N+1)*h;  fu = f(u)
    if (N == 2):
        Int = h/3*(fu[0]+4*fu[1]+fu[2])
        return Int

    d = 2*np.int(np.floor(N/2)); Int = 0
    if (N != d): print("N이 짝수이어야 함"); return [None]
    else :
        wv = np.ones(N+1)
        wv[np.arange(1, N, 2)], wv[np.arange(2, N, 2)] = 4.0, 2.0
        Int = Int + (h/3)*sum(wv*fu)

    val, err = integrate.quad(f, a, b)
    return Int, abs(val-Int)
```

```
if __name__ == '__main__':
    def fx(x): return np.exp(x)
    ans1, err1 = Simps13(fx, 0., 1., 50)
    print("계산값 = %.9f, 오차 = %s"% (np.round(ans1, 9), np.round(err1, 15)))
    val, err = integrate.quad(fx, 0.0, 1.0)
    print("sc.quad = %.9f, 오차 = %s"% (np.round(val, 9), np.round(err, 15)))
```

```
계산값 = 1.718281830, 오차 = 1.527289e-09
sc.quad = 1.718281828, 오차 = 1.9e-14
```

6.2.2 심프슨 3/8 공식

심프슨 3/8 공식(Simpson's 3/8 rule)은 3차 보간다항식을 적분함으로써 유도한다. 세 구간으로 나누어진 영역 $[a, b]$에 대하여 심프슨 3/8 법칙은 다음과 같다.

$$I = \int_a^b f(x)dx = \frac{3}{8}h[f_1 + 3f_2 + 3f_3 + f_4] + E \tag{6.28}$$

여기서 $h = (b-a)/3$, $f_i = f(a+(i-1)h)$, $i = 1, 2, 3, 4$이다. 근사오차 E는 다음과 같이 주어진다.

$$E \cong -\frac{3}{80}h^5 f_1'''(m),\ m = (a+b)/2 \tag{6.29}$$

간단한 예로 구간 [0, 1]을 다섯 개의 구간으로 나누어 $f(x) = e^x$의 근사적분을 구한다고 하자. 처음 두 개의 구간에는 심프슨 1/3 공식을 적용하고 나머지 세 개의 구간에는 심프슨 3/8 공식을 적용하기로 한다.

주어진 조건으로부터 $x_1 = a = 0$, $h = 1/5 = 0.2$이고 $x_k = kh$, $k = 2, 3, 4, 5$이며 $x_6 = b = 1$이 된다. 첫 두 개 구간에 심프슨 1/3 공식을 적용하여 구하는 근사적분을 $I_{1/3}$이라 하고 근사오차를 $E_{1/3}$라 하면 다음 식을 얻는다.

$$I_{1/3} = \frac{h}{3}[f_1 + 4f_2 + f_3] = \frac{0.2}{3}[e^0 + 4e^{0.2} + e^{0.4}] = 0.491829$$

$$E_{1/3} = \frac{-1}{90}h^5 e^{x_2} = \frac{-1}{90}(0.2)^5 e^{0.2} = -4.342765 \times 10^{-6}$$

나머지 세 개 구간에 심프슨 3/8 공식을 적용하여 구하는 근사적분을 $I_{3/8}$이라 하고 근사오차를 $E_{3/8}$이라 하면 다음 식을 얻는다.

$$I_{3/8} = \frac{3h}{8}[f_3 + 3f_4 + 3f_5 + f_6] = \frac{0.6}{8}[e^{0.4} + 3e^{0.6} + 3e^{0.8} + e^1] = 1.226481$$

$$E_{3/8} = \frac{3}{80}h^5 e^{(x_3+x_6)/2} = \frac{3}{80}(0.2)^5 e^{0.7} = 2.416503 \times 10^{-5}$$

위 두 식으로부터 결과적으로 구하는 근사적분과 근사오차는 다음과 같다.

$$I_{1/3} + I_{3/8} = 1.71831,\ \ E_{1/3} + E_{3/8} \approx 1.98 \times 10^{-5}$$

확장 심프슨 1/3 공식의 결점 중 하나는 구간이 짝수 개여야 한다는 것이다. 그리고 확장 심프슨 3/8 공식은 세 구간의 배수에만 적용할 수 있다. 그러나 1/3 공식과 3/8 공식을 결합하면 어떤 개수의 구간도 적분할 수 있다.

예제 6.4

확장 심프슨 공식(3/8 공식 포함)으로 $[a,\ b] = [0,\ 1]$과 $N = 50,\ 100$에 대하여 $\int_a^b e^x dx$ 수치적분을 구하는 사용자정의함수를 파이썬 스크립트로 작성하고 정확한 값과 비교하시오.

풀이 사용자정의함수 스크립트는 선택한 구간의 개수가 홀수이면 심프슨 3/8 공식을 포함하되, 마지막 구간 3개(점 4개에 해당)를 한 번 적용하고 나머지는 1/3 공식을 사용한다. 구간의 수가 짝수이면 심프슨 1/3 공식만 사용하고 출력결과는 생략한다.

```
# Ex64IntSimps.py: [예제 6.4] 6.2 심프슨 공식 - 6.2.1 심프슨 1/3+3/8 공식
import numpy as np
from scipy import integrate
def Simps2(f, a, b, N) : # N은 구간의 수
```

```
    if (N == 1):
        print("N이 2 이상이어야 함"); return [None]
    h = (b-a)/N
    u = a + np.arange(N+1)*h; fu = f(u)
    if (N == 2):
        Int <- h/3*(fu[0]+4*fu[1]+fu[2])
        return Int

    d = 2*np.int(np.floor(N/2)); m = Int = 0
    if (N != d):
        Int = (3/8)*h*(fu[N-3] + 3*fu[N-2] + 3*fu[N-1] + fu[N])
        m = N-3
    else : m = N

    Int += (h/3)*(fu[0]+fu[m] + 4*sum(fu[np.arange(1, m, 2)]))
    if m>2 :Int += (h/3)*(2*sum(fu[np.arange(2, m, 2)]))

    val, err = integrate.quad(f, a, b)
    return Int, abs(val-Int)

if __name__ == '__main__':
    def fx(x): return np.exp(x)
    ans, er = Simps2(fx, 0., 1., 50)
    print("계산값 = %.9f, 오차 = %s"% (np.round(ans, 9), np.round(er, 15)))
    val, err = integrate.quad(fx, 0.0, 1.0)
    print("sc.quad = %.9f, 오차 = %s"% (np.round(val, 9), np.round(err, 15)))
# 출력결과는 [예제 6.3]과 동일함
```

6.3 고차 다항식 적합 구적법

6.3.1 뉴턴-코츠 구적법

뉴턴-코츠 공식(Newton-Cotes formulas)은 가장 널리 이용되는 수치적분법으로 사각형 모양의 면적을 합하는 구적법(quadrature)이다. 이 방법은 복잡한 함수나 데이터 점들의 집합을 적분하기 쉬운 고차 보간다항식으로 적합하는 방식에 근거한다. 사다리꼴 공식과 두 개의 심프슨 공식은 뉴턴-코츠 공식의 특수한 경우에 해당한다.

$$I=\int_a^b f(x)dx=\int_a^b P_n(x)dx \tag{6.30}$$

여기서 보간다항식 $P_n(x)$는 다음과 같이 주어진다.

$$P_n(x)=p_0+p_1x+\cdots+p_{n-1}x^{n-1}+p_nx^n$$

뉴턴-코츠 공식은 폐구간법과 개구간법으로 나뉘는데, 폐구간법은 적분의 상한과 하한에서 데이터 값이 알려진 경우이고, 개구간법은 적분구간이 주어진 데이터 값의 범위를 벗어나는 경우이다. 폐구간법의 뉴턴-코츠 공식을 유도하기 위하여 등간격인 $n+1$개의 다음과 같은 데이터 점들을 사용하자.

$$x_i=a+(i-1)h,\ i=1,\ 2,\ \cdots,\ n+1,\ h=(b-a)/n. \tag{6.31}$$

대응되는 함숫값을 $f_i=f(x_i)$라고 하면 근사적분 결과는 다음과 같다.

$$I=\int_a^b f(x)dx=h(w_1f_1+w_2f_2+\cdots+w_{n+1}f_{n+1})+E \tag{6.32}$$

여기서 w_i, $i=1, 2, \cdots, n$은 구하여야 할 가중치이다. 그리고 $f(a)=f_1$과 $f(b)=f_{n+1}$이 주어져 있으므로 폐구간법이라 한다. 특히 $n=1$인 경우 사다리꼴 공식, $n=2$인 경우 심프슨 1/3 공식, $n=3$인 경우 심프슨 3/8 공식에 해당한다.

(1) 폐구간법의 가중치 w_i 계산

식 (6.32)의 가중치 w_i들을 구하기 위하여 등간격의 $x_i=a+(i-1)\dfrac{b-a}{n}$, $i=1,\ \cdots,\ n+1$을 사용하면 식 (4.10)에 따라 $f(x)$의 라그랑지 보간다항식은 다음과 같다.

$$P_n(x)=\sum_{i=1}^{n+1}L_{(n)i}(x)f_i\equiv\sum_{i=1}^{n+1}\left(\prod_{j=1,\,j\neq i}^{n+1}\frac{(x-x_j)}{(x_i-x_j)}f_i\right)$$

피적분 함수 $f(x)$를 라그랑지 보간다항식 $P_n(x)$로 근사하여 적분을 다시 쓰면 다음과 같은 식이 된다.

$$I = \int_a^b f(x)dx \cong \int_a^b P_n(x)dx = \sum_{i=1}^{n+1} \int_a^b L_{(n)i}(x)dx f_i \tag{6.33}$$

식 (6.32)와 식 (6.33)을 비교하면 w_i, $i = 1, \cdots, n+1$에 대한 다음 식을 얻는다.

$$hw_i = \int_a^b L_{(n)i}(x)dx = \int_a^b \prod_{j=1, j \neq i}^{n+1} \frac{(x - x_j)}{(x_i - x_j)} dx \tag{6.34}$$

가중치 w_i들을 구하기 위하여 $h = (b-a)/n$으로 두고 다음 관계식을 정의한다.

$$s = \frac{(x-a)n}{(b-a)} + 1 = \frac{x-a}{h} + 1 \tag{6.35}$$

위 관계식으로부터 $(x_1, \cdots, x_n)$과 $(s_1, \cdots, s_n)$에 대하여 다음의 대응관계를 갖는다.

$$x_1 = a < x_2 < x_3 < \cdots < x_i < \cdots < x_n < x_{n+1} = b \tag{6.36}$$

$$s_1 = 1 < 2 < 3 < \cdots < i < \cdots < n < s_{n+1} = n+1$$

관계식 (6.35)의 양변을 미분하여 $dx = hds$를 얻고 대응관계 (6.36)에 의해서 다음 식을 얻을 수 있다.

$$(x - x_j)/(x_i - x_j) = (s - j)/(i - j) \tag{6.37}$$

결국 식 (6.37)과 관계식 $dx = hds$를 식 (6.34)에 대입하여 다음 식을 얻는다.

$$w_i = \int_1^{n+1} \prod_{j=1, j \neq i}^{n+1} \frac{s-j}{i-j} ds \tag{6.38}$$

가중치 w_i를 보다 구체적으로 구하기 위하여 $v_i(s)$를 다음과 같이 두면, $v_i(s)$는 s에 관한 n차 다항식이므로 동시에 다음 식을 얻는다.

$$v_i(s) \equiv \prod_{j=1,\ j \neq i}^{n+1} \frac{s-j}{i-j} = \sum_{k=1}^{n+1} a_{i,\ k} s^{k-1} \tag{6.39}$$

여기서 다항식 $v_i(s)$의 계수 $a_{i,k}$, $k=1,\ \cdots,\ n+1$는 다음 점들을 지나는 보간다항식의 계수로 결정된다.

$$\begin{aligned} s &= (1,\ 2,\ 3,\ \cdots,\ i,\ \cdots,\ n+1), \\ y &= (0,\ 0,\ 0,\ \cdots,\ 1,\ \cdots,\ 0) \end{aligned} \tag{6.40}$$

예를 들어, 식 (6.40)의 점들을 지나는 라그랑지 보간다항식은 식 (6.39)의 가운데 항을 만족하는 것을 알 수 있다. 따라서 식 (6.39)의 오른쪽 항을 식 (6.38)에 대입하여 뉴턴-코츠 폐구간 구적법의 가중치 w_i에 대한 식을 얻을 수 있다.

$$w_i = \sum_{k=1}^{n+1} a_{i,\ k} \int_1^{n+1} s^{k-1} ds = \sum_{k=1}^{n+1} a_{i,\ k} \left[\frac{s^k}{k} \right]_{s=1}^{n+1} = \sum_{k=1}^{n+1} a_{i,\ k} \frac{(n+1)^k - 1}{k} \tag{6.41}$$

예제 6.5

식 (6.39)를 이용하여 뉴턴-코츠 폐구간 구적법의 가중치 w_i를 파이썬 스크립트로 구하는 사용자정의함수를 작성하며 $\int_0^{\pi} \sin(x)dx$의 근삿값을 구하는 다음 물음에 답하시오.

① 라그랑지 보간다항식의 계수를 구하는 함수를 'Lagcoef.py'로 저장하고,
② 적분구간 $[0,\ \pi]$에 심프슨 1/3 공식을 1회 적용하여 적분값을 구하고,
③ 적분구간 $[0,\ \pi]$에 심프슨 3/8 공식을 1회 적용하여 적분값을 구하고,
④ 적분구간 $[0,\ \pi]$를 5등분하고 대응하는 w_i을 이용하여 적분값을 구하고,
⑤ SciPy의 내장함수 newton_cotes()를 이용하여 적분값을 구하고,
⑥ SciPy의 내장함수 integrate.quad()를 이용하여 적분값을 구하시오.

풀이 가중치 w_i와 답들을 구하는 사용자정의함수와 출력결과는 다음과 같다.

```python
# Ex65IntCotes.py: [예제 6.5] 6.3.1 뉴턴-코츠 구적법 - 1. 가중치 계산
import numpy as np
from scipy.integrate import newton_cotes, quad

def Lagcoef(x, y, n) :
    pm = np.zeros(n+1) # 계수 초기화, n은 구간의 수
    for j in range(n+1):
        xj = x.copy()
        z = np.poly1d(np.poly(np.delete(xj, j)))
        for i in range(n+1):
            if (j!=i): z = z/(x[j]-x[i])
        pm += (z*y[j]).coef;

    return pm # (1)번: 라그랑지 보간다항식의 계수를 반환
def NCweight(n) : # n (>= 1): 구간의 수는 정수이어야 함
    np1, w = n+1, np.zeros(n+1)
    kv = sv = np.arange(1, n+2, 1)
    for j in range(np1) :
        yv = np.zeros(np1);  yv[j] = 1.0
        ai = Lagcoef(sv, yv, n)[::-1] # Lagcoef(sv, yv, n)와는 역순
        w[j] = sum(ai*(np1**kv - np.ones(np1))/kv)

    return w  # 구간 수 n에 대한 뉴턴-코츠 가중치 계산
if __name__ == '__main__':
    x3 = np.linspace(0.0, np.pi, 3); x3
    print("(2)번: 구간2 =", np.pi/2*sum(NCweight(2)*np.sin(x3)))
    x4 = np.linspace(0.0, np.pi, 4); x4
    print("(3)번: 구간3 =", np.pi/3*sum(NCweight(3)*np.sin(x4)))
    x6 = np.linspace(0.0, np.pi, 6); x6
    print("(4)번: 구간5 =", np.pi/5*sum(NCweight(5)*np.sin(x6)))
    wn, weig_err = newton_cotes(5, 1) # Scipy의 뉴턴-코츠 가중치
    print("(5)번: Cotes =", np.pi/5*sum(wn*np.sin(x6)))
    val, err = quad(lambda x:np.sin(x), 0.0, np.pi)
    print("(6)번: guad  =", val)
```

```
[예제 6.5] 6.3.1 뉴턴-코츠 구적법 - 1. 가중치 계산
(2)번: 구간2 = 2.094395102393196
(3)번: 구간3 = 2.040524284763495
(4)번: 구간5 = 1.9992030939152199
(5)번: Cotes = 1.999203093915709
(6)번: guad  = 2.0
```

6.3.2 가우스-르장드르 구적법

가우스-르장드르(Gauss-Legendre quadrature) 구적법은 뉴턴-코츠 구적법보다 정확도가 개선되는 것으로 알려져 있으며, 르장드르 다항식(Legendre polynomial)의 근들을 사용하여 계산한다. 르장드르 다항식 $P_n(x)$는 다음 르장드르 미분방정식(differential equation)의 해가 되는 함수들이다.

$$\frac{d}{dx}\left[(1-x^2)\frac{d}{dx}P(x)\right]+n(n+1)P(x)=0 \tag{6.42}$$

르장드르 다항식의 일반식은 다음과 같이 기술되는 로드리게 공식(Rodrigue's formula)으로 주어진다.

$$P_n(x)=\frac{1}{2^n n!}\frac{d^n}{dx^n}[(x^2-1)^n],\ n=0,\ 1,\ 2,\ \cdots \tag{6.43}$$

위 식을 계산하여 처음부터 몇 개의 르장드르 다항식을 구하면 다음과 같다.

$$\begin{aligned}P_0(x)&=1\\P_1(x)&=x\\P_2(x)&=\frac{1}{2}(3x^2-1)\\P_3(x)&=\frac{1}{2}(5x^3-3x)\\P_4(x)&=\frac{1}{8}(35x^4-30x^2+3)\end{aligned} \tag{6.44}$$

르장드르 다항식을 계산하기 위한 반복식은 다음과 같다.

$$nP_n(x)=(2n-1)xP_{n-1}(x)-(n-1)P_{n-2}(x),\ n=2,\ 3,\ \cdots \tag{6.45}$$

결국 르장드르 다항식은 다음과 같은 거듭제곱 형태로 나타난다.

$$P_n(x) = p_0 + p_1 x + \cdots + p_{n-1} x^{n-1} + p_n x^n$$

여기서 n은 르장드르 다항식의 차수이고 식은 -1과 1 사이에서 n개의 근을 갖는다.

예제 6.6

반복식 (6.45)를 사용하여 n차 르장드르 다항식을 구하는 사용자정의함수 스크립트 LegendPoly(n)을 작성하고 다음 물음에 답하시오.

① 6차 르장드르 다항식과 다항식의 근들을 구하고,

② 사용자정의함수문을 파일명 'LegendPoly.py'로 저장하고,

③ ①항의 근들을 이용하여 6차 르장드르 다항식을 구하고,

④ 6차 르장드르 다항식의 그래프를 그리시오.

풀이 답을 구하는 스크립트와 그래프는 다음과 같고 출력결과는 생략한다.

```
# Ex66IntLegen.py : [예제 6.6] 6.3.2 가우스-르장드르 구적법
import numpy as np
import matplotlib as mpl
import matplotlib.pyplot as plt

def LegendPoly(n):
    P0, P1 = np.poly1d([1]), np.poly1d([1, 0])
    P = [P0, P1] + [0]*5
    for k in range(2, n+1):
        Pk = np.poly1d([2.0-1.0/k, 0])*P1 - (1.0-1.0/k)*P0
        P0 = P1; P1 = Pk
        P[k] = Pk
    return P[n] # (2)번 답

if __name__ == '__main__':
    P6 = LegendPoly(6); print("(1)번 답:\n", P6) # (1)번의 다항식
    sol = np.round(np.roots(P6), 8); print(sol) # (1)번의 답
    p6 = np.poly1d(np.poly(sol)) ## p6 = P.Polynomial.fromroots(sol)
    c6 = np.round(p6.coef, 7); print(c6) # (3) 다항식의 계수
    print("(3)번 답:\n", np.poly1d(c6)) # (3)번 답 == print(p6/P6[0])
    P = LegendPoly(6)
    x = np.linspace(-1.05, 1.05, 100) # (4)번 답
```

```
fig, ax = plt.subplots(figsize = (8, 4)) # [그림 6.4]
ax.plot(x, P(x), 'b')
ax.hlines(0, -1.05, 1.05, 'r')
ax.set_xlabel("$X$", fontsize = 10)
ax.set_ylabel("$P_6(x)$", fontsize = 12)
ax.set_ylim(-0.6, 1.5)
ax.text(-0.2, 1.3, r"$P_6(x)\approx14.44x^6-19.69x^4+6.562x^2-0.3125$")
plt.title("Gauss-Legendre polynomial", fontsize = 14)
plt.grid(linestyle = ':')
plt.show()
```

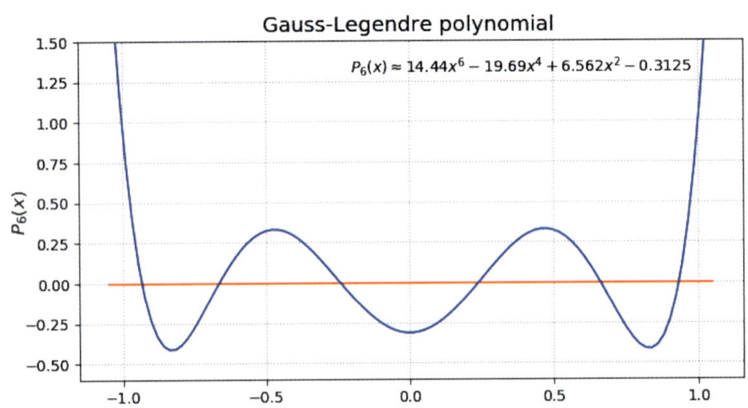

그림 6.4 6차 르장드르 다항식의 그래프

(1) 가우스-르장드르 구적법

가우스-르장드르 구적법은 구간 $[a,\ b]$의 정적분을 구하기 위하여 $[-1,\ 1]$ 사이에 근들을 갖는 르장드르 다항식을 이용한다. 먼저 다음과 같이 정적분 계산을 고려하자.

$$I = \int_{-1}^{1} f(x)dx \tag{6.46}$$

피적분 함수 $f(x)$를 n차 르장드르 다항식의 근들 x_i, $i = 1,\ \cdots,\ n$과 $f(x_i)$로 구성되는 점들을 적합하는 라그랑지 보간다항식 $g(x)$로 근사한다. 그러면 식 (6.46)의 적분은 다음과 같은 근사적분인 가우스-르장드르 구적법을 얻는다.

$$I \cong \int_{-1}^{1} g(x)dx = \sum_{i=1}^{n} \int_{-1}^{1} L_{(n-1)i}(x)dx f(x_i) \tag{6.47}$$

여기서 가중치 $w_i = \int_{-1}^{1} L_{(n-1)i}(x)dx$는 다음과 같이 주어진다.

$$w_i = \int_{-1}^{1} L_{(n-1)i}(x)dx = \int_{-1}^{1} \prod_{j=1,\ j \neq i}^{n} \frac{x - x_j}{x_i - x_j} dx \tag{6.48}$$

여기서 x_i, $i = 1, \cdots, n$들은 n차 르장드르 다항식의 근이고 가중치 w_i, $i = 1, \cdots, n$는 [예제 6.7]에서 구하기로 한다. 적분구간이 $[-1, 1]$이 아닌 경우 르장드르 다항식의 근들을 실제 적분구간 $[a, b]$ 사이로 좌표변환하여 대응한다. 임의의 $x \in [-1, 1]$에 대하여 $z \in [a, b]$로 좌표를 변환하는 식은 다음과 같다.

$$z = a + \frac{b-a}{2}(x+1) \tag{6.49}$$

결국 구간 $[a, b]$에서 $f(z)$의 적분값 $I_{[a, b]}$는 다음과 같이 계산된다.

$$I_{[a, b]} = \int_{a}^{b} f(z)dz = \int_{-1}^{1} f(z)\frac{dz}{dx}dx = \frac{b-a}{2}\sum_{i=1}^{n} w_i f(z_i) \tag{6.50}$$

여기서 z_i는 르장드르 다항식의 근 x_i를 식 (6.49)에 대입하여 구한다.

예제 6.7

[예제 6.5] ①항의 Lagcoef()와 [예제 6.6] ②항의 LegendPoly() 함수 및 식 (6.48)을 이용하여 가우스-르장드르 구적법의 가중치 w_i를 파이썬 스크립트로 구하는 사용자 정의함수 GLweight(n)을 제시된 절차에 따라 작성하고, 이 가중치 w_i를 이용하여 $\int_{0}^{\pi} \sin(x)dx$의 근사적분값을 구하는 다음의 각 물음에 답하시오.

① [예제 6.5] ①항과 [예제 6.6] ②항의 필요한 사용자정의함수를 적용하고,

② 가우스-르장드르 구적법의 가중치 w_i를 구하는 함수를 작성하고,

③ 위 ①항과 ②항을 포함하는 스크립트 파일을 'IntLegenw.py'에 저장하고,

④ 위 ③항을 이용하여 4차 르장드르 다항식의 근과 대응하는 구적법 가중치를 출력하며 가우스-르장드르 구적법의 답을 구하고,

⑤ numpy.polynomial.legendre 모듈의 가중치 leggauss()의 결과와 비교하고,

⑥ 위 ③항을 이용하여 7차 르장드르 다항식의 근과 대응하는 구적법 가중치를 출력하며 가우스-르장드르 구적법의 답을 구하고,

⑦ scipy.integrate의 함수 quad()를 이용하여 적분값을 구하고,

⑧ numpy.polynomial.legendre 모듈의 가중치 leggauss()의 결과와 비교하시오.

풀이 가중치 w_i와 답들을 구하는 스크립트는 다음과 같고 출력결과는 생략한다.

```
# IntLegenw.py: [예제 6.7]의 (3)번 - 6.3.2 가우스-르장드르 구적법 가중치
import numpy as np
from scipy.integrate import quad
from Lagcoef import *  # (1)번
from LegendPoly import *  # (1)번

def GLweight(n):
    w = np.zeros(n) # n (>= 1): 구간의 수는 정수
    x = np.sort(np.roots(LegendPoly(n)))
    for j in range(n):
        y = np.zeros(n);  y[j] = 1.0
        ai = Lagcoef(x, y, n-1)
        px = np.poly1d(ai); # print("px =", px)
        w[j], _ = quad(px, -1, 1)
    return w # (2)번 답: 구간의 수 n의 가우스-르장드르 가중치
```

```
#  Ex67IntLegw.py: [예제 6.7] - 6.3.2 가우스-르장드르 구적법 가중치 이용
import numpy as np
import numpy.polynomial.legendre as leg
from scipy.integrate import quad
from IntegLegenw import *  # 사용자정의함수 Lagcoef()를 위한 임포트

if __name__ == '__main__':
    x4 = np.sort(np.roots(LegendPoly(4))) # (4)번: 4차 Legend 다항식의 근
    x4 = 0.5*np.pi*(x4 + 1); f4 = np.sin(x4)
    print("(4-1)번 답: 계산 w4 =", GLweight(4)) # 4차 Legend 가중치
    sol4 = sum(np.pi/2*GLweight(4)*f4) # (4)번: 심프슨 3/8 공식과 대응
```

```
print("(4-2)번 답: sol4 =", np.round(sol4, 9))
xv, yv = leg.leggauss(4)
print("(5)번 답: np의 w4 =", yv) # numpy의 4차 르장드르 가중치

x7 = np.sort(np.roots(LegendPoly(7))) # (6)번: 7차 Legend 다항식의 근
x7 = 0.5*np.pi*(x7 + 1); f7 = np.sin(x7);
print("(6-1)번 답: 계산 w7 =\n", GLweight(7)) # 7차 Legend 가중치
sol7 = sum(np.pi/2*GLweight(7)*f7) # (7)번: 심프슨 3/8 공식과 대응
print("(6-2)번 답: sol7  =", np.round(sol7, 9))
print("(7)번 답: quad()  =", quad(lambda x:np.sin(x), 0, np.pi))
xv, yv = leg.leggauss(7) # xv: 근, yv: 가중치
print("(8)번 답: np의 w7 =\n", yv) # numpy의 7차 르장드르 가중치
```

6.4 이중적분의 수치적분

두 개의 변수를 갖는 함수 $f(x,\ y)$의 이중적분은 $f(x,\ y)$가 그림 [6.5]와 같은 적분 영역 R상에서 연속이면 계산할 수 있다. 특히 $h_1(x)=c$이고 $h_2(x)=d$이면 사각형의 적분영역 R상에서 이중적분은 다음 식으로 주어진다.

$$\iint_R f(x,\ y)dxdy = \int_a^b \int_c^d f(x,\ y)dydx$$

영역 R이 $R: h_1(x) \leqq y \leqq h_2(x),\ a \leqq x \leqq b$로 주어질 때 이중적분은 다음과 같은 식으로 표현한다.

$$\iint_R f(x,\ y)dxdy = \int_a^b \int_{h_1(x)}^{h_2(x)} f(x,\ y)dydx \tag{6.51}$$

파이썬에서 다중적분은 SciPy.integrate 모듈의 dblquad()와 tplquad() 함수를 사용한다. 어떤 n차원 도메인 R에 대한 n개 변수의 적분도 nquad() 사용하여 계산할 수 있다.

이중적분함수의 사용형식은 dblquad(f, a, b, h_1, h_2)이다. 여기서 f는 피적분함수이고 a, b와 h_1, h_2는 [그림 6.5]에서 적분영역 R을 나타낸다.

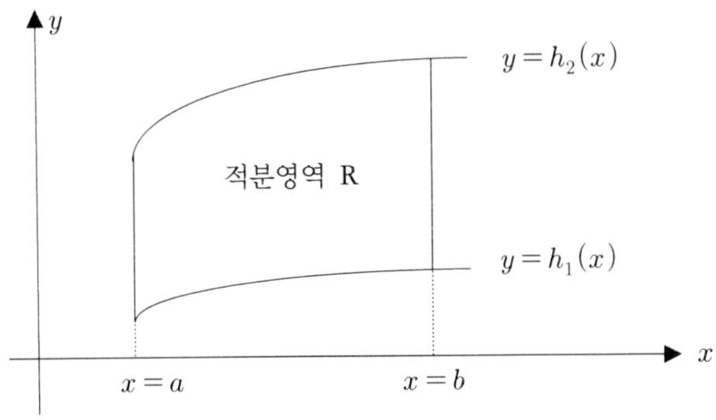

그림 6.5 이중적분의 2차원 적분영역

이제 이중적분의 수치적분 접근방식부터 알아보기로 하자. 수치적분을 위한 일반적인 형태는 식 (6.51)로 주어지고 수치적분을 위해서는 두 부분으로 분리하여 적분한다. 함수 $f(x, y)$에 대한 이중적분의 내부 적분은 다음과 같은 식으로 쓸 수 있다.

$$G(x) = \int_{h_1(x)}^{h_2(x)} f(x, y)dy \tag{6.52}$$

따라서 이중적분의 외부 적분은 피적분함수로 $G(x)$를 갖고 다음과 같이 된다.

$$I_f = \int_a^b G(x)dx \tag{6.53}$$

이중적분의 수치적분은 앞에서 다룬 어떤 수치적분공식도 식 (6.53)에 대해 적용하여 계산할 수 있다. 적분영역 $[a, b]$ 사이에 n개의 구간이 있을 때 식 (6.53)에 대한 수치적분은 가중치 w_i와 함께 다음과 같은 형태를 갖는다.

$$I_f \cong \sum_{i=1}^{n+1} w_i G(x_i) \tag{6.54}$$

여기서 $G(x_i)$, $i=1,\ 2,\ \cdots,\ n+1$는 다음과 같다.

$$G(x_i) = \int_{h_1(x_i)}^{h_2(x_i)} f(x_i,\ y)dy \tag{6.55}$$

위 적분의 피적분함수 $f(x_i,\ y)$는 단일 변수를 가지므로 1차원 문제의 수치적분 기법으로 쉽게 계산할 수 있다.

예제 6.8

평면상 $(x,\ y)$ 좌표의 각 방향으로 n개의 구간을 사용하고 확장 심프슨 1/3 공식을 사용하여 이중적분 $I_f = \int_1^2 \int_{-x}^{x^2} \sin(x/2+y)dydx$를 구하기 위해서 파이썬 스크립트를 작성하는 다음 각 물음에 답하시오.

① x축, y축 방향 모두 2개의 구간을 갖는 심프슨 1/3 공식을 사용하여 근사 이중적분을 직접 계산하고,

② x축 방향 m개, y축 방향 n개의 구간을 갖는 확장 심프슨 1/3 공식을 사용하여 근사 이중적분을 구하는 사용자정의함수를 작성하시오.

풀이 ① x축 방향 2개의 구간에 대응하는 격자점을 다음과 같이 두자.

$$x_1 = a = 1,\ x_2 = 3/2,\ x_3 = b = 2 \tag{6.56}$$

그러면 식 (6.54)에 따라 심프슨 1/3 공식을 적용하면 다음과 같다.

$$I_f \cong \frac{h}{3}[G(x_1) + 4G(x_2) + G(x_3)] \tag{6.57}$$

여기서 $h=(b-a)/2=1/2$이고 식 (6.55)에 따라 $G(x_i)$는 다음과 같다.

$$G(x_i) = \int_{h_1(x_i)}^{h_2(x_i)} \sin(x_i/2+y)dy = \int_{-x_i}^{x_i^2} \sin(x_i/2+y)dy \tag{6.58}$$

식 (6.56)의 값들을 식 (6.57)과 (6.58)에 대입하여 다음 식을 얻는다.

$$I_f \cong \frac{1}{6}\left[\int_{-1}^{1} \sin(1/2+y)dy + 4\int_{-1.5}^{2.25} \sin(1.5/2+y)dy + \int_{-2}^{4} \sin(1+y)dy\right] \tag{6.59}$$

위 첫 항에 심프슨 1/3 공식을 적용하면 다음과 같다.

$$G(1) = \int_{-1}^{1} \sin(0.5+y)dy = \frac{1}{3}[\sin(0.5-1) + 4\sin(0.5) + \sin(0.5+1)] \approx 0.8119239$$

같은 방법으로 계산하면,

$$G(1.5) = \int_{-1.5}^{2.25} \sin(1.5/2+y)dy \approx 1.917845$$
$$G(2) = \int_{-2}^{4} \sin(1+y)dy \approx 1.836794$$

끝으로 계산된 $G(1), G(1.5), G(2)$를 식 (6.59)에 대입하여 이중적분의 근사적분을 다음과 같이 얻는다.

$$I_f \cong \frac{1}{6}(0.8119239 + 4 \times 1.917845 + 1.836794) = 1.720016$$

② 이중적분을 구하는 사용자정의함수는 다음과 같다.

```
# Ex68IntDbl.py: [예제 6.8] 6.4 이중적분의 수치적분 - 이중적분
import numpy as np
import sympy as sp
from scipy.integrate import quad, dblquad

def g(x, y): return np.sin(x/2.0 + y)
def h1(x): return -x
def h2(x): return x**2
# 이중적분의 내부 적분값을 심프슨 1/3 공식으로 구하기 위함
def Simpson13(a, b, x, n): # m, n은 짝수
    h = (b-a)/n; u = a + np.arange(n+1)*h  # n은 짝수
    fu, w = g(x, u), np.zeros(n+1)
    if n==2: w = [1.0, 4.0, 1.0]
    else:
        w[np.arange(1, n, 2)], w[np.arange(2, n, 2)] = 4, 2

    return h/3.0*sum(w*fu)
# 이중적분의 외부 적분값을 심프슨 1/3 공식으로 구하기 위함
def DblInt(a, b, m, n):
    if (m < 2 or n < 2):
        print("m, n이 2 이상이어야 함 \n"); return [None]
    m2, n2 = 2*np.int(np.floor(m/2)), 2*np.int(np.floor(n/2))
    if (m != m2 or n != n2):
```

```
        print("m, n이 짝수이어야 함 \n"); return [None]
    mp1 = m+1 # m = x축 방향 간격의 수
    hx = (b-a)/m; x = a + np.arange(mp1)*hx
    av, bv = h1(x), h2(x)
    Gx = np.zeros(mp1)
    for k in range(mp1):
        Gx[k] = Simpson13(av[k], bv[k], x[k], n)
    w = np.zeros(mp1)
    if (m==2): w = [1.0, 4.0, 1.0]
    else :
        w[np.arange(1, m, 2)], w[np.arange(2, m, 2)] = 4, 2
    return (hx/3)*sum(w*Gx)

if __name__ == '__main__':
   print("DblInt(1, 2, 2, 2)     =",DblInt(1, 2, 2, 2))
   print("DblInt(1, 2, 50, 100)  =",DblInt(1, 2, 50, 100))
   print("DblInt(1, 2, 300, 900) =",DblInt(1, 2, 300, 900))
   f = lambda x : np.cos(-x/2.0) - np.cos(x**2.0+x/2.0)
   print("Exact : quad(f, 1, 2) =",quad(f, 1, 2)[0]) # Exact = 1.282859
```

6.5 파이썬 함수를 이용한 적분

6.5.1 SciPy가 지원하는 적분

SciPy의 scipy.integrate 모듈이 제공하는 함수 quad()를 이용하여 유한 또는 무한 구간에 대한 단일변수의 정적분결과를 얻을 수 있고 사용형식은 다음과 같다.

```
>>> from scipy.integrate import quad
>>> quad(func, a, b, args = (), epsabs = 1.49e-08, epsrel = 1.49e-08, …)
```

① func: 피적분 함수(예, exp, sin)이거나 사용자정의함수

② a: 적분구간의 왼쪽 끝점(하한, 구간 [a, b]의 a를 의미함)

③ b: 적분구간의 오른쪽 끝점(상한, 구간 [a, b]의 b를 의미함)

④ epsabs, epsrel: 요청되는 오차 한계와 상대오차 한계

예제 6.9

파이썬이 제공하는 피적분 함수 exp(), sin(), sqrt(), norm.pdf(), caucy.pdf(), expon.pdf() 등에 대한 정적분을 구하시오.

풀이 정규(norm), 코시(caucy)와 지수(expon) 분포의 확률밀도함수(pdf)는 Scipy의 통계 모듈 scipy.stats가 지원한다. 주어진 함수들의 정적분을 구하는 파이썬 스크립트는 다음과 같고 출력결과는 생략한다.

```
# Ex69IntScip.py: [예제 6.9] 6.5 파이썬 함수 - 6.5.1 SciPy가 지원하는 적분
>>> import numpy as np
>>> from scipy.integrate import quad
>>> from scipy.stats import norm, cauchy, expon

>>> v1, e1 = quad(lambda x: np.exp(x), 0, 1, epsrel = 1e-7) # 1.7182818
>>> v2, e2 = quad(lambda x: np.sin(x), 0, np.pi) # 2.0
>>> v3, e3 = quad(lambda x: np.sqrt(x), 0, 4, epsrel = 1e-5) # 5.3333333
>>> v4, e4 = quad(lambda x: norm.pdf(x), -10, 10) # 1.000000
>>> v5, e5 = quad(lambda x: norm.pdf(x), -np.inf, np.inf) # 0.9999999
>>> v6, e6 = quad(lambda x: norm.pdf(x), 0, 20, epsrel = 1.0e-7) # 1.000000
>>> v7, e7 = quad(lambda x: cauchy.pdf(x), -10, 10) # 0.5000000
>>> v8, e8 = quad(lambda x: expon.pdf(x), 0, 5) # 0.93654896513889
>>> v9, e9 = quad(lambda x: expon.pdf(x), 0, 100, epsrel = 1e-7) # 0.993262
```

1. 사용자정의함수의 정적분

파이썬이 제공하는 피적분 함수는 제한적이지만, 이 함수들의 결합으로 사용자정의 함수를 생성하고 적분하는 것은 제한 없이 가능하다.

예제 6.10

다음 주어진 함수를 사용자정의함수로 작성하고 integrate 모듈이 제공하는 정적분함수 quad()를 사용하여 각 함수와 주어진 범위에 대한 정적분값을 구하시오.

① $f_1(x) = \dfrac{1}{(x+1)\sqrt{x}},\ 0 \leqq x < \infty$

② $f_2(x) = e^{-x^2},\ -\infty < x < \infty$

③ $f_3(x) = \dfrac{1}{\sqrt{2\pi}} e^{-x^2/2},\ -\infty < x < \infty$

④ $f_4(x) = \dfrac{1}{x^2+1},\ 0 \leqq x < \infty$

⑤ $f_5(x) = \dfrac{2}{\pi(x^2+4)},\ -\infty < x < \infty$

풀이 ① $\int_0^\infty f_1(x)dx = \pi \approx 3.141593$, ② $\int_{-\infty}^\infty f_2(x)dx = \sqrt{\pi} \approx 1.772454$,
③ $\int_{-\infty}^\infty f_3(x)dx = 1$, ④ $\int_0^\infty f_4(x)dx = \pi/2$, ⑤ $\int_{-\infty}^\infty f_5(x)dx = 1$

정적분값들을 구하기 위한 파이썬 스크립트는 다음과 같고 출력결과는 생략한다.

```
# Ex610IntUser.py: [예제 6.10] 6.5.1 SciPy 지원 적분 - 사용자정의함수
>>> import numpy as np
>>> from scipy.integrate import quad

>>> def f1(x): return 1/((x+1)*np.sqrt(x)) # 문제 (1)의 함수
>>> def f2(x): return np.exp(-x**2) # 문제 (2)의 함수
>>> def f3(x): return 1/np.sqrt(2*np.pi)*np.exp(-x**2/2) # 문제 (3)의 함수
>>> def f4(x): return 1/(x**2 +1) # 문제 (4)의 함수
>>> def f5(x): return 2/(np.pi*(x**2 +4)) # 문제 (5)의 함수

>>> v1, e1 = quad(f1, 0, np.inf, epsrel=1e-7) # 3.141592654
>>> v2, e2 = quad(lambda x: 1/((x+1)*np.sqrt(x)), 0, np.inf) # 3.141592653
>>> v3, e3 = quad(f2, -np.inf, np.inf) # sqrt(pi) = 1.772453851
>>> np.sqrt(np.pi) # sqrt(pi) = 1.772453851
>>> v4, e4 = quad(f3, -np.inf, np.inf) # 0.9999999998
>>> v5, e5 = quad(f4, 0, np.inf) # 1.570796327
>>> v6, e6 = quad(f5, -np.inf, np.inf) # 0.99999999999
>>> v7, e7 = quad(lambda x: 2.0, 0, 1) # 2.0
```

6.5.2 다중적분의 정적분

SciPy의 integrate 모듈이 제공하는 정적분 함수 dblquad()로 이중적분을, tplquad()로 삼중적분을 할 수 있다. 또한 nquad()는 이중적분과 삼중적분에 함께 적용할 수 있다. 다중적분의 경우 이미 내부적분(1차 적분) 결과에 오차를 포함하고 있으므로 근사 오차가 가중될 수 있다.

1. Scipy.integrate 모듈의 다중적분함수

Scipy.integrate가 지원하는 dblquad() 내장함수를 이용하여 이중적분의 정적분을 구하는 방식을 알아보자. 적분영역이 함수로 주어지지 않으면 nquad() 함수를 사용할 수 있다. 예를 들어, $\int_0^1 \int_0^1 4\mathrm{exp}(-2x-2y)dxdy$의 수치적분값을 구하기 위한 파이썬 스크립트는 다음과 같고 출력결과는 주석으로 달려있다.

```
# SS652IntDbl.py: 6.5 파이썬 함수 이용 적분 - 6.5.2 다중적분의 정적분
import numpy as np
from scipy.integrate import dblquad

f = lambda x, y: 4.0*np.exp(-2*x - 2*y)
if __name__ == '__main__':
    v, e = dblquad(f, 0, 1, 0, 1)
    print("dblquad =", v) # dblquad = 0.7476450724155089
    print("  error =", e) #   error = 1.9116214410514766e-14
    print("  Exact =", (1-np.exp(-2))**2) # Exact = 0.7476450724155088
```

(1) nquad()와 tplquad()

이중적분을 위한 dblquad() 함수와 삼중적분을 위한 tplquad() 함수의 사용형식은 매우 유사하다. dblquad()의 사용형식은 이 절의 서두에 언급되어 있다. 여기서는 tplquad()의 사용형식은 생략하고 nquad()의 사용형식을 알아보기로 한다.

```
>>> from scipy.integrate import nquad
>>> nquad(func, ranges, args = None, opts = None, …)
```

① func: 피적분 함수이거나 사용자정의함수

② ranges: 적분구간을 표시하며 두 숫자의 쌍으로 표시 $[(a_1,\ b_1),\ (a_2,\ b_2),\ \cdots]$

③ args: func나 opts에 의해 요구되는 추가 인수

④ opts: 디폴트 옵션은 quad()와 같은 인수 – epsabs, epsrel, limits 등

예제 6.11

다음 주어진 함수를 사용자정의함수로 작성하고 scipy.integrate 모듈이 제공하는 정적분함수를 사용하여 정적분값을 구하는 각 문항의 물음에 답하시오.

$$f_1(x,\ y) = \sin(x)\exp(-x^2 - y^2),$$

$$f_2(x,\ y) = \frac{\sin(x)}{1.0 + x^2 + y^2},$$

$$f_3(x,\ y,\ z) = \frac{\sin(x)}{1.0 + x^2 + y^2 + z^2}$$

① 적분함수 dblquad()와 nquad()를 이용하여 $\int_0^2 \int_0^2 f_1(x,\ y)dydx$을 구하고,

② 적분함수 dblquad()와 nquad()를 이용하여 $\int_0^2 \int_0^2 f_2(x,\ y)dydx$을 구하고,

③ 함수 tplquad()와 nquad()를 이용하여 $\int_0^2 \int_0^2 \int_0^2 f_3(x,\ y,\ z)dzdydx$을 구하시오.

풀이 주어진 함수들의 주어진 적분영역에서 정적분값들을 구하기 위한 스크립트는 다음과 같으며 출력결과는 주석으로 달려있다. 적분함수 nquad()를 사용할 때 적분범위를 딕셔너리 형식으로 지정한다는 점을 유념할 필요가 있다.

```
# Ex611Nquad.py: [예제 6.11] 6.5.2 다중적분의 정적분 - nquad() 용법
import numpy as np
from scipy.integrate import dblquad, nquad, tplquad

def f1(x, y): return np.sin(x)*np.exp(-x**2 -y**2)
def f2(x, y): return np.sin(x)/(1.0 + x**2 + y**2)
def f3(x, y, z): return np.sin(x)/(1.0 + x**2 + y**2 + z**2)

if __name__ == '__main__':
```

```
v1d, e1d = dblquad(f1, 0, 2, 0, 2)
print("dblquad_f1 =", v1d) # 0.37150113821947955
v1n, e1n = nquad(f1, [(0, 2),(0, 2)])
print("  nquad_f1 =", v1n) # 0.37150113821947955
v2d, e2d = dblquad(f2, 0, 2, 0, 2)
v2n, e2n = nquad(f2, [(0, 2), (0, 2)])
print("dbl_f2 =%.9f, n_f2 =%.9f"% (v2d, v2n)) # 0.84814244
v3t, e3t = tplquad(f3, 0, 2, 0, 2, 0, 2)
print("tplquad_f3 =", v3t) # 1.2487760934655499
v3n, e3n = nquad(f3, [(0, 2), (0, 2), (0, 2)])
print("  nquad_f3 =", v3n) # 1.2487760934655499
```

2. 영역이 함수로 주어지는 적분

앞 1항의 예는 x축과 y축 적분영역이 모두 간격으로 주어지는 경우이다. 그러나 이중적분의 y축 영역이 함수로 주어지는 경우도 있다. 예를 들면, 아래 이중적분들은 x축 또는 y축 영역이 함수로 주어지는 경우이며 수치적분값을 구하기 위한 파이썬 스크립트는 아래와 같고 출력결과는 주석으로 달려있다.

① $\int_{15}^{30}\int_{15}^{y} y(x+0.805)dxdy$, ② $\int_{0}^{1}\int_{x-1}^{1-x} \exp(-x^2-y^2)dydx$,

```
# SS652DblFn.py: 6.5.2 다중적분의 정적분 - 2. 영역이 함수로 주어지는 적분
import numpy as np
from scipy.integrate import dblquad, nquad, quad

def f(x, y): return y*(x + 0.805)
def g(x, y): return np.exp(-x**2 -y**2)

if __name__ == '__main__':
    v1, e1 = dblquad(f, 15, 30, 15, lambda y: y)
    print("dblquad_f =", v1) # 59217.18749999999
    v2, e2 = dblquad(g, 0, 1, lambda x: x-1, lambda x: 1-x)
    print("dblquad_g =", v2) # 0.7320931000008094
```

예제 6.12

scipy.integrate 모듈이 제공하는 tplquad() 함수를 사용하여 다음 정적분의 값을 구하는 각 문항의 물음에 답하시오.

$$\int_0^{\pi}\int_0^{\pi}\int_{y-1}^{1-y} \exp(-x^2-y^2-z^2)dzdydx$$

① 피적분함수를 사용자정의함수 $f(x,\ y,\ z)$로 정의하고,

② y축의 적분구간함수 하한 $g(x)$와 상한 $h(x)$를 정의하고,

③ z축의 적분구간함수 하한 $q(y)$와 상한 $r(y)$를 정의하고 값을 구하시오.

풀이 정적분값의 출력결과와 tplquad()를 적용하는 스크립트는 다음과 같다.

```
tplquad_f = 0.5787262637811051
tpl_err_f = 1.6840134738223152e-10
```

```
# Ex612TplFn.py: 6.5.2 다중적분의 정적분 - 2. 영역이 함수로 주어지는 적분
import numpy as np
from scipy.integrate import tplquad

f = lambda x, y, z: np.exp(-x**2 -y**2 -z**2)
if __name__ == '__main__':
    g, h = lambda x: 0, lambda x: np.pi
    q, r = lambda x, y: x-1, lambda x, y: 1-x
    val, err = tplquad(f, 0, np.pi, g, h, q, r)
    print("tplquad_f =", val) # 0.5787262637811051
    print("tpl_err_f =", err) # 1.6840134738223152e-10
```

6.5.3 SymPy를 이용한 적분

5장의 5.3절에서 SymPy 라이브러리가 제공하는 sympy.diff() 함수를 이용하여 기호관점 미분을 다루어보았다. 독립변수가 단일변수일 때뿐만 아니라 다중변수일 때도 적용이 가능하였다. 이와 유사하게 SymPy 라이브러리가 지원하는 기호관점 연산과 SciPy 라이브러리가 지원하는 적분함수 sympy.integrate()를 결합하여 정적분의 값을 편리하

게 계산할 수 있다. 특히 SymPy를 이용하는 적분은 적분영역이 구간일 때뿐만 아니라 함수로 주어지는 다중적분의 정적분을 구할 때도 유용하다.

예를 들어, $\int_0^1 \int_{x^2}^{1+x^2} \sin(x)\exp(x^2-y)dydx$의 수치적분값을 구하기 위한 파이썬 스크립트와 답은 아래와 같고 출력결과는 주석에 주어져 있다.

```
# SS653IntSym.py: 6.5 파이썬 함수 이용 적분 - 6.5.3 SymPy를 이용하는 적분
import numpy as np
import sympy as sp
from scipy.integrate import quad, dblquad

if __name__ == '__main__':
    x, y = sp.symbols('x y')
    fxy = sp.sin(x)*sp.exp(x**2 -y)
    F = sp.integrate(fxy, y)
    f = sp.integrate(F.subs(y, 1+x**2) - F.subs(y, x**2))
    val = (f.subs(x, 1.0) - f.subs(x, 0.0)).evalf()
    print("sympy.integ(f) = %.9f"% val) # 0.290584363
```

예제 6.13

sympy.integrate() 함수를 사용하여 다음 정적분의 값을 구하는 각 문항의 물음에 답하시오.

$$\text{(a)} \int_1^2 \int_0^{2-x/2} \sqrt{2x+y}\, dydx, \quad \text{(b)} \int_1^2 \int_{-x}^{x^2} \sin(x/2+y)\, dydx$$

① (a)항의 정적분의 값을 구하는 스크립트와 답을 쓰고,

② (b)항의 정적분의 값을 구하는 스크립트와 답을 쓰시오.

풀이 정적분의 값들을 구하는 스크립트와 답은 다음과 같고 출력결과는 생략한다.

```
# Ex613IntSym.py: [예제 6.13] 6.5.3 SymPy를 이용하는 적분
import sympy as sp

x, y = sp.symbols('x y')
```

```python
if __name__ == '__main__':
    fxy = sp.sqrt(2.0*x + y)
    F = sp.integrate(fxy, y)
    val1 = sp.integrate(F.subs(y, 2-x/2) - F.subs(y, 0), (x, 1, 2)).evalf()
    print("sympy.integ(f) =", val1) # 2.35141131211087

    gxy = sp.sin(x/2+y)
    G = sp.integrate(gxy, y)
    val2 = sp.integrate(G.subs(y, x**2) - G.subs(y, -x), (x, 1, 2)).evalf()
    print("sympy.integ(g) =", val2) # 1.28285892995382
```

6.5.4 몬테카를로 적분

6.1절에서도 언급하였듯 정적분은 구간 $[a,\ b]$에서 함수 $f(x)$의 그래프와 x축이 이루는 면적으로 나타낸다. 즉, 정적분은 구간 $[a,\ b]$에서 변수 x의 함수 f에 의하여 이루어지는 영역의 부호화된 면적으로 정의된다. 다음 함수를 계산하는 문제를 고려하여 보자.

$$F(x) = \int_a^x f(t)dt,\ \ t \in [a,\ b] \tag{6.60}$$

몬테카를로 적분은 통계 분포를 이용하여 정적분값의 근삿값을 구하는 방법으로 모의실험을 이용한다. 모의실험은 표본의 크기가 커질수록 표본의 평균이 모집단 분포의 모평균에 접근한다는 대수의 강법칙(strong law of large numbers)에 근거한다.

식 (6.60)과 같이 정의된 함수는 구간 $[a,\ b]$에서 연속이고 구간 $(a,\ b)$에서 미분가능이므로 평균값의 정리에 의하여 다음 식을 만족하는 $c \in [a,\ b]$가 존재한다.

$$F(b) - F(a) = F'(c)(b-a)$$

미적분학의 기본정리에 의하여 $F'(x) = f(x)$이므로 정적분의 기본정리에 의해서 다음 식이 성립한다.

$$\int_a^b f(t)dt = f(c)(b-a)$$

위 식에서 $f(t)$는 구간 $[a, b]$ 상에서 $f(x)$의 평균값을 취할 수 있음을 뜻한다. 평균값을 구하기 위하여 몬테카를로 방법을 사용할 수 있도록 위 식을 다시 쓰면 다음과 같다.

$$f(c) = \int_a^b f(t)\frac{1}{b-a}dt = E[f(X)]$$

여기서 X는 구간 $[a, b]$ 상에서 정의된 일양(균일)분포를 따르는 확률변수이다. 따라서 구하고자 하는 정적분 근삿값은 다음 식으로 주어진다.

$$\int_a^b f(t)dt = (b-a)E[f(X)] \tag{6.61}$$

이 적분값은 구간 $[a, b]$ 상에서 생성된 일양분포 난수 $X_1, \cdots, X_n$을 이용하여 구한 $f(X_i),\ i=1, \cdots, n$의 표본평균에 $(b-a)$를 곱한 값으로 근사할 수 있음을 의미한다.

예를 들어, 다음 정적분을 일양분포 난수를 생성하여 근삿값을 구하고 SciPy의 적분 함수 quad()의 실행결과와 비교하여 보자.

$$\int_0^{\pi/2} x^{2\sin(x)}dx$$

몬테카를로 적분과 quad()를 적용한 파이썬 스크립트 및 계산결과는 다음과 같다.

```
# SS654IntMont.py: 6.5 파이썬 함수 이용 적분 - 6.5.4 몬테카를로 적분 1
import numpy as np
from scipy.integrate import quad

f = lambda x: x**(2.0*np.sin(x))
if __name__ == '__main__':
    np.random.seed(0) # 재현을 위한 seed 배정
    u = np.random.uniform(0, np.pi/2.0, 1000000)
```

```
    monte1 = np.mean(f(u))*np.pi/2.0
    print("mean(f(u))*np.pi/2.0 = %.7f"% monte1) # 1.5818466
    v, e = quad(f, 0, np.pi/2.0)
    print("Integration by quad() = %.7f"% v) # 1.5807685
```

위 예에서는 일양분포를 이용하였으나 몬테카를로 근사는 임의의 적분구간에 대해서 다양한 분포들을 이용하여 정적분을 근사할 수 있다. 확률변수 X의 확률밀도함수가 $f(x)$라고 하면 다음 식이 성립한다.

$$E\left[\frac{g(X)}{f(X)}\right] = \int_a^b \frac{g(x)}{f(x)} f(x)dx = \int_a^b g(x)dx \tag{6.62}$$

따라서 $g(X)/f(X)$의 표본평균을 이용하여 식 (6.62)의 우변 정적분의 근삿값을 몬테카를로 적분법으로 구할 수 있다. 예를 들어, 다음 적분의 경우 구간 [0, 1]에서 일양분포로 나타낼 수 없으나 모수 $\lambda = 1$인 지수분포로 나타낼 수 있다.

$$\int_0^\infty x^{-2x} dx = \int_0^\infty (x^2)^{-x} e^x e^{-x} dx = \int_0^\infty \left(\frac{e}{x^2}\right)^x e^{-x} dx$$

몬테카를로 적분과 quad()를 이용한 스크립트와 계산결과는 다음과 같다.

```
# SS654ExpMont.py: 6.5 파이썬 함수 이용 적분 - 6.5.4 몬테카를로 적분 2
import numpy as np
from scipy.integrate import quad

f2 = lambda x: (np.exp(1)/(x**2))**x
g2 = lambda x: x**(-2*x)
if __name__ == '__main__':
    np.random.seed(0) # 재현을 위한 seed 배정
    v = np.random.exponential(1.0, 1000000)
    monte2 = np.mean(f2(v))
    print("np.mean(f2(v))) = %.7f"% monte2) # 2.0773674
    v2, e2 = quad(g2, 0, np. inf)
    print("Integ by quad() = %.7f"% v2) # 2.0784500
```

(1) 몬테카를로 이중적분

이중적분을 근사하는 데도 몬테카를로 방법을 사용할 수 있다. 이중적분의 경우 X_1, X_2, $\cdots$, X_n을 구간 [0, 1]에서 추출한 변수 X를 위한 일양분포 난수라 하고 Y_1, Y_2, $\cdots$, Y_n을 구간 [0, 1]에서 추출한 변수 Y를 위한 일양분포 난수라 하자. 대수의 강법칙에 의하여 다음 식이 성립한다.

$$\int_0^1 \int_0^1 f(x,\ y)dxdy \approx \frac{1}{n}\sum_{i=1}^{n} f(X_i,\ Y_i)$$

따라서 이중적분의 근삿값은 일양확률변수 X와 Y로부터 생성된 난수들의 함숫값 $f(X_i, Y_i)$의 평균값을 구하여 계산할 수 있다. 예를 들어, 다음 이중적분을 일양분포 난수를 생성하여 근삿값을 구하고 R의 적분함수 integrate()의 실행결과와 비교하여 보자.

$$\int_1^5 \int_2^6 \sin(x+y)dxdy$$

몬테카를로 적분과 dblquad() 함수를 이용하는 스크립트와 계산결과는 다음과 같다.

```
# SS654MontDbl.py: 6.5 파이썬을 이용한 적분 - 6.5.4 몬테카를로 적분 3
import math, numpy as np
from scipy.integrate import dblquad

def f3(x, y): return np.sin(x + y) # (2, 6), (1, 5)
if __name__ == '__main__':
    np.random.seed(7)
    ux = np.random.uniform(1, 5, 1000000)
    uy = np.random.uniform(2, 6, 1000000)
    mt3 = np.mean(np.sin(ux + uy))*(5-1)*(6-2)
    print("np.mean(f3(ux+uy))*(5-1)*(6-2) = %.7f"% mt3) # 2.1719390
    v3, e3 = dblquad(f3, 1, 5, 2, 6)
    print("int_1^5 int_2^6 sin(x+y)dxdy = %.7f"% v3) # 2.1728434
```

몬테카를로 모의실험 방법은 적분 근사치를 구하는 데 사용하는 것뿐만 아니라 급수의 합을 구하는 데도 유용하다. 다음 급수의 합을 구하는 문제를 다루어보기로 하자.

$$\sum_{k=1}^{\infty}\log(k)\frac{2^k}{k!}=\sum_{k=0}^{\infty}2e^2\frac{\log(1+k)}{1+k}e^{-2}\frac{2^k}{k!}$$

위 식에서 $P(X=k)=e^{-2}2^k/k!,\ k=0,\ 1,\ \cdots$는 모수 $\lambda=2$를 갖는 포아송 분포의 확률밀도함수를 나타내고 있다. 몬테카를로 방법으로 급수의 합을 구하는 스크립트와 정확한 급수의 합은 다음과 같다.

```
# SS654MontSeq.py: 6.5 파이썬을 이용한 적분 - 6.5.4 몬테카를로 적분 4
import math, numpy as np
from scipy.integrate import dblquad

f4 = lambda x: 2*np.exp(2)*np.log(1+x)/(1+x)
if __name__ == '__main__':
    np.random.seed(3)
    sum4, u4 = 0.0, np.random.poisson(2, 1000000)
    print("np.mean(f4(u4)) = %.7f"% np.mean(f4(u4))) # 4.4312111
    for k in range(2, 41):
        sum4 += np.log(k)*2**k/math.factorial(k)
    print("sum_0^inf log(n)2^n/n! = %.7f"% sum4) # 4.4302788
```

예제 6.14

몬테카를로 방법을 이용하여 다음 적분값을 구하고 파이썬 내장함수로 적분한 정확한 값과 비교하시오.

① $\int_{-10}^{10}\frac{1}{\sqrt{2\pi}}\cos(x)e^{-x^2/2}dx$ ② $\int_0^2\int_0^2\int_0^2\frac{\sin(x+y+z)}{1+x^2+y^2+z^2}dxdydz$

풀이 근삿값과 정확한 값을 구하는 파이썬 스크립트는 다음과 같다.

```
# Ex614IntMont.py: [예제 6.11] 6.5.4 몬테카를로 적분 5
import numpy as np
from scipy import integrate
```

```
f1 = lambda x: np.cos(x)*np.exp(-x**2/2.0)/np.sqrt(2*np.pi)
f2 = lambda x, y, z: np.sin(x+y+z)/(1+x**2 +y**2 +z**2)

if __name__ == '__main__':
    np.random.seed(0)
    rn = np.random.uniform(-10, 10, 1000000)
    print("Mont1 = %.8f"% np.mean(f1(rn)*20.0)) # 0.60537261
    val1, err1 =integrate.quad(f1, -10, 10)
    print("Exact = %.8f"% val1) # 0.60653066
    r1 = np.random.uniform(0, 2, 700000)
    r2 = np.random.uniform(0, 2, 700000)
    r3 = np.random.uniform(0, 2, 700000)
    Mt3 = 2**3*np.mean(np.sin(r1+r2+r3)/(1+r1**2+r2**2+r3**2))
    print("MontXYZ = %.8f"% Mt3) # 0.71953067
    val2, err2 = integrate.nquad(f2, [(0, 2), (0, 2), (0, 2)])
    print("Exact = %.8f"% val2) # 0.71826831
```

```
Mont1 = 0.60537261
Exact = 0.60653066
MontXYZ = 0.71953067
Exact = 0.71826831
```

x	0	0.1	0.2	0.3	0.4	0.5	0.6	0.7	0.8
$f(x)$	0	0.22225	0.32929	0.36591	0.36143	0.3347	0.29754	0.25716	0.21772

(1) 변화량 $h=0.4$, 0.2, 0.1의 각각에 대한 적분 근삿값을 구하고,

(2) 변화량 $h=0.4$와 $h=0.2$에 대한 롬베르크 적분을 구하고,

(3) 변화량 $h=0.2$와 $h=0.1$에 대한 롬베르크 적분을 구하고,

(4) (2)항과 (3)항에서 구한 결과에 대한 리차드슨 적분을 구하고,

(5) (4)항의 결과와 정확한 적분 결과를 비교하시오.

7 연습문제 [5]의 롬베르크 적분 반복식을 계산하는 사용자정의함수 Romberg(f, a, b, ϵ)와 확장 사다리꼴 공식 사용자정의함수 Trap(f, a, b, n)을 통합하여 새로운 사용자정의 함수 TrapRom(f, a, b, ϵ)을 작성하고 다음 함수에 대해서 물음에 답하시오.

$$f(x)=\left(2x+\frac{1}{1+x}\right)^2,$$

$$g(x)=\frac{xe^{2x}}{1+x^2},$$

$$h(x)=\frac{1+x^2}{1+x+x^2}$$

(1) 구간 [0, 2], $\epsilon=1.0e-12$로 하고 $f(x)$의 정적분값을 구하고,

(2) 구간 [0, 2], $\epsilon=1.0e-12$로 하고 $g(x)$의 정적분값을 구하고,

(3) 구간 [0, 2], $\epsilon=1.0e-12$로 하고 $h(x)$의 정적분값을 구하시오.

8 주어진 세 점 $(-1,\ f_1)$, $(0,\ f_2)$, $(1,\ f_3)$을 고려하여 심프슨 1/3 공식의 계수들이 다음 절차에 따라 유도됨을 보이시오.

(1) 세 점을 지나는 라그랑지 보간다항식 $p(x)$를 구하고,

(2) 보간다항식 $P(x)$를 거듭제곱 형태로 나타내고,

(3) $\int_{-1}^{1} P(x)dx$를 구하시오.

9 확장 심프슨 1/3 공식을 이용하여 문항에 주어진 구간 수에 따라 다음 함수의 정적분을

구하는 사용자정의함수 Simps13(f, a, b, N)을 작성하고 정적분값을 구하시오.

$$f_1(x) = \frac{1}{1+\cos(x^2)},$$

$$f_2(x) = \frac{2\log(2+x^2)}{x},$$

$$f_3(x) = \frac{4\cos(x)}{2+\sin(2x)}$$

(1) 구간 [0, π]와 구간의 수 $N=8$과 16에 대한 $f_1(x)$의 정적분값을 구하고,

(2) 구간 [1, 2]와 구간의 수 $N=8$과 16에 대한 $f_2(x)$의 정적분값을 구하고,

(3) 구간 [0, $\pi/2$]와 구간의 수 $N=8$과 16에 대한 $f_3(x)$의 정적분값을 구하고,

(4) Scipy의 integrate()를 이용하여 정확한 정적분값들을 구하시오.

10 연습문제 [9]에서 작성한 사용자정의함수 Simps13(f, a, b, N)을 이용하여 다음 정적분값들을 구하시오.

$$f_1(x) = xe^{x^2},$$

$$f_2(x) = (2x)^{-x},$$

$$f_3(x) = e^x(\cos(2x))^2$$

(1) 구간 [0, 2]와 구간의 수 $N=32$와 64에 대한 $f_1(x)$의 정적분값을 구하고,

(2) 구간 [0, 2]와 구간의 수 $N=32$와 64에 대한 $f_2(x)$의 정적분값을 구하고,

(3) 구간 [0, π]와 구간의 수 $N=32$와 64에 대한 $f_3(x)$의 정적분값을 구하고,

(4) 파이썬의 내장함수를 이용하여 정확한 정적분값들을 구하시오.

11 심프슨 3/8 공식을 포함한 확장 심프슨 1/3 공식을 이용하여 주어진 구간 수에 따라 정적분을 구하는 사용자정의함수 Simpson(f, a, b, N)을 작성하고 정적분을 구하시오.

$$f_1(x) = \frac{1}{1+\cos(x^2)},$$

$$f_2(x) = \frac{2\log(2+x^2)}{x},$$

$$f_3(x) = \frac{4\cos(x)}{2+\sin(2x)}$$

(1) 구간 [0, π]와 구간의 수 $N=11$과 55에 대한 $f_1(x)$의 정적분값을 구하고,

(2) 구간 [1, 2]와 구간의 수 $N=11$과 55에 대한 $f_2(x)$의 정적분값을 구하고,

(3) 구간 [0, $\pi/2$]와 구간의 수 $N=11$과 55에 대한 $f_3(x)$의 정적분을 구하시오.

12 연습문제 [11]에서 작성한 사용자정의함수 Simpson(f, a, b, N)을 이용하여 다음 정적분 값들을 구하시오.

$$f_1(x) = xe^{x^2},$$

$$f_2(x) = (2x)^{-x},$$

$$f_3(x) = e^x \cos(2x)^2$$

(1) 구간 [0, 2]와 구간의 수 $N=31$과 55에 대한 $f_1(x)$의 정적분값을 구하고,

(2) 구간 [0, 2]와 구간의 수 $N=31$과 55에 대한 $f_2(x)$의 정적분값을 구하고,

(3) 구간 [0, π]와 구간의 수 $N=31$과 55에 대한 $f_3(x)$의 정적분값을 구하고,

(4) 파이썬의 내장함수를 이용하여 정확한 정적분값들을 구하시오.

13 본문 [예제 6.5]에서 작성한 라그랑지 보간다항식 계수를 구하는 사용자정의함수 Lagcoef (x, y, n)과 뉴턴-코츠 폐구간 구적법의 가중치를 구하는 사용자정의함수 NCweight(n)를 작성하여 따로 저장하고 다음 함수들의 정적분을 구하는 물음에 답하시오.

$$f_1(x) = \left(2x + \frac{1}{1+x}\right)^2,$$

$$f_2(x) = \frac{xe^{2x}}{1+x^2},$$

$$f_3(x) = \frac{1+x^2}{1+x+x^2}$$

(1) 뉴턴-코츠 폐구간 가중치 NCweight(6)을 구하고,

(2) 뉴턴-코츠 폐구간 가중치 NCweight(7)을 구하고,

(3) NCweight(9)를 이용하여 $\int_0^2 f_1(x)dx$, $\int_0^2 f_2(x)dx$, $\int_0^2 f_3(x)dx$의 근사치를 구하고,

(4) Scipy.integrate 모듈이 제공하는 내장함수 newton_cotes( )를 사용하여 (3)항의 정적분 근사치들을 계산하고,

(5) (3)항과 (4)항의 결과를 연습문제 [7]의 결과와 비교하시오.

14 연습문제 [13]에서 이용한 두 사용자정의함수 Lagcoef(x, y, n)과 NCweight(n)를 통합하여 뉴턴-코츠 폐구간 구적법의 가중치를 계산하는 새로운 함수 NCweit(n)을 작성하고 다음 물음에 답하시오.

(1) 뉴턴-코츠 폐구간 가중치 NCweit(8)을 구하고,

(2) NCweit(9)를 이용하여 $\int_0^2 f_1(x)dx$, $\int_0^2 f_2(x)dx$, $\int_0^2 f_3(x)dx$의 근사치를 구하고,

(3) Scipy의 내장함수 newton_cotes()를 사용하여 근사치를 계산하시오.

15 연습문제 [14]에서 작성한 사용자정의함수 NCweit(n)와 Scipy.integrate 모듈의 내장함수 newton_cotes()를 사용하여 연습문제 [11]에 주어진 함수들의 정적분을 구하는 다음 물음에 답하시오.

(1) $\int_0^\pi (1/(1+\cos(x^2))dx$의 값을 NCweit(7)과 newton_cotes()로 구하고,

(2) $\int_1^2 (2\log(2+x^2)/x)dx$의 값을 NCweit(7)과 newton_cotes()로 구하고,

(3) $\int_0^{\pi/2} (4\cos(x)/(2+\sin(2x)))dx$를 NCweit(7)과 newton_cotes()로 구하고,

(4) (1), (2), (3)항의 값들을 scipy.integrate 모듈의 내장함수 quad()로 구하시오.

16 본문 [예제 6.5]의 사용자정의함수 Lagcoef(x, y, n) 및 [예제 6.6]의 LegendPoly(n)과 함께 [예제 6.7]에서 작성한 가우스-르장드르 구적법의 가중치를 구하는 사용자정의함수 GLweight(n)을 작성하여 따로 저장하고 아래 절차에 따라 다음 함수의 정적분 $\int_{-1}^1 f(x)dx$를 구하는 물음에 답하시오.

$$f(x) = \sin(x + \cos(10*\exp(x))/3)$$

(1) LegendPoly(21)의 해와 가중치 GLweight(21)을 구하고,

(2) Numpy.polynomial의 내장함수 legendre()로 (1)항과 같은 근을 구하고,

(3) GLweight(21)을 이용하여 정적분 근삿값을 구하고,

(4) Numpy.polynomial의 내장함수 legendre.leggauss(21)로 정적분 근삿값을 구하고,

(5) scipy.integrate 모듈의 내장함수 quad()를 사용하여 정적분값을 비교하시오.

17 연습문제 [16]에서 이용한 세 사용자정의함수 Lagcoef(x, y, n)과 LegendPoly(n) 및 GLweight(n)을 통합하여 가우스-르장드르 구적법의 가중치를 계산하는 새로운 함수 GLweit(n)을 작성하고 다음 함수의 정적분을 구하는 각 물음에 답하시오.

$$f_1(x) = \frac{1}{1+\cos(x^2)}, \quad f_2(x) = \frac{4\cos(x)}{2+\sin(2x)}$$

(1) NumPy의 내장함수 legendre.leggauss( )로 6차 르장드르 다항식의 근을 구하고,

(2) GLweit(6)으로 $\int_0^{\pi/2} f_1(x)dx$의 근삿값과 quad( )로 정적분값을 구하고,

(3) GLweit(6)으로 $\int_0^{\pi/2} f_2(x)dx$의 근삿값과 quad( )로 정적분값을 구하고,

(4) 내장함수 leg.leggauss( )로 (2)항과 (3)항의 정적분 근삿값을 구하시오.

18 아래 두 함수에 대하여 각 항의 물음에 답하시오.

$$\phi(x) = \frac{1}{\sqrt{2\pi}} e^{-x^2/2}, \quad f(x) = \frac{2}{\sqrt{\pi}} e^{-x^2}$$

(1) SciPy 라이브러리 stats 모듈의 내장함수 norm.cdf(a)가 $\int_{-\infty}^{a} \phi(x)dx$의 값을 반환할 때, $2norm.cdf(\sqrt{2})-1$을 구하고,

(2) 오차함수를 $erf(a) \equiv \int_0^a f(x)dx$로 정의할 때, $erf(1) = 2norm.cdf(\sqrt{2}) - 1$임을 보이고,

(3) 연습문제 [17]의 GLweit(7)을 이용하여 $erf(1)$의 근삿값을 구하고,

(4) NumPy의 내장함수 legendre.leggauss(7)로 $erf(1)$의 근삿값을 구하고,

(5) a = np.arange(1, 6)에 대하여 $erf(a) = 2pnorm(a\sqrt{2}) - 1$이 성립함을 보이고,

(6) a = np.arange(1, 6)에 대하여 math 모듈의 erf( ) 함수로 erf(a)를 구하시오.

19 체비쇼프 다항식 $T_n(x)$와 르장드르 다항식 $P_n(x)$는 각각 아래 정적분 식과 같은 직교성을 만족한다. Numpy.polynomial.chebyshev 모듈의 내장함수 Chebyshev()와 Numpy.polynomial.legendre 모듈의 내장함수 Legendre() 및 Scipy.integrate 모듈의 내장함수 quad()를 이용하여 다음 두 문항의 물음에 답하시오.

$$\int_{-1}^{1} T_m(x)T_n(x)\frac{dx}{\sqrt{1-x^2}} = \begin{cases} 0, & m \neq n \\ \pi, & m = n = 0 \\ \frac{\pi}{2}, & m = n \geq 1 \end{cases}$$

$$\int_{-1}^{1} P_m(x)P_n(x)dx = \begin{cases} 0, & m \neq n \\ \frac{2}{2n+1}, & m = n \end{cases}$$

(1) 체비쇼프 다항식 $T_n(x)$에 대한 직교성을 $0 \leqq m,\ n \leqq 5$에 대하여 보이고,

(2) 르장드르 다항식 $P_n(x)$에 대한 직교성을 $0 \leqq m,\ n \leqq 5$에 대하여 보이시오.

20 Scipy.integrate 모듈의 내장함수 dblquad()와 nquad()를 이용하여 문항의 내용에 따라 아래 이중적분의 정적분값을 구하시오.

$$(a)\ \int_{-1}^{1}\int_{0}^{2}(3x^2+3y^2-x^3y^3)dxdy,$$

$$(b)\ \int_{0}^{2}\int_{-1}^{2}(2x^3-2xy)dxdy,$$

$$(c)\ \int_{5}^{10}\int_{2}^{5}y(2x+1)dxdy$$

(1) 내장함수 dblquad()를 이용하여 정적분의 값들을 구하고,

(2) 내장함수 nquad()를 이용하여 정적분의 값들을 구하시오.

21 Scipy.integrate 모듈의 내장함수 dblquad()와 Sympy의 sympy.integrate()를 이용하여 문항의 내용에 따라 아래 이중적분의 정적분값을 구하시오.

$$(a)\ \int_{0}^{\pi}\int_{0}^{\cos(x)} e^{-x^2-y^2}dydx,$$

$$(b)\ \int_{1}^{3}\int_{0}^{4-x} \sqrt{(2x+y^2)}\,dydx,$$

$$(c)\ \int_{1}^{\pi}\int_{\log(x)}^{4+\exp(x/5)} 2\sin(2x+y)dydx$$

(1) Scipy.integrate 모듈의 내장함수 dblquad()를 이용하여 정적분들을 구하고,

(2) Sympy의 기호관점 적분으로 sympy.integrate()를 이용하여 정적분들을 구하시오.

22 Scipy.integrate 모듈의 내장함수 tplquad()와 nquad()를 이용하여 아래 삼중적분의 정적분 값을 구하시오.

$$(a)\quad \int_0^{\pi}\int_0^{\pi}\int_0^{\pi}\frac{(\cos(x+y+z))^2}{1+x^2+y^2+z^2}dxdydz,$$

$$(b)\quad \int_{-1}^{\pi}\int_0^{2}\int_{-1}^{2}(x^3+2e^{-yz})dxdydz,$$

$$(c)\quad \int_{-1}^{2}\int_0^{\pi/2}\int_0^{\pi}\sin(x)\cos(y)e^{z-xy}dxdydz$$

(1) 내장함수 tplquad()를 이용하여 정적분값들을 구하고,

(2) 내장함수 nquad()를 이용하여 정적분값들을 구하시오.

7장

비선형방정식

7.1 비선형방정식의 개요

7.1.1 비선형방정식의 예

비선형방정식의 해를 구하는 문제는 과학이나 공학의 모든 분야에서 나타난다. 하나의 변수를 갖는 방정식은 다음과 같은 형태를 갖는다.

$$f(x) = 0$$

위 방정식의 해를 근(roots) 또는 영(zeros)이라 부른다. 그래프로 $f(x) = 0$의 근을 설명한다면 $f(x)$의 그래프가 x축과 만나는 x 좌표점에 해당한다. 비선형방정식은 해를 가지지 않을 수도 있고, 하나 이상의 해를 가질 수도 있다. 비선형방정식의 몇 가지 예는 아래와 같다.

① $\sin(1.5x)\exp(-0.4x) = 0.05$

② $3x^5 - 4x^3 + 0.2x^2 + x - 0.1 = 0$

③ $\exp(x) - 5x^2 + 5 = 0$

④ $x^2\sin(x) - x\cos(x) = 0, \ -2 \leqq x \leqq 4$

⑤ $\dfrac{(1-x)\sqrt{10+x}}{(0.5+x)\sqrt{1+x}} = 3, \ x > 0$

(1) 비선형방정식 수치해법의 필요성

해결해야 할 많은 과학적, 공학적 문제들은 비선형방정식으로 모델링 된다. 수치적으로 방정식의 해를 구하는 방법과 해석적으로 해를 구하는 방법은 다르다. 닫힌 형식의 해(closed-form solution)인 해석적인 해는 정확한 값을 갖는 표현을 유도하여 구한다.

수치적인 해는 프로그램을 통하여 더 나은 해를 얻기 위해서 수치적 절차를 반복하여 구한 근사적인 해이다. 대부분의 비선형방정식들은 해석적인 해를 갖지 않는다. 더구나 다항식의 해석적 해는 4차까지만 존재하지만 5차 이상은 닫힌 형식의 해가 존재하지 않는다.

이러한 이유로 컴퓨터를 이용한 수치해법으로 비선형방정식을 해결할 필요가 있다. 근사해를 잘 구하기 위해서는 근사적인 해의 초기 추정값을 잘 선택하여야 한다. 따라서 근사해의 결정은 두 단계로 접근하는 것이 편리하다. 먼저 구하고자 하는 해의 개수와 근사적인 위치를 잡고, 다음 단계로 원하는 해를 구하는 반복 알고리즘을 수행한다.

(2) 파이썬에서 다항식의 근 구하기

비선형방정식의 예 ②는 5차 다항식을 나타낸다. 4장에서 언급하였듯 Numpy 라이브러리는 다항식 P를 계수벡터 $v=[p_n, \cdots, p_0]$로 표시하였을 때 np.poly1d(v) 함수명령을 사용하여 다항식 표현을 구하고 P.roots 명령을 사용하여 다항식의 근들을 구할 수 있다. 위 예 ② 5차 다항식의 근을 구하는 파이썬 스크립트는 다음과 같다.

```
# SS711PolyRts.py: 7.1.1 비선형방정식의 예 - 다항식의 근
# P(x) = 3*x^5 - 4*x^3 + 0.2*x^2 + x -0.1 = 0의 근
>>> import numpy as np
>>> p = np.poly1d([3., 0., -4., 0.2, 1.0, -0.1]); print(p)
>>> print("p.roots =", p.roots)
# [-1.0246609   0.97472417 -0.5983152   0.54610923  0.10214269]
```

7.1.2 그래프에 의한 근의 탐색

근(방정식의 해)의 근사적 위치를 찾는 방법은 그림을 그려 추정하는 도식적인 방법과 해가 존재하는 구간을 찾아내는 구간선택 방법의 두 가지가 있다. 도식적인 방법으로 접근하기 위해서는 파이썬의 matplotlib 라이브러리의 pyplot 모듈이 지원하는 plot() 함수를 이용하여 그래프를 그려 근의 대략적인 위치를 추정할 수 있다.

아래 방정식의 근을 구하는 문제를 생각하여 보기로 하자.

$$\sin(1.5x)\exp(-0.4x) = 0.05 \tag{7.1}$$

그래프를 이용한 함수의 성질, 근의 수, 근이 존재하는 대략적인 범위 등을 알 수 있다.

방법 ①: 먼저 $y = \sin(1.5x)\exp(-0.4x) - 0.05$로 두고, plt.plot() 함수를 사용하여 그래프를 그리고, x축과 만나는 점을 대략적으로 조사

방법 ②: 다음으로 $y_1 = \sin(1.5x)$로, $y_2 = 0.05\exp(0.4x)$로 두고, 두 곡선 y_1과 y_2가 만나는 점을 대략적으로 조사

```
# Fig71Root.py: 7.1 비선형방정식의 개요 - 7.1.2 그래프에 의한 근의 탐색 1
import numpy as np
import matplotlib.pyplot as plt

x = np.linspace(-0.2, 8, 100)
```

```
fx = np.sin(1.5*x)*np.exp(-0.4*x) - 0.05
fig, ax = plt.subplots(figsize=(8, 4)) # [그림 7.1]
ax.plot(x, fx, color = "b", label = "f(x)")
ax.set_xlabel("X"); ax.set_ylabel("Y")
ax.set_title(r"$f(x) = sin(1.5x)exp(x)-0.05$")
ax.axhline(0, 0, 8, color = 'r', linewidth = 1)
ax.grid(linestyle = ':')
plt.show()
```

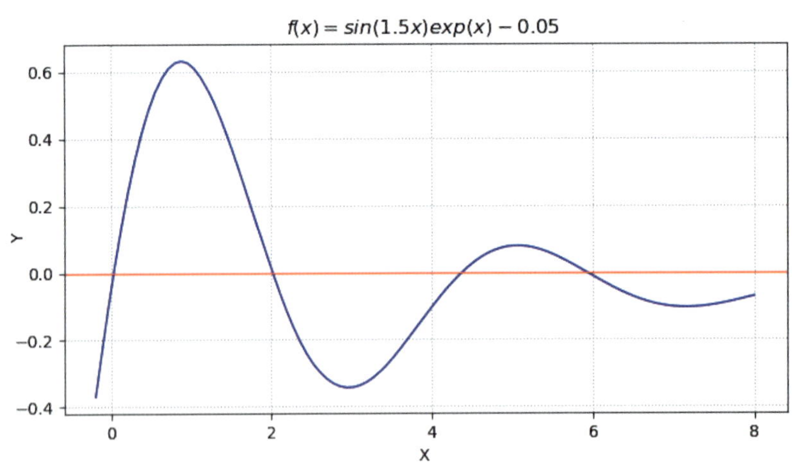

그림 7.1 $y = \sin(1.5x)\exp(-0.4x) - 0.05$와 $y = 0$의 그래프

방법 ②로 접근하기 위한 파이썬 스크립트와 결과 그래프는 다음과 같다.

```
# Fig72Root.py: 7.1 비선형방정식의 개요 - 7.1.2 그래프에 의한 근의 탐색 2
import numpy as np
import matplotlib.pyplot as plt

x = np.linspace(-0.2, 8, 100)
f1, f2 = np.sin(1.5*x), 0.05*np.exp(0.4*x)

fig, ax = plt.subplots(figsize=(8, 4)) # [그림 7.2]
ax.plot(x,f1, color = "b", label = r"$sin(1.5x)$")
ax.plot(x,f2, color = "r", label = r"$0.05exp(0.4x)$")
ax.set_xlabel("X"); ax.set_ylabel("Y")
ax.set_title(r"$sin(1.5x) = 0.05exp(0.4x)$")
ax.legend(); ax.grid(linestyle = ':')
plt.show()
```

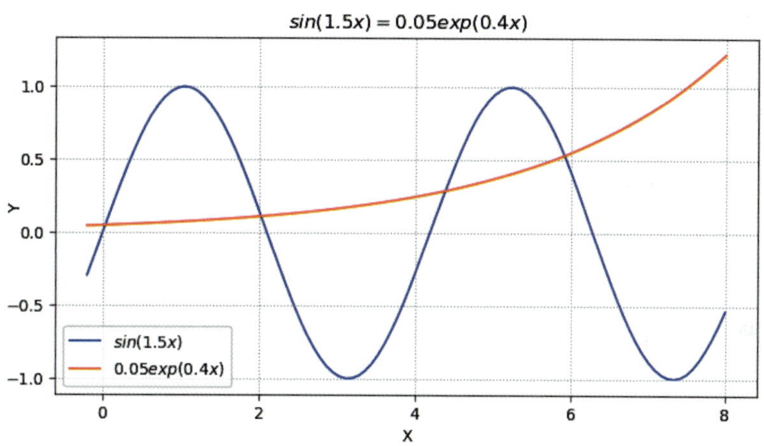

그림 7.2 $y_1 = \sin(1.5x)$와 $y_2 = 0.05\exp(0.4x)$의 그래프

(1) 근의 존재구간 구하기

해가 존재하는 근사적 위치를 그래프로 찾는 방법 외에 근이 존재하는 대략적인 구간을 간단한 스크립트를 통하여 구할 수도 있다. 이렇게 근이 존재하는 구간을 적절하게 선택하였다면, 필요한 오차범위 내에서 근사해를 구하는 단계로 들어갈 수 있다. 이 장에서는 보다 정확한 근사해를 구하는 방법으로 이분법, 가위치법, 수정 가위치법, 뉴턴법, 할선법 등을 다룬다. 비선형방정식 (7.1)의 근들이 존재하는 구간을 구하기 위한 간단한 파이썬 스크립트는 다음과 같다.

```
# SS712RootIntv.py: 7.1.2 그래프에 의한 근의 탐색 - 근의 존재구간 구하기
import numpy as np

F = lambda x: np.sin(1.5*x)*np.exp(-0.4*x) - 0.05
if __name__ == '__main__':
    n = 0; print("Intervals: ", end='')
    for x1 in np.arange(0, 7.1, 0.1):
        x2 = x1 + 0.1
        f1, f2 = F(x1), F(x2)
        if np.fabs(f1)>5: break
        if f1*f2 < 0 :
            n += 1; print('I%d=[%g, %g]' % (n, x1, x2), end=', ')
```

```
Intervals: I1=[0, 0.1], I2=[2, 2.1], I3=[4.3, 4.4], I4=[5.9, 6],
```

7.2 이분법

이분법(bisection method)은 근이 존재한다고 알려진, 주어진 구간에서 하나의 근을 구하는데 도식적 해석이 선행되어야 하고 비해석적 함수들에도 적용할 수 있다.

1. 이분법의 알고리즘

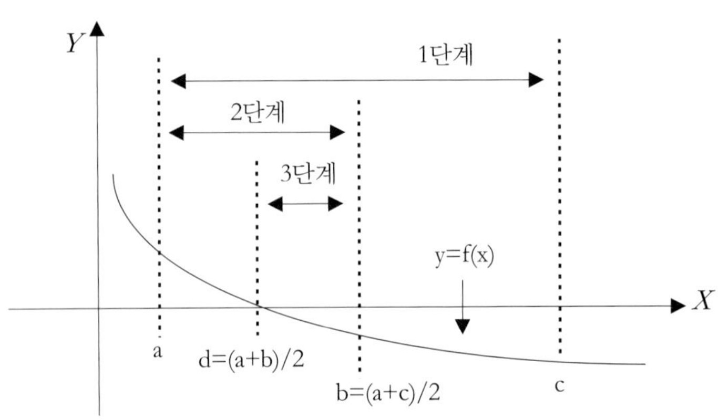

그림 7.3 이분법의 그래프 설명

방정식 $f(x)=0$의 오직 한 개의 근이 구간 $[a,\ c]$에 존재한다고 가정하고 구간 $[a,\ c]$ 내에 근이 있을 때 두 끝점에서 $f(x)$의 부호가 반대임을 이용한다. [그림 7.3]에서 $f(a)$는 양이고 $f(c)$는 음이 되므로 $[a,\ c]$를 양분하면서 시작한다.

(1) 이분법 알고리즘의 단계

단계 1 $[a,\ c]$를 양분, 즉 $[a,c]=[a,\ b]\cup[b,\ c],\ \ b=(a+c)/2$

$$f(a)f(b)\leqq 0 \quad \text{또는} \quad f(b)f(c)\leqq 0 \tag{7.2}$$

단계 2 $f(a)f(b)<0$이므로 $[a,\ b]$를 양분, 즉 $[a,\ b]=[a,\ d]\cup[d,\ b]$,
$d=(a+b)/2$

$$f(a)f(d)\leqq 0 \quad \text{또는} \quad f(d)f(b)\leqq 0 \tag{7.3}$$

단계 3 n번 반복 후 구간의 크기는 $\dfrac{c_0-a_0}{2^n}$, $([a_0,\ c_0]=[a,\ c]$: 초기구간)

알고리즘에서 해가 존재하는 좌측 끝점을 a로, 우측 끝점을 c로 바꾸면서 반복하고 오차의 한계를 만족하면 이 때 근은 $b=(a+c)/2$가 된다. 오차의 한계를 ϵ이라고 하면 요구되는 반복횟수 n은 다음 식을 만족한다.

$$\frac{c_0-a_0}{2^n}\leqq\epsilon \Leftrightarrow n\geqq\frac{\log[(c_0-a_0)/\epsilon]}{\log(2)} \tag{7.4}$$

예제 7.1

이분법의 알고리즘을 사용하여 함수 $f(x)=x^2\sin(x)-x\cos(x)$에 대하여 구간 $-2\leqq x\leqq 4$ 내의 모든 양의 근을 구하시오.

풀이 먼저 근이 존재하는 대략적인 위치를 알아보기 위한 그래프를 그리고 근이 존재하는 구간을 적절하게 선택한다.

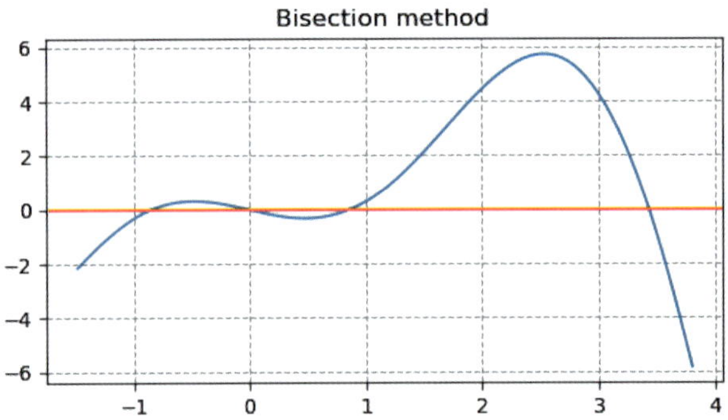

그림 7.4 이분법으로 근을 구하기 위한 그래프 검토

근이 존재하는 대략적인 구간을 찾기 위하여 $f(x)$의 그래프를 그리고 x축을 붉은 수평선으로 그리는 파이썬 스크립트는 다음과 같다. 그림으로부터 살펴보면 양의 근이 존재하는 구간은 대략적으로 [0.5, 1.5]와 [3, 4]이다.

```
# Fig74Root.py: [예제 7.1] 7.2 이분법 - 1. 이분법의 알고리즘
import numpy as np, matplotlib.pyplot as plt

if __name__ == '__main__':
    x = np.linspace(-1.5, 3.6, 100); fx = x**2*np.sin(x) - x*np.cos(x)
    plt.figure(figsize = (6, 3)); plt.plot(x, fx)
    plt.title("Bisection method")
    plt.axhline(0, c ='r') # x축의 붉은 수평선
    plt.grid(linestyle='--');  plt.show()
```

이분법의 알고리즘 단계에 따라 근을 구하기 위한 파이썬 스크립트는 다음과 같다.

```
# Ex71Bisect.py : 7장 비선형방정식 - 7.2 이분법 - 1. 이분법의 알고리즘
import numpy as np
import scipy.optimize as optm

def Bisect(f, a, c, tol = 1.0e-9):
    it, itlim = 0, 50; ya, yc = f(a), f(c)
    if (ya*yc > 0): return [None, None]
    while (True):
        it += 1
        b = (a+c)/2; yb = f(b)
        if (np.fabs(b-a)/2 < tol):
            print("Tolerance satisfied.", end = ' '); break
        elif (it > itlim):
```

```
            print("Iteration satisfied.", end=' ')
            return [None, None]

        if (ya*yb <= 0): c, yc = b, yb
        else: a, ya = b, yb
    return b, it
def fn(x): return x**2*np.sin(x) - x*np.cos(x)
if __name__ == '__main__':
    b, it = Bisect(fn, 0.5, 1.5, 1.0e-7)
    print("근 : %11.8f, 반복횟수 = %d" % (b, it))
    b, it = Bisect(fn, 3, 4, 1.0e-9)
    print("근 : %11.8f, 반복횟수 = %d" % (b, it))
    print("      SciPy의 이분법 근 : ", optm.bisect(fn, 3, 4))
```

```
Tolerance satisfied. 근 :  0.86033356, 반복횟수 = 23
Tolerance satisfied. 근 :  3.42561846, 반복횟수 = 29
     SciPy의 이분법 근 :  3.425618459483303
```

2. 이분법의 적용문제

이분법의 적용문제는 대략적으로 다음과 같이 구분하여 고려할 수 있다.

① 주어진 구간 안에 근이 여러 개일 때,

(a) 그래픽을 이용 함수를 그려보기

(b) x축 구간을 등간격으로 나누어 함수표를 출력하여 보기

② x축과 한 점에서 만나는 함수는 이분법 적용 불가능

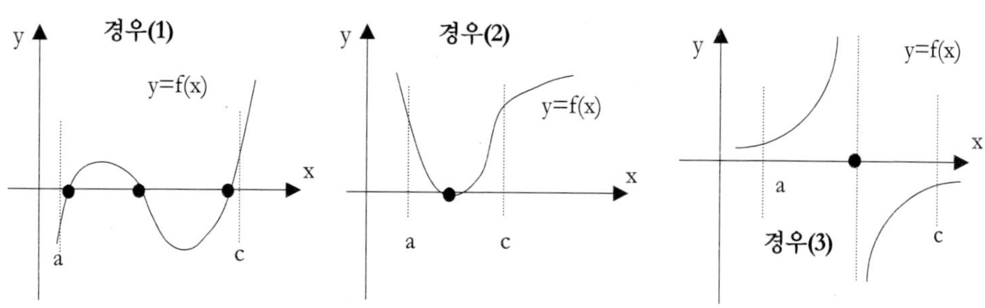

그림 7.5 이분법의 적용문제 분류

③ 특이점을 갖는 경우로 근과 특이점의 차이를 인식하지 못함, 이 경우 항상 $(|f(c)-f(a)|\to 0)$인지 체크하여야 함

7.3 가위치법

7.3.1 가위치법의 알고리즘

가위치법(false position method, FPM)은 선형보간법을 기초로 하며 이분법과 유사하나 이분법을 사용할 때보다 일반적으로 훨씬 빠르게 수렴한다. 구간을 단순히 양분하지 않고 양 끝점을 적합하는 방식으로 근사근을 찾는 방법이며 선형보간법을 이용한다.

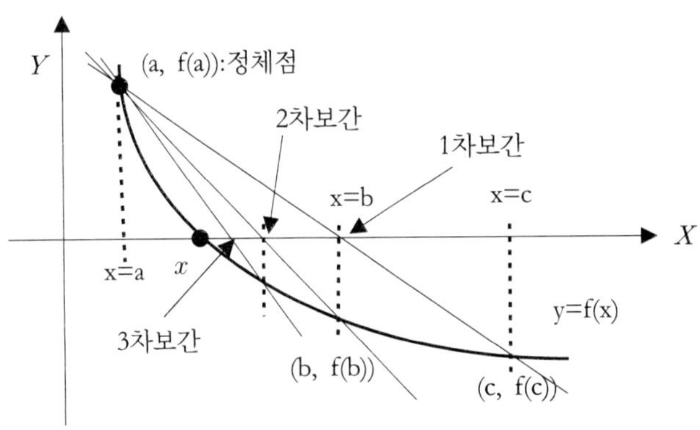

그림 7.6 가위치법의 그래프 설명

(1) 가위치법의 알고리즘 유도

직선의 식 $y=f(a)+m(x-a)$를 참조하면 근이 존재하는 주어진 구간 $[a, c]$에서 $(a, f(a))$와 $(c, f(c))$를 지나는 직선은 다음과 같다.

$$y=f(a)+\frac{f(c)-f(a)}{c-a}(x-a) \tag{7.5}$$

또는 x에 대하여 정리하면 다음 식을 얻는다.

$$x = a + \frac{c-a}{f(c)-f(a)}(y - f(a)) \tag{7.6}$$

x축과 교차하는 x 좌푯값은 식 (7.6)에 $y=0$를 대입하여 얻는다. 즉,

$$b = a + \frac{c-a}{f(c)-f(a)}(-f(a)) = \frac{af(c)-cf(a)}{f(c)-f(a)} \tag{7.7}$$

중간값 b를 구한 후 구간 $[a, c]$는 $[a, b]$와 $[b, c]$로 나눈다. 만약 $f(a)f(b) \leqq 0$이면 구간 $[a, b]$ 내에, $f(b)f(c) \leqq 0$이면 구간 $[b, c]$ 내에 근을 가진다. 이 판단 조건이 이분법과 동일하다. 근을 가지는 새로운 구간을 다시 $[a, c]$로 하고 근의 수렴이 판별될 때까지 보간 절차는 반복한다. [그림 7.6]에서 보듯이 가위치법의 단점은 정확한 해 부분에서 수렴이 정체되는 것이다.

7.3.2 수정 가위치법

수정 가위치법(modified FPM)은 가위치법의 단점을 해결하기 위한 방법으로 끝점이 같은 것으로 두 번 이상 반복되면, 이점을 정체점이라 하고 정체점의 f값 대신 $f/2$를 새로운 값으로 사용한다. f값을 2로 나눈 효과는 선형보간의 해가 참값에 보다 빨리 가까워진다는 것이다.

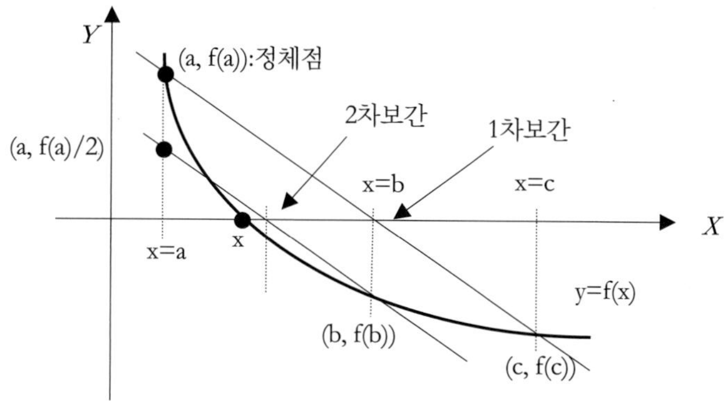

그림 7.7 수정 가위치법의 그래프 설명

예제 7.2

$f(x) = \exp(x) - 5x^2 + 14 = 0$의 근이 $-2 \leqq x \leqq 4$에 존재함을 알 때 모든 양의 근을 구하고자 수정 가위치법을 이용하여 양의 근을 구하시오.

풀이 먼저 근이 존재하는 대략적인 구간을 찾기 위하여 그래프를 그린다. 그 다음 수정 가위치법 알고리즘을 사용자정의함수로 구현하고 양의 근을 구한다.

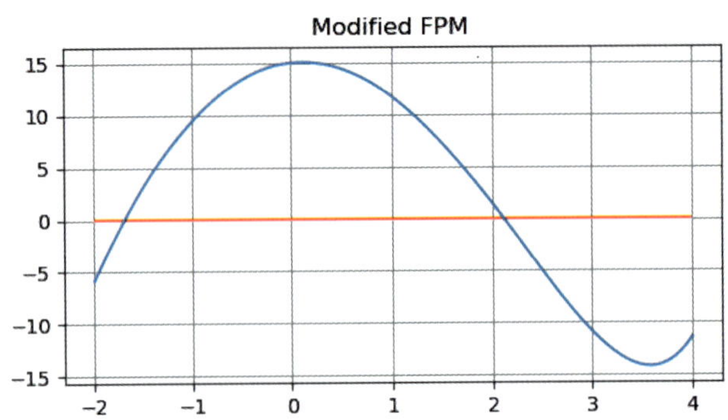

그림 7.8 근을 구하기 위한 그래프 검토

```
# Fig78ModFpm.py: [예제 7.2] 7.3 가위치법 - 7.3.2 수정 가위치법
# 필요한 모듈 임포트는 [예제 7.1]과 동일함

if __name__ == '__main__':
    x = np.linspace(-2, 4, 100); fx = np.exp(x) - 5.0*x**2 + 14
    plt.figure(figsize=(6, 3)); plt.plot(x, fx) # [그림 7.8]
    plt.title("Modified FPM"); plt.hlines(0, -2, 4, 'r')
    plt.grid(); plt.show()
```

```
# Ex72ModFpm.py: [예제 7.2] 7.3.2 수정 가위치법 - 사용자정의함수
import numpy as np
def Modfpm(f, a, c, tol=1.0e-9):
    it, itlim, ml, mr = 0, 100, 0, 0
    ya, yc = f(a), f(c)
    while (True):
        it, b = it+1, (a+c)/2
        if (it > itlim): return [None, None]
        ob = b; b, yb = a - ya*(c - a)/(yc - ya), f(b)
        if (np.fabs(ob-b) < tol):
```

```
            print("Tolerance satisfied."); break
        if (ya*yb <= 0) :
            c, yc, ml, mr = b, yb, ml+1, 0
            if (ml>1): ya = ya/2
        else:
            a, ya, mr, ml = b, yb, mr+1, 0
            if (mr>1): yc <- yc/2
    return b, it
```

함수 Modfpm()와 [그림 7.8]을 참조하면 양의 근은 다음과 같고 출력결과는 생략한다.

```
# 위 사용자정의함수 Modfpm(f, a, c, tol = 1.0e-9)와 [그림 7.8]을 참조하여
def fn(x) : return np.exp(x) - 5.0*x**2 + 14
if __name__ == '__main__':
    b, it = Modfpm(fn, 1.5, 2.5, 1.0e-9) # 근:  2.11070496, 반복횟수 = 12
    print("근 : %11.8f, 반복횟수 = %d\n" % (b, it))
```

7.3.3 리더스법

리더스법(Ridder's method)은 지수함수를 사용하는 수정 가위치법(modified FPM)이라고도 한다. 방정식 $f(x)=0$의 하나의 근이 존재하는 구간의 양 끝점 x_0와 x_1이 주어졌을 때, $g(x)=f(x)\exp((x-x_0)C)$로 정의되는 지수함수를 사용하여 가위치법을 바탕으로 근을 구하는 방법이다. 여기서 상수 C는 x_2를 x_0와 x_1의 중점으로 하고, 세 점 $(x_0,\ g(x_0))$과 $(x_1,\ g(x_1))$ 및 $(x_2,\ g(x_2))$가 일직선상에 놓이도록 결정된다.

기호를 간편하게 다루기 위하여 $f_i=f(x_i)$, $g_i(x_i)$, $i=0,\ 1,\ 2$라 두고, $h=x_1-x_2$라 두면 다음 식을 얻는다.

$$g_0=f_0,\ g_1=f_1e^{2hC},\ g_2=f_2e^{hC}$$

세 점 $(x_0,\ g_0)$, $(x_1,\ g_1)$, $(x_2,\ g_2)$에 가위치법을 적용하려면 이들이 직선상에 놓여야 하므로 $2g_2=g_0+g_1$이어야 하고 다음 식을 만족한다.

$$2f_2 e^{hC} = f_0 + f_1 (e^{hC})^2$$

위 식은 e^{hC}에 대한 2차 방정식이므로 다음과 같은 해를 갖는다.

$$e^{hC} = \frac{f_2 \pm \sqrt{f_2^2 - f_0 f_1}}{f_1} \tag{7.8}$$

(x_0, g_0)와 (x_2, g_2)에 기반을 둔 개선된 근은 다음과 같다.

$$x_3 = x_2 - g_2 \frac{x_2 - x_0}{g_2 - g_0} = x_2 - f_2 e^{hC} \frac{(x_2 - x_0)}{f_2 e^{hC} - f_0} \tag{7.9}$$

식 (7.8)과 (7.9)를 이용하여 구한 반복식은 다음과 같은 식으로 알려져 있다.

$$x_3 = x_2 + (x_2 - x_0) \frac{sign(f_0 - f_1) f_2}{\sqrt{f_2^2 - f_0 f_1}} \tag{7.10}$$

여기서 $sign(f_0 - f_1)$은 $(f_0 - f_1)$의 부호를 따른다.

예제 7.3

리더스법을 이용하여 구간 [0.7, 0.9]에서 $f(x) = x^3 - 5x^2 + 3 = 0$의 근을 손계산으로 구하시오.

풀이 먼저 초기구간이 $[x_0, x_1] = [0.7, 0.9]$이므로 초깃값은 다음과 같다.

$$x_0 = 0.7,\ f_0 = 0.7^3 - 5(0.7)^2 + 3 = 0.893$$

$$x_1 = 0.9,\ f_1 = 0.9^3 - 5(0.9)^2 + 3 = -0.321$$

단계 1 x_2는 $[x_0, x_1]$의 중점이므로 이분법에 의하여 다음 식을 얻는다.

$$x_2 = 0.8,\ f_2 = 0.8^3 - 5(0.8)^2 + 3 = 0.312$$

식 (7.10)을 이용하기 위하여 $\sqrt{f_2^2 - f_0 f_1}$는 $\sqrt{0.312^2 - 0.893(-0.321)} = 0.6197$

이고, $f_0 > f_1$이므로 개선되는 추정값 x_3와 대응되는 f_3는 다음과 같다.

$$x_3 = x_2 + (x_2 - x_0)sign(f_0 - f_1)f_2/0.6197$$
$$= 0.8 + (0.8 - 0.7)(0.312)/0.6197 = 0.8503$$
$$f_3 = 0.8503^3 - 5(0.8503)^2 + 3 = -0.00027$$

근사근 x_3가 구간 [0.7, 0.9] 내에 있으므로 다음 반복식을 얻는다.

$$x_0 \Leftarrow x_2 = 0.8, \quad f_0 \Leftarrow f_2 = 0.312$$
$$x_1 \Leftarrow x_3 = 0.8503, \ f_1 \Leftarrow f_3 = -0.00027$$

단계 2 다시 x_2는 $[x_0, x_1] =$ [0.8, 0.8503]의 중점이므로 다음 식을 얻는다.

$$x_2 = 0.82515, \ f_2 = 0.82515^3 - 5(0.82515)^2 + 3 = 0.15746$$

식 (7.10)을 이용하기 위하여 $\sqrt{f_2^2 - f_0 f_1}$를 계산하면 0.15773이므로 다음 식을 얻는다.

$$x_3 = x_2 + (x_2 - x_0)sign(f_0 - f_1)f_2/0.15773$$
$$= 0.82515 + (0.82515 - 0.8)(0.15746)/0.15773 = 0.85026$$
$$f_3 = 0.85026^3 - 5(0.85026)^2 + 3 = -2.16156e - 05$$

결과적으로 근사근은 $x = 0.85026$이고 소수 네 자리까지 정확하다. 파이썬 SciPy 라이브러리의 optimize 모듈이 제공하는 ridder() 함수로 근사근을 구해보기로 하자.

```
# Ex73optmRid.py: [예제 7.3] 7.3.3 리더스법 - scipy.optimize.ridder()
>>> import scipy.optimize as optm
>>> fx = lambda x : x**3 - 5.0*x**2 + 3
>>> optm.ridder(fx, 0.7, 0.9) # 0.8502565872419859
```

예제 7.4

[그림 7.1]에 주어진 함수에 대하여 리더스법을 이용해서 해를 구하는 사용자정의함수 스크립트를 작성하시오. 구간 [1.9, 2.1] 및 [4.2, 4.4]에 각각 존재하는 해를 구하고

scipy.optimize 모듈의 ridder() 함수에 의한 결과와 비교하시오.

풀이 리더스법을 구현하는 스크립트와 답은 다음과 같고 그림과 출력결과는 생략한다.

```
# Ridders.py: [예제 7.4] 7.3.3 리더스법 - 리더스법 사용자정의함수
import numpy as np

def Ridder(f, a, c, tol=1.0e-9):
    itn, fa, fc = 0, f(a), f(c)
    if fa == 0.0: return a
    if fc == 0.0: return c
    if fa*fc > 0.0: print("fa*fb > 0.0")
    for k in range(50):
        b = (a + c)/2.0; fb = f(b)
        den = np.sqrt(fb**2 - fa*fc)
        if den == 0.0: return None

        dx = (b - a)*fb/den
        if (fa - fc) < 0.0: dx = -dx
        x = b + dx; fx = f(x); itn += 1
        if k > 0:
            if abs(x-ox) < tol*max(abs(x), 1.0): return x, itn
        ox = x
        if fb*fx > 0.0:
            if fa*fx < 0.0: c, fc = x, fx
            else: a, fa = x, fx
        else: a, c, fa, fc = b, x, fb, fx

    print("반복횟수 초과")
    return None, None
```

```
# Ex74Ridder.py: [예제 7.4] 7.3 가위치법 - 7.3.3 리더스법
import numpy as np, scipy.optimize as optm
from Ridders import *
def fx(x): return np.sin(1.5*x)*np.exp(-0.4*x) - 0.05
x1, x2, tol = 1.9, 2.1, 1.0e-6
aroot, itn = Ridder(fx, x1, x2, tol)
print("계산결과 : %11.8f, 반복횟수 = %d" % (aroot, itn)) # 2.01947270, 3
print("ridder() :", optm.ridder(fx, x1, x2)) # 2.0194727048589156
```

7.4 뉴턴법

7.4.1 뉴턴법의 개요

뉴턴법(Newton's method)이란 구하고자 하는 근에 대한 초기 추측값과 $f(x)$의 도함수를 알고 있을 때 구하는 방법으로, 뉴턴-랩슨법(Newton-Rapson method)이라고도 하며 비선형연립방정식에도 응용된다. 해석적으로 계산된 접선을 사용하며 테일러 전개에 의하여 유도된다. $f(x)=0$의 근(해)을 구하는 문제가 있다고 하고 초깃값 x_0에서 테일러 전개의 근사를 이용한다.

$$f(x)=\sum_{k=0}^{\infty}\frac{(x-x_0)^k}{k!}f^{(k)}(x_0)=f(x_0)+f'(x_0)(x-x_0)+O(h^2) \tag{7.11}$$

여기서 $h=x-x_0$이고 이식을 풀면 절단오차 때문에 정확한 값을 얻을 수 없으나, 해는 x_0보다 참값에는 더욱 가까워진다는 것을 알 수 있다. 갱신된 참값을 새로운 초깃값으로 하여 반복수행하면 성공적으로 개선되나 $f'(x)$를 알아야 한다는 단점이 있다.

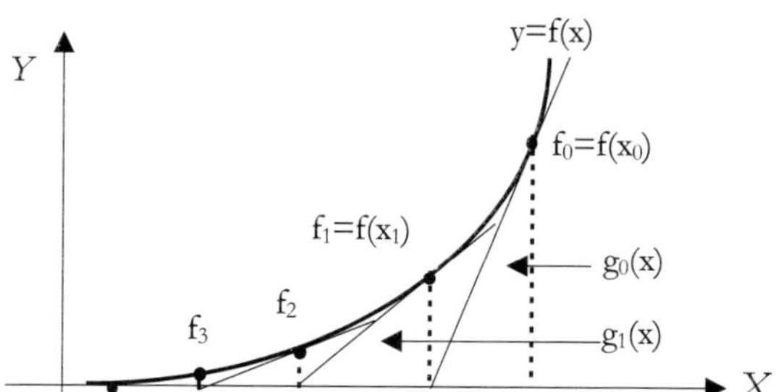

$$g_0(x)=f'(x_0)(x-x_0)+f(x_0)$$
$$g_1(x)=f'(x_1)(x-x_1)+f(x_1)$$
$$\cdots$$
$$g_i(x)=f'(x_i)(x-x_i)+f(x_i)$$

그림 7.9 뉴턴법의 그래프 설명

7.4.2 뉴턴법의 알고리즘

뉴턴법의 알고리즘은 다음과 같이 여섯 단계로 구성할 수 있다.

① x_0는 해에 대한 초기 추측값

② (x_0, f_0), $f_0 = f(x_0)$을 지나는 선형함수[직선, 기울기는 $f'(x_0)$]를 구함

$$g_0(x) = f'(x_0)(x - x_0) + f(x_0) \tag{7.12}$$

③ $g_0(x) = 0$의 근인 x_1은 식 (7.12)를 만족하므로 x_1에 관해서 다시 쓰면

$$x_1 = x_0 - \frac{f(x_0)}{f'(x_0)} \tag{7.13}$$

④ (x_1, f_1), $f_1 = f(x_1)$을 지나는 선형 접선함수[기울기는 $f'(x_1)$]를 구함

$$g_1(x) = f'(x_1)(x - x_1) + f(x_1)$$

⑤ 위 단계 ③과 같은 방법으로 $g_1(x) = 0$의 근을 구하면 다음 식을 얻음

$$x_2 = x_1 - \frac{f(x_1)}{f'(x_1)} \tag{7.14}$$

⑥ 이러한 방법을 계속하여 얻는 연속적인 근사해는 다음과 같음

$$x_n = x_{n-1} - \frac{f(x_{n-1})}{f'(x_{n-1})}, \quad n = 1, 2, 3, \cdots \tag{7.15}$$

(1) 차분근삿값을 사용한 알고리즘

주어진 함수의 1계 도함수를 구하기 불가능할 때 전(후)방 차분근사에 의하여 미분근삿값을 대신할 수 있다. 충분히 작은 h에 대하여 다음 식이 성립한다.

$$f'(x_i) \cong \frac{f(x_{i-1} + h) - f(x_{i-1})}{h} \cong \frac{f(x_{i-1}) - f(x_{i-1} - h)}{h} \tag{7.16}$$

차분근사에서 작은 오차는 뉴턴법의 수렴속도에 무관하며 최종 결과의 정확도는 차분 결과에 영향을 받지 않는다. 특이점을 갖지 않으면 전(후)향 차분법 모두 잘 수행된다고 알려져 있다.

예제 7.5

[그림 7.1]에 주어진 함수에 대하여 뉴턴법을 이용해서 해를 구하는 사용자정의함수 스크립트를 작성하시오. 구간 $0 \leqq x \leqq 5$ 범위 안에 존재하는 모든 해를 구하고 scipy.optimize 모듈의 netwon() 함수에 의한 결과와 비교하시오.

풀이 뉴턴법을 구현하는 스크립트와 답은 다음과 같고 그림과 출력결과는 생략한다.

```
# Newton.py: [예제 7.5] 7.4.2 뉴턴법의 알고리즘 - 사용자정의함수

def Newton(f, df, xz, tol = 1.0e-9):
  itn, xn, xn1 = 0, xz, 999
  while (abs(xn1 - xn)>tol):
    itn, xn1 = itn+1, xn
    if (itn > 300): return [None, None]
    xn = xn1 - f(xn1)/df(xn1)
  return xn, itn
```

```
# Ex75Newton.py: [예제 7.5] 7.4.2 뉴턴법의 알고리즘 - 뉴턴법 적용
import numpy as np, scipy.optimize as optm
from Newton import *

def fn(x): return np.sin(1.5*x)*np.exp(-0.4*x) - 0.05
def df(x):
    return np.exp(-0.4*x)*(1.5*np.cos(1.5*x) - 0.4*np.sin(1.5*x))
if __name__ == '__main__':
    x, it = Newton(fn, df, 4.0, 1.0e-7) # 4.38409055, 반복횟수 = 5
    print("근 : %11.8f, 반복횟수 = %d" % (x, it))
    x, it = Newton(fn, df, 1.5, 1.0e-7) # 2.01947270, 반복횟수 = 4
    print("근 : %11.8f, 반복횟수 = %d" % (x, it))
    x, it = Newton(fn, df, 0.0, 1.0e-7) # 0.03380156, 반복횟수 = 3
    print("근 : %11.8f, 반복횟수 = %d" % (x, it))
    print("newton() :", optm.newton(fn, 0.0)) # 0.03380156196567805
```

7.5 할선법

할선법(secant method)은 뉴턴법과 매우 유사하나 차이점은 f' 대신에 두 개의 연속적 반복 값으로 구성되는 f'를 근사적으로 계산한다.

$$f'(x_{n-1}) \approx \frac{f(x_{n-1}) - f(x_{n-2})}{x_{n-1} - x_{n-2}}, \quad n = 2,\ 3,\ 4,\ \cdots \tag{7.17}$$

장점은 f'을 둘 다 계산하는 필요를 없애면서 계산량을 줄이지만 두 개의 초기치가 필요하다. 특히 f의 값을 구하는 데 시간이 걸리는 함수일 때 효과적인 알고리즘이다.

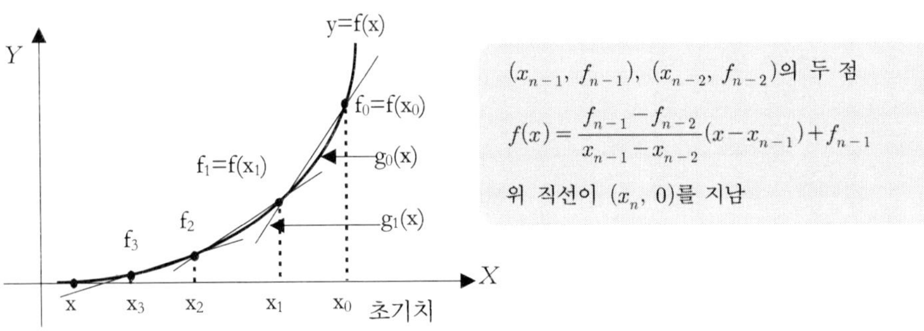

그림 7.10 할선법의 그래프 설명

(1) 반복 알고리즘 유도

적절한 초깃값 x_0와 x_1을 사용하여 할선법으로 근사근을 구하는 반복 알고리즘은 다음과 같다.

$$x_n = x_{n-1} - f_{n-1}\frac{x_{n-1} - x_{n-2}}{f_{n-1} - f_{n-2}}, \quad n = 2,\ 3,\ 4,\ \cdots \tag{7.18}$$

만약 x_{n-1}과 x_n이 근접하다면 f_{n-1}과 f_n도 근접한 값이 된다. 이러한 경우 식 (7.18)에 심각한 오차가 발생하는데 회피방법은 다음과 같다.

① $|f_n|$이 정해진 값보다 작아질 때 식 (7.18)의 x_{n-2}와 f_{n-2}를 이후부터 고정시킴

② 미리 정한 수 δ를 이용하여 x_{n-2}와 f_{n-2}를 $x_{n-2}+\delta$와 $f(x_{n-2}+\delta)$로 대체

할선법의 단점은 의도하지 않은 근으로 수렴할 수도 있고, 초기치가 적절하지 않으면 발산할 수도 있다는 점이다.

예제 7.6

$f(x) = (1-x)\sqrt{10+x}/((0.5+x)\sqrt{1+x}) - 3 = 0,\ x > 0$의 근을 할선법을 사용하여 구하는 사용자정의함수를 작성하고 근을 구하시오.

풀이 할선법을 이용하여 근을 구하기 위한 사용자정의함수는 다음과 같다.

```
# Secant.py: [예제 7.6] 7.5 할선법 - (수정) 할선법 사용자정의함수

def Secant(f, xz, tol = 1.0e-9, Mod = 0):
  itn, xn, xn1 = 0, xz, xz+0.1
  while (abs(xn1 - xn) > tol):
    itn += 1; xn2 = xn1; xn1 = xn
    if (itn > 300): return [None, None]
    if Mod == 1: # 수정 할선법
      delta = 100*xz*tol
      fn1, fn2 = f(xn1), f(xn1+delta*xn1) - f(xn1)
      xn = xn1 - fn1*delta*xn1/fn2
    else:
      fn1, fn2 = f(xn1), f(xn2)
      xn = xn1  -  fn1*(xn1-xn2)/(fn1-fn2)

  return xn, itn
```

주어진 함수의 그래프를 그리고 위에 제시된 사용자정의함수 Secant()와 scipy.optimize 모듈의 root_scalar(fun, method = 'secant', x0 = xz, x1 = xz + 0.1)를 적용한 파이썬 스크립트는 다음과 같다. 그래프를 그리기 위한 스크립트는 제시하며 그림은 생략한다.

```
# RootSecant74.py - 7.5 할선법 - [예제 7.4] 할선법과 수정 할선법
import numpy as np
import matplotlib.pyplot as plt
```

```
import scipy.optimize as optm
from Secant import *

def fn(x): return (1-x)*np.sqrt(10+x)/((x+0.5)*np.sqrt(1+x)) -3.0
if __name__ == '__main__':
    xz, x = 0.5, np.arange(0, 3, 0.03)
    plt.figure(figsize=(6, 3)); plt.plot(x, fn(x))
    plt.hlines(0, -0.1, 3, 'r')
    plt.grid(linestyle='--'); plt.show()
    xn, itn = Secant(fn, xz, 1.0e-7) # 0.23459130
    print("계산결과 근 : %11.8f, 반복횟수 = %d" % (xn, itn))
    print("SciPy 할선법 :\n", optm.root_scalar(fn, method='secant',
              x0=xz, x1=xz+0.1))
```

```
계산결과 근 :  0.23459130, 반복횟수 = 8
SciPy 할선법 :
      converged: True
           flag: 'converged'
 function_calls: 9
     iterations: 8
           root: 0.23459130397345712
```

(2) 수정 할선법

식 (7.17)에서 도함수를 근사적으로 계산하기 위하여 초깃값으로 임의의 두 점을 사용하기보다 하나의 점을 선택하고, 충분히 작은 수 δ를 이용하여 $f'(x_{n-1})$을 다음과 같은 식으로 수정하는 방법을 고려할 수 있다.

$$f'(x_{n-1}) \approx \frac{f(x_{n-1} + \delta x_{n-1}) - f(x_{n-1})}{\delta x_{n-1}}$$

위 식을 식 (7.18)에 대입하여 다음과 같은 수정된 할선법(modified secant method) 공식을 얻을 수 있다.

$$x_n = x_{n-1} - \frac{f_{n-1}\delta x_{n-1}}{f(x_{n-1} + \delta x_{n-1}) - f_{n-1}}, \quad n = 1,2,3,\cdots \tag{7.19}$$

식 (7.19)로 도함수를 계산하지 않고 뉴턴법의 효과를 얻을 수 있다.

예제 7.7

위 [예제 7.6]의 문제를 식 (7.19)의 수정된 할선법을 이용하여 근사근을 구하고 반복 횟수를 비교하시오.

풀이 수정 할선법의 스크립트는 이미 [예제 7.6]에 구현되어 있고 적용하기 위한 스크립트는 다음과 같다. Secant(f, xz, tol = 1.0e-9, Mod = 0)에서 'Mod = 1'을 선택한다.

```
# Ex77SecanMd.py: [예제 7.7] 7.5 할선법 - 수정 할선법의 적용
import numpy as np
from Secant import *

def fn(x): return (1-x)*np.sqrt(10+x)/((x+0.5)*np.sqrt(1+x)) -3.0
if __name__ == '__main__':
    xn, itn = Secant(fn, 0.5, 1.0e-7, Mod = 0) # 0.23459130, 반복횟수 = 8
    if xn == None: print("구간에 해가 없음")
    print("할선법 근 : %12.9f, 반복횟수 = %d" % (xn, itn))
    xm, itm = Secant(fn, 0.5, 1.0e-7, Mod = 1) # 0.23459130, 반복횟수 = 6
    print("수정 할선법 근 : %12.9f, 반복횟수 = %d" % (xm, itm))
```

7.6 연속대입법

7.6.1 연속대입법의 알고리즘

연속대입법(successive substitution)은 고정점 반복법(fixed-point iteration, fixed-point method)이라고도 하며 뉴턴법과 할선법은 연속대입법의 특수한 예들이다. 만약 방정식 $f(x)=0$가 $x=\overline{f}(x)=g(x)$와 같은 식으로 표시된다면 반복식 또한 다음과 같이 작성될 수 있다.

$$x_n = g(x_{n-1}),\ n = 1,\ 2,\ 3,\ \cdots \tag{7.20}$$

여기서 n은 반복횟수이고 x_0는 초깃값이다. 반복식의 단점은 임의로 선택한 $g(x)$에 대하여 항상 수렴하지는 않는다는 것이다.

임의로 선택된 $g(x)$에 관한 반복수행이 발산일 경우, 반복수렴성이 보장되기 위해서는 근의 근방에서 다음 조건이 성립하여야 한다.

$$|g'(x)| < 1 \tag{7.21}$$

연속대입법의 장점으로 자체의 단순성과 $\overline{f} = g$의 모양을 정할 때 융통성을 들 수 있다.

예제 7.8

$f(x) = 3x^5 - 4x^3 + 0.2x^2 + x - 0.1 = 0,\ -1.2 < x < 1.2$의 근을 연속대입법(FPM)을 사용하여 구하는 사용자정의함수를 작성하시오.

풀이 연속대입법을 이용하여 근을 구하는 사용자정의함수는 다음과 같다.

```
# Sucsub.py: [예제 7.8] 7.6.1 FPM의 알고리즘 - FPM의 사용자정의함수
def Sucsub(f, xz, tol = 1.0e-9):
    itn, xn, xn1 = 0, xz, xz + 0.01
    while (abs(xn-xn1) > tol):
        itn, xn1 = itn+1, xn
        if (itn > 300) : return [None, None]
        xn = xn1 - f(xn1)
    return xn, itn
```

다음은 $f(x)$의 그래프를 그리고 사용자정의함수 Sucsub()를 적용하는 스크립트이다. 이 예제의 경우 초기치 x_0 =-1.0, 0.0, 0.5, 1.0은 모두 같은 근을 구한다.

```
# Ex78Sucsub.py: [예제 7.8] 7.6.1 FPM의 알고리즘 - Sucsub()의 적용
import numpy as np
import matplotlib.pyplot as plt
from Sucsub import *
def fn(x): return 3.0*x**5 -4.0*x**3 +0.2*x**2 +x -0.1
```

```
if __name__ == '__main__':
    x = np.arange(-1.1, 1.1, 0.02)
    plt.figure(figsize=(6, 3)); plt.plot(x, fn(x))
    plt.hlines(0, -1.15, 1.15, 'r')
    plt.grid(linestyle='--'); plt.show()
    x, it = Sucsub(fn, 1.0, tol=1.0e-7) # 0.10214269, 반복횟수 = 14
    print("근 : %11.8f, 반복횟수 = %d" % (x, it))
    x, it = Sucsub(fn, 0.5, tol=1.0e-7) # 0.10214269, 반복횟수 = 11
    print("근 : %11.8f, 반복횟수 = %d" % (x, it))
```

7.6.2 반복식을 구하기 위한 방법

우선 $g(x)$를 다음과 같이 두고 반복식을 도출한다.

$$g(x) = x - \alpha f(x) \tag{7.22}$$

위 식과 같이 두면 반복식은 다음과 같이 주어진다.

$$x_n = x_{n-1} - \alpha f(x_{n-1}) \tag{7.23}$$

여기서 α는 적절한 상수이다. 반복식이 수렴한다면, 위 식으로부터 $f(x) = 0$를 만족하는 x를 얻을 수 있다.

(1) 상수 α의 결정

식 (7.22)를 식 (7.21)에 대입하여 다음 조건식을 얻는다.

$$-1 < 1 - \alpha f'(x) < 1 \quad \Leftrightarrow \quad 0 < \alpha f'(x) < 2 \tag{7.24}$$

식 (7.24)로부터 α와 $f'(x)$는 같은 부호이고, 식 (7.23)은 α가 0에 근접할수록 반드시 수렴함을 보여준다. $\alpha \cong 1/f'$일 때 수렴률은 최적이고 $\alpha \cong 1/f'(x_{n-1})$로 놓으면 연속대입법은 뉴턴법에 해당한다.

예제 7.9

$f(x) = \exp(x) - 5x^2 + 5 = 0,\ -2 \leqq x \leqq 4$의 근을 구할 때 식 (7.23)을 사용하고 적절한 α를 선택하여 근을 구하는 사용자정의함수를 작성하시오.

풀이 반복식을 이용하여 근을 구하는 사용자정의함수는 다음과 같다.

```
# 7SucAlpha.py: [예제 7.9] 7.6.2 반복식을 구하는 방법 - 사용자정의함수
def Sucalp(f, xa, xb, tol=1.0e-9):
    itn, xn, xn1 = 0, xa, xb
    alp = (xb-xa)/(f(xb)-f(xa)) # alp ~ 1/f'
    while (abs(xn-xn1) > tol):
        itn, xn1 = itn+1, xn
        if (itn>300) : return [None, None]
        xn = xn1 - alp*f(xn1)
    return xn, itn
```

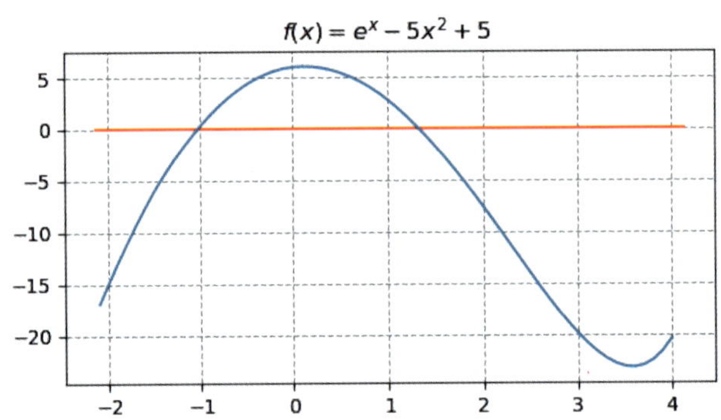

그림 7.11 대략적인 근의 존재구간을 검토

다음은 $f(x)$의 그래프를 그리고 사용자정의함수 Sucalp()를 적용하는 스크립트이다.

```
# Ex79SucAlpha.py: [예제 7.9] 7.6.1 FPM의 알고리즘 - SucAlp()의 적용
import numpy as np
import matplotlib.pyplot as plt
from SucAlpha import *

def fn(x): return np.exp(x) -5.0*x**2 +5.0
if __name__ == '__main__':
    x = np.arange(-2.1, 4.1, 0.1)
    plt.figure(figsize=(6, 3)); plt.plot(x, fn(x))
```

```
plt.title(r'$f(x) = e^x -5x^2 + 5$')
plt.hlines(0, -2.15, 4.15, 'r')
plt.grid(linestyle='--'); plt.show()
x, it = Sucalp(fn, 0.0, 2.0, tol=1.0e-7) # 1.32331908
print("근 : %11.8f, 반복횟수 = %d" % (x, it))
x, it = Sucalp(fn, -2.0, -1.0, tol=1.0e-7) # -1.03491604
print("근 : %11.8f, 반복횟수 = %d" % (x, it))
```

7.7 비선형연립방정식

7.7.1 뉴턴법

비선형연립방정식 계(systems of nonlinear equations)는 동시에 만족하여야 하는 두 개 이상의 방정식들로 구성된다. 과학과 공학에서 많은 문제를 선형연립방정식으로만 해결할 수 없다. 대부분의 수치해석 서적에서 다루는 비선형연립방정식의 해법은 뉴턴 반복법과 고정점 반복법(fixed-point method) 등이다. 먼저 두 개의 비선형방정식들의 연립방정식을 소개하고 n개의 비선형방정식을 갖는 일반적인 경우로 확장하기로 한다.

두 개의 미지수 x_1과 x_2를 갖고 두 개의 비선형방정식의 연립방정식은 다음과 같이 표현하기로 한다.

$$\begin{aligned} f_1(x_1, x_2) &= 0 \\ f_2(x_1, x_2) &= 0 \end{aligned} \tag{7.25}$$

초기치 $x_{1,\,1}$과 $x_{2,\,1}$을 갖고 해를 구하는 과정을 시작한다. 만약 $x_{1,\,2}$와 $x_{2,\,2}$가 연립방정식의 근사해이고 $x_{1,\,1}$과 $x_{2,\,1}$에 충분히 가까우면 $x_{1,\,2}$와 $x_{2,\,2}$에서 f_1과 f_2의 값은 다음과 같이 테일러 급수전개로 표현할 수 있다.

$$f_1(x_{1,2}, x_{2,2}) = f_1(x_{1,1}, x_{2,1}) + (x_{1,2} - x_{1,1})\frac{\Delta f_1}{\Delta x_1} + (x_{2,2} - x_{2,1})\frac{\Delta f_1}{\Delta x_2} + \cdots, \tag{7.26}$$
$$f_2(x_{1,2}, x_{2,2}) = f_2(x_{1,1}, x_{2,1}) + (x_{1,2} - x_{1,1})\frac{\Delta f_2}{\Delta x_1} + (x_{2,2} - x_{2,1})\frac{\Delta f_2}{\Delta x_2} + \cdots$$

여기서 $\Delta f_i/\Delta f_j = [\partial f_i/\partial f_j]_{x_{1,1}, x_{2,1}}$, $i, j = 1, 2$의 값을 의미한다. 한편 $x_{1,2}$와 $x_{2,2}$가 $x_{1,1}$과 $x_{2,1}$에 충분히 가까우므로 이차 이상의 항은 무시할 수 있다. 또한 $x_{1,2}$와 $x_{2,2}$가 근사해이므로 $f_1(x_{1,2}, x_{2,2}) = 0$와 $f_2(x_{1,2}, x_{2,2}) = 0$를 가정하여도 좋다. 따라서 식 (7.26)은 행렬형 연립방정식으로 다음과 같이 다시 쓸 수 있다.

$$\begin{pmatrix} \left[\dfrac{\partial f_1}{\partial x_1}\right]_{x_{1,1}, x_{2,1}} & \left[\dfrac{\partial f_1}{\partial x_2}\right]_{x_{1,1}, x_{2,1}} \\ \left[\dfrac{\partial f_2}{\partial x_1}\right]_{x_{1,1}, x_{2,1}} & \left[\dfrac{\partial f_2}{\partial x_2}\right]_{x_{1,1}, x_{2,1}} \end{pmatrix} \begin{pmatrix} \Delta x_1 \\ \Delta x_2 \end{pmatrix} = \begin{pmatrix} -f_1(x_{1,1}, x_{2,1}) \\ -f_2(x_{1,1}, x_{2,1}) \end{pmatrix} \tag{7.27}$$

여기서 $\Delta x_1 = x_{1,2} - x_{1,1}$이고 $\Delta x_2 = x_{2,2} - x_{2,1}$이다. 그리고 식 (7.27)은 Δx_1과 Δx_2를 미지수로 하는 이원일차 선형연립방정식이 된다. 식 (7.27)의 연립방정식을 풀면 크래머 공식(Cramer's rule)에 의하여 Δx_1과 Δx_2에 대한 다음 식을 갖는다.

$$\Delta x_1 = \frac{\det\begin{pmatrix} -f_1(x_{1,1}, x_{2,1}) & \dfrac{\partial f_1}{\partial x_2} \\ -f_2(x_{1,1}, x_{2,1}) & \dfrac{\partial f_2}{\partial x_2} \end{pmatrix}}{J(f_1, f_2)}, \quad \Delta x_2 = \frac{\det\begin{pmatrix} \dfrac{\partial f_1}{\partial x_2} & -f_1(x_{1,1}, x_{2,1}) \\ \dfrac{\partial f_2}{\partial x_2} & -f_2(x_{1,1}, x_{2,1}) \end{pmatrix}}{J(f_1, f_2)}$$

위 식에서 분자의 행렬식을 계산하면 Δx_1과 Δx_2는 다음 식을 갖는다.

$$\Delta x_1 = \frac{-f_1(x_{1,1}, x_{2,1})\left[\dfrac{\partial f_2}{\partial x_2}\right]_{x_{1,1}, x_{2,1}} + f_2(x_{1,1}, x_{2,1})\left[\dfrac{\partial f_1}{\partial x_2}\right]_{x_{1,1}, x_{2,1}}}{J(f_1, f_2)}, \tag{7.28}$$
$$\Delta x_2 = \frac{-f_2(x_{1,1}, x_{2,1})\left[\dfrac{\partial f_1}{\partial x_1}\right]_{x_{1,1}, x_{2,1}} + f_1(x_{1,1}, x_{2,1})\left[\dfrac{\partial f_2}{\partial x_1}\right]_{x_{1,1}, x_{2,1}}}{J(f_1, f_2)}$$

여기서 $J(f_1, f_2)$은 $x_1 = x_{1,1}$과 $x_2 = x_{2,1}$에서 야코비안(jacobian, 5.3절 참조)으로

다음과 같이 주어진다.

$$J(f_1,\ f_2) = \det\begin{pmatrix} \left[\dfrac{\partial f_1}{\partial x_1}\right]_{x_{1,\ 1},\ x_{2,\ 1}} & \left[\dfrac{\partial f_1}{\partial x_2}\right]_{x_{1,\ 1},\ x_{2,\ 1}} \\ \left[\dfrac{\partial f_2}{\partial x_1}\right]_{x_{1,\ 1},\ x_{2,\ 1}} & \left[\dfrac{\partial f_2}{\partial x_2}\right]_{x_{1,\ 1},\ x_{2,\ 1}} \end{pmatrix} \tag{7.29}$$

따라서 Δx_1과 Δx_2를 얻으면 $x_{1,\ 2}$와 $x_{2,\ 2}$는 다음과 같이 계산된다.

$$\begin{pmatrix} x_{1,\ 2} \\ x_{2,\ 2} \end{pmatrix} = \begin{pmatrix} x_{1,\ 1} \\ x_{2,\ 1} \end{pmatrix} + \begin{pmatrix} \Delta x_1 \\ \Delta x_2 \end{pmatrix} \tag{7.30}$$

분명하게도 위 $x_{1,\ 2}$와 $x_{2,\ 2}$는 아직 정확한 해는 아니지만 $x_{1,\ 1}$과 $x_{2,\ 1}$보다 구하려고 하는 해에 더 가까울 것이다. 다시 이 $x_{1,\ 2}$와 $x_{2,\ 2}$를 식 (7.27)에 대입하고 식 (7.28)을 이용하여 새로운 Δx_1과 Δx_2를 구하며, 식 (7.30)에서와 같이 $x_{1,\ 3}$와 $x_{2,\ 3}$를 구할 수 있다. 이러한 반복과정을 주어진 오차범위를 만족할 때까지 시행하여 근사해 $x_{1,\ n}$과 $x_{2,\ n}$을 구할 수 있다.

예제 7.10

다음 주어진 이원 비선형연립방정식을 뉴턴법에 의하여 다음 절차에 따라 근사해를 구하시오.

$$f_1(x_1,\ x_2) = 2x_1^3 - \exp(x_1)\sin(2x_2) = 0 \tag{7.31}$$

$$f_2(x_1,\ x_2) = x_1^2 x_2 - \cos(x_2^2) = 0,\ -2 \leqq x_1,\ x_2 \leqq 2$$

① mpl.pyplot 모듈의 contour( ) 함수를 사용하여 $-2 \leqq x_1,\ x_2 \leqq 2$ 범위에서 그래프로 비선형연립방정식의 해의 존재를 확인하고,

② 적절한 초기치를 선택하여 뉴턴법으로 근사해를 구하고,

③ scipy.optimize 모듈의 fsolve( ) 함수를 사용하여 도출 가능한 근사해를 구하시오.

풀이 ① 그래프로 해의 존재를 확인하기 위한 스크립트와 그래프는 다음과 같다.

```
…▸ # Ex710NewtCon.py: [예제 7.10] 7.7 비선형연립방정식 - 7.7.1 뉴턴법 - 등고선
import numpy as np
import matplotlib.pyplot as plt

plt.figure(figsize = (6, 3))
xy = np.arange(-2.0, 2.0, 0.1)
X, Y = np.meshgrid(xy, xy)
Z1 = 2*X**3 - np.exp(X)*np.sin(2*Y) # f1(x, y) = 2x^3 -exp(x)sin(2y)
Z2 = X**2*Y - np.cos(Y**2) # f2(x, y) = x^2y - cos(2y)
lv = np.arange(-2, 2, 2)
ctr1 = plt.contour(Z1, lv, colors = 'b', extent = (-2, 2, -2, 2))
ctr2 = plt.contour(Z2, lv, colors = 'r', extent = (-2, 2, -2, 2))
plt.clabel(ctr1, colors = 'b', fmt = '%1.1f', fontsize = 12)
plt.clabel(ctr2, colors = 'r', fmt = '%1.1f', fontsize = 12)
plt.title("Example 7.10 Contour")
plt.grid(linestyle = '--')
plt.show()
```

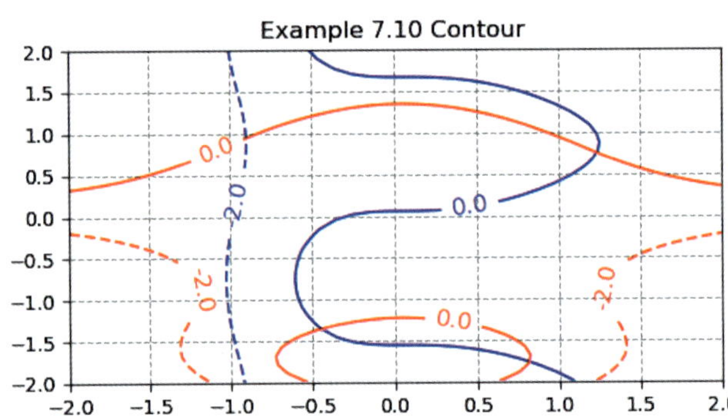

그림 7.12 식 (7.31) 방정식들의 등고선 그림

② 뉴턴법으로 근사근을 구하고, ③ 최적화 방식을 이용하는 스크립트는 다음과 같다.

```
…▸ Ex710JacobNLE.py : [예제 7.10] 7.7 비선형연립방정식 - 7.7.1 뉴턴법
import sympy as sp
from scipy.optimize import fsolve

if __name__ == '__main__':
    x, y = sp.symbols('x y')
    f1 = 2.0*x**3 - sp.exp(x)*sp.sin(2.0*y)
    f2 = (x**2)*y - sp.cos(y**2)
    F = sp.Matrix([f1, f2]); G = sp.Matrix([f2, -f1])
```

```
J = F.jacobian([x, y]) # X=Matrix([x, y]); F.jacobian(X)
n, xn, yn = 0, 1.0, 1.0 # 가능한 초기치: xn, yn=1, -2, xn, yn = 0, -1
tol, erx, ery = 1.0e-8, 1.0, 1.0
while (erx > tol or ery > tol):
    Jd = sp.det(J.subs([(x, xn), (y, yn)])).evalf(10)
    D = (J.T).subs([(x, xn), (y, yn)])*G.subs([(x, xn), (y, yn)])
    dx, dy = D[1]/Jd, -D[0]/Jd
    xn1, yn1 = xn+dx, yn+dy
    erx, ery = abs((xn1-xn)/xn), abs((yn1-yn)/yn)
    n, xn, yn = n+1, xn1, yn1
    if (n > 20): break

print("x=%11.7f, y=%11.7f, 반복횟수=%d" % (xn, yn, n))
def F(x) :
    return [2*x[0]**3 - sp.exp(x[0])*sp.sin(2.0*x[1]),
            x[0]**2*x[1] - sp.cos(x[1]**2)]
print("fsolve(F, [1.0, 1.0]) =", fsolve(F, [1.0, 1.0]))
# (x0=1, y0=1) => x= 1.1572360, y= 0.6719054, 반복횟수=7
# fsolve(F, [1.0, 1.0]) = [1.15723605 0.67190536]
```

(1) 비선형연립방정식의 일반화

이원 비선형연립방정식의 뉴턴법은 n개의 비선형방정식의 연립으로 쉽게 일반화할 수 있다. 연립방정식의 n개의 미지수를 $x_1,\ x_2,\ \cdots,\ x_n$이라 하자. 일반화된 연립방정식은 다음 식과 같이 표현할 수 있다.

$$f_1(x_1,\ x_2,\ \cdots,\ x_n)=0, \tag{7.32}$$
$$f_2(x_1,\ x_2,\ \cdots,\ x_n)=0,$$
$$\cdots$$
$$f_n(x_1,\ x_2,\ \cdots,\ x_n)=0$$

식 (7.26)에서와 같이 반복횟수 $k+1$번째 근사해벡터 $(x_{1,\ k+1},\ x_{2,\ k+1},\ \cdots,\ x_{n,\ k+1})^t$는 k번째 반복에서 얻어진 근사해벡터에 대한 테일러 급수전개를 이용하여 얻을 수 있다. 따라서 n개의 테일러 급수전개식을 식 (7.27)과 유사한 행렬형 연립방정식으로 다음과 같이 다시 쓸 수 있다.

$$\begin{pmatrix} \left[\frac{\partial f_1}{\partial x_1}\right]_{x_{1,k},\, x_{2,k}} & \left[\frac{\partial f_1}{\partial x_2}\right]_{x_{1,k},\, x_{2,k}} & \cdots & \left[\frac{\partial f_1}{\partial x_n}\right]_{x_{1,k},\, x_{2,k}} \\ \left[\frac{\partial f_2}{\partial x_1}\right]_{x_{1,k},\, x_{2,k}} & \left[\frac{\partial f_2}{\partial x_2}\right]_{x_{1,k},\, x_{2,k}} & \cdots & \left[\frac{\partial f_2}{\partial x_n}\right]_{x_{1,k},\, x_{2,k}} \\ \cdots & \cdots & \cdots & \cdots \\ \left[\frac{\partial f_n}{\partial x_1}\right]_{x_{1,k},\, x_{2,k}} & \left[\frac{\partial f_n}{\partial x_2}\right]_{x_{1,k},\, x_{2,k}} & \cdots & \left[\frac{\partial f_n}{\partial x_n}\right]_{x_{1,k},\, x_{2,k}} \end{pmatrix} \begin{pmatrix} \Delta x_1 \\ \Delta x_2 \\ \cdots \\ \Delta x_n \end{pmatrix} = \begin{pmatrix} -f_1(x_{1,k},\, x_{2,k}) \\ -f_2(x_{1,k},\, x_{2,k}) \\ \cdots \\ -f_n(x_{1,k},\, x_{2,k}) \end{pmatrix} \tag{7.33}$$

위 연립방정식의 해가 존재한다면 방정식을 풀어서 Δx_1, Δx_2, $\cdots$, Δx_n을 구하고 새로운 $k+1$번째 근사해벡터는 식 (7.30)과 같이 다음 식으로 얻는다.

$$\begin{pmatrix} x_{1,\, k+1} \\ x_{2,\, k+1} \\ \cdots \\ x_{n,\, k+1} \end{pmatrix} = \begin{pmatrix} x_{1,\, k} \\ x_{2,\, k} \\ \cdots \\ x_{n,\, k} \end{pmatrix} + \begin{pmatrix} \Delta x_1 \\ \Delta x_2 \\ \cdots \\ \Delta x_n \end{pmatrix} \tag{7.34}$$

적절한 초기치 $(x_{1,1},\, x_{2,1},\, \cdots,\, x_{n,1})^t$을 갖고 식 (7.33)에 적용하여 반복횟수를 늘리면서 정확한 해벡터에 보다 근사한 해를 구할 수 있다.

단일 비선형방정식에 대한 뉴턴법의 수렴성도 항상 보장되는 것이 아니듯이 비선형 연립방정식에 대한 뉴턴법의 수렴성도 특정한 조건을 만족하여야 보장된다. 조건을 살펴보면, 먼저 주어진 함수 f_1, f_2, $\cdots$, f_n과 이들의 도함수가 해의 근방에서 연속이고 유한이어야 한다. 또한 해를 구하기 위한 초기치가 정확한 해에 충분히 가까워야 한다. 그리고 해의 근방에서 $J(f_1,\, f_2,\, \cdots,\, f_n) \neq 0$, 즉 야코비안이 0가 아니어야 한다는 것 등이다.

7.7.2 연속대입법

비선형연립방정식계의 해를 구하는 다른 방법으로 7.6절의 단일 비선형방정식에서와 같이 연속대입법(FPM)이 있다. 연속대입법은 고정점 반복법(fixed-point iteration method)이라고도 한다. n개의 미지수 x_1, x_2, $\cdots$, x_n을 갖는 n개의 비선형연립방정식의 계는 다음 형태를 갖는다.

$$f_1(x_1,\ x_2,\ \cdots,\ x_n) = 0, \tag{7.35}$$

$$f_2(x_1,\ x_2,\ \cdots,\ x_n) = 0,$$

$$\cdots$$

$$f_n(x_1,\ x_2,\ \cdots,\ x_n) = 0$$

만약 위 연립방정식계가 다음과 같이 표현된다면

$$x_1 = \overline{f_1}(x) = g_1(x_1,\ x_2,\ \cdots,\ x_n),$$

$$x_2 = \overline{f_2}(x) = g_2(x_1,\ x_2,\ \cdots,\ x_n),$$

$$\cdots$$

$$x_n = \overline{f_n}(x) = g_n(x_1,\ x_2,\ \cdots,\ x_n)$$

위 반복식은 다음과 같이 작성할 수 있다.

$$x_{1,\ k+1} = g_1(x_{1,\ k},\ x_{2,\ k},\ \cdots,\ x_{n,\ k}), \tag{7.36}$$

$$x_{2,\ k+1} = g_2(x_{1,\ k},\ x_{2,\ k},\ \cdots,\ x_{n,\ k}),$$

$$\cdots$$

$$x_{n,\ k+1} = g_n(x_{1,\ k},\ x_{2,\ k},\ \cdots,\ x_{n,\ k}),\ k = 1,\ 2,\ \cdots$$

식 (7.36)의 단점은 임의로 선택한 $g_i(x_1,\ x_2,\ \cdots,\ x_n)$, $i = 1,\ \cdots,\ n$에 대하여 항상 수렴하지는 않는다는 점이다. 임의로 선택한 $g_i(x_1,\ x_2,\ \cdots,\ x_n)$에 관한 반복수행의 수렴성이 보장되기 위해서는 해의 근방에서 $g_i(x_1,\ x_2,\ \cdots,\ x_n)$과 모든 $\partial g_i / \partial x_k$, $i,\ k = 1,\ \cdots,\ n$이 연속이고 해를 구하기 위한 초기치가 정확한 해에 충분히 가까워야 하며 다음 조건이 성립하여야 한다.

$$\sum_{i=1}^{n} \left| \frac{\partial g_1}{\partial x_i} \right| \leqq 1,\ \sum_{i=1}^{n} \left| \frac{\partial g_2}{\partial x_i} \right| \leqq 1,\ \cdots,\ \sum_{i=1}^{n} \left| \frac{\partial g_n}{\partial x_i} \right| \leqq 1 \tag{7.37}$$

상세한 반복과정은 7.6절 단일비선형방정식의 연속대입법 알고리즘을 참조할 수 있다.

단일비선형방정식일 때 연속대입법의 장점은 자체의 단순성 및 $\overline{f}=g$의 모양을 결정할 때 융통성이지만 연립일 경우 복잡도가 크게 증가한다.

예제 7.11

다음 주어진 이원 비선형연립방정식을 제시된 반복법에 의하여 절차에 따라 근사해를 구하시오.

$$f_1(x_1,\ x_2) = 2x_1^2 - x_2^3 + 15 = 0 \tag{7.38}$$

$$f_2(x_1,\ x_2) = 3x_1^3 + 2x_2^2 - 70 = 0,\quad -10 \leq x_1,\ x_2 \leq 10$$

① mpl.pyplot 모듈의 contour() 함수를 사용하여 $-10 \leq x_1,\ x_2 \leq 10$ 범위에서 그래프로 비선형연립방정식의 해의 존재를 확인하고,

② 적절한 초기치를 선택하여 고정점 반복법으로 근사해를 구하고,

③ scipy.optimize 모듈의 fsolve() 함수를 사용하여 도출 가능한 근사해를 구하고,

④ 적절한 초기치를 선택하여 뉴턴법으로 근사해를 구하시오.

풀이 ① 그래프로 해의 존재를 확인하기 위한 스크립트와 그래프는 다음과 같다.

```
# Ex711SSubCon.py: [예제 7.11] 7.7 비선형연립방정식 - 7.7.2 FPM - 등고선
import numpy as np
import matplotlib.pyplot as plt

plt.figure(figsize = (6, 3))
xy = np.arange(-10.0, 10.0, 0.4)
X, Y = np.meshgrid(xy, xy)
Z1 = 2*X**2 - Y**3 + 15 # f1(x, y) = 2x^2 -y^3 + 15
Z2 = 3*X**3 + 2*Y**2 -70 # f2(x, y) = 3x^3 + 2y^2 - 70
lv = np.arange(0, 2, 2)
ctr1 = plt.contour(Z1, lv, colors = 'b', extent = (-10, 10, -10, 10))
ctr2 = plt.contour(Z2, lv, colors = 'r', extent = (-10, 10, -10, 10))
plt.clabel(ctr1, colors = 'b', fmt = '%1.1f', fontsize = 12)
plt.clabel(ctr2, colors = 'r', fmt = '%1.1f', fontsize = 12)
plt.title("Example 7.11 Contour")
plt.grid(linestyle='--'); plt.show()
```

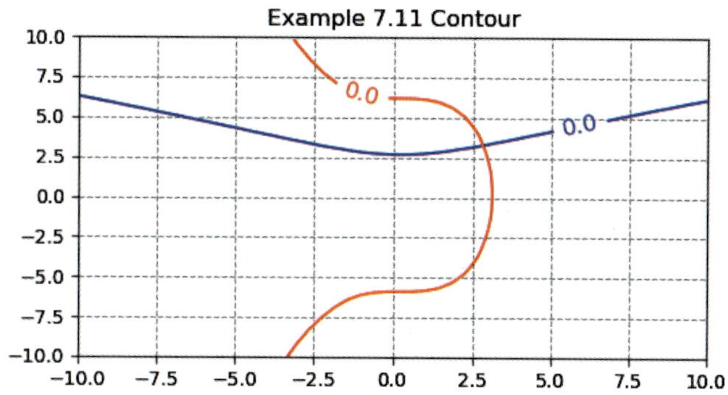

그림 7.13 식 (7.38) 방정식들의 등고선 그림

② FPM으로 근사근을 구하고, ③ 최적화 방식을 이용하는 스크립트는 다음과 같다.

```
# Ex711SSubNLE.py: [예제 7.11] 7.7 비선형연립방정식 - 7.7.2 FPM 적용
from scipy.optimize import fsolve
if __name__ == '__main__':
    n, xn, yn = 0, 1.0, 1.0 # xn, yn = 2.0, 2.0
    tol, erx, ery = 1.0e-7, 1.0, 1.0
    while (erx > tol or ery > tol):
        xn1 = pow((70.0 - 2.0*yn**2)/3.0, 1.0/3.0)
        yn1 = pow(2.0*xn**2 + 15.0, 1.0/3.0)
        erx, ery = abs((xn1-xn)/xn), abs((yn1-yn)/yn)
        n, xn, yn = n+1, xn1, yn1
        if (n > 20): break
    print("x=%10.7f, y=%10.7f, 반복횟수=%d" % (xn, yn, n))
    def F(x): return [2*x[0]**2-x[1]**3+15, 3*x[0]**3+2*x[1]**2-70]
    print("fsolve(F, [1.0, 1.0]) =", fsolve(F, [1.0, 1.0]))
# (x0=1.0, y0=1.0) => x= 2.5784566, y= 3.0472833, 반복횟수=14
# fsolve(F, [1.0, 1.0]) = [2.57845658 3.04728332]
```

④ 뉴턴법으로 근사해를 구하기 위한 파이썬 스크립트는 다음과 같다.

```
# Ex711JacobNLE.py: [예제 7.11] 7.7 비선형연립방정식 - 7.7.2 FPM-뉴턴법
import sympy as sp

if __name__ == '__main__':
    x, y = sp.symbols('x y')
    f1, f2 = 2.0*x**2 - y**3 +15.0, 3.0*x**3 +2.0*y**2 - 70.0
    F = sp.Matrix([f1, f2]); J = F.jacobian([x, y])
    J1 = J.copy(); J2 = J.copy()
```

```
    J1[:, 0] = -F; J2[:, 1] = -F
    n, xn, yn = 0, 1.0, 1.0
    tol, erx, ery = 1.0e-7, 1.0, 1.0
    while (min(erx, ery) > tol):
        Jd = sp.det(J).subs([(x, xn), (y, yn)])
        dx = sp.det(J1).subs([(x, xn), (y, yn)])
        dy = sp.det(J2).subs([(x, xn), (y, yn)])
        dx, dy =  dx/Jd, dy/Jd
        xn1, yn1 = xn+dx, yn+dy
        erx, ery = abs((xn1-xn)/xn), abs((yn1-yn)/yn)
        n, xn, yn = n+1, xn1, yn1
        if (n > 20): break
    print("x = %10.7f, y = %10.7f, 반복횟수 = %d" % (xn, yn, n))
# (x0 = 1.0, y0 = 1.0) => x = 2.5784566, y = 3.0472833, 반복횟수 = 8
```

연습문제

1 다음 함수들에 대하여 해가 존재하는 대략적인 위치와 구간을 구하기 위한 각 물음에 답하시오.

$$f_1(x) = (x+1)^2\cos(x) - xsin(x)/2,\ x > -5,$$

$$f_2(x) = 2\log(x+2) - x^2,\ x > -2,$$

$$f_3(x) = e^{x/3} - 2\sin(2x),\ x > 0$$

(1) 함수 plt.plot()을 사용하여 근을 탐색하는 그래프를 그리고,

(2) 크기가 0.2로 근을 포함하는 구간을 구하는 사용자정의함수 Zerointv(f, [a, c])를 작성하고 해당 구간을 출력하시오.

2 다음 함수들에 대하여 해가 존재하는 대략적인 위치와 구간을 구하기 위한 각 물음에 답하시오.

$$f_1(x) = x^2\sin(x) - xcos(x),\ x > -1,$$

$$f_2(x) = e^{-x} - \sin(x^2) - x/2 + 1,\ x > 0,$$

$$f_3(x) = e^x - 3x^{2,}\ x > 0$$

(1) 함수 plt.plot()을 사용하여 근을 탐색하는 그래프를 그리고,

(2) 연습문제 [1]의 사용자정의함수를 이용하여 근을 포함하는 구간을 출력하시오.

3 [예제 7.1]의 이분법에 대한 사용자정의함수 Bisect(f, a, c)를 이용하여 다음 함수들에 대해서 정해진 구간에서 모든 근을 구하는 각 문항에 답하시오.

$$f_1(x) = (x+1)^2\cos(x) - xsin(x)/2,\ x > -5,$$

$$f_2(x) = 2\log(x+2) - x^2,\ x > -2,$$

$$f_3(x) = e^{x/3} - 2\sin(2x),\ x > 0$$

(1) 연습문제 [1]의 Zerointv(f, [a, c])를 이용하여 근이 존재하는 구간을 구하고,

(2) 근이 존재하는 적절한 구간 [a. c]를 선택하여 모든 근을 구하시오.

4 연습문제 [3]의 함수들에 대하여 정해진 구간에서 문항의 내용에 따라 가위치법으로 모든 근을 구하는 사용자정의함수 Fpm(f, a, c)를 작성하고 답하시오.

(1) 반복횟수 상한치를 100회로 하여 이를 넘는 경우의 특징을 설명하고,

(2) 해가 존재하는 적절한 구간 [a. c]를 선택하여 근들을 구하시오.

5 본문 [예제 7.2]의 사용자정의함수 Modfpm(f, a, c)를 이용하여 다음 함수들에 대해서 문항의 내용에 따라 모든 양의 근을 구하시오.

$$f_1(x) = x^2\sin(x) - x\cos(x),\ x > -1,$$

$$f_2(x) = e^{-x} - \sin(x^2) - x/2 + 1,\ x > 0,$$

$$f_3(x) = e^{x} - 3x^{2},\ x > 0$$

(1) 연습문제 [1]의 Zerointv(f, [a, c])를 이용하여 근이 존재하는 구간을 구하고,

(2) 해가 존재하는 적절한 구간 [a. c]를 선택하여 모든 양의 근들을 구하시오.

6 본문 [예제 7.4]의 사용자정의함수 Ridder(f, a, c)를 사용하여 다음 함수들에 대해서 문항의 내용에 따라 모든 근을 구하시오.

$$f_1(x) = (x+1)^2\cos(x) - x\sin(x)/2,\ x > -5,$$

$$f_2(x) = 2\log(x+2) - x^2,\ x > -2,$$

$$f_3(x) = e^{x/3} - 2\sin(2x),\ x > 0$$

(1) 연습문제 [1]의 Zerointv(f, [a, c])를 이용하여 근이 존재하는 구간을 구하고,

(2) 해가 존재하는 적절한 구간 [a. c]를 선택하여 모든 근을 구하시오.

7 연습문제 [1]의 함수들에 대하여 문항의 조건에 따라 [예제 7.5]의 뉴턴법 사용자정의함수 Newton(f, df, xz)으로 모든 양의 근을 구하시오. 여기서 df는 근을 구하고자 하는 함수 f의 도함수를 나타내고 xz는 초기치를 나타낸다.

(1) 도함수 df는 sympy가 내장한 함수 sp.diff()를 사용하고,

(2) 함수 Newton(f, df, zx)로 적절한 초깃값으로 양의 근들을 구하시오.

8 연습문제 [2] 또는 [5]의 함수들에 대하여 문항의 조건에 따라 [예제 7.5]의 뉴턴법 사용자정의함수 Newton(f, df, xz)으로 모든 양의 근을 구하시오.

(1) 도함수 df는 sympy가 내장한 함수 sp.diff()를 사용하고,

(2) 함수 Newton(f, df, zx)로 적절한 초기치를 선택하여 양의 근들을 구하시오.

9 연습문제 [1]의 함수들에 대하여 문항의 조건에 따라 [예제 7.6]의 수정 할선법 사용자정의함수 Secant(f, xz)로 모든 양의 근을 구하시오.

(1) Zerointv(f, [a, c])를 이용하여 근이 존재하는 구간을 구하고,

(2) 적절한 초기치 xz를 선택하여 근들을 구하시오.

10 연습문제 [3]의 이분법, [6]의 리더스법 및 연습문제 [9]의 수정 할선법을 사용하여 문항의 내용에 따라 다음 함수의 모든 양의 근을 구하시오.

$$f_1(x) = \sin(1.5x)e^{-0.3x} - 0.1,\ \ x > 0,$$

$$f_2(x) = 2x\sqrt{2+x} + (x^2-1)\sqrt{10+x},\ \ x > -2,$$

$$f_3(x) = \exp(-x) + x^3 - x - 2,\ \ x > -2$$

(1) Zerointv(f, [a, c])를 이용하여 근이 존재하는 구간을 구하고,

(2) 파일 "Bisect.py"를 임포트하고 $f_1(x) = 0$의 모든 양의 근을 구하고,

(3) 파일 "Ridders.py"를 임포트하고 $f_1(x) = 0$와 $f_2(x) = 0$의 양의 근을 구하고,

(4) 파일 "Secant.py"를 임포트하고 $f_2(x) = 0$의 모든 근을 구하고,

(5) 파일 "Secant.py"를 이용하여 $f_3(x) = 0$의 모든 근을 구하시오.

11 2차 방정식 $f(x) = x^2 - 3x - 10 = 0$의 근을 연속대입법으로 구하기 위하여 다음과 같이 $x = g(x)$의 형태로 재구성할 수 있다. 연속대입법으로 4개의 경우를 모두 적용할 수 있는 사용자정의함수 FPTg(g, xz)를 작성하고 각 물음에 답하시오.

$$(a)\ \ x = (x^2 - 10)/3,$$

$$(b)\ \ x = \sqrt{3x+10},$$

$$(c)\ \ x = (3x+10)/x,$$

$$(d)\ \ x = x - 0.1(x^2 - 3x - 10)$$

(1) $y = x$의 그래프와 4개인 $y = g(x)$의 그래프를 선 색을 달리하여 함께 그리고,

(2) 경우 (a)를 이용하여 $f(x) = 0$의 근을 구하고,

(3) 경우 (b)를 이용하여 $f(x) = 0$의 근을 구하고,

(4) 경우 (c)를 이용하여 $f(x) = 0$의 근을 구하고,

(5) 경우 (d)를 이용하여 $f(x) = 0$의 근을 구하시오.

12 연습문제 [2]에서 제시한 함수들에 고정점 반복법 $x = x - \alpha f(x)$을 사용하여 근을 구하는 사용자정의함수 Fptalp(f, a, c)를 작성하고 각 물음에 답하시오.

(1) Zerointv(f, [a, c])를 이용하여 모든 근이 존재하는 구간을 구하고,

(2) 적절한 구간 [a, c]를 선택하여 양의 근들을 구하시오.

13 다음 주어진 이원 비선형연립방정식을 뉴턴법으로 문항의 절차에 따라 근사해를 구하는 사용자정의함수 Nonlin(f1, f2, xz, yz)을 작성하고 물음에 답하시오. 여기서 xz와 yz는 초기치를 나타낸다.

$$f_1(x,\ y) = x^3 - \sin(2y),$$

$$f_2(x,\ y) = y^2 - \cos(x^2)$$

(1) mpl.pyplot 모듈의 contour( ) 함수를 사용하여 $-3 \leqq x, y \leqq 3$ 범위에서 도식적인 방법으로 비선형연립방정식의 해의 존재를 확인하고,

(2) 적절한 초기치를 선택하여 뉴턴법으로 근사해를 구하고,

(3) scipy.optimize 모듈의 fsolve( ) 함수로 도출 가능한 근사해를 구하고,

(4) 사용자정의함수 Nonlin(f1, f2, xz, yz)를 'Nonlin.py'로 저장하시오.

14 연습문제 [13]에서 작성한 Nonlin(f1, f2, xz, yz)으로 문항의 절차에 따라 다음 주어진 이원 비선형연립방정식의 근사해를 구하시오.

$$f_1(x,\ y) = 2x^2 - \cos(2xy),$$

$$f_2(x,\ y) = x^2 y - \exp(-y)$$

(1) mpl.pyplot 모듈의 contour( ) 함수를 사용하여 $-1 \leqq x \leqq 1,\ 0 \leqq y \leqq 5$ 범위에서 도식적인 방법으로 비선형연립방정식의 해의 존재를 확인하고,

(2) 'Nonlin.py'를 로드하고 적절한 초기치를 선택하여 근사해를 구하고,

(3) scipy.optimize 모듈의 fsolve( ) 함수로 도출 가능한 근사해를 구하시오.

15 연습문제 [13]에서 작성한 Nonlin(f1, f2, xz, yz)으로 문항의 절차에 따라 다음 주어진 이원 비선형연립방정식의 근사해를 구하시오.

$$f_1(x,\ y) = (x-2)^2 + 2(x+y-2)^2 - 1,$$

$$f_2(x,\ y) = 2(x-2)^2 + (xy/2)^2 - 1$$

(1) mpl.pyplot 모듈의 contour( ) 함수를 사용하여 $0 \leqq x \leqq 4,\ -2 \leqq y \leqq 2$ 범위에서 도식적인 방법으로 비선형연립방정식의 해의 존재를 확인하고,

(2) 'Nonlin.py'를 로드하고 적절한 초기치를 선택하여 근사해를 구하고,

(3) scipy.optimize 모듈의 fsolve( ) 함수로 도출 가능한 근사해를 구하시오.

16 연습문제 [13]에서 작성한 Nonlin(f1, f2, xz, yz)으로 문항의 절차에 따라 다음 주어진 이원 비선형연립방정식의 근사해를 구하시오.

$$f_1(x,\ y) = xy - \exp(x/2) - \exp(-x/2),$$

$$f_2(x,\ y) = 4x^2 + 16y^2 - 144$$

(1) mpl.pyplot 모듈의 contour( ) 함수를 사용하여 $-6 \leqq x,\ y \leqq 6$ 범위에서 도식적인 방법으로 비선형연립방정식의 해의 존재를 확인하고,

(2) 'Nonlin.py'를 로드하고 적절한 초기치를 선택하여 근사해를 구하고,

(3) scipy.optimize 모듈의 fsolve( ) 함수로 도출 가능한 근사해를 구하시오.

17 연습문제 [13]에서 작성한 Nonlin(f1, f2, xz, yz)으로 문항의 절차에 따라 다음 주어진 이원 비선형연립방정식의 근사해를 구하시오.

$$f_1(x,\ y) = (x-2)^2 + 2(y-2)^2 - 3,$$

$$f_2(x,\ y) = 4(x-5/2)^2 + (xy-4)^2 - 4$$

(1) mpl.pyplot 모듈의 contour( ) 함수를 사용하여 $0 \leqq x,\ y \leqq 4$ 범위에서 도식적인 방법으로 비선형연립방정식의 해의 존재를 확인하고,

(2) 'Nonlin.py'를 로드하고 적절한 초기치를 선택하여 근사해를 구하고,

(3) scipy.optimize 모듈의 fsolve( ) 함수로 도출 가능한 근사해를 구하시오.

18 다음 주어진 이원 비선형연립방정식을 고정점 반복법으로 문항의 절차에 따라 근사해를 구하는 사용자정의함수 SubNLE(f1, f2, xz, yz)를 작성하고 물음에 답하시오.

$$f_1(x,\ y) = x^3 - \sin(2y),$$

$$f_2(x,\ y) = y^2 - \cos(x^2)$$

(1) 구간 $-3 \leqq x,\ y \leqq 3$ 범위에서 해의 존재를 연습문제 [13]을 참조하여 확인하고,

(2) 적절한 초기치를 선택하여 뉴턴법으로 근사해를 구하고,

(3) scipy.optimize 모듈의 fsolve( ) 함수로 도출 가능한 근사해를 구하고,

(4) 사용자정의함수 SubNLE(f1, f2, xz, yz)을 'SubNLE.py'로 저장하시오.

8장

곡선적합

8.1 선형적합

8.2 고차 다항식에 의한 곡선적합

8.1 선형적합

8.1.1 직선의 최소제곱 적합

데이터에 최적 직선을 적합하는 한 가지 방법은 주어진 모든 데이터에 대한 잔차를 최소화하여 이들 데이터 점들을 통과하는 최적 직선을 구하는 것이다. 최적 직선을 선택하는데 임의성을 없애고 적합을 위한 원칙을 세우기 위해서 어떤 기준이 있어야 한다. 최적 직선 적합에 대한 기준을 논하기 위하여 n개의 주어진 관측값을 $(x_i,\ y_i)$, $i=1,\ 2,\ \cdots,\ n$이라 두고 적합하는 직선의 식을 다음과 같이 두기로 한다.

$$g(x) = c_0 + c_1 x \tag{8.1}$$

식 (8.1)에서 c_0와 c_1은 각각 절편과 기울기를 나타내는 계수이다. 다음 r_i는 선형적합 모형과 관측값과의 오차(error) 또는 잔차(residual)로 다음 식으로 표시할 수 있다.

$$r_i = y_i - g(x_i) = y_i - c_0 - c_1 x_i,\ i = 1,\ 2,\ \cdots,\ n$$

데이터 점과 적합 직선 간의 위치에 따라 잔차는 양과 음의 부호를 가지며 이 경우 잔차의 합은 부적절한 최소화 기준이 된다. 또 다른 기준으로 다음과 같이 잔차의 절댓값의 합을 고려할 수 있다.

$$\sum_{i=1}^{n} |r_i| = \sum_{i=1}^{n} |y_i - c_0 - c_1 x| \tag{8.2}$$

그러나 식 (8.2)를 만족하는 직선은 여러 개가 나올 수 있으며 그 외에도 최소-최대 기준도 논의된 바 있으나 회귀분석에서 부적절한 것으로 알려져 있다. 이상 논의된 방법들의 단점을 극복한 오차(잔차)제곱합(error sum of squares, SSE) S_e를 최소화하는 방법을 최적 적합을 위한 기준으로 하고 다음과 같이 표현한다.

$$S_e = \sum_{i=1}^{n} r_i^2 = \sum_{i=1}^{n} [y_i - g(x_i)]^2 = \sum_{i=1}^{n} (y_i - c_0 - c_1 x_i)^2 \tag{8.3}$$

최소제곱(least squared) 적합 방법으로 불리는 이 기준은 관측 데이터 집합에 대하여 유일한 직선을 도출한다. 선형회귀(linear regression) 직선을 구하기 위하여, 말하자면 직선의 절편 c_0와 기울기 c_1을 구하기 위해서 식 (8.3)을 다음과 같이 c_0와 c_1에 대하여 S_e를 편미분한다.

$$\begin{aligned} \frac{\partial S_e}{\partial c_0} &= -2\sum_{i=1}^{n} (y_i - c_0 - c_1 x_i), \\ \frac{\partial S_e}{\partial c_1} &= -2\sum_{i=1}^{n} x_i (y_i - c_0 - c_1 x_i) \end{aligned} \tag{8.4}$$

식 (8.3)의 S_e가 최소가 되기 위해서는 식 (8.4)의 편미분값들이 0이어야 하고 이를 정리하면 다음과 같다.

$$\begin{aligned} n c_0 + \left(\sum_{i=1}^{n} x_i\right) c_1 &= \sum_{i=1}^{n} y_i, \\ \left(\sum_{i=1}^{n} x_i\right) c_0 + \left(\sum_{i=1}^{n} x_i^2\right) c_1 &= \sum_{i=1}^{n} x_i y_i \end{aligned} \tag{8.5}$$

식 (8.5)를 행렬형으로 다시 쓰면 다음과 같다.

$$\begin{pmatrix} n & \sum_{i=1}^{n} x_i \\ \sum_{i=1}^{n} x_i & \sum_{i=1}^{n} x_i^2 \end{pmatrix} \begin{pmatrix} c_0 \\ c_1 \end{pmatrix} = \begin{pmatrix} \sum_{i=1}^{n} y_i \\ \sum_{i=1}^{n} x_i y_i \end{pmatrix} \quad \Leftrightarrow \quad AC = Y \tag{8.6}$$

주어진 독립변수와 종속변수 관측값들의 평균을 각각 $\overline{x} = \frac{1}{n}\sum x_i$, $\overline{y} = \frac{1}{n}\sum y_i$라 두고 식 (8.6)의 양변을 n으로 나누면 다음과 같은 식을 얻는다.

$$\begin{pmatrix} 1 & \overline{x} \\ \overline{x} & \frac{1}{n}\sum_{i=1}^{n} x_i^2 \end{pmatrix} \begin{pmatrix} c_0 \\ c_1 \end{pmatrix} = \begin{pmatrix} \overline{y} \\ \frac{1}{n}\sum_{i=1}^{n} x_i y_i \end{pmatrix} \quad \Leftrightarrow \quad AC = Y$$

행렬 A의 행렬식은 $|A| = \frac{1}{n}\sum x_i^2 - (\overline{x})^2$이므로 크래머(Cramer) 공식에 의하여

$$c_1 = \frac{\frac{1}{n}\sum_{i=1}^{n} x_i y_i - \overline{x}\,\overline{y}}{\frac{1}{n}\sum_{i=1}^{n} x_i^2 - (\overline{x})^2} = \frac{\sum_{i=1}^{n} x_i y_i - n\overline{x}\,\overline{y}}{\sum_{i=1}^{n} x_i^2 - n(\overline{x})^2} = \frac{n\sum_{i=1}^{n} x_i y_i - \sum_{i=1}^{n} x_i \sum_{i=1}^{n} y_i}{n\sum_{i=1}^{n} x_i^2 - (\sum_{i=1}^{n} x_i)^2} \tag{8.7}$$

식 (8.7)을 식 (8.5)의 위 식에 대입하여 c_0에 대해서 다음 값을 얻는다.

$$c_0 = \overline{y} - c_1\overline{x} = \frac{\overline{y}\sum_{i=1}^{n} x_i^2 - \overline{x}\sum_{i=1}^{n} x_i y_i}{\sum_{i=1}^{n} x_i^2 - n(\overline{x})^2} \tag{8.8}$$

예제 8.1

파이썬 pydataset의 trees 데이터셋으로부터 획득한 흑체리 나무의 둘레(girth, x인치)와 부피(volume, y cubic feet)에 대한 관측데이터 집합의 일부인 x=(14.0, 14.2, 14.5, 16.0, 16.3, 17.3, 17.5, 17.9)와 y=(34.5, 31.7, 36.3, 38.3, 42.6, 55.4, 55.7, 58.3)을 갖고 이 점들을 적합하는 회귀직선을 구하시오.

풀이 회귀직선을 구하는 파이썬 스크립트는 다음과 같다.

```
# Ex81Curvfit1d.py: [예제 8.1] 8.1 선형적합 - 8.1.1 직선의 최소제곱 적합
import numpy as np

if __name__ == '__main__':
    x = np.array([14.0, 14.2, 14.5, 16.0, 16.3, 17.3, 17.5, 17.9])
    y = np.array([34.5, 31.7, 36.3, 38.3, 42.6, 55.4, 55.7, 58.3])
    x, y = x.reshape(len(x), 1), y.reshape(len(y), 1)
    tree = np.hstack((x, y, x**2, x*y))
    mean1 = np.round(np.mean(tree, axis=0), 5)
    tree = np.vstack((tree, mean1))
    np.savetxt("Table81.csv", tree, delimiter=",", header='x, y, x**2, xy',
          fmt='%8.5f', comments="") # "*.csv" 파일을 저장
    np.savetxt("Table81.txt", tree, delimiter=",", header='', fmt='%8.5f',
```

```
        comments = "") # " *.txt " 파일을 저장
c1 = (717.92625 - 15.9625*44.1)/(256.94125 - 15.9625**2) # 6.533187
c0 = 44.1 - 15.9625*c1; c0 # -60.186002
print("기울기 c1 =%11.6f, 절편 c0 =%11.6f" % (c1, c0))
```

```
기울기 c1 = 6.533187, 절편 c0 = -60.186002
```

표 8.1 직선 적합에 필요한 통계치 자료

	x	y	x^2	xy
21	14	34.5	196	483
22	14.2	31.7	201.64	450.14
23	14.5	36.3	210.25	526.35
24	16	38.3	256	612.8
25	16.3	42.6	265.69	694.38
26	17.3	55.4	299.29	958.42
27	17.5	55.7	306.25	974.75
28	17.9	58.3	320.41	1043.57
평균	15.9625	44.1	256.94125	717.92625

예제 8.2

흑체리 나무의 자료집합(trees)에서 둘레를 x 관측치, 키를 y 관측치로 한 표가 아래와 같이 주어져 있다. 식 (8.7)과 (8.8)을 이용하여 회귀직선을 구하고, 추가로 numpy.linalg 모듈이 제공하는 최소제곱법 함수 lstsq()의 결과와 비교하시오.

x (둘레)	8.3	8.6	8.8	10.5	10.7	10.8	11	11	11.1	11.2
	11.3	11.4	11.4	11.7	12	12.9	12.9	13.3	13.7	13.8
y (키)	70	65	63	72	81	83	66	75	80	75
	79	76	76	69	75	74	85	86	71	64

풀이 회귀직선을 구하는 스크립트와 내장함수 np.linalg.lstsq()의 결과는 다음과 같다.

```
# Ex82Curvfit1d.py: [예제 8.2] 8.1 선형적합 - 8.1.1 직선의 최소제곱 적합
import numpy as np
```

```python
from pylab import plot, show

if __name__ == '__main__':
    x = np.array([8.3, 8.6, 8.8, 10.5, 10.7, 10.8, 11.0, 11.0, 11.1, 11.2,
                  11.3, 11.4, 11.4, 11.7, 12.0, 12.9, 12.9, 13.3, 13.7, 13.8])
    y = np.array([70., 65., 63., 72., 81., 83., 66., 75., 80., 75.,
                  79., 76., 76., 69., 75., 74., 85., 86., 71., 64.])
    n, A, dat = len(x), np.vander(x, 2), np.array((x, y))
    np.savetxt("Table82.csv", dat, delimiter=",", header='', comments="")
    c1 = sum(x**2)/n - np.mean(x)**2
    c1 = (sum(x*y)/n - np.mean(x)*np.mean(y))/c1 # 1.438488
    c0 = np.mean(y) - np.mean(x)*c1 # 57.966319
    print("계산된 c1 =%11.7f, c0 =%11.7f" % (c1, c0))
    lm = np.linalg.lstsq(A, y, rcond=None)[0] # numpy.linalg의 회귀직선
    print("Numpy: c1 =%11.7f, c0 =%11.7f" % (lm[0], lm[1]))
    gx = lm[0]*x + lm[1] # 회귀직선: 1.4384877x + 57.9663189
    plot(x, gx, 'r-', x, y, 'o'); show()
```

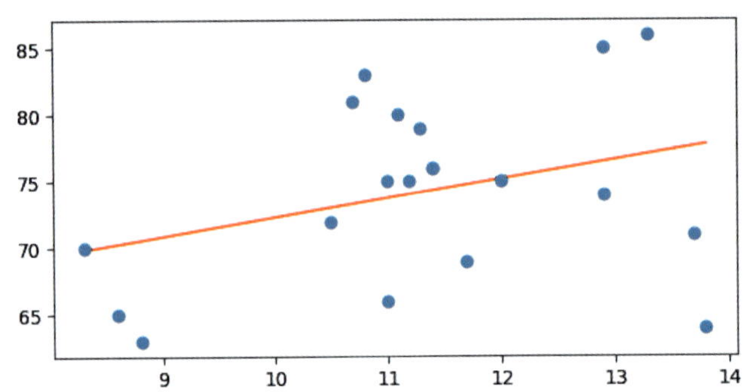

그림 8.1 최소제곱법에 의한 선형회귀 적합 직선

(1) 과도결정 시스템을 이용한 적합

주어진 관측 데이터 점들의 집합 $(x_i,\ y_i)$, $i=1,\ 2,\ \cdots,\ n$을 최적화하는 직선 식 (8.1)의 계수 c_0와 c_1을 구할 수 있는 다른 방법은 과도결정(over-determined) 선형연립 방정식을 이용하는 것이다. 이 연립방정식을 간단히 과도결정 시스템이라고 하는데, 구하는 미지수의 개수보다 더 많은 방정식이 있는 경우이다. 관측 데이터 점들의 집합 $(x_i,\ y_i)$, $i=1,\ 2,\ \cdots,\ n$가 식 (8.1)을 만족한다면 다음과 같은 식을 갖는다.

$$g(x_i) = c_0 + c_1 x_i = y_i,\ i = 1,\ 2,\ \cdots,\ n$$

위 식을 행렬형으로 다시 쓰면 다음과 같다.

$$BC = \begin{pmatrix} 1 & x_1 \\ 1 & x_2 \\ \vdots & \vdots \\ 1 & x_n \end{pmatrix} \begin{pmatrix} c_0 \\ c_1 \end{pmatrix} = \begin{pmatrix} y_1 \\ y_2 \\ \vdots \\ y_n \end{pmatrix} = \boldsymbol{y} \tag{8.9}$$

위 식 (8.9)는 방정식의 개수 n이 미지수의 개수 2개보다 많으므로 과도결정 시스템이라고 한다. 해를 구하기 위하여 식 (8.9)에 행렬 B의 전치행렬을 양변에 곱하면 간단히 다음과 같은 식을 갖는다.

$$B^t BC = B^t \boldsymbol{y} \Leftrightarrow AC = Y \tag{8.10}$$

여기서 $B^t B$는 2×2 행렬이고 $B^t \boldsymbol{y}$는 길이가 2인 열벡터이며 $AC = Y$는 식 (8.6)과 같다. 따라서 해벡터인 직선의 계수는 $C = (B^t B)^{-1}(B^t \boldsymbol{y})$가 된다.

과도결정 시스템은 파이썬에서 머신러닝(machine learning)을 지원하는 scikit-learn 라이브러리 sklearn.linear_model 모듈의 LinearRegression( ) 함수를 이용하여 구하거나 넘파이(Numpy)의 선형대수 모듈(linalg)의 solve( ) 함수를 이용해서 구할 수 있다.

예제 8.3

[예제 8.1]에 주어진 관측 데이터 집합 $x = (14.0,\ 14.2,\ 14.5,\ 16.0,\ 16.3,\ 17.3,\ 17.5,\ 17.9)$, $y = (34.5,\ 31.7,\ 36.3,\ 38.3,\ 42.6,\ 55.4,\ 55.7,\ 58.3)$을 최적화하는 직선을 과도결정 시스템으로 구하시오. scikit-learn 라이브러리 sklearn.linear_model 모듈의 LinearRegression( ) 함수를 이용하여 구한 회귀직선과 비교하시오.

풀이 과도 결정시스템으로 회귀직선을 구하는 파이썬 스크립트는 다음과 같다.

```
# Ex83Curvfitod.py: [예제 8.3] 8.1.1 직선의 최소제곱 적합 - 과도결정 시스템
import numpy as np
from sklearn.linear_model import LinearRegression  # 선형회귀분석
```

```
if __name__ == '__main__':
    x = np.array([14.0, 14.2, 14.5, 16.0, 16.3, 17.3, 17.5, 17.9])
    y = np.array([34.5, 31.7, 36.3, 38.3, 42.6, 55.4, 55.7, 58.3])
    B = np.vander(x, 2, increasing=True) # 식 (8.9)에 따름
    c = np.linalg.solve(B.T@B, B.T@y)
    print("계산된 c1 =%11.7f, c0 =%11.7f" % (c[1], c[0]))
    LR = LinearRegression()
    LR.fit(x.reshape(-1, 1), y)
    print("sklearn: c1 =%11.7f, c0 =%11.7f" % (LR.coef_, LR.intercept_))
```

```
계산된  c1 =  6.5331873, c0 =-60.1860022
sklearn: c1 =  6.5331873, c0 =-60.1860022
```

8.1.2 선형회귀분석의 오차

[예제 8.3]에서 구한 직선 이외의 모든 다른 직선은 잔차의 제곱합이 더 큰 값을 가지므로 이 직선은 유일하다. 잔차가 계산되는 방법을 좀 더 자세히 살펴보면 직선 적합의 또 다른 특성을 발견할 수 있다. 관측값 y_i에 대응되는 적합(예측)값 $g(x_i)$와 잔차 r_i에 대한 관계식은 다음과 같이 쓸 수 있다.

$$y_i = g(x_i) + r_i = g(x_i) + y_i - c_0 - c_1 x_i,\ i = 1,\ 2,\ \cdots,\ n$$

그러므로 오차제곱합(error sum of squares, SSE) S_e는 다음과 같이 나타난다.

$$S_e = \sum_{i=1}^{n} [y_i - g(x_i)]^2 = \sum_{i=1}^{n} (y_i - c_0 - c_1 x_i)^2 = S_{yy} - \frac{S_{xy}^2}{S_{xx}} \tag{8.11}$$

여기서 S_{xx}, S_{yy}, S_{xy}는 다음과 같이 정의한다.

$$S_{xx} = \sum_{i=1}^{n} (x_i - \overline{x})^2 = \sum_{i=1}^{n} x_i^2 - n(\overline{x})^2, \tag{8.12}$$

$$S_{yy} = \sum_{i=1}^{n} (y_i - \overline{y})^2 = \sum_{i=1}^{n} y_i^2 - n(\overline{y})^2,$$

$$S_{xy} = \sum_{i=1}^{n}(x_i - \overline{x})(y_i - \overline{y}) = \sum_{i=1}^{n} x_i y_i - n\overline{x}\,\overline{y}$$

여기서 S_{yy}는 종속변수의 점들과 그 평균값과 차이의 총제곱합으로 SST(total sum of squares)라 한다. 이것을 $S_t \equiv S_{yy}$로 두고 표본분포에 대한 가장 보편적인 측도인 표본 표준편차와 표본분산은 다음과 같이 정의한다.

$$s_y = \sqrt{\frac{S_t}{n-1}},\ s_y^2 = \frac{S_t}{n-1},\ with\ S_t \equiv S_{yy} \tag{8.13}$$

여기서 $n-1$은 자유도라 하며 $\sum(\overline{y} - y_i) = 0$라는 사실에 따른다. 이와는 달리 회귀직선에 대한 오차항의 표준편차와 분산은 다음과 같이 정의한다.

$$s_{y|x} = \sqrt{\frac{S_e}{n-2}},\ s_{y|x}^2 = \frac{S_e}{n-2} \tag{8.14}$$

여기서 $n-2$는 S_e를 계산하는데 두 개의 자유도를 잃었기 때문이다. $y|x$는 x에 대응하는 예측값 y의 오차를 의미한다. 특히 회귀직선에 대한 오차항의 표준편차 $s_{y|x}$를 예측값의 표준오차(standard error of the estimate)라 하고 분산 $s_{y|x}^2$을 평균제곱오차(mean squared error, MSE)라 한다.

한편, 식 (8.12)의 정의를 이용하면 식 (8.7)과 식 (8.8)의 계수는 다음과 같다.

$$c_1 = \frac{S_{xy}}{S_{xx}},\ c_0 = \overline{y} - c_1\overline{x} \tag{8.15}$$

식 (8.11)의 우변을 증명하기 위하여 위 식을 이용하자.

$$\begin{aligned} S_e &= \sum_{i=1}^{n}(y_i - c_0 - c_1 x_i)^2 = \sum_{i=1}^{n}[(y_i - \overline{y}) - c_1(x_i - \overline{x})]^2 \\ &= S_{yy} - 2c_1 S_{xy} + c_1^2 S_{xx} = S_{yy} - 2\frac{S_{xy}^2}{S_{xx}} + \frac{S_{xy}^2}{S_{xx}} \\ &= S_{yy} - \frac{S_{xy}^2}{S_{xx}} = S_t - \frac{S_{xy}^2}{S_{xx}} \end{aligned} \tag{8.16}$$

식 (8.3)은 오차제곱합 S_e가 선형관계를 벗어난 정도를 의미하고, S_t는 종속변수의 총 변동량을 의미하므로, 식 (8.16)으로부터 S_{xy}^2/S_{xx}는 선형관계 적합정도를 나타내는 것으로 해석할 수 있다. 총제곱합(SST) S_t 중에서 선형관계 적합정도를 나타내는 부분 S_{xy}^2/S_{xx}을 회귀제곱합(regression sum of squares, SSR) $S_r \equiv S_{xy}^2/S_{xx}$이라 정의하면 다음 식을 얻는다.

$$S_r \equiv \frac{S_{xy}^2}{S_{xx}} = \sum_{i=1}^{n}[g(x_i) - \overline{y}]^2 \tag{8.17}$$

식 (8.17)의 우변이 성립함을 보이기 위하여 식 (8.3)을 이용한 다음 식을 고려하자.

$$\begin{aligned} S_t &= \sum_{i=1}^{n}(y_i - \overline{y})^2 = \sum_{i=1}^{n}[r_i + (g(x_i) - \overline{y})]^2 \\ &= S_e + \sum_{i=1}^{n}(g(x_i) - \overline{y})^2 + 2\sum_{i=1}^{n} r_i(g(x_i) - \overline{y}) \end{aligned}$$

식 (8.4)로부터 $\sum r_i = \sum r_i x_i = 0$이고 $g(x_i) = c_0 + c_1 x_i$를 위 식의 아래 식, 가장 오른쪽 항에 대입하면 다음 식을 얻는다.

$$\begin{aligned} S_t &= S_e + \sum_{i=1}^{n}(g(x_i) - \overline{y})^2 + 2(c_0 - \overline{y})\sum_{i=1}^{n} r_i + 2c_1\sum_{i=1}^{n} r_i x_i \\ &= S_e + \sum_{i=1}^{n}[g(x_i) - \overline{y}]^2 \end{aligned}$$

위 식과 식 (8.16)을 비교하면 식 (8.17)의 우변이 성립함을 알 수 있다. 따라서 최종적으로 다음 식을 얻으며 이는 다항회귀분석에서도 성립한다.

$$S_t = S_r + S_e$$

결론적으로 관측값의 총변동량(S_t)은 선형관계 변동량(S_r)과 선형관계를 벗어난 양(S_e)의 합으로 표시할 수 있음을 알 수 있다. 총변동량 S_t 중에서 S_e가 작고 S_r이 클수록 선형관계 적합도가 강하다고 볼 수 있다.

선형모형이 어느 정도 적합한지, 즉 회귀직선의 적합도를 표시하는 측도로 종속변수 y의 총변동량 S_t에 대한 선형관계 변동부분인 S_r의 비율을 선형관계 적합정도 표시측도로 고려할 수 있다. 총제곱합 S_t에 대한 회귀제곱합 S_r의 비율을 결정계수라 하고 다음과 같이 정의한다.

$$R^2 \equiv \frac{S_r}{S_t} = \frac{1}{S_{yy}}\frac{S_{xy}^2}{S_{xx}} = \frac{S_t - S_e}{S_t} \tag{8.18}$$

결정계수 R^2은 부등식 $0 \leq R^2 \leq 1$을 만족하며 R^2이 1에 가까울수록 회귀직선이 관측값을 잘 반영하는 것으로 볼 수 있고, R^2이 0에 가까울수록 관측 결과를 설명하는 데 도움이 되지 않는다는 것을 알 수 있다.

예제 8.4

[예제 8.1]에 주어진 관측 데이터를 이용하여 ① 표본표준편차 s_y와 ② 예측값의 표준편차 $s_{y|x}$ 및 ③ 상관계수 R^2을 구하고 scikit-learn이 제공하는 선형회귀분석 함수 LinearRegression()의 결과인 ④ 상관계수 값과 비교하시오.

풀이 요구하는 값들을 구하는 파이썬 스크립트는 다음과 같다.

```
# Ex84CurvfitR.py: [예제 8.4] 8.1.2 선형회귀분석의 오차 - 상관계수
import numpy as np
from sklearn.linear_model import LinearRegression

if __name__ == '__main__':
```

```
    x = np.array([14.0, 14.2, 14.5, 16.0, 16.3, 17.3, 17.5, 17.9])
    y = np.array([34.5, 31.7, 36.3, 38.3, 42.6, 55.4, 55.7, 58.3])
    xbar = np.mean(x); ybar = np.mean(y)
    sxx = sum((x-xbar)**2); syy = sum((y-ybar)**2)
    St = syy # 총제곱합(SST)
    sxy = sum((x-xbar)*(y-ybar))
    sy = np.sqrt(St/(len(y)-1)); np.std(y) # (1) 표본표준편차
    Sr = sxy**2/sxx # 회귀제곱합(SSR)
```

```
Se = St - Sr # 오차제곱합(SSE) 그리고 St = Sr + Se이므로
syx  = np.sqrt(Se/(len(y)-2)) # (2) 예측값의 표준오차
Rsq = Sr/St # (3) 상관계수(R-squared) = 0.9059335767993695
print("계산된 R^2 =", Rsq)
LR = LinearRegression()
LR.fit(x.reshape(-1, 1), y) # (4) R^2 = 0.9059335767993694
print("sklearn: R^2 =", LR.score(x.reshape(-1, 1), y))
```

8.1.3 비선형함수의 선형화

선형회귀분석은 관측자료에 최적의 직선을 적합하는 유력한 기법이지만 종속(반응) 변수와 독립(설명)변수와의 관계가 아닐 경우도 많다. 이런 경우 다항식 회귀분석이나 선형회귀분석에 적합한 형태로 관측자료를 변환하여 사용할 수 있다.

① 어떤 관측자료의 형태가 다음과 같이 주어지는 지수함수 모델로 적합하는 것이다.

$$g(x) = \alpha_1 e^{\beta_1 x} \tag{8.19}$$

여기서 α_1과 β_1는 결정되어야 할 상수이다.

② 포화 성장률 방정식(saturation-growth-rate equation)으로 적합하는 것이다.

$$g(x) = \frac{\alpha_2 x}{\beta_2 + x} \tag{8.20}$$

여기서 α_2와 β_2는 미지수이고 식의 양변을 역수를 취하여 변환이 가능하다.

③ 관측자료의 형태가 다음과 같은 거듭제곱 형식의 멱함수로 적합하는 것이다.

$$g(x) = \alpha_3 x^{\beta_3} \tag{8.21}$$

여기서 α_3와 β_3는 결정되어야 할 상수이다.

식 (8.19)를 선형함수로 변환하기 위해서 양변에 로그를 취하면 다음과 같다.

$$\log g(x) = \log(\alpha_1) + \beta_1 x \tag{8.22}$$

따라서 x에 대한 $\log g(x)$의 그래프는 기울기 β_1과 절편 $\log(\alpha_1)$을 갖는다.

식 (8.20)은 역수를 취하여 다음과 같은 식을 얻을 수 있다.

$$\frac{1}{g(x)} = \frac{1}{\alpha_2} + \frac{\beta_2}{\alpha_2}\frac{1}{x} \tag{8.23}$$

그러므로 $1/x$에 대한 $1/g(x)$의 그래프는 기울기 β_2/α_2와 절편 $1/\alpha_2$을 갖는다. 따라서 식 (8.23)은 $(1/x, 1/g(x))$ 자료집합에 대한 선형회귀직선으로 변환된다. 식 (8.21)의 α_3와 β_3를 결정하기 위해서 양변에 로그를 취하면 다음과 같다.

$$\log g(x) = \log(\alpha_3) + \beta_3 \log(x) \tag{8.24}$$

식 (8.24)에서 $G = \log g$, $C_0 = \log(\alpha_3)$, $C_1 = \beta_3$, $X = \log(x)$라 두면 식 (7.1) 형태의 다음과 같은 선형방정식으로 변환된다.

$$G = C_0 + C_1 X \tag{8.25}$$

이제 식 (8.25)는 $(\log(x_i), \log(y_i))$ 자료집합에 대한 선형회귀직선이 된다.

예제 8.5

다음 주어진 데이터 집합에 대하여 멱함수를 사용해서 적합하시오.

$x = (1, 2, 3, 4, 5, 6, 7, 8)$, $y = (5, 21, 44, 80, 126, 182, 243, 322)$

풀이 거듭제곱형의 멱함수를 이용하여 해를 구하는 파이썬 스크립트는 다음과 같다.

```
# Ex85CurvfitR.py: [예제 8.5] 8.1.2 비선형함수의 선형화 - 멱함수 적합
import numpy as np
from sklearn.linear_model import LinearRegression  # 선형회귀분석

if __name__ == '__main__':
```

```
    x = np.arange(1, 9)
    y = np.array([5., 21., 44., 80., 126., 182., 243., 322.])
    LR = LinearRegression()
    n, x1, y1 = len(x), np.log(x), np.log(y)
    LR.fit(x1.reshape(-1, 1), y1)
    print("sklearn의 y 절편 =", LR.intercept_) # 1.622027986275766
    print("sklearn log(x) 계수 =", LR.coef_) # [1.99459183]
# 그러므로 C_0 = log(alpha_3) = 1.622028, C_1 = beta_3 = 1.994592이고
# 구하는 멱함수: g(x) = exp(1.622028)+x^{1.994592} = 5.063348+x^{1.994592}
    C1 = sum(x1**2)/n - np.mean(x1)**2
    C1 = (sum(x1*y1)/n - np.mean(x1)*np.mean(y1))/C1 # 1.994592
    C0 = np.mean(y1) - np.mean(x1)*C1 # 1.622028;  같은 결과를 확인
```

8.2 고차 다항식에 의한 곡선적합

8.2.1 2차 다항식 적합

다항식에 의한 곡선적합으로 일반형인 $n-1$차 다항식에 의한 곡선적합(curve fitting)을 논하기 전에 2차 다항식에 의한 곡선적합을 먼저 다루기로 한다. 주어진 n개의 관측값을 $(x_i,\ y_i)$, $i=1,\ 2,\ \cdots,\ n$이라 두고 적합시키는 2차 다항식을 다음과 같이 두자.

$$g(x) = c_0 + c_1 x + c_2 x^2 \tag{8.26}$$

각 관측점에서 2차 다항식의 곡선과 잔차(오차)는 다음과 같다.

$$r_i = y_i - c_0 - c_1 x_i - c_2 x_i^2,\ \ i = 1,\ 2,\ \cdots,\ n \tag{8.27}$$

잔차(오차)제곱의 합을 $S_e = \sum r_i^2$이라 두고 이를 최소화하기 위하여 c_k, $(k=0,\ 1,\ 2)$에 대한 S_e의 편도함수를 0으로 즉, $\partial S_e / \partial c_k = 0$이라 두면 다음 식을 얻는다.

$$\frac{\partial S_e}{\partial c_0} = -2\sum_{i=1}^{n}(y_i - c_0 - c_1 x_i - c_2 x_i^2) = 0, \tag{8.28}$$
$$\frac{\partial S_e}{\partial c_1} = -2\sum_{i=1}^{n}x_i(y_i - c_0 - c_1 x_i - c_2 x_i^2) = 0,$$
$$\frac{\partial S_e}{\partial c_1} = -2\sum_{i=1}^{n}x_i^2(y_i - c_0 - c_1 x_i - c_2 x_i^2) = 0$$

위 식 (8.28)을 정리하여 간단히 쓰면 다음과 같다.

$$\sum_{j=0}^{2}\left(\sum_{i=1}^{n}x_i^{j+k}\right)c_j = \sum_{i=1}^{n}x_i^k y_i,\ \ k=0,\ 1,\ 2$$

식 (8.28)을 재정리하여 행렬형으로 다시 쓰면 다음과 같다.

$$\begin{pmatrix} n & \sum_{i=1}^{n}x_i & \sum_{i=1}^{n}x_i^2 \\ \sum_{i=1}^{n}x_i & \sum_{i=1}^{n}x_i^2 & \sum_{i=1}^{n}x_i^3 \\ \sum_{i=1}^{n}x_i^2 & \sum_{i=1}^{n}x_i^3 & \sum_{i=1}^{n}x_i^4 \end{pmatrix}\begin{pmatrix} c_0 \\ c_1 \\ c_2 \end{pmatrix} = \begin{pmatrix} \sum_{i=1}^{n}y_i \\ \sum_{i=1}^{n}x_i y_i \\ \sum_{i=1}^{n}x_i^2 y_i \end{pmatrix} \Leftrightarrow \ \ AC = Y \tag{8.29}$$

위 연립방정식을 풀어서 미정계수 c_k, $(k=0,\ 1,\ 2)$를 구할 수 있다

(1) 과도결정 시스템을 이용한 적합

선형회귀분석에서와 마찬가지 방법으로 과도결정 시스템을 이용하여 관측 데이터 점들의 집합 $(x_i,\ y_i)$, $i=1,\ 2,\ \cdots,\ n$을 최적화하는 2차 다항식 (8.26)의 계수 c_0, c_1과 c_2를 구할 수 있다. 관측 데이터 점들의 집합 $(x_i,\ y_i)$, $i=1,\ 2,\ \cdots,\ n$이 식 (8.1)을 만족한다면 다음과 같은 식을 갖는다.

$$BC \equiv \begin{pmatrix} 1 & x_1 & x_1^2 \\ 1 & x_2 & x_2^2 \\ \vdots & \vdots & \vdots \\ 1 & x_n & x_n^2 \end{pmatrix}\begin{pmatrix} c_0 \\ c_1 \\ c_2 \end{pmatrix} = \begin{pmatrix} y_1 \\ y_2 \\ \vdots \\ y_n \end{pmatrix} \equiv \boldsymbol{y} \tag{8.30}$$

위 식 (8.30)은 방정식의 개수 n이 미지수의 개수 3개보다 많으므로 과도결정 시스템이라고 한다. 해를 구하기 위하여 식 (8.30)에 행렬 B의 전치행렬을 양변에 곱하면 간단히 다음과 같은 식을 갖는다.

$$B^tBC = B^t\boldsymbol{y} \Leftrightarrow AC = Y \ with \ A = B^tB, \ Y = B^t\boldsymbol{y}$$

여기서 B^tB는 3×3 행렬이고 $B^t\boldsymbol{y}$는 길이가 3인 열벡터이다. 따라서 해벡터인 직선의 계수는 $C = (B^tB)^{-1}(B^t\boldsymbol{y})$가 된다.

잔차제곱합은 $S_e = \sum r_i^2$이고 총제곱합은 $S_t \equiv S_{yy} = \sum(y_i - \overline{y})^2$이며 회귀제곱합은 $S_r = \sum(\hat{y}_i - \overline{y})^2$이다. $S_t = S_r + S_e$이므로 결정계수 R^2은 다음 식으로 주어진다.

$$S_e = \sum_{i=1}^{n}(y_i - c_0 - c_1x_i - c_2x_i^2)^2 \tag{8.31}$$

$$R^2 = \frac{S_r}{S_t} \ \ with \ \ S_r = S_t - S_e$$

8.2.2 일반 m차 다항식 적합

주어진 n개의 관측값을 $(x_i, \ y_i), \ i=1, \ 2, \ \cdots, \ n$이라 두고 적합시키는 m차 다항식을 다음과 같이 두기로 하자.

$$g(x) = c_0 + c_1x + c_2x^2 + \cdots + c_mx^m, \ \ (m \leqq n-1) \tag{8.32}$$

각 관측점에서 m차 다항식의 곡선과 잔차(오차)는 다음과 같다.

$$r_i = y_i - g(x_i), \ \ i = 1, \ 2, \ \cdots, \ n \tag{8.33}$$

잔차의 제곱합을 $S_e = \sum r_i^2$이라 두고 최소화하기 위하여 $c_k, \ (k=0, \ 1, \ \cdots, \ m)$에 대한 S_e의 편도함수를 0으로 즉, $\partial S_e / \partial c_k = 0$이라 두면 다음 식을 얻는다.

$$\sum_{j=0}^{m}\left(\sum_{i=1}^{n}x_i^{j+k}\right)c_j = \sum_{i=1}^{n}x_i^ky_i, \ \ k = 0, \ 1, \ 2, \ \cdots, \ m \tag{8.34}$$

위 식 (8.34)를 행렬형으로 다시 쓰면 다음과 같다.

$$\begin{pmatrix} n & \sum_{i=1}^{n} x_i & \sum_{i=1}^{n} x_i^2 & \cdots & \sum_{i=1}^{n} x_i^m \\ \sum_{i=1}^{n} x_i & \sum_{i=1}^{n} x_i^2 & \sum_{i=1}^{n} x_i^3 & \cdots & \sum_{i=1}^{n} x_i^{m+1} \\ \vdots & \vdots & \vdots & \ddots & \vdots \\ \sum_{i=1}^{n} x_i^m & \sum_{i=1}^{n} x_i^{m+1} & \sum_{i=1}^{n} x_i^{m+2} & \cdots & \sum_{i=1}^{n} x_i^{2m} \end{pmatrix} \begin{pmatrix} c_0 \\ c_1 \\ \vdots \\ c_m \end{pmatrix} = \begin{pmatrix} \sum_{i=1}^{n} y_i \\ \sum_{i=1}^{n} x_i y_i \\ \vdots \\ \sum_{i=1}^{n} x_i^m y_i \end{pmatrix} \Leftrightarrow AC = Y \qquad (8.35)$$

앞에서 도입한 과도결정 시스템을 이용하여 식 (8.35)의 다른 표현을 얻기 위해서 행렬 B와 열벡터 C와 y를 다음과 같이 두자.

$$B = \begin{pmatrix} 1 & x_1 & x_1^2 & \cdots & x_1^m \\ 1 & x_2 & x_2^2 & \cdots & x_2^m \\ \vdots & \vdots & \vdots & \ddots & \vdots \\ 1 & x_n & x_n^2 & \cdots & x_n^m \end{pmatrix}, \quad C = \begin{pmatrix} c_0 \\ c_1 \\ \vdots \\ c_m \end{pmatrix} \quad \boldsymbol{y} = \begin{pmatrix} y_1 \\ y_2 \\ \vdots \\ y_n \end{pmatrix} \qquad (8.36)$$

그러면 B^t는 B의 전치행렬로서 다음 식과 식 (8.35)는 같은 식이 된다.

$$(B^t B)C = B^t \boldsymbol{y} \quad \Leftrightarrow \quad AC = Y,\ A = B^t B,\ Y = B^t \boldsymbol{y} \qquad (8.37)$$

여기서 $B^t B$는 $(m+1) \times (m+1)$ 행렬이고 $B^t y$는 길이가 $(m+1)$인 열벡터이다. 따라서 해벡터인 직선의 계수는 $C = (B^t B)^{-1} (B^t \boldsymbol{y})$가 된다. 파이썬에서 과도결정 시스템은 scikit-learn 라이브러리 sklearn.linear_model 모듈의 LinearRegression( ) 함수를 이용하여 구할 수 있다.

예제 8.6

주어진 관측자료집합 $x = (0.1,\ 0.2,\ 0.3,\ 0.4,\ 0.5,\ 0.6,\ 0.7,\ 0.8,\ 0.9)$, $y = (4.3,\ 5.0,\ 5.1,\ 5.0,\ 6.1,\ 6.2,\ 7.4,\ 8.7,\ 9.0)$을 적합하는 m차 다항식을 구하는 사용자정의함수 polyfit(x, y, m)을 파이썬 스크립트로 작성하고 다음 물음에 답하시오.

① 사용자정의함수를 이용하여 2차 적합 다항식과 결정계수 R^2을 구하고,

② 사용자정의함수를 이용하여 3차 적합 다항식과 결정계수 R^2을 구하고,

③ LinearRegression()을 사용하여 2차 적합 다항식과 결정계수 R^2을 구하고,

④ LinearRegression()을 사용하여 3차 적합 다항식과 결정계수 R^2을 구하고,

⑤ 2차 및 3차 적합 다항식과 주어진 관측자료 점들을 함께 그래프로 그리시오.

풀이 사용자정의함수 polyfit(x, y, m)를 작성하는 파이썬 스크립트는 다음과 같다.

```
# Ex86Curvfit2d.py: [예제 8.6] 8.2.2 일반 m차 다항식 적합 - 2차, 3차
import numpy as np
```

```
import matplotlib.pyplot as plt
from numpy.polynomial import polynomial as P
from sklearn.linear_model import LinearRegression

def Polyfit(x, y, m):
    B = np.vander(x, m+1, increasing=True)  # 계수행렬의 완성
    coef = np.linalg.solve(B.T@B, B.T@y) # 다항식의 계수결정
    return coef

x = np.arange(0.1, 1.0, 0.1); xr = x.reshape(-1, 1)
y = np.array([4.3, 5.0, 5.1, 5.0, 6.1, 6.2, 7.4, 8.7, 9.0])
c2 = Polyfit(x, y, 2); p2 = np.poly1d(c2[::-1])
c3 = Polyfit(x, y, 3); p3 = np.poly1d(c3[::-1])
Se2 = sum((y-p2(x))**2); St = sum((y-np.mean(y))**2)
Rsq2 = (St - Se2)/St
Se3 = sum((y-p3(x))**2); Rsq3 = (St - Se3)/St
print("(1-1) 계산된  2차식 =", c2) # 절편, 1, 2차 계수
print("(1-2) 계산된 2차R^2 =", Rsq2) # 2차 R^2
print("(2-1) 계산된  3차식 =", c3) # 절편, 1~3차 계수
print("(2-2) 계산된 3차R^2 =", Rsq3) # 3차 R^2

d2, stats2 = P.polyfit(x, y, 2, full=True)
Xp2 = np.hstack((xr, xr**2))
LR = LinearRegression(); lm2 = LR.fit(Xp2, y)
print("(3-1) sklearn:2차식  =", d2) # 절편, 1, 2차 계수
print("(3-2) sklearn:2차R^2 =", LR.score(Xp2, y)) # 2차 R^2
d3, stats3 = P.polyfit(x, y, 3, full=True)
Xp3 = np.hstack((xr, xr**2, xr**3))
lm3 = LR.fit(Xp3, y)
print("(4-1) sklearn:3차식  =", d3) # 절편, 1~3차 계수
```

```
print("(4-2) sklearn:3차R^2 =", LR.score(Xp3, y)) # 3차 R^2
# (5) 여기서부터 그래프를 그리는 스크립트
Xn=np.linspace(0, 1, 50).reshape(50, 1)
yn2 = c2[0] + c2[1]*Xn + c2[2]*Xn**2
yn3 = c3[0] + c3[1]*Xn + c3[2]*Xn**2 + c3[3]*Xn**3
plt.figure(figsize = (6, 3)); plt.plot(x, y, "b.") # (5) [그림 8.2]
plt.plot(Xn, yn2, "r-", linewidth = 1.5, label = "2nd ord poly.")
plt.plot(Xn, yn3, "b:", linewidth = 1.5, label = "3rd ord poly.")
plt.xlabel(r"$X$", fontsize=13)
plt.ylabel(r"$p_2(x), p_3(x)$", fontsize = 13)
plt.title("2nd, 3rd order polynormial fitting", fontsize=13)
plt.legend(loc = "upper left", fontsize = 11)
plt.axis([0, 1, 4, 10])
plt.show()
```

```
(1-1) 계산된  2차식 = [4.4452381  -0.09978355  6.04978355]
(1-2) 계산된 2차r$R^2$ = 0.9671357946434811
(2-1) 계산된  3차식 = [4.48968254 -0.52537278  7.05988456 -0.67340067]
(2-2) 계산된 3차R^2 = 0.9671637451710473
(3-1) sklearn:2차식 = [4.4452381  -0.09978355  6.04978355]
(3-2) sklearn:2차R^2 = 0.9671357946434811
(4-1) sklearn:3차식  = [4.48968254 -0.52537278  7.05988456 -0.67340067]
(4-2) sklearn:3차R^2 = 0.9671637451710473
# (5) 아래 [그림 8.2] 참조
```

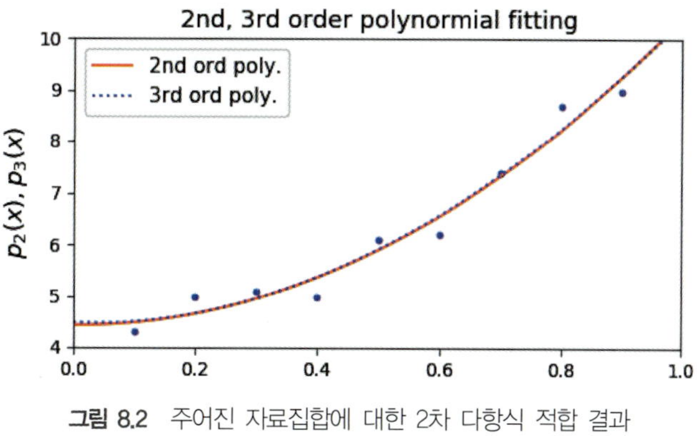

그림 8.2 주어진 자료집합에 대한 2차 다항식 적합 결과

연습문제

1 파이썬 pydataset의 자료집합 'women'은 미국 여성 15명을 대상으로 한 키(height, 단위: 인치)에 대한 몸무게(weight, 단위: lbs) 자료를 제공하고 있다. 이 자료를 이용하여 다음 각 물음에 답하시오.

(1) 자료집합 'women'으로 다음 표를 완성하고,

Women	x (height)	y (weight)	x*x	x*y
합계				
평균				

(2) 본문 식 (8.7)과 (8.8)을 이용하여 회귀직선을 구하고,

(3) Numpy의 내장함수 np.linalg.lstsq( )를 사용하여 회귀직선을 구하시오.

2 파이썬 pydataset의 자료집합 'cars'는 급제동 이후 차의 속도(speed, mph)에 따른 도달거리(dist, ft) 자료를 제공하고 있다. 이 자료를 이용하여 다음 각 물음에 답하시오.

(1) 자료집합 'cars'로 다음 표를 완성하고,

cars	x (speed)	y (dist)	x*x	x*y
합계				
평균				

(2) 본문 식 (8.7)과 (8.8)을 이용하여 회귀직선을 구하고,

(3) Numpy의 내장함수 np.linalg.lstsq( )를 사용하여 회귀직선을 구하시오.

3 다음 표는 거리에 따른 초음파 측정결과를 나타낸다. 이 자료를 이용하여 다음 각 물음에 답하시오.

거리	6	8	10	12	14	16	18	20
측정치	6.05	8.05	10.09	12.32	14.45	16.46	18.31	20.0

(1) Numpy의 내장함수 np.linalg.lstsq( )를 사용하여 회귀직선을 구하고,

(2) 본문 식 (8.10)을 이용하여 회귀직선을 구하시오.

4 연습문제 [1]에 주어진 자료집합 'women'을 사용하여 다음 각 문항에 답하시오.

(1) 본문 식 (8.13)을 이용하여 표본표준편차를 구하고,

(2) 본문 식 (8.14)를 이용하여 예측값의 표준오차를 구하고,

(3) 본문 식 (8.18)을 이용하여 결정계수 R^2을 구하고,

(4) 파이썬 sklearn.linear_model 모듈의 LinearRegression.score()로 R^2을 구하시오.

5 연습문제 [2]에 주어진 자료집합 'cars'를 사용하여 다음 각 문항에 답하시오.

(1) 본문 식 (8.13)을 이용하여 표본표준편차를 구하고,

(2) 본문 식 (8.14)를 이용하여 예측값의 표준오차를 구하고,

(3) 본문 식 (8.18)을 이용하여 결정계수 R^2을 구하고,

(4) 파이썬 sklearn.linear_model 모듈의 LinearRegression.score()로 R^2을 구하시오.

6 연습문제 [3]에 주어진 자료집합을 사용하여 다음 각 문항에 답하시오.

(1) 본문 식 (8.13)을 이용하여 표본표준편차를 구하고,

(2) 본문 식 (8.14)를 이용하여 예측값의 표준오차를 구하고,

(3) 본문 식 (8.18)을 이용하여 결정계수 R^2을 구하고,

(4) 파이썬 sklearn.linear_model 모듈의 LinearRegression.score()로 R^2을 구하시오.

7 다음 주어진 데이터 집합에 대하여 멱함수로 적합하는 각 물음에 파이썬 스크립트를 작성해서 답하시오.

$$x = [1,\ 2,\ 3,\ 4,\ 5,\ 6,\ 7,\ 8],\ y = [2,\ 7,\ 38,\ 50,\ 61, 122,\ 85,\ 144]$$

(1) LinearRegression.score()로 x와 y에 대한 R^2을 구하고,

(2) LinearRegression.score()로 $\log(x)$와 $\log(y)$에 대한 R^2을 구하고,

(3) (2)의 결과로 나타난 회귀직선의 절편 c_0와 기울기 c_1을 구하고,

(4) 적합 멱함수 $g(x) = ax^b$의 a와 b를 구하고,

(5) 그래프 $(x,\ y)$와 $(x,\ g(x))$를 함께 그리시오.

8 연습문제 [1]에 주어진 자료집합 'women'의 height와 weight를 적합하는 각 문항에 답하시오.

(1) 반데몬드 행렬과 np.linalg.lstsq()를 이용하여 선형회귀식의 회귀계수를 구하고,

(2) (1)에서 구한 선형회귀식을 이용하여 대응하는 결정계수(R^2)를 구하고,

(3) LinearRegression.score()로 선형회귀식 $g_1(x)$와 해당 결정계수를 구하고,

(4) (1)과 같은 방법으로 2차 다항회귀식의 회귀계수를 구하고,

(5) (4)에서 구한 다항회귀식을 이용하여 대응하는 결정계수(R^2)를 구하고,

(6) LinearRegression.score()로 2차 다항회귀식 $g_2(x)$와 해당 결정계수를 구하시오.

9 연습문제 [2]에 제시된 {datasets}의 자료집합 'cars'를 이용하여 도달거리(dist, ft)가 속도(speed, mph)의 변화에 따라 어떻게 변하는지 다음 물음에 답하시오.

(1) 본문 식 (8.15)를 이용하여 선형회귀직선의 회귀계수를 구하고,

(2) (1)에서 구한 선형회귀식을 이용하여 대응하는 결정계수(R^2)를 구하고,

(3) LinearRegression.score()로 선형회귀식 $g_1(x)$와 해당 결정계수를 구하고,

(4) 반데몬드 행렬과 np.linalg.lstsq()로 2차 다항식 $g_2(x)$의 회귀계수와 R^2을 구하고,

(5) LinearRegression.score()로 2차 다항회귀식 $g_2(x)$의 결정계수를 구하고,

(6) (3)과 (5)의 결과로 (speed, dist), $(x,\ g_1(x))$와 $(x,\ g_2(x))$를 함께 그리시오.

10 파이썬 pydataset은 21행 4열의 자료집합 'stackloss'를 제공한다. 암모니아를 질산으로 바꾸는 식물의 작용에 대한 자료로, 찬 공기의 흐름(Air.Flow)과 물의 온도(Water.Temp)가 결과(stack.loss)에 영향을 미친다는 것을 알아보기 위하여, 다중회귀 모형의 행렬표현 계산절차를 이용한다. 다음 물음에 순서에 따라 답하시오.

(1) 나머지 한 자료열인 산의 집약도(Acid.Conc)가 stack.loss에 미치는 영향 정도(상관계수)를 내장함수 LinearRegression.score()로 파악하고,

(2) 공기(Air.Flow)가 stack.loss에 미치는 영향도를 LinearRegression.score()로 파악하고,

(3) 물 온도(Water.Temp)가 stack.loss에 미치는 영향 정도를 _.score()로 파악하고,

(4) np.linalg.lstsq()를 이용하여 공기와 물의 다중선형회귀 모형의 회귀계수를 구하고,

(5) LinearRegression.score()로 다중선형회귀 모형의 적합회귀식과 R^2를 구하시오.

11 2차 다항식 $p(x) = x^2 + 3x + 2$에 적절한 정규난수 오차항을 추가하여 곡선을 생성하고 차례대로 선형, 2차, 3차 다항회귀모형으로 분석하는 물음에 답하시오.

(1) $x = [1, 2, \cdots, 9]$와 $y = p(x) + 5$*np.random.normal(0, 0.2, 9) 및 np.linalg.lstsq()로 선형회귀모형의 회귀계수를 LinearRegression.score()로 R^2를 구하고,

(2) np.linalg.lstsq()를 이용하여 2차 다항회귀식의 회귀계수와 R^2을 구하고,

(3) LinearRegression.score()로 2차 다항회귀모형의 결정계수(R^2)를 구하고,

(4) np.linalg.lstsq()를 이용하여 3차 다항회귀식의 회귀계수와 R^2을 구하고,

(5) LinearRegression.score()로 3차 다항회귀모형의 결정계수(R^2)를 구하고,

(6) 주어진 점 (x, y)와 2, 3차 다항회귀식을 함께 그리시오.

12 세 개의 독립변수 u, v, w에 대하여 종속변수에 정규난수 오차항을 추가해서 다음과 같이 y를 생성하고 각 문항에 답하시오.

$$y = 5 + u + 2v - 3w + np.random.normal(0.1, 1, 10)$$

여기서 u =np.random.uniform(0, 10, 10), v =np.random.uniform(0, 20, 10), w =np. random.uniform(0, 30, 10)으로 주어진다.

(1) 재현을 위하여 시드 배정은 np.random.seed(1234)로 하고 np.linalg.lstsq()로 다중선형회귀모형의 회귀계수를 구하고,

(2) 본문 식 (8.31)을 이용하여 결정계수(R^2)를 구하고,

(3) LinearRegression.score()로 결정계수(R^2)를 구하시오.

9장

미분방정식의 수치해

9.1 미분방정식의 이해

선형방정식(1차 방정식, linear equation)과 2차, 3차 방정식 등의 미지수가 하나인 방정식이 해를 갖는다면 실수나 복소수의 해를 가진다. 두 개 이상의 미지수를 갖는 방정식으로 미지수의 개수가 n개이고, 최고 차수가 m인 n원 m차 연립방정식(system of equations)이 해를 갖는다면 해는 길이가 n인 벡터 형태이다. 미분방정식(differential equation)은 미지의 함수와 그 도함수 및 이 함수들의 함숫값에 관계된 여러 개의 변수에 대한 방정식이다. 미분방정식이 해를 갖는 다면 그 해는 함수가 된다.

미분방정식의 계수(order)는 미분 횟수가 가장 많은 독립변수의 계수를 의미한다. 예를 들어, 식 $y''(t)+ay'(t)+by(t)=f(t,y)$는 2계 미분방정식이다. 차수(degree)는 계수를 결정지은 독립변수의 미분 꼴이 거듭제곱된 횟수를 의미한다. 예를 들어, 식 $(y')^3-6(y')^2+8y'=0$는 1계 3차 미분방정식이 된다. 미분방정식의 해는 명료한 형태(closed form solution)로 구해지지 않기 때문에 수치적 접근법이 필요하다.

(1) 미분방정식의 종류

상미분방정식(ordinary differential equation, ODE)은 구하려는 함수가 하나의 독립변수만을 가지고 있는 경우이다. 편미분방정식(partial differential equation, PDE)은 여러 개의 독립변수로 구성된 함수와 그 함수의 편미분으로 연관된 방정식을 의미한다.

(2) 미분방정식의 응용분야

① 공학, 물리학, 경제학 등 수학 외의 학문에서도 중요한 역할을 한다.

② 유체역학, 천체역학 등의 물리 현상의 수학적 모델을 만들 때도 사용한다.

③ 물체의 운동이 물체의 위치와 시간 값의 변화에 따른 속도로 표현되는 고전역학이 그 대표적 예이다.

(3) 상미분방정식의 수치해

상미분방정식의 초기치 문제는 다음과 같은 형태를 갖는 방정식의 해를 구하는 방법을 의미한다.

$$\frac{dy(t)}{dt} \equiv y' = f(t,\ y),\ \ y(t_0) = y_0 \tag{9.1}$$

여기서 $f(t,\ y)$는 일반적으로 시간 t와 y의 함수이고 $y(t_0) = y_0$는 초기치이다. 수치적으로 $f(t,\ y)$를 적분하여 미지함수 y를 계산하고자 한다. f가 다음과 같은 y의 선형함수라고 하면 $f(t,\ y)$는 다음과 같은 모양을 갖는다.

$$f(y,\ t) = ay + b$$

여기서 a와 b는 상수 또는 t의 함수이다. 식 (9.1)의 $f(t,\ y)$가 y의 선형함수이면 식 (9.1)을 선형미분방정식이라 한다. 만일 f가 y의 비선형함수이면, 식 (9.1)은 비선형 미분방정식이 된다.

예제 9.1

아래 [그림 9.1]의 전기회로계에서 $t_0 = 0$일 때 스위치(S)가 닫혀 있다. Kirchhoff의 제1법칙을 이용하여 전류 $I(t)$에 대한 미분방정식 유도하시오.

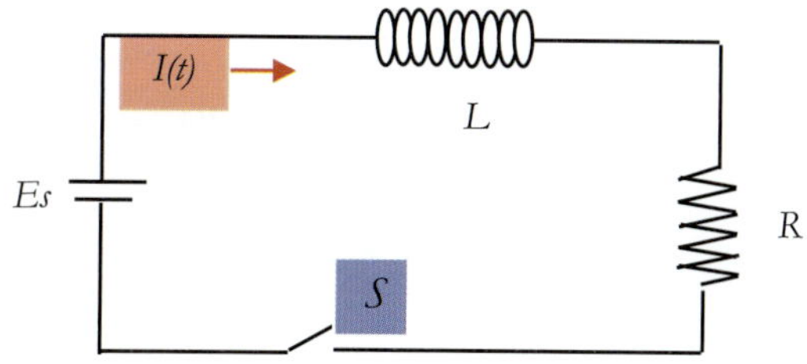

그림 9.1 전기회로

풀이 Kirchhoff의 제1법칙에 의해 다음 식을 얻는다.

$$E_L + E_R + E_S = 0 \tag{9.2}$$

여기서 E_S는 시간 의존성일 수 있는 전원의 전압, E_L은 유도체(inducer) 간의 전압, E_R은 저항체(resister) 간의 전압을 나타낸다. E_L과 E_R은 각각 다음과 같다.

$$E_L = -L\frac{dI(t)}{dt},\ E_R = -RI(t) \tag{9.3}$$

여기서 L은 자기유도이고, R은 저항을 나타낸다.

식 (9.3)을 식 (9.2)에 대입하고 정리하면 다음 미분방정식을 얻는다.

$$\frac{dI(t)}{dt} = -\frac{R}{L}I(t) + \frac{E_S}{L},\ I(0) = 0$$

9.2 오일러법

9.2.1 오일러법의 유도

오일러법(Euler's method)은 1계 상미분방정식의 해를 구하는 간단한 수치해법으로 프로그래밍은 간단하나 정확도가 낮다. 1계 도함수를 이용하여 점 x_n에서 기울기를 추정하여 이용한다. 오일러법에는 전방(forward), 후방(backward), 수정(modified) 오일러법이 있다. 전방 오일러법은 $y' = f(t,\ y)$에 전방차분근사법을 적용하여 유도한다.

$$(y_{n+1} - y_n)/h \approx y_n{}' = f(t_n,\ y_n) \tag{9.4}$$

식 (9.4)를 다시 정리하면 다음과 같은 반복식을 얻는다.

$$y_{n+1} = y_n + hy_n{}' = y_n + hf(t_n,\ y_n),\ n = 0,\ 1,\ 2,\ \cdots \tag{9.5}$$

예제 9.2

오일러법을 이용하여 $y'(t) + y(t) = \cos(t)$, $y(0) = 0$를 $t = t_0 = 0$에서 $t = 6$까지 간격의 크기는 $h = 1$로 하고 미분방정식의 해를 수치적으로 구하시오. 한편, 수학적 정확한 해는 다음과 같다.

$$y(t) = \frac{1}{2}[\cos(t) + \sin(t) - \exp(-t)] \tag{9.6}$$

풀이 주어진 미분방정식을 식 (9.5)에 적용한다. $f(t, y) = \cos(t) - y(t)$이므로 $n=0$일 때 $t_1 = 1$이고 식 (9.5)는 다음과 같다.

$$y(1) = y_1 = y_0 + f(t_0, y_0) = y(0) + f(0, 0) = \cos(0) = 1$$

한편, 식 (9.6)에 의한 수학적 정확한 해는 다음과 같다.

$$y(1) = \frac{1}{2}(\cos(1) + \sin(1) - \exp(-1)) = 0.50695$$

두 번째 단계인 $n=1$일 때 $t_2 = 2$이고 다음 식을 가진다.

$$\begin{aligned} y(2) &= y_2 = y_1 + f(t_1, y_1) = 1 + f(1, 1) \\ &= y(1) + f(1, y(1)) = 1 + f(1, 1) = \cos(1) = 0.54030 \end{aligned}$$

세 번째 단계인 $n=2$일 때 $t_3 = 3$이고 다음 식을 가진다.

$$y(3) = y(2) + f(2, y(2)) = 0.54030 + f(2, 0.54030) = \cos(2) = -0.41615$$

네 번째 단계에서 $y(4) = \cos(3) = -0.98999$를 얻는다. 같은 방법으로 다섯 번째 단계에서 $y(5) = \cos(4) = -0.65364$를 얻고, 여섯 번째 단계에서 $y(6) = \cos(5) = 0.28366$를 얻는다. 위 과정을 계산하는 파이썬 스크립트는 다음과 같다.

```python
# Ex920DEEuler.py: [예제 9.2] - 9.2 오일러법 - 9.2.1 오일러법의 유도
import numpy as np

if __name__ == '__main__':
    n, h, tn = 0, 1, 6
    xt, yt = np.zeros(tn+1), np.zeros(tn+1)
    while n < tn:
        n += 1
        xt[n] = xt[n-1] + h
        yt[n] = yt[n-1] + h*(np.cos(xt[n-1]) - yt[n-1])
    print("xt =", np.round(xt, 6))
    print("yt =", np.round(yt, 6))
    yx = (np.cos(xt) + np.sin(xt) - np.exp(-xt))/2.0
    print("Exact :", np.round(yx, 6))
```

표 9.1 정확한 해와 오일러 근사의 비교

t	수학적 정확한 해	오일러법	상대오차 백분율(%)
0	0	0	–
1	0.506947	1	97.23
2	0.178908	0.540302	202.00
3	−0.449330	−0.416147	7.38
4	−0.714381	−0.989992	38.58
5	−0.341000	−0.653644	91.68
6	0.339138	0.283662	16.36

예제 9.3

위 [예제 9.2]의 미분방정식에 대하여 간격의 크기는 0.1로 하고 오일러법으로 파이썬 스크립트를 작성해서 해를 구하고 정확한 해와 비교하시오.

풀이 오일러법으로 해를 구하고 그래프를 그리는 파이썬 스크립트는 다음과 같다.

```
# ODEEuler93.py: [예제 9.3] - 9.2 오일러법 - 9.2.1 오일러법의 유도
import numpy as np
import matplotlib.pyplot as plt

if __name__ == '__main__':
```

```
    n, h = 0, 0.1; tn = int(3/h)
    xt, yt = np.zeros(tn+1), np.zeros(tn+1)
    while n < tn:
        n += 1
        xt[n] = xt[n-1] + h
        yt[n] = yt[n-1] + h*(np.cos(xt[n-1]) - yt[n-1])

    yx = (np.cos(xt)+np.sin(xt)-np.exp(-xt))/2.0
    plt.figure(figsize = (6, 3))
    plt.plot(xt, yt, "b-", linewidth = 1.0, label = "Euler")
    plt.plot(xt, yx, "r-", linewidth = 1.0, label = "Exact")
    plt.xlabel(r"$xt$", fontsize = 13)
    plt.ylabel(r"$yt, yx$", fontsize = 13)
```

```
plt.text(2.02, 0.21, "Euler", color = "b")
plt.text(1.5, 0.27, "Exact", color = "r")
plt.legend(loc = "best", fontsize = 11)
plt.grid(linestyle = ":")
plt.show()
```

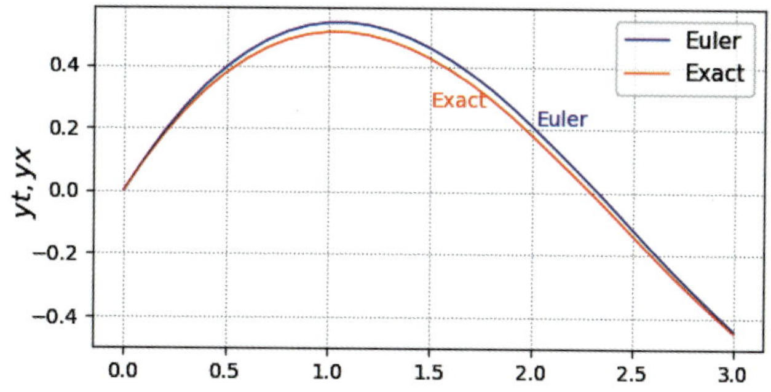

그림 9.2 오일러법과 정확한 해의 비교

9.2.2 오일러법의 수정

오일러법은 오차가 크므로 이를 보완하기 위하여 전방차분 대신 $y' = f(t,\ y)$에 사다리꼴 공식을 적용해서 식 (9.5)를 다음과 같이 수정할 수 있다.

$$y_{n+1} = y_n + \frac{h}{2}\left[f(t_{n+1},\ y_{n+1}) + f(t_n,\ y_n)\right],\ n = 0,\ 1,\ 2,\ \cdots \tag{9.7}$$

식 (9.7)을 수정 오일러법이라고 한다. 만약 f가 y의 비선형함수이면, 식 (9.7)은 y의 비선형함수이므로 이를 풀기 위한 알고리즘이 필요하다. 이때 널리 사용되는 방법을 연속치환(successive substitution)법이라 한다.

$$y_{n+1}^{(k)} = y_n + \frac{h}{2}[f(t_{n+1},\ y_{n+1}^{(k-1)}) + f(t_n,\ y_n)],\ k = 1,\ 2,\ \cdots, \tag{9.8}$$

여기서 $y_{n+1}^{(k)}$는 y_{n+1}의 k번째 반복 근사항이고 $y_{n+1}^{(0)}$는 y_{n+1}의 초기 가정값이다. 반복은 $|y_{n+1}^{(k)} - y_{n+1}^{(k-1)}|$의 값이 미리 정해진 오차보다 작아질 때 중지한다.

사다리꼴 공식을 적용한 수정 오일러법은 전방차분을 사용한 방법보다 더욱 정확하며 수렴이 안정적인 것으로 알려져 있다. 안정적이라는 의미는 유한해(bounded solution)를 갖는 문제에 대하여 오차가 증가하지 않으면서 만족스러운 수치해를 얻는다는 것이다. 후방차분을 사용하는 후방 오일러법의 정확도는 전방 오일러법의 정확도와 같다.

예제 9.4

방정식 $y' + y = t,\ y(0) = 1$의 해를 $h = 0.1,\ 0 \leqq t \leqq 2$로 하고 오일러법과 수정 오일러법으로 구하는 파이썬 스크립트를 작성하여 그래프로 비교하시오.

풀이 먼저 오일러법으로 해를 구하고 그래프를 그린 다음, 수정 오일러법으로 해를 구하여 그래프를 구한다. 정확한 해와 정밀한 그래프 비교는 독자들에게 남긴다.

```
# Ex940DEEuler.py: [예제 9.4] - 9.2 오일러법 - 9.2.2 오일러법의 수정
import numpy as np
import matplotlib.pyplot as plt

def f4(t, y): return t - y # 정확한 해 y(t) = 2exp(-t) + t -1.0
if __name__ == '__main__':
    n, h = 0, 0.1; tn = int(2/h) # 오일러법
    xt, yt = np.zeros(tn+1), np.ones(tn+1)
    while n < tn:
        n += 1
        xt[n] = xt[n-1] + h
        yt[n] = yt[n-1] + h*f4(xt[n-1], yt[n-1])

    n, ym = 0, np.ones(tn+1)
    while n < tn:
        n += 1; tol = 1.0
        ym[n] = ym[n-1] + h*f4(xt[n-1], ym[n-1])
        while tol > 1e-6:
            ymb = ym[n]
            ym[n]=ym[n-1]+h/2*(f4(xt[n-1], ym[n-1])+f4(xt[n], ym[n]))
            tol = abs(ym[n]-ymb)
# 그래프를 그리는 스크립트는 다음을 참조
```

```
    ye = 2.0*np.exp(-xt) + xt -1.0
    plt.figure(figsize=(7, 3.8)) # [그림 9.3]
```

```
plt.plot(xt, yt, "b-", linewidth = 1.0, label = "Euler")
plt.plot(xt, ym, "r-", linewidth = 1.0, label = "Modified")
plt.plot(xt, ye, "g.", linewidth = 1.0, label = "Exact")
plt.xlabel(r"$xt$", fontsize = 12)
plt.ylabel(r"$yt, ym, ye$", fontsize = 12)
plt.legend(loc = "best", fontsize = 11)
plt.title("Euler vs Modified Euler", fontsize = 11)
plt.grid(linestyle = ":")
plt.show()
```

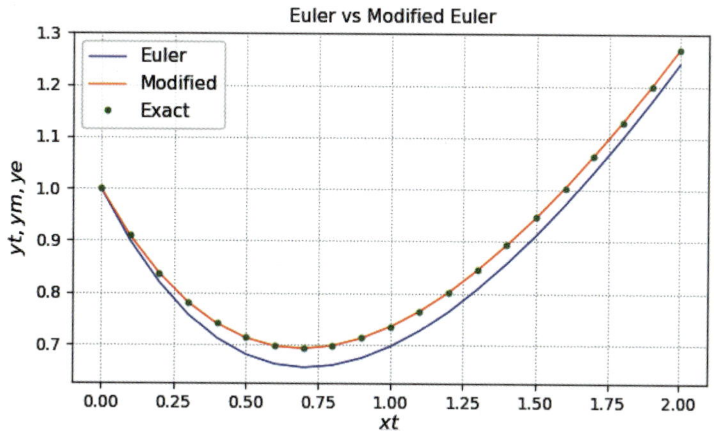

그림 9.3 오일러와 수정 오일러법의 비교

9.2.3 오일러법의 오차해석

1. 오일러법의 오차

수치해석적 연산에서 오차는 두 가지 중요한 원인으로 일어나는데 하나는 절단오차(truncation error)이고 다른 하나는 반올림오차(round-off error)이다. 절단오차는 어떤 계(scheme)를 수식으로 표현하고자 할 때 사용되는 근사에 기인하는 오차이고, 반올림오차는 수를 컴퓨터 내에서 나타낼 때 컴퓨터가 수용할 수 있는 한정된 유효 자릿수와 연관이 있다.

상미분방정식의 수치해를 구하는 과정에서도 오차 문제를 피할 수 없다. 절단오차의 크기와 특성은 테일러 급수전개로부터 오일러법을 유도하면 알 수 있다. 절단오차를 해석하기 위하여 식 (9.5)의 y_{n+1}을 점 $(t_n,\ y_n)$ 근방에서 테일러 급수로 전개하면 [정리 5.1]에 따라 나머지 항을 포함한 다음 식을 얻을 수 있다.

$$y_{n+1} = y_n + y_n{}' h + \frac{y_n{}''}{2!} h^2 + \cdots + \frac{y_n^{(k)}}{k!} h^k + R_{k+1} \tag{9.9}$$

여기서 $h = t_{n+1} - t_n$이고 R_{k+1}은 나머지 항으로 다음 식으로 표시된다.

$$R_{k+1} = \frac{y_n^{(k+1)}(m)}{(k+1)!} h^{k+1},\ m \in [t_n,\ t_{n+1}] \tag{9.10}$$

식 (9.1)을 식 (9.9)와 (9.10)에 대입하면 다음 식을 얻는다.

$$y_{n+1} = y_n + f(t_n,\ y_n)h + \frac{f'(t_n,\ y_n)}{2!} h^2 + O(h^3)$$

여기서 $O(h^3)$은 절단오차의 크기가 간격크기 h의 3승에 비례함을 의미한다. 결론적으로 오일러법의 국지오차(local error)는 $E_h = O(h^2)$이다. 즉, E_h는 h^2에 비례하고 전체 간격들의 누적된 총괄(전체)오차(global error)는 h에 비례한다고 알려져 있다.

2. 수정 오일러법의 오차

일반성을 잃지 않고 상미분방정식이 독립변수만의 함수라고 가정하자. 식 (9.8)에서 초기 가정치와 반복 근사항은 고려하지 않아도 되므로 수정 오일러법의 기본 식 (9.7)은 다음과 같이 간단하게 쓸 수 있다.

$$\int_{y_n}^{y_{n+1}} dy = \int_{t_n}^{t_{n+1}} f(t)dt,\ n = 0,\ 1,\ 2,\ \cdots \ \Rightarrow\ y_{n+1} = y_n + \frac{h}{2}[f(t_{n+1}) + f(t_n)]$$

식 (6.8) 사다리꼴 공식의 오차해석에서 근사 국지절단오차(local truncation error) E_h는 다음과 같이 주어진다.

$$E_h \simeq -\frac{1}{12}h^3 f''(m), \quad m = \frac{t_n + t_{n+1}}{2}$$

이로써 수정 오일러법의 국지오차는 $E_h = O(h^3)$이고 누적 총괄오차는 $O(h^2)$이 되므로 구간의 크기를 줄이면 오일러법보다 빠르게 오차를 줄일 수 있다.

오일러법에서 절단오차는 간격의 크기 h에 비례한다는 사실을 알았고, 이와 같은 절단오차는 해의 정확도 문제와 관련된다. 미분방정식의 수치해를 구할 때 주의하여야 할 또 다른 문제는 수치해법의 안정성이다. 유한해를 갖는 문제에 대하여 오차가 기하급수적으로 증가하면 수치해는 불안정해질 수 있다.

미분방정식의 정확도와 안정성을 살펴보기 위하여 다음과 같은 간단한 상미분방정식과 그 해석적 해를 생각하자.

$$y' = -ay, \tag{9.11}$$

$$y = y_0 e^{-at}, \ y_0 = y(0)$$

따라서 해는 y_0에서 시작하여 0으로 접근해 간다.

오일러법의 정확도를 파악하기 위하여 위 식을 식 (9.5)에 대입하면 다음 식을 얻는다.

$$y_{n+1} = y_n + h{y_n}' = y_n - h(ay_n) = (1 - ah)y_n \tag{9.12}$$

수정 오일러법에 대하여 식 (9.11)을 식 (9.7)에 대입하면 다음 식을 얻는다.

$$y_{n+1} = y_n - \frac{ah}{2}(y_{n+1} + y_n)$$

수정 오일러법의 정확도 파악을 위하여 위 식을 y_{n+1}에 관해서 풀면 다음 식을 얻는다.

$$y_{n+1} = \left(1 - \frac{ah}{2}\right)\left(1 + \frac{ah}{2}\right)^{-1} y_n \tag{9.13}$$

$$= \left(1 - ah + \frac{1}{2}(ah)^2 - \frac{1}{4}(ah)^3 + \cdots\right)y_n$$

식 (9.11)의 해석적인 해의 테일러 급수전개는 다음과 같다.

$$y_{n+1} = \left(1 - ah + \frac{1}{2}(ah)^2 - \frac{1}{6}(ah)^3 + \cdots\right)y_n$$

위 식과 식 (9.12)를 비교하면 오일러법은 간격 h에 대한 1차의 정확한 해법이고, 식 (9.13)을 비교하면 수정 오일러법은 2차의 정확한 해법임을 알 수 있다. 식 (9.12)와 (9.13)으로부터 h가 충분히 작을 때 위 두 오일러법은 안정적임을 알 수 있다.

9.3 룽게-쿠타법

오일러법은 오차를 줄이기 위하여 가급적 간격크기 h를 줄여야 하나 이는 또 반올림오차를 유발할 수 있다. 룽게-쿠타(Runge-Kutta)법은 오일러법의 이러한 부정적인 면을 개선하며 h가 감소함에 따라 오차가 더욱 빨리 감소하게 되는 장점을 가진다. 식 (9.1)의 형태로 주어진 미분방정식의 해를 구하는 일반화된 룽게-쿠타법은 다음 식으로 주어진다.

$$y_{n+1} = y_n + h\sum_{i=1}^{s} b_i k_i \tag{9.14}$$

여기서 순환적으로 결정되는 k_i, $i=1,\ 2,\ \cdots,\ s$는 다음과 같이 주어진다.

$$k_i = f\left(t_n + hc_i,\ y_n + h\sum_{j=1}^{i-1} a_{ij}k_j\right),\ i = 1,\ 2,\ \cdots,\ s \tag{9.15}$$

식 (9.15)에서 특정한 룽게-쿠타법을 유도하기 위해서는, 정수인 각 단계의 수 s가 주어져야 하고, 각각의 계수들 a_{ij}, $1 < j < i \le s$와 b_i, $i = 1,\ \cdots,\ s$ 및 $c_1 = 0$, c_i, $i=2$, 3, ⋯, s가 필요하다. 행렬 $[a_{ij}]$는 룽게-쿠타 행렬이라고 한다. 룽게-쿠타법은 다음 식을 만족할 때 일관성이 있다.

$$\sum_{j=1}^{i-1} a_{ij} = c_i, \text{ for } i = 2, \cdots, s \tag{9.16}$$

가장 간단한 룽게-쿠타법은 식 (9.14)에서 $s = 1$(1단계), $b_1 = 1$로 정해지고 식 (9.15)에서 $a_{11} = 0$로 정해져서 식 (9.7)로 주어지는 오일러법이다.

9.3.1 두 단계의 2차 룽게-쿠타법

두 단계의 2차 룽게-쿠타(RK2)법의 일반형은 다음 식으로 주어진다.

$$y_{n+1} = y_n + h\left[\left(1 - \frac{1}{2\alpha}\right)f(t_n,\ y_n) + \frac{1}{2\alpha}f(t_n + \alpha h,\ y_n + \alpha h f(t_n,\ y_n))\right] \tag{9.17}$$

식 (9.17)에서 $\alpha = 1/2$과 $\alpha = 1$ 및 $\alpha = 2/3$인 세 가지가 알려져 있다.

(1) 중점법($\alpha = 1/2$)

식 (9.17)에서 $\alpha = 1/2,\ k_1 = f(t_n,\ y_n)$이라 두면 다음 식을 얻는다.

$$y_{n+1} = y_n + hf(t_n + h/2,\ y_n + hk_1/2) \tag{9.18}$$

식 (9.18)을 보다 간단하게 정리하여 반복식을 만들면 다음과 같다.

$$y_{n+1} = y_n + hk_2,\ where \tag{9.19}$$

$$k_1 = f(t_n,\ y_n),$$

$$k_2 = f\left(t_n + \frac{1}{2}h,\ y_n + \frac{1}{2}hk_1\right)$$

(2) 훈(Heun)법($\alpha = 1$)

식 (9.17)에서 $\alpha = 1,\ k_1 = f(t_n,\ y_n)$이라 두면 다음 식을 얻는다.

$$y_{n+1} = y_n + h\left(\frac{1}{2}k_1 + \frac{1}{2}f(t_n + h,\ y_n + hk_1)\right) \tag{9.20}$$

식 (9.20)을 보다 간단하게 정리하여 반복식을 만들면 다음과 같다.

$$y_{n+1} = y_n + h\left(\frac{1}{2}k_1 + \frac{1}{2}k_2\right), \ \ where \tag{9.21}$$

$$k_1 = f(t_n,\ y_n),$$

$$k_2 = f(t_n + h,\ y_n + hk_1)$$

(3) 랄스턴(Ralston)법($\alpha = 2/3$)

식 (9.17)에서 $\alpha = 2/3,\ k_1 = f(t_n,\ y_n)$이라 두면 다음 식을 얻는다.

$$y_{n+1} = y_n + h\left(\frac{1}{3}k_1 + \frac{2}{3}f(t_n + 2h/3,\ y_n + 2hk_1/3)\right) \tag{9.22}$$

식 (9.22)를 보다 간단하게 정리하여 반복식을 만들면 다음과 같다.

$$y_{n+1} = y_n + h\left(\frac{1}{4}k_1 + \frac{3}{4}k_2\right), \tag{9.23}$$

$$k_1 = f(t_n,\ y_n),$$

$$k_2 = f\left(t_n + \frac{2}{3}h, y_n + \frac{2}{3}hk_1\right)$$

예제 9.5

훈법을 이용하여 $y'(t) + y(t) = \cos(t),\ y(0) = 0$를 $t = 0$에서 6까지 간격의 크기는 1로 하고 미분방정식의 해를 수치적으로 구하시오.

풀이 해결해야 할 미분방정식은 $y' = f(t, y) = \cos(t) - y$ 형태로 다시 쓸 수 있고 $h = 1$이므로 식 (9.21)은 다음과 같이 쓸 수 있다.

$$k_1 = f(t_n,\ y_n) = \cos(t_n) - y_n, \tag{9.24}$$

$$k_2 = f(t_{n+1},\ y_n + k_1) = \cos(t_{n+1}) - y_n - k_1,$$

$$y_{n+1} = y_n + (k_1 + k_2)/2 = \cos(t_{n+1})/2 + y_n/2$$

초기 조건으로부터 다음 식을 얻는다.

$$t=0;\ t_0=0,\ y_0=y(0)=0 \tag{9.25}$$

식 (9.24)와 식 (9.25)를 이용하여 단계적으로 다음 결과를 얻는다.

$$t=1;\ k_1=f(0,\ 0)=\cos(0)=1,\ k_2=f(1,\ 1)=\cos(1)-1,$$

$$y_1=y_0+(k_1+k_2)/2=\frac{1}{2}\cos(1)$$

$$t=2;\ k_1=f(1,\ y_1)=\cos(1)-\frac{1}{2}\cos(1)=\frac{1}{2}\cos(1),$$

$$k_2=f(2,\ y_1+k_1)=\cos(2)-\cos(1),$$

$$y_2=y_1+(k_1+k_2)/2=\frac{1}{2}\cos(2)+\frac{1}{4}\cos(1)$$

$$t=3;\ k_1=f(2,\ y_2)=\frac{1}{2}\cos(2)-\frac{1}{4}\cos(1),$$

$$k_2=f(3,\ y_2+k_1)=f(3,\ \cos(2))=\cos(3)-\cos(2),$$

$$y_3=y_2+(k_1+k_2)/2=\frac{1}{2}\cos(3)+\frac{1}{4}\cos(2)+\frac{1}{8}\cos(1)$$

$$t=4;\ y_4=y_3+(k_1+k_2)/2=\sum_{i=1}^{4}\frac{1}{2^i}\cos(5-i),$$

$$t=5;\ y_5=y_4+(k_1+k_2)/2=\sum_{i=1}^{5}\frac{1}{2^i}\cos(6-i),$$

$$t=6;\ y_6=y_5+(k_1+k_2)/2=\sum_{i=1}^{6}\frac{1}{2^i}\cos(7-i)$$

참고로 위 과정을 계산하는 파이썬 스크립트는 다음과 같다.

```
# Ex950DEHeun.py: [예제 9.5] - 9.3 룽게-쿠타법 - 9.3.1 2차 룽게-쿠타법
import numpy as np

def ft(t, y): return np.cos(t) - y # y(t) = cos(t)+sin(t)-exp(-t)/2.0
if __name__ == '__main__':
    n, tn = 0, 6 # 오일러법
    xt, yt = np.zeros(tn+1), np.zeros(tn+1)
    while n < tn:
        n += 1
        xt[n] = xt[n-1] + 1.0
        yt[n] = yt[n-1] + ft(xt[n-1], yt[n-1])
```

```
    yx = (np.cos(xt) + np.sin(xt) - np.exp(-xt))/2.0 # 정확한 해
    print("yx =", np.round(yx, 5))
    print("yt =", np.round(yt, 5))
    err = abs((yx[1:] - yt[1:])*100/yx[1:])
    print("오차 :", np.round(err, 5)) # 상대오차 백분율

    n, ym = 0, np.zeros(tn+1) # 훈법
    while n < tn:
        n += 1; xt[n] = xt[n-1] + 1.0
        k1 = ft(xt[n-1], ym[n-1])
        k2 = ft(xt[n], ym[n-1]+k1)
        ym[n] = ym[n-1] + (k1+k2)/2.0

    print("ym =", np.round(ym, 5))
    err = abs((yx[1:] - ym[1:])*100/yx[1:])
    print("오차 :", np.round(err, 5)) # 상대오차 백분율
# 출력결과는 [표 9.2] 참조
```

표 9.2 정확한 해와 오일러법 및 RK2(Heun)와 비교

t	정확한 해	오일러법	상대오차 백분율 (%)	RK2 (Heun)	상대오차 백분율 (%)
0	0	0	–	0	–
1	0.50695	1	97.26	0.27015	46.71
2	0.17891	0.54030	202.00	−0.07300	140.80
3	−0.44933	−0.41615	7.38	−0.53150	18.29
4	−0.71438	−0.98999	38.58	−0.59257	17.05
5	−0.34100	−0.65364	91.68	−0.15445	54.71
6	0.33914	0.28366	16.36	0.40286	18.79

9.3.2 전형적인 3차 룽게-쿠타법

식 (9.1)의 양변을 구간 $t_n \leq t \leq t_{n+1}$에서 적분하여 얻는 3차 룽게-쿠타법에 대한 반복식의 일반형은 다음 식으로 주어진다.

$$y_{n+1} - y_n = h(c_1 k_1 + c_2 k_2 + c_3 k_3), \ \ where \tag{9.26}$$

$$k_1 = f(t_n, \ y_n),$$

$$k_2 = f(t_n + a_{21}h,\ y_n + a_{22}hk_1),$$

$$k_3 = f(t_n + a_{31}h,\ y_n + a_{32}hk_1 + a_{33}hk_2)$$

위 식에서 결정해야 할 상수는 c_1, c_2, c_3, a_{21}, a_{22}, b_{31}, b_{32}, b_{33}의 8개이고 이들을 테일러 급수전개를 이용하여 유도하기로 한다. 상수를 결정하는 데 있어 일반성을 잃지 않고 다음 미분방정식을 이용하기로 한다.

$$y' = f(t,\ y) = \alpha y \tag{9.27}$$

위 미분방정식의 하나의 해는 $y = e^{\alpha t}$이므로 y_n이 주어지면 y_{n+1}은 다음과 같다.

$$y_{n+1} = e^{\alpha h} y_n$$

위 식을 테일러 급수전개하면 다음 식을 얻는다.

$$y_{n+1} = [1 + \alpha h + \frac{1}{2}(\alpha h)^2 + \frac{1}{6}(\alpha h)^3 + \cdots] y_n \tag{9.28}$$

식 (9.26)을 식 (9.27)에 적용하면 다음 식을 얻을 수 있다.

$$y_{n+1} - y_n = y_n[\alpha h(c_1 + c_2 + c_3) + (\alpha h)^2(a_{22}c_2 + a_{32}c_3 + a_{33}c_3) + (\alpha h)^3(a_{33}a_{22}c_3)] \tag{9.29}$$

식 (9.28)과 식 (9.29)를 비교하면 다음 식을 얻는다.

$$\begin{aligned} &c_1 + c_2 + c_3 = 1 \\ &a_{22}c_2 + a_{32}c_3 + a_{33}c_3 = 1/2 \\ &a_{33}a_{22}c_3 = 1/6 \end{aligned} \tag{9.30}$$

한편, 식 (9.1)의 양변을 구간 $t_n \leqq t \leqq t_{n+1}$에서 적분하면 다음과 같다.

$$y_{n+1} - y_n = \int_{t_n}^{t_{n+1}} f(t,\ y)dt$$

위 식의 우변에 심프슨 1/3 공식을 적용하면 다음 식을 얻는다.

$$\int_{t_n}^{t_{n+1}} f(t, y)dt \approx \frac{h}{6}[f(t_n, y_n) + 4f(t_{n+1/2}, y_{n+1/2}) + f(t_{n+1}, y_{n+1})] \tag{9.31}$$

식 (9.26)과 식 (9.31)을 비교하면 $a_{21} = 1/2$, $a_{22} = 1/2$이고 $a_{31} = 1$이므로 다음과 같이 상수들을 결정할 수 있다.

$$(c_1, c_2, c_3) = (1/6, 4/6, 1/6),$$
$$(a_{21}, a_{22}) = (1/2, 1/2),$$
$$(a_{31}, a_{32}, a_{33}) = (1, -1, 2)$$

위 상수들을 식 (9.26)에 대입하면 고전적인 3차 룽게-쿠타법은 다음과 같다.

$$y_{n+1} = y_n + \frac{h}{6}(k_1 + 4k_2 + k_3), \ where \tag{9.32}$$
$$k_1 = f(t_n, y_n),$$
$$k_2 = f(t_n + h/2, y_n + hk_1/2),$$
$$k_3 = f(t_n + h, y_n - hk_1 + 2hk_2)$$

상수들 c_1, c_2, c_3, a_{21}, a_{22}, b_{31}, b_{32}, b_{33}을 결정하는 또 다른 한 가지 방법은 다음과 같은 조합으로 이루어지고 훈의 3차(Heun's third) RK3법으로 알려져 있다.

$$(c_1, c_2, c_3) = (1/4, 0, 3/4),$$
$$(a_{21}, a_{22}) = (1/3, 1/3),$$
$$(a_{31}, a_{32}, a_{33}) = (2/3, 0, 2/3)$$

위 상수들을 식 (9.26)에 대입하면 훈의 3차 룽게-쿠타법은 다음과 같다.

$$y_{n+1} = y_n + h(k_1 + 3k_3)/4, \ where \tag{9.33}$$
$$k_1 = f(t_n, y_n),$$

$$k_2 = f(t_n + h/3,\ y_n + hk_1/3),$$

$$k_3 = f(t_n + 2h/3,\ y_n + 2hk_2/3)$$

9.3.3 전형적인 4차 룽게-쿠타법

일반적으로 사용하는 룽게-쿠타법은 4차 룽게-쿠타법(RK4)이다. 식 (9.1)의 양변을 구간 $t_n \leqq t \leqq t_{n+1}$에서 적분하면 다음과 같다.

$$y_{n+1} - y_n = \int_{t_n}^{t_{n+1}} f(t,\ y)dt \tag{9.34}$$

대체적으로 4차 룽게-쿠타법은 두 가지 형태로 알려져 있다. 첫 번째 형태는 식 (9.34)의 우변에 심프슨 1/3 공식을 적용하는 방법이다. 두 번째 형태는 식 (9.34)의 우변에 심프슨 3/8공식을 적용하는 방법이다.

먼저 식 (9.34)의 우변에 심프슨 1/3 공식을 적용하면 다음 식을 얻는다.

$$\int_{t_n}^{t_{n+1}} f(t,\ y)dt \approx \frac{h}{6}[f(t_n,\ y_n) + 4f(t_{n+1/2},\ y_{n+1/2}) + f(t_{n+1},\ y_{n+1})] \tag{9.35}$$

여기서 $t_{n+1/2} = t_n + h/2$이고 $y_{n+1/2} = y(t_n + h/2)$을 나타낸다.

식 (9.35)에서 $k_1 = f(t_n,\ y_n)$이라 두면 $y_{n+1/2}$는 아직 계산되지 않은 항이므로 전방 오일러법을 적용하여 다음 식들을 얻을 수 있다.

$$\bar{y}_{n+1/2} = y_n + \frac{h}{2}f(t_n,\ y_n) = y_n + \frac{h}{2}k_1 \tag{9.36}$$

여기에 다시 후방 오일러법을 적용하면 다음 식을 얻는다.

$$y_{n+1/2}^{(2)} = y_n + \frac{h}{2}f(t_{n+1/2},\ \bar{y}_{n+1/2}) = y_n + \frac{h}{2}f(t_{n+1/2},\ y_n + \frac{h}{2}k_1) \tag{9.37}$$

식 (9.35)에서 $k_2 = f(t_{n+1/2},\ \bar{y}_{n+1/2})$라 두면 y_{n+1}도 아직 계산되지 않은 항이므로 전방 오일러법을 적용하여 다음 식들을 얻을 수 있다.

$$\bar{y}_{n+1} = y_n + hf(t_{n+1/2},\ y^{(2)}_{n+1/2}) = y_n + hf(t_{n+1/2},\ y_n + hk_2/2) \tag{9.38}$$

이제 식(9.35)의 둘째 항의 2개의 $f(t_{n+1/2},\ y_{n+1/2})$을 $f(t_{n+1/2},\ \bar{y}_{n+1/2})$로 근사하고 나머지 2개의 $f(t_{n+1/2},\ y_{n+1/2})$을 $f(t_{n+1/2},\ y^{(2)}_{n+1/2})$로 근사하며 셋째 항은 $f(t_{n+1},\ \bar{y}_{n+1})$로 근사하여 식(9.35)를 다시 쓰면 다음과 같다.

$$y_{n+1} = y_n + \frac{h}{6}[f(t_n,\ y_n) + 4f(t_{n+1/2},\ \bar{y}_{n+1/2}) + f(t_{n+1},\ \bar{y}_{n+1})], \tag{9.39}$$

$$\bar{y}_{n+1/2} = y_n + (h/2)f(t_n,\ y_n) = y_n + hk_1/2,\ (\text{전방 오일러법})$$

$$y^{(2)}_{n+1/2} = y_n + (h/2)f(t_{n+1/2},\ \bar{y}_{n+1/2}),\ (\text{후방 오일러법})$$

$$\bar{y}_{n+1} = y_n + hf(t_{n+1/2},\ y^{(2)}_{n+1/2})$$

위 식에서 $k_3 = f(t_{n+1/2},\ y^{(2)}_{n+1/2})$라 두고 $k_4 = f(t_{n+1},\ \bar{y}_{n+1})$라 두면 다음과 같이 전형적인 RK4(1/3 공식)을 얻는다.

$$y_{n+1} = y_n + \frac{h}{6}(k_1 + 2k_2 + 2k_3 + k_4),\ where \tag{9.40}$$

$$k_1 = f(t_n,\ y_n),$$

$$k_2 = f(t_{n+1/2},\ y_n + hk_1/2),$$

$$k_3 = f(t_{n+1/2},\ y_n + hk_2/2),$$

$$k_4 = f(t_{n+1},\ y_n + hk_3)$$

RK4법은 테일러 전개의 4차 항까지 정확하므로 국지적 오차는 h^5에 비례하고 총 오차는 h^4에 비례하는 것으로 알려져 있다.

예제 9.6

RK4법의 식 (9.40)을 이용하여 $y'(t) + y(t) = \cos(t)$, $y(0) = 0$를 $t = 0$에서 6까지 간격의 크기는 1로 하고 미분방정식의 해를 수치적으로 구하시오.

풀이 미분방정식은 $y' = f(t, y) = \cos(t) - y$ 형태로 다시 쓸 수 있고 $h=1$이므로 식 (9.40)은 다음과 같이 쓸 수 있다.

$$\begin{aligned} k_1 &= f(t_n, y_n) = \cos(t_n) - y_n, \\ k_2 &= f(t_{n+1/2}, y_n + k_1/2) = \cos(t_n + 1/2) - y_n - hk_1/2, \\ k_3 &= f(t_{n+1/2}, y_n + k_2/2) = \cos(t_n + 1/2) - y_n - hk_2/2, \\ k_4 &= f(t_{n+1}, y_n + k_3) = \cos(t_{n+1}) - y_n - k_3, \\ y_{n+1} &= y_n + \frac{1}{6}(k_1 + 2k_2 + 2k_3 + k_4) \end{aligned} \tag{9.41}$$

위 식에서 좌측의 k_1, k_2, k_3, k_4를 맨 아래 식에 대입하면 다음 식을 얻는다.

$$\begin{aligned} y_{n+1} &= y_n + \frac{1}{6}[\cos(t_{n+1}) + \cos(t_n) + 4\cos(t_n + 1/2) - 6y_n - (k_1 + k_2 + k_3)] \\ &= \frac{1}{6}[\cos(t_{n+1}) + \cos(t_n)] + \frac{2}{3}\cos(t_n + 1/2) - \frac{1}{6}(k_1 + k_2 + k_3) \end{aligned} \tag{9.42}$$

식 (9.41)의 k_1, k_2, k_3로부터 다음 두 식을 구할 수 있다.

$$\begin{aligned} k_1 + k_2 + k_3 &= \cos(t_n) + 2\cos(t_n + 1/2) - 3y_n - \frac{1}{2}(k_1 + k_2) \\ k_1 + k_2 &= \frac{1}{2}\cos(t_n) + \cos(t_n + 1/2) - \frac{3}{2}y_n \end{aligned}$$

따라서 위 두 식으로부터 순환식을 구하는 데 유용한 다음 식을 구할 수 있다.

$$\frac{1}{6}(k_1 + k_2 + k_3) = \frac{1}{8}\cos(t_n) + \frac{1}{4}\cos(t_n + \frac{1}{2}) - \frac{3}{8}y_n$$

위 식을 식 (9.42)에 대입하고 정리하면 다음 식을 얻을 수 있다.

$$y_{n+1} = \frac{3}{8}y_n + \frac{1}{24}\cos(t_n) + \frac{5}{12}\cos(t_n + \frac{1}{2}) + \frac{1}{6}\cos(t_{n+1})$$

위 식에 $n=0$, 1, 2, 3, 4, 5를 차례로 대입하여 [표 9.3]을 얻을 수 있다. 아래 표에서 보듯이 훈의 RK2에 비하여 전형적인 4차 룽게-쿠타법인 BK4 방법이 상대적으로 정확도가 개선된다. [표 9.3]으로부터 RK2의 상대오차 백분율은 RK4의 상대오차 백분율보다 최소 23배에서 최대 28배 이상이고 평균적으로 26배 이상 높다는 점을 알 수 있다.

표 9.3 정확한 해와 RK2(Heun) 및 RK4와 비교

t	정확한 해	RK2 (Heun)	상대오차 백분율 (%)	RK4	상대오차 백분율 (%)
0	0	0	–	0	–
1	0.50695	0.27015	46.71	0.49738	1.89
2	0.17891	−0.07300	140.80	0.16914	5.46
3	−0.44933	−0.53150	18.29	−0.45272	0.75
4	−0.71438	−0.59257	17.05	−0.71015	0.59
5	−0.34100	−0.15445	54.71	−0.33410	2.02
6	0.33914	0.40286	18.79	0.34184	0.80

참고로 위 과정을 계산하는 파이썬 스크립트는 다음과 같다.

```
# Ex960DERK4.py: [예제 9.6] - 9.3 룽게-쿠타법 - 9.3.3 4차 룽게-쿠타법
import numpy as np

def ft(t, y): return np.cos(t) - y # y(t) = cos(t)+sin(t)-exp(-t)/2.0
if __name__ == '__main__':
    n, tn = 0, 6
    xt, ym = np.zeros(tn+1), np.zeros(tn+1) # RK2(Heun)법
    while n < tn:
        n += 1; xt[n] = xt[n-1] + 1.0
        k1 = ft(xt[n-1], ym[n-1]); k2 = ft(xt[n], ym[n-1]+k1)
        ym[n] = ym[n-1] + (k1+k2)/2.0

    yx = (np.cos(xt) + np.sin(xt) - np.exp(-xt))/2.0 # 정확한 해
    print("yx =", np.round(yx, 5)); print("ym =", np.round(ym, 5))
    err1 = abs((yx[1:] - ym[1:])*100/yx[1:]) # 상대오차 백분율
    print("오차 :", np.round(err1, 5)) # 출력결과는 [표 9.3] 참조

    n, h = 0, 1.0 # 룽게-쿠타 RK4법
    xt, yt = np.zeros(tn+1), np.zeros(tn+1)
    while n < tn:
        n += 1; xt[n] = xt[n-1] + h
        k1 = ft(xt[n-1], yt[n-1])
        k2 = ft(xt[n-1]+h/2, yt[n-1]+h*k1/2)
        k3 = ft(xt[n-1]+h/2, yt[n-1]+h*k2/2)
        k4 = ft(xt[n-1]+h, yt[n-1]+h*k3)
        yt[n] = yt[n-1] + h*(k1 + 2*k2 + 2*k3 + k4)/6.0
    print("yt =", np.round(yt, 5))
```

```
err2 = abs((yx[1:] - yt[1:])*100/yx[1:]) # 상대오차 백분율
print("오차 :", np.round(err2, 5)) # 출력결과는 [표 9.3] 참조
```

예제 9.7

[예제 9.6]의 미분방정식 초기치 문제에 대하여 간격의 크기 $h = 0.1$에 대해서 $0 \leq t \leq 3$ 동안 RK4(심프슨 1/3 공식 기반) 방법을 사용하여 파이썬 스크립트로 해를 구하고 수학적인 정확한 해와 비교하시오.

풀이 답을 구하는 결과 그림과 파이썬 스크립트는 다음과 같다.

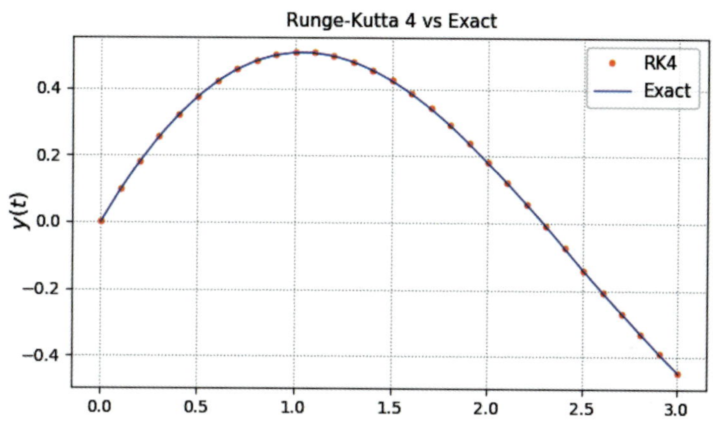

그림 9.4 룽게-쿠타(RK4)법과 정확한 해의 비교

```
# Ex970DERK4.py: [예제 9.7] - 9.3 룽게-쿠타법 - 9.3.3 4차 룽게-쿠타법
import numpy as np, matplotlib.pyplot as plt

def ft(t, y): return np.cos(t) - y # y(t)=cos(t)+sin(t)-exp(-t)/2.0
if __name__ == '__main__':
    n, h = 0, 0.1; tn = int(3/h) # 룽게-쿠타 RK4법
    xt, yt = np.zeros(tn+1), np.zeros(tn+1)
    while n < tn:
        n += 1; k1 = ft(xt[n-1], yt[n-1])
        k2 = ft(xt[n-1]+h/2, yt[n-1]+h*k1/2)
        k3 = ft(xt[n-1]+h/2, yt[n-1]+h*k2/2)
        k4 = ft(xt[n-1]+h, yt[n-1]+h*k3)
        yt[n] = yt[n-1] + h*(k1 + 2*k2 + 2*k3 + k4)/6.0
```

```
    xt[n] = xt[n-1] + h
yx = (np.cos(xt) + np.sin(xt) - np.exp(-xt))/2.0 # 정확한 해
plt.figure(figsize=(7, 3.8))
plt.plot(xt, yt, "r.", linewidth=1.0, label="RK4")
plt.plot(xt, yx, "b-", lw=1.0, label="Exact")
plt.ylabel(r"$y(t)$", fontsize=12); plt.legend(loc="best")
plt.title("Runge-Kutta 4 vs Exact", fontsize=11)
plt.grid(linestyle=":"); plt.show()
```

(1) 심프슨 3/8 공식에 의한 RK4법

식 (9.34)의 우변에 심프슨 3/8 공식을 적용하면 식 (9.14)에서 $s=4$가 되고 $b_1=1/8$, $b_2=b_3=3/8$, $b_4=1/8$로 결정되어 다음 식을 얻는다.

$$\int_{t_n}^{t_{n+1}} f(t,\ y)dt \approx \frac{h}{8}[f(t_n,\ y_n)+3f(t_{n+1/2},\ y_{n+1/2})+3f(t_{n+2/3},\ y_{n+2/3})+f(t_{n+1},\ y_{n+1})]$$

위 식에 룽게-쿠타 행렬 $[a_{ij}]$, i, $j=1, 2, 3, 4$로 식 (9.16)을 적용하면 RK4 3/8 공식의 반복식 일반형은 다음과 같이 주어진다.

$$y_{n+1}=y_n+\frac{h}{8}(k_1+3k_2+3k_3+k_4),\ \ where$$

$$k_1=f(t_n,\ y_n),$$

$$k_2=f(t_n+c_2h,\ y_n+a_{21}hk_1),$$

$$k_3=f(t_n+c_3h,\ y_n+a_{31}hk_1+a_{32}hk_2),$$

$$k_4=f(t_n+c_4h,\ y_n+a_{41}hk_1+a_{42}hk_2+a_{43}hk_3)$$

4차 룽게-쿠타법 3/8 공식인 경우 식 (9.16)에서 $c_2=1/3$, $c_3=2/3$ $c_4=1$로 결정되고 $a_{21}=1/3$로 $a_{31}=-1/3$, $a_{32}=1$로 알려져 있고 $a_{41}=1$, $a_{42}=-1$, $a_{43}=1$로 알려져 있다.

9.4 고계 미분방정식의 해법

9.4.1 오일러법에 의한 해법

지금까지 논의한 미분방정식의 여러 해법을 고계 미분방정식의 해법에 응용하여 보기로 한다. 다음과 같은 3계 상미분방정식을 고려하자.

$$y'''(t)+a_2y''(t)+a_1y'(t)+a_0y(t)=u(t) \tag{9.43}$$

여기서 a_0, a_1, a_2는 상수이거나 t의 함수로 주어진다. 초기 조건들은 다음과 같이 주어진다.

$$y(0)=y_0,\ \ y'(0)=y_0{}',\ \ y''(0)=y_0{}'' \tag{9.44}$$

y, y'과 y''을 각각 미지변수로 고려한다면, 식 (9.44)는 다음과 같은 3개의 1계 상미분방정식의 연립형으로 표현할 수 있다.

$$\begin{cases} y'=g, & y(0)=y_0, \\ g'=h, & g(0)=y_0{}', \\ h'=u-a_2h-a_1g-a_0y, & h(0)=y_0{}'' \end{cases} \tag{9.45}$$

위 식 (9.45)를 벡터형으로 다시 쓰면 다음과 같다.

$$Y'=\boldsymbol{f}(t,Y),\ \ Y=\begin{pmatrix} y \\ g \\ h \end{pmatrix},\ \boldsymbol{f}=\begin{pmatrix} g \\ h \\ u-a_2h-a_1g-a_0y \end{pmatrix} \tag{9.46}$$

위 식 (9.46)을 행렬형으로 다시 쓰면 다음 식을 얻는다.

$$Y'=\boldsymbol{f}(t,Y)=\begin{pmatrix} 0 & 1 & 0 \\ 0 & 0 & 1 \\ -a_0 & -a_1 & -a_2 \end{pmatrix}Y+\begin{pmatrix} 0 \\ 0 \\ u(t) \end{pmatrix},\ \ Y=\begin{pmatrix} y \\ g \\ h \end{pmatrix} \tag{9.47}$$

위 식 (9.46) 또는 (9.47)에 오일러법을 적용하면 다음 식을 얻는다.

$$Y_{n+1} = Y_n + h\boldsymbol{f}(t_n, Y_n) \tag{9.48}$$

예제 9.8

2계 미분방정식 $y'' - 3y' + 2y = 4t$가 초기치로 $y(0) = 0$, $y'(0) = 0$를 가질 때 식 (9.43)부터 식 (9.47)까지와 식 (9.48)을 2계 방정식에 적용하여 해를 구하는 파이썬 스크립트를 작성하고, 정확한 해 $y = e^{2t} - 4e^t + 2t + 3$와 반복계산한 결과를 그래프로 그려서 비교하시오.

풀이 식 (9.43)부터 (9.47)까지를 2계 미분방정식에 적용하여 해를 구하는 방정식들은 다음과 같다.

$$y'' - 3y' + 2y = 4t,\ y(0) = 0,\ y'(0) = 0 \tag{9.49a}$$

$$\begin{cases} y' = g, & y(0) = 0, \\ g' = 4t + 3g - 2y, & g(0) = 0 \end{cases} \tag{9.49b}$$

$$Y' = \boldsymbol{f}(t,\ Y),\quad Y = \begin{pmatrix} y \\ g \end{pmatrix},\ \boldsymbol{f} = \begin{pmatrix} g \\ u + 3g - 2y \end{pmatrix} \tag{9.49c}$$

$$Y' = \boldsymbol{f}(t,\ Y) = \begin{pmatrix} 0 & 1 \\ -2 & 3 \end{pmatrix} Y + \begin{pmatrix} 0 \\ 4t \end{pmatrix} \equiv MY + u,\ Y = \begin{pmatrix} y \\ g \end{pmatrix} \tag{9.49d}$$

식 (9.49)를 파이썬 스크립트로 구현하면 다음과 같다. 아래 스크립트에서 시간 간격 h를 $h = 0.1$에서 $h = 0.01$로 두고 실행하면 오일러법의 근사해는 정확한 해에 더 가까이 접근한다는 것을 알 수 있다.

```
# Ex980DE0d2.py: [예제 9.8] 9.4 고계 ODE 해법 - 9.4.1 오일러법
import numpy as np
import matplotlib.pyplot as plt
```

```
if __name__ == '__main__':
    n, h = 0, 0.1; tn = int(2/h) # 2계 오일러법
    xt, M = np.zeros(tn+1), np.array([[0, 1], [-2, 3]])
    yt = np.zeros((2*(tn+1))).reshape(2, tn+1)
    while n < tn:
```

```
        n += 1
        xt[n] = xt[n-1] + h
        U = np.array([0.0, 4*xt[n-1]])
        yt[:, n] = yt[:, n-1] + h*(M@yt[:, n-1] + U)

yx = np.exp(2*xt) - 4*np.exp(xt) + 2*xt + 3.0 # 정확한 해
plt.figure(figsize=(7, 4))
plt.plot(xt, yt[0, :], "r-", lw = 1.0, label = "Od2 Euler")
plt.plot(xt, yx, "b-", linewidth = 1.0, label = "Exact sol")
plt.ylabel(r"$y(t)$", fontsize = 12); plt.ylim(0, 20.0)
plt.text(1.25, 10.0, "Exact sol", color = 'b')
plt.text(1.75, 7.5, "Od2 Euler", color = 'r')
plt.legend(loc = "best", fontsize = 11)
plt.title("2nd order, Euler vs Exact", fontsize = 13)
plt.grid(linestyle = ":")
plt.show()
```

구간간격 $h = 0.1$로 하여 오일러법으로 구한 2계 상미분방정식의 근사해와 정확한 해를 비교하는 그래프는 다음과 같다.

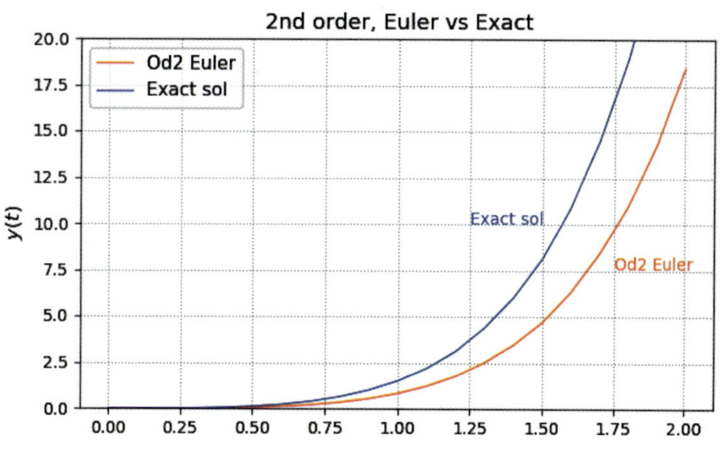

그림 9.5 2계 미분방정식의 오일러법과 정확한 해의 비교

9.4.2 RK2법에 의한 해법

오일러법에서와 마찬가지로 다음 2계 상미분방정식을 고려하기로 한다.

$$y''(t)+a_1y'(t)+a_0y(t)=u(t),\ y(0)=y_0,\ y'(0)={y_0}' \tag{9.50}$$

여기서 a_0, a_1 및 $u(t)$는 상수이거나 t의 함수로 주어진다. $g(t)=y'(t)$로 정의하면 식 (9.50)은 다음 연립 1계 미분방정식으로 변경된다.

$$\begin{aligned} y' &= f_1(t,\ y,\ g)=g,\ y(0)=y_0, \\ g' &= f_2(t,\ y,\ g)=-a_1g-a_0y+u,\ g(0)={y_0}' \end{aligned} \tag{9.51}$$

식 (9.51)은 훈(Heun)의 2차 룽게-쿠타법에 의하여 다음과 같이 나타난다.

$$\begin{aligned} y_{n+1} &= y_n+\frac{h}{2}(k_{11}+k_{21}), \\ g_{n+1} &= g_n+\frac{h}{2}(k_{12}+k_{22}),\ where \\ k_{11} &= f_1(t_n,\ y_n,\ g_n)=g_n, \\ k_{12} &= f_2(t_n,\ y_n,\ g_n)=(-a_1g_n-a_0y_n+u_n), \\ k_{21} &= f_1(t_{n+1},\ y_n+hk_{11},\ g_n+hk_{12})=(g_n+hk_{12}), \\ k_{22} &= f_2(t_{n+1},\ y_n+hk_{11},\ g_n+hk_{12}), \\ &=-a_1(g_n+hk_{12})-a_0(y_n+hk_{11})+u_{n+1} \end{aligned} \tag{9.52}$$

식 (9.51)을 벡터형으로 다시 쓰면 다음과 같다.

$$Y'=\boldsymbol{f}(t,Y),\ \boldsymbol{f}=\begin{pmatrix} f_1 \\ f_2 \end{pmatrix}=\begin{pmatrix} g \\ -a_1g-a_0y+u \end{pmatrix},\ Y=\begin{pmatrix} y \\ g \end{pmatrix} \tag{9.53}$$

식 (9.52)를 (9.53)에 적용한 훈의 2차 룽게-쿠타법은 다음과 같다.

$$\begin{aligned} Y_{n+1} &= Y_n+h(k_1+k_2)/2 \\ k_1 &= \boldsymbol{f}(t_n,Y_n) \\ k_2 &= \boldsymbol{f}(t_{n+1},Y_n+hk_1) \end{aligned} \tag{9.54}$$

특히 식 (9.53)에서 a_0, a_1, u가 t만의 함수라면, 행렬형으로 다음 식을 가진다.

$$Y' = \boldsymbol{f}(t, Y) = \begin{pmatrix} 0 & 1 \\ -a_0 & -a_1 \end{pmatrix} Y + \begin{pmatrix} 0 \\ u \end{pmatrix} \equiv MY + U, \quad Y = \begin{pmatrix} y \\ g \end{pmatrix} \tag{9.55}$$

따라서 훈의 2차 룽게-쿠타법의 행렬형은 다음과 같다.

$$\begin{aligned} Y_{n+1} &= Y_n + h(k_1 + k_2)/2, \ \ where \\ k_1 &= MY_n + U_n, \\ k_2 &= M(Y_n + hk_1) + U_{n+1} \end{aligned} \tag{9.56}$$

여기서 행렬 M과 벡터 U는 식 (9.55)에 정의되어 있다.

예제 9.9

2계 미분방정식 $y'' - 3y' + 2y = 4t$가 초기치로 $y(0) = 0$, $y'(0) = 0$를 가질 때 간격 $h = 1$에 대하여 $0 < t \leqq 3$ 동안 식 (9.52) 훈의 2차 룽게-쿠타(RK2) 법을 사용하여 손으로 계산하시오.

풀이 주어진 미분방정식은 식 (9.51)의 형태로 다음과 같이 나타난다.

$$\begin{aligned} y' &= f_1 = g, \ \ y(0) = 0, \\ g' &= f_2 = 3g - 2y + 4t, \ \ g(0) = 0 \end{aligned}$$

위 식을 이용하여 식 (9.52)의 2차 룽게-쿠타법을 적용하면 다음과 같다.

$t = 0$; $y(0) = y_0 = 0$, $g(0) = y'(0) = 0$

$t = 1$; $k_{11} = f_1(t_0, y_0, g_0) = g_0 = 0,$

$$\begin{aligned} k_{12} &= f_2(t_0, y_0, g_0) = 3g_0 - 2y_0 + 4t_0 = 0, \\ k_{21} &= f_1(t_1, y_0 + k_{11}, g_0 + k_{12}) = g_0 + k_{12} = 0, \\ k_{22} &= f_2(t_1, y_0 + k_{11}, g_0 + k_{12}) = 3(g_0 + k_{12}) - 2(y_0 + k_{11}) + 4t_1 = 4, \\ y_1 &= y_0 + h(0 + 0)/2 = 0, \\ g_1 &= g_0 + h(0 + 4)/2 = 2 \end{aligned}$$

$$t=2;\ k_{11}=f_1(t_1,\ y_1,\ g_1)=g_1=2,$$

$$k_{12}=f_2(t_1,\ y_1,\ g_1)\ =3g_1-2y_1+4t_1=6+4=10,$$

$$k_{21}=f_1(t_2,\ y_1+k_{11},\ g_1+k_{12})=g_1+k_{12}=2+10=12,$$

$$k_{22}=f_2(t_2,\ y_1+k_{11},\ g_1+k_{12})=3(g_1+k_{12})-2(y_1+k_{11})+4t_2=40,$$

$$y_2=y_1+(k_{11}+k_{21})/2=0+(2+12)/2=7,$$

$$g_2=g_1+(k_{12}+k_{22})/2=2+(10+40)/2=27$$

$$t=3;\ k_{11}=f_1(t_2,\ y_2,\ g_2)=g_2=27,$$

$$k_{12}=f_2(t_2,\ y_2,\ g_2)\ =3g_2-2y_2+4t_2=3g_2-2y_2+4t_2=75,$$

$$k_{21}=f_1(t_3,\ y_2+k_{11},\ g_2+k_{12})=g_2+k_{12}=27+75=102,$$

$$k_{22}=f_2(t_3,\ y_2+k_{11},\ g_2+k_{12})=3(g_2+k_{12})-2(y_2+k_{11})+4t_3=250,$$

$$y_3=y_2+(k_{11}+k_{21})/2=7+(27+102)/2=71.5,$$

$$g_3=g_2+(k_{21}+k_{22})/2=27+(75+250)/2=189.5$$

참고로 위 손계산 과정을 파이썬 스크립트로 구현하면 다음과 같다.

```
# Ex990DE2RK2.py: [예제 9.9] - 9.4 고계 ODE - 9.4.2 RK2(Heun)법
import numpy as np
import matplotlib.pyplot as plt

if __name__ == '__main__':
    n, h = 0, 1.0; tn = int(3/h) # 2계 RK2법
    xt = np.zeros(tn+1)
    M = np.array([[0, 1], [-2, 3]])
    yt = np.zeros((2*(tn+1))).reshape(2, tn+1)
    while n < tn:
        if n == 0:  print("n =%d, yt[:, 0] =%s" % (0, yt[:, 0]))
        U = np.array([0.0, 4*xt[n]])
        k1 = M@yt[:, n] + U; print("k1 = ", k1, end="")
        U1 = np.array([0.0, 4*(xt[n]+h)])
        k2 = M@(yt[:, n]+h*k1) + U1; print("k2 = ", k2)
        yt[:, n+1] = yt[:, n] + h*(k1 + k2)/2.0
        n += 1; xt[n] = n*h;
        print("n =%d, yt[:, n] =%s" % (n, yt[:, n]))
    print("yt = \n", yt)
```

예제 9.10

2계 미분방정식 $y''-3y'+2y=4t$이 초기치로 $y(0)=0,\ y'(0)=0$를 가질 때, $h=0.1$에 대하여 $0 \leqq t \leqq 3$ 동안 식 (9.52) 훈의 2차 룽게-쿠타(RK2)법으로 파이썬 스크립트를 작성하여 해를 구하고 정확한 해와 비교하시오.

풀이 파이썬 스크립트를 작성하여 훈의 2차 룽게-쿠타(RK2)법을 수행하기 위해서는 식 (9.56)과 같은 행렬형 표현이 매우 편리하다. 2차 룽게-쿠타(RK2)법을 파이썬 스크립트로 구현하면 다음과 같다.

```python
# Ex910ODE2RK2.py: [예제 9.10] - 9.4 고계 ODE - 9.4.2 RK2(Heun)법
import numpy as np
import matplotlib.pyplot as plt

if __name__ == '__main__':
    n, h = 0, 0.1; tn = int(3/h) # 2계 RK2법
    xt = np.zeros(tn+1)
    M = np.array([[0.0, 1.0], [-2.0, 3.0]])
    yt = np.zeros((2*(tn+1))).reshape(2, tn+1)
    while n < tn:
        U = np.array([0.0, 4*xt[n]])
        k1 = M@yt[:, n] + U
        U1 = np.array([0.0, 4*(xt[n]+h)])
        k2 = M@(yt[:, n]+h*k1) + U1
        yt[:, n+1] = yt[:, n] + h*(k1 + k2)/2.0
        n += 1; xt[n] = n*h
```

위 스크립트에 이어 그래프를 그리는 스크립트는 다음과 같다.

```python
    yx = np.exp(2*xt) - 4*np.exp(xt) + 2*xt + 3.0 # 정확한 해
    yd = 2*np.exp(2*xt) - 4*np.exp(xt) + 2.0 # 정확한 해의 도함수
    plt.figure(figsize = (7, 4))
    plt.plot(xt, yt[0, :], "r", linewidth = 1.0, label = "RK2 y(t)")
    plt.plot(xt, yt[1, :], "r:", linewidth = 1.0, label = "RK2 y'(t)")
    plt.plot(xt, yx, "b", linewidth = 1.0, label = "Exact y(t)")
    plt.plot(xt, yd, "b:", linewidth = 1.0, label = "Exact y'(t)")
    plt.ylabel(r"$y(t), y'(t)$", fontsize = 11.5); plt.ylim(0, 300.0)
    plt.legend(loc = "best", fontsize = 10.5)
```

```
plt.title("Runge-Kutta vs Exact", fontsize = 12)
plt.grid(linestyle = ":"); plt.show()
```

RK2(Heun)법으로 구한 2계 상미분방정식의 근사해와 정확한 해의 그래프는 [그림 9.6]과 같다. 범례에서 $y(t)$는 구하는 상미분방정식의 근사해이고 동시에 계산되는 $y'(t)$는 $y(t)$의 도함수를 나타낸다.

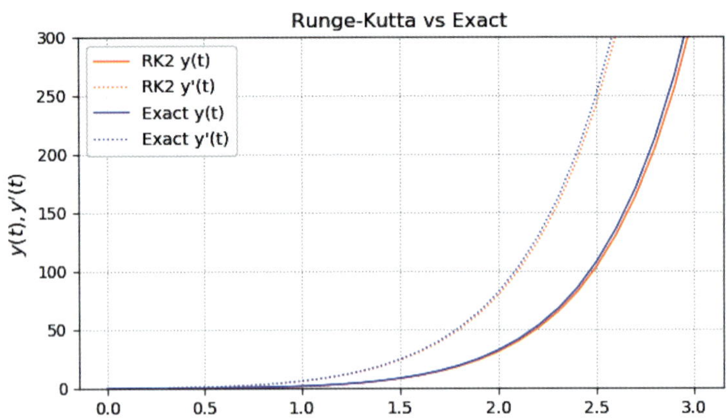

그림 9.6 룽게-쿠타(RK2)법과 정확한 해의 비교

9.4.3 RK4법에 의한 고계 상미방의 해법

가장 보편적인 룽게-쿠타법은 4차 RK법인데 RK4법 역시 종류가 많다. RK2법에서와 마찬가지로 다음 2계 상미분방정식을 고려하기로 한다.

$$y''(t) + a_1 y'(t) + a_0 y(t) = u(t),\ y(0) = y_0,\ y'(0) = y_0' \tag{9.57}$$

여기서 a_0, a_1과 $u(t)$는 상수이거나 t의 함수로 주어진다.

$g(t) = y'(t)$로 정의하면 식 (9.57)은 다음 연립 1계 미분방정식으로 변경된다.

$$\begin{aligned} y' &= f_1(t,\ y,\ g) = g,\ \ y(0) = y_0, \\ g' &= f_2(t,\ y,\ g) = -a_1 g - a_0 y + u,\ \ g(0) = y_0' \end{aligned} \tag{9.58}$$

위 식 (9.58)은 전형적인 4차 룽게-쿠타법으로 다음과 같이 주어진다.

$$y_{n+1} = y_n + \frac{h}{6}(k_{11} + 2k_{21} + 2k_{31} + k_{41}), \tag{9.59}$$

$$g_{n+1} = g_n + \frac{h}{6}(k_{12} + 2k_{22} + 2k_{32} + k_{42}), \ \ where$$

$$k_{11} = f_1(t_n,\ y_n,\ g_n) = g_n,$$

$$k_{12} = f_2(t_n,\ y_n,\ g_n) = (-a_1 g_n - a_0 y_n + u_n),$$

$$k_{21} = f_1(t_{n+1/2},\ y_n + hk_{11}/2,\ g_n + hk_{12}/2) = (g_n + hk_{12}/2),$$

$$k_{22} = f_2(t_{n+1/2},\ y_n + hk_{11}/2,\ g_n + hk_{12}/2),$$

$$= -a_1(g_n + hk_{12}/2) - a_0(y_n + hk_{11}/2) + u_{n+1},$$

$$k_{31} = f_1(t_{n+1/2},\ y_n + hk_{21}/2,\ g_n + hk_{22}/2) = g_n + hk_{22}/2,$$

$$k_{32} = f_2(t_{n+1/2},\ y_n + hk_{21}/2,\ g_n + hk_{22}/2),$$

$$= -a_1(g_n + hk_{22}/2) - a_0(y_n + hk_{21}/2) + u_n,$$

$$k_{41} = f_1(t_{n+1},\ y_n + hk_{31},\ g_n + hk_{32}) = (g_n + hk_{32}),$$

$$k_{42} = f_2(t_{n+1},\ y_n + hk_{31},\ g_n + hk_{32}),$$

$$= -a_1(g_n + hk_{32}) - a_0(y_n + hk_{31}) + u_{n+1}$$

식 (9.59)를 벡터형으로 다시 쓰면 다음과 같다.

$$Y' = \boldsymbol{f}(t, Y),\ \ \boldsymbol{f} = \begin{pmatrix} f_1 \\ f_2 \end{pmatrix} = \begin{pmatrix} g \\ -a_1 g - a_0 y + u \end{pmatrix},\ \ Y = \begin{pmatrix} y \\ g \end{pmatrix} \tag{9.60}$$

식 (9.59)를 (9.60)에 적용한 4차 룽게-쿠타법은 다음과 같다.

$$Y_{n+1} = Y_n + \frac{h}{6}(k_1 + 2k_2 + 2k_3 + k_4),\ \ where \tag{9.61a}$$

$$k_1 = \boldsymbol{f}(t_n, Y_n),$$

$$k_2 = \boldsymbol{f}(t_{n+1/2}, Y_n + hk_1/2),$$

$$k_3 = \boldsymbol{f}(t_{n+1/2}, Y_n + hk_2/2), \tag{9.61b}$$

$$k_4 = \boldsymbol{f}(t_{n+1}, Y_n + hk_3)$$

특히 식 (9.60)에서 a_0, a_1, u가 t만의 함수라면, 행렬형으로 다음 식을 가진다.

$$Y' = \boldsymbol{f}(t, Y) = \begin{pmatrix} 0 & 1 \\ -a_0 & -a_1 \end{pmatrix} Y + \begin{pmatrix} 0 \\ u \end{pmatrix} \equiv MY + U, \quad Y = \begin{pmatrix} y \\ g \end{pmatrix} \tag{9.62}$$

따라서 4차 룽게-쿠타법의 행렬형은 다음과 같다.

$$Y_{n+1} = Y_n + \frac{h}{6}(k_1 + 2k_2 + 2k_3 + k_4), \; where \tag{9.63a}$$

$$\begin{aligned} k_1 &= MY_n + U_{n+1/2}, \\ k_2 &= M(Y_n + hk_1/2) + U_{n+1/2}, \\ k_3 &= M(Y_n + hk_2/2) + U_{n+1/2}, \\ k_4 &= M(Y_n + hk_3) + U_{n+1} \end{aligned} \tag{9.63b}$$

여기서 행렬 M과 벡터 U는 식 (9.62)에 정의되어 있다.

예제 9.11

2계 미분방정식 $y'' - 3y' + 2y = 4t$이 초기치로 $y(0) = 0$, $y'(0) = 0$를 가질 때 $h = 0.1$에 대하여 $0 \leqq t \leqq 3$ 동안 식 (9.63)의 4차 룽게-쿠타(RK4)법으로 파이썬 스크립트를 작성하여 해를 구하고 정확한 해와 비교하시오.

풀이 전형적인 4차 룽게-쿠타(RK4)법을 이용하여 주어진 2계 미분방정식을 구하는 파이썬 스크립트는 다음과 같다.

```
# Ex911ODE2RK4.py: [예제 9.11] - 9.4 고계 ODE - 9.4.3 RK4법
import numpy as np, matplotlib.pyplot as plt

if __name__ == '__main__':
    n, h = 0, 0.1; tn = int(3/h) # 2계 RK2법
    xt = np.zeros(tn+1)
    M = np.array([[0.0, 1.0], [-2.0, 3.0]])
    yt = np.zeros((2*(tn+1))).reshape(2, tn+1)
    while n < tn:
        U = np.array([0.0, 4*xt[n]])
```

```
        k1 = M@yt[:, n] + U
        Uh = np.array([0.0, 4*(xt[n]+h/2)])
        k2 = M@(yt[:, n]+ h*k1/2) + Uh
        k3 = M@(yt[:, n]+ h*k2/2) + Uh
        U1 = np.array([0.0, 4*(xt[n]+h)])
        k4 = M@(yt[:, n]+ h*k1) + U1
        yt[:, n+1] = yt[:, n] + h*(k1 + 2*k2 + 2*k3 + k4)/6.0
        n += 1; xt[n] = n*h

    yx = np.exp(2*xt) - 4*np.exp(xt) + 2*xt + 3.0 # 정확한 해
    yd = 2*np.exp(2*xt) - 4*np.exp(xt) + 2.0 # 정확한 해의 도함수
    plt.figure(figsize = (7, 4.2))
    plt.plot(xt, yt[0, :], "r", linewidth = 1.0, label = "RK4 y(t)")
    plt.plot(xt, yt[1, :], "r:", linewidth = 1.0, label = "RK4 y'(t)")
    plt.plot(xt, yx, "b", linewidth = 1.0, label = "Exact y(t)")
    plt.plot(xt, yd, "b:", linewidth = 1.0, label = "Exact y'(t)")
    plt.ylabel(r"$y(t), y'(t)$", fontsize = 12); plt.ylim(0, 300.0)
    plt.legend(loc = "best", fontsize = 11)
    plt.title("RK4 vs Exact", fontsize = 12)
    plt.grid(linestyle = ":"); plt.show()
```

4차 룽게-쿠타(RK4)법으로 구한 2계 상미분방정식의 근사해와 정확한 해의 그래프는 [그림 9.7]과 같다. 범례에서 $y(t)$는 구하는 상미분방정식의 근사해이고 동시에 계산되는 $y'(t)$는 $y(t)$의 도함수를 나타낸다. 아래 그림에서 위편의 두 그래프 중 점선으로 나타나는 $y'(t)$의 근사해도 실선으로 나타나는 $y'(t)$의 정확한 해와 그림 상으로 거의 일치하는 것을 알 수 있다.

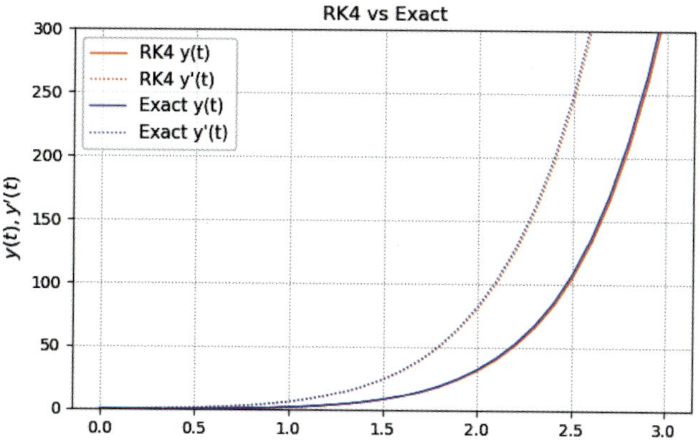

그림 9.7 룽게-쿠타(RK4)법과 정확한 해의 비교

연습문제

1 다음 미분방정식의 초기치 문제에 대하여 오일러법과 수정 오일러법을 이용해서 파이썬 스크립트로 수치해를 구하시오.

$$y'(t)+2y(t)=e^{t},\ \ y(0)=1$$

(1) $t=0$에서 $t=3$까지 간격은 $h=0.5$로 하여 다음 표를 채우고,

t	정확한 해	오일러법	상대오차(%)	수정 오일러법	상대오차(%)
0					
0.5					
1					
1.5					
2					
2.5					
3					

(2) $t=0$에서 $t=5$까지 간격은 $h=0.1$로 하여 수치해를 구하고,

(3) 정확한 해 $y=(e^{t}+2e^{-2t})/3$와 (2)의 결과를 그래프로 그리시오.

2 다음 미분방정식의 초기치 문제에 대하여 오일러법과 수정 오일러법을 이용해서 파이썬 스크립트로 수치해를 구하시오.

$$y'(t)+2ty(t)=2t,\ \ y(0)=0$$

(1) $t=0$에서 $t=1$까지 간격은 $h=0.2$로 하여 다음 표를 채우고,

t	정확한 해	오일러법	상대오차(%)	수정 오일러법	상대오차(%)
0.2					
0.4					
0.6					
0.8					
1.0					

(2) $t=0$에서 $t=3$까지 간격은 $h=0.1$로 하여 수치해를 구하고,

(3) 정확한 해 $y=1-e^{-t^2}$와 (2)의 결과를 그래프로 그리시오.

3 다음 미분방정식의 초기치 문제에 대하여 오일러법과 수정 오일러법을 이용해서 파이썬 스크립트로 수치해를 구하시오.

$$y'(t)-\frac{2t}{1+2t^2}y(t)=\frac{1}{1+2t^2},\quad y(0)=1$$

(1) $t=0$에서 $t=3$까지 간격은 $h=0.5$로 하여 다음 표를 채우고,

t	정확한 해	오일러법	상대오차(%)	수정 오일러법	상대오차(%)
0					
0.5					
1					
1.5					
2					
2.5					
3					

(2) $t=0$에서 $t=5$까지 간격은 $h=0.1$로 하여 수치해를 구하고,

(3) 정확한 해 $y=t+\sqrt{1+2t^2}$과 (2)의 결과를 그래프로 그리시오.

4 다음 미분방정식의 초기치 문제에 대하여 두 단계의 2차 룽게-쿠타(2차 RK)법을 이용해서 파이썬 스크립트로 수치해를 구하시오.

$$y'(t)+y(t)=\cos(t),\quad y(0)=0$$

(1) $t=0$에서 $t=5$까지 간격은 $h=1$로 하여 다음 표를 채우고,

t	정확한 해	중점법	상대오차(%)	랄스턴법	상대오차(%)
0					
1					
2					
3					
4					
5					

(2) $t=0$에서 $t=5$까지 간격은 $h=0.1$로 하여 수치해를 구하고,

(3) 정확한 해 $y=\frac{1}{2}(\cos(t)+\sin(t)-e^{-t})$과 (2)의 결과를 그래프로 그리시오.

5 다음 미분방정식의 초기치 문제에 대하여 $t=0$에서 $t=$b까지 주어진 구간간격 h에 따라 2차 RK법의 중점법으로 수치해를 구하는 사용자정의함수 RK2m(f, h, y0, b)를 작성하고 물음에 답하시오. 여기서 f는 $y'=f(t, y)$의 f를 나타내고 y0는 $y(0)=$y0에 해당하며 b는 $t=$b까지를 의미한다.

$$y'(t)=f_1(t, y)=1-2t+2y(t),\ y(0)=1$$

$$y'(t)=f_2(t, y)=2t(1-y(t)),\ y(0)=0$$

(1) 간격을 $h=0.1$로 하고 RK2m(f_1, 0.1, 1, 3)의 결과를 구하고,

(2) (1)의 결과와 정확한 해의 그래프를 함께 그리고,

(3) 간격을 $h=0.1$로 하고 RK2m(f_2, 0.1, 0, 3)의 결과를 구하고,

(4) (3)의 결과와 정확한 해의 그래프를 함께 그리시오.

6 다음 미분방정식의 초기치 문제에 대하여 $t=0$에서 $t=$b까지 주어진 구간간격 h에 따라 2차 RK법의 랄스턴법으로 수치해를 구하는 사용자정의함수 RK2r(f, h, y0, b)를 작성하고 물음에 답하시오.

$$y'(t)=f_1(t, y)=1-2t+2y(t),\ y(0)=1$$

$$y'(t)=f_2(t, y)=2t(1-y(t)),\ y(0)=0$$

(1) 간격을 $h=0.1$로 하고 RK2r(f_1, 0.1, 1, 3)의 결과를 구하고,

(2) (1)의 결과와 정확한 해의 그래프를 함께 그리고,

(3) 간격을 $h=0.1$로 하고 RK2r(f_2, 0.1, 0, 3)의 결과를 구하고,

(4) (3)의 결과와 정확한 해의 그래프를 함께 그리시오.

7 다음 미분방정식의 초기치 문제에 대하여 $t=0$에서 $t=$b까지 주어진 구간간격 h에 따라 2차 RK법의 중점법과 랄스턴법을 이용해서 수치해를 구하는 사용자정의함수 RK2mr (f, h, y0, b)를 작성하고 물음에 답하시오. 여기서 f는 $y'=f(t, y)$의 f를 나타내고

y0는 $y(0)=$y0에 해당하며 b는 $t=$b까지를 의미한다.

$$y'(t)=f(t,\ y)=e^t-2y(t),\ \ y(0)=1$$

(1) 사용자정의함수 RK2mr(f, h, y0, b)를 'RK2mr.py'로 저장하고,

(2) 간격을 $h=1$로 하고 RK2mr(f, 1, 1, 5)의 결과를 구하고,

(3) 간격을 $h=0.1$로 하고 RK2mr(f, 0.1, 1, 5)의 결과를 구하고,

(4) (2)의 결과와 정확한 해의 그래프를 함께 그리고,

(5) (3)의 결과와 정확한 해의 그래프를 함께 그리시오.

8 다음 미분방정식의 초기치 문제에 대하여 $t=0$에서 $t=$b까지 주어진 구간간격 h에 따라 3차 RK법으로 수치해를 구하는 사용자정의함수 RK3(f, h, y0, b)를 작성하고 각 물음에 답하시오. 여기서 f는 $y'=f(t,\ y)$의 f를 나타내고 y0는 $y(0)=$y0에 해당하며 b는 $t=$b까지를 의미한다.

$$y'(t)=f_1(t,\ y)=1-2t+2y(t),\ \ y(0)=1$$

$$y'(t)=f_2(t,\ y)=2t(1-y(t)),\ \ y(0)=0$$

(1) 간격을 $h=0.1$로 하고 RK3(f_1, 0.1, 1, 3)의 결과를 구하고,

(2) (1)의 결과와 정확한 해의 그래프를 함께 그리고,

(3) 간격을 $h=0.1$로 하고 RK3(f_2, 0.1, 0, 3)의 결과를 구하고,

(4) (3)의 결과와 정확한 해의 그래프를 함께 그리시오.

9 연습문제 [5]와 [8]에서 작성한 사용자정의함수 RK2m(f, h, y0, b)와 RK3(f, h, y0, b)를 이용하여 다음 미분방정식의 초기치 문제(연습문제 [3] 참조)의 해를 구하시오.

$$y'(t)=f(t,\ y)=\frac{1+2ty(t)}{1+2t^2},\ \ y(0)=1$$

(1) 간격을 $h=0.5$로 하고 RK2m(f, 0.5, 1, 3)의 결과를 구하고,

(2) 간격을 $h=0.5$로 하고 RK3(f, 0.5, 1, 3)의 결과를 구하고,

(3) (1)과 (2)의 결과와 정확한 해의 그래프를 함께 그리고,

(4) (1)과 (2)의 경우 상대오차 백분율의 평균을 구하고,

(5) (1)과 (2)의 경우 상대오차 백분율의 최댓값을 구하시오.

10 연습문제 [6]과 [8]에서 작성한 사용자정의함수 RK2r(f, h, y0, b)와 RK3(f, h, y0, b)를 이용하여 다음 미분방정식의 초기치 문제(연습문제 [4] 참조)의 해를 구하시오.

$$y'(t) = f(t,\ y) = \cos(t) - y,\ \ y(0) = 0$$

(1) 간격을 $h = 0.6$으로 하고 RK2r(f, 0.6, 0, 3)의 결과를 구하고,

(2) 간격을 $h = 0.6$으로 하고 RK3(f, 0.6, 0, 3)의 결과를 구하고,

(3) (1)과 (2)의 결과와 정확한 해의 그래프를 함께 그리고,

(4) (1)과 (2)의 경우 상대오차 백분율의 평균을 구하고,

(5) (1)과 (2)의 경우 상대오차 백분율의 최댓값을 구하시오.

11 다음 미분방정식의 초기치 문제에 대하여 $t = 0$에서 $t =$b까지 주어진 구간간격 h에 따라 전형적인 4차 RK법으로 수치해를 구하는 사용자정의함수 RK4(f, h, y0, b)를 작성하고 각 물음에 답하시오.

$$y'(t) = f_1(t,\ y) = 1 - 2t + 2y(t),\ \ y(0) = 1$$

$$y'(t) = f_2(t,\ y) = 2t(1 - y(t)),\ \ y(0) = 0$$

(1) 간격을 $h = 0.1$로 하고 RK4(f_1, 0.1, 1, 3)의 결과를 구하고,

(2) (1)의 결과와 정확한 해의 그래프를 함께 그리고,

(3) 간격을 $h = 0.1$로 하고 RK4(f_2, 0.1, 0, 3)의 결과를 구하고,

(4) (3)의 결과와 정확한 해의 그래프를 함께 그리고,

(5) (1)과 (3)의 경우 상대오차 백분율의 평균을 구하시오.

12 연습문제 [8]과 [11]에서 작성한 사용자정의함수 RK3(f, h, y0, b)와 RK4(f, h, y0, b)를 이용하여 다음 미분방정식의 초기치 문제(연습문제 [1] 참조)의 해를 구하시오.

$$y'(t) = f(t,\ y) = e^t - 2y,\ \ y(0) = 1$$

(1) 간격을 $h = 1$로 하고 RK3(f, 1, 1, 5)의 결과를 구하고,

(2) 간격을 $h = 1$로 하고 RK4(f, 1, 1, 5)의 결과를 구하고,

(3) (1)과 (2)의 결과와 정확한 해의 그래프를 함께 그리고,

(4) (1)과 (2)의 경우 상대오차 백분율의 평균을 구하고,

(5) (1)과 (2)의 경우 상대오차 백분율의 최댓값을 구하시오.

13 연습문제 [11]에서 작성한 사용자정의함수 RK4(f, h, y0, b)를 이용하여 다음 미분방정식의 초기치 문제들의 해를 구하시오.

$$y'(t) = f_1(t,\ y) = t^2 + y,\ \ y(0) = 0,$$

$$y'(t) = f_2(t,\ y) = e^{1-t} + y,\ \ y(0) = 0,$$

$$y'(t) = f_3(t,\ y) = -e^{2t} + 2y,\ \ y(0) = 1$$

(1) 간격을 $h = 0.1$로 하고 RK4(f_1, 0.1, 0, 3)의 결과를 구하고,

(2) 간격을 $h = 0.1$로 하고 RK4(f_2, 0.1, 0, 3)의 결과를 구하고,

(3) 간격을 $h = 0.1$로 하고 RK4(f_3, 0.1, 1, 2)의 결과를 구하고,

(4) (1), (2), (3)의 결과와 각각의 정확한 해의 그래프를 함께 그리고,

(5) (1), (2), (3)의 경우 상대오차 백분율의 최댓값을 구하시오.

14 다음 2계 미분방정식의 초기치 문제에 대하여 $t = 0$에서 $t =$b까지 주어진 구간간격 h에 따라 오일러법으로 수치해를 구하는 사용자정의함수 Od2Eul(M, u, h, y0, b)를 작성하고 각 물음에 답하시오. 여기서 M과 u는 본문 식 (9.47)에 주어진 2×2 행렬 M과 $u(t)$를 나타내고 y0= $(y(0),\ y'(0))$를 나타낸다.

$$y''(t) - 2y' = u(t) = e^t \sin(t),\ \ y(0) = 0, y'(0) = 0$$

(1) 간격을 $h = 0.01$로 하고 Od2Eul(M, u, 0.01, c(0, 0), 3)의 결과를 구하고,

(2) (1)의 결과와 정확한 해의 그래프를 함께 그리고,

(3) (1)의 경우 상대오차 백분율의 평균을 구하고,

(4) 함수 Od2Eul()을 파일명 'Od2Eul.py'로 저장하시오.

15 연습문제 [14]에서 작성한 사용자정의함수 Od2Eul(M, u, h, y0, b)를 이용하여 다음 2계 미분방정식의 초기치 문제에 대한 물음에 답하시오.

$$y''(t) - 3y' + 2y = u(t) = e^{-t},\ \ y(0) = 1,\ y'(0) = 0$$

(1) 간격을 $h = 0.01$로 하고 Od2Eul(M, u, 0.01, c(1, 0), 2)의 결과를 구하고,

(2) (1)의 결과와 정확한 해의 그래프를 함께 그리고,

(3) (1)의 경우 상대오차 백분율의 평균을 구하시오.

16 다음 2계 미분방정식의 초기치 문제에 대하여 $t=0$에서 $t=$b까지 주어진 구간간격 h에 따라 RK2(Heun)법으로 수치해를 구하는 사용자정의함수 Od2RK2(M, u, h, y0, b)를 작성하고 각 물음에 답하시오. 여기서 M과 u는 본문 식 (9.55)에 주어진 2×2 행렬 M과 $u(t)$를 나타내고 y0= $(y(0),\ y'(0))$를 나타낸다.

$$y''(t)-2y'=u(t)=e^t\sin(t),\ y(0)=0,\ y'(0)=0$$

(1) 간격을 $h=0.01$로 하고 Od2RK2(M, u, 0.01, c(0, 0), 3)의 결과를 구하고,
(2) (1)의 결과와 정확한 해와 그 도함수들의 그래프를 함께 그리고,
(3) (1)의 경우 상대오차 백분율의 평균을 구하고,
(4) 함수 Od2RK2()를 파일명 'Od2RK2.py'로 저장하시오.

17 연습문제 [16]에서 작성한 사용자정의함수 Od2RK2(M, u, h, y0, b)를 이용하여 다음 2계 미분방정식의 초기치 문제에 대한 물음에 답하시오.

$$y''(t)+3y'+2y=u(t)=t^2,\ y(0)=0,\ y'(0)=0$$

(1) 간격을 $h=0.01$로 하고 Od2RK2(M, u, 0.01, c(0, 0), 3)의 결과를 구하고,
(2) (1)의 결과와 정확한 해와 그 도함수들의 그래프를 함께 그리고,
(3) (1)의 경우 상대오차 백분율의 평균을 구하시오.

18 다음 2계 미분방정식의 초기치 문제에 대하여 $t=0$에서 $t=$b까지 주어진 구간간격 h에 따라 RK4법으로 수치해를 구하는 사용자정의함수 Od2RK4(M, u, h, y0, b)를 작성하고 각 물음에 답하시오. 여기서 M과 u는 본문 식 (9.62)에 주어진 2×2 행렬 M과 $u(t)$를 나타내고 y0= $(y(0), y'(0))$를 나타낸다.

$$y''(t)-2y'=u(t)=e^t\sin(t),\ y(0)=0,\ y'(0)=0$$

(1) 간격을 $h=0.01$로 하고 Od2RK4(M, u, 0.01, c(0, 0), 3)의 결과를 구하고,
(2) (1)의 결과와 정확한 해와 그 도함수들의 그래프를 함께 그리고,
(3) (1)의 경우 상대오차 백분율의 평균을 구하고,
(4) 함수 Od2RK4()를 파일명 'Od2RK4.py'로 저장하시오.

19 연습문제 [18]에서 작성한 사용자정의함수 Od2RK4(M, u, h, y0, b)를 이용하여 다음 2계 미분방정식의 초기치 문제에 대한 물음에 답하시오.

$$y''(t) - 3y' + 2y = u(t) = e^{-t},\ y(0) = 1,\ y'(0) = 0$$

(1) 간격을 $h = 0.01$로 하고 Od2RK4(M, u, 0.01, c(1, 0), 2)의 결과를 구하고,

(2) (1)의 결과와 정확한 해와 그 도함수들의 그래프를 함께 그리고,

(3) (1)의 경우 상대오차 백분율의 평균을 구하시오.

20 다음 3계 미분방정식의 초기치 문제에 대하여 $t = 0$에서 $t =$b까지 주어진 구간간격 h에 따라 오일러법으로 수치해를 구하는 사용자정의함수 Od3Eul(M, u, h, y0, b)를 작성하고 각 물음에 답하시오. 여기서 M과 u는 본문 식 (9.47)에 주어진 3×3 행렬과 $u(t)$를 나타내고 y0= $(y(0),\ y'(0),\ y''(0))$를 나타낸다.

$$y'''(t) + 2y'' - y' - 2y = 6e^t,\ y(0) = 0,\ y'(0) = 0,\ y''(0) = 0,$$

$$y'''(t) + 2y'' - y' - 2y = 4t^2,\ y(0) = 0,\ y'(0) = 0,\ y''(0) = 0$$

(1) $u(t) = 6e^t$에 대한 Od3Eul(M, u, 0.01, c(0, 0, 0), 3)의 결과를 구하고,

(2) (1)의 결과와 정확한 해 및 그 도함수들의 그래프를 함께 그리고,

(3) $u(t) = 4t^2$에 대한 Od3Eul(M, u, 0.01, c(0, 0, 0), 3)의 결과를 구하고,

(4) (3)의 결과와 정확한 해와 그 도함수들의 그래프를 함께 그리고,

(5) (1)과 (3)의 경우 상대오차 백분율의 평균을 구하고,

(6) 함수 Od3Eul()을 파일명 'Od3Eul.py'로 저장하시오.

21 연습문제 [20]에서 작성한 사용자정의함수 Od3Eul(M, u, h, y0, b)를 이용하여 다음 두 3계 미분방정식의 초기치 문제에 대한 물음에 답하시오.

$$y'''(t) - y'' - y' + y = -4\sin(t),\ y(0) = 0,\ y'(0) = 0,\ y''(0) = 0,$$

$$y'''(t) - y'' - y' + y = 9te^{2t},\ y(0) = 0,\ y'(0) = 0,\ y''(0) = 0$$

(1) $u(t) = -4\sin(t)$에 대한 Od3Eul(M, u, 0.01, c(0, 0, 0), 2)의 결과를 구하고,

(2) (1)의 결과와 정확한 해와 그 도함수들의 그래프를 함께 그리고,

(3) $u(t) = 9te^{2t}$에 대한 Od3Eul(M, u, 0.01, c(0, 0, 0), 2)의 결과를 구하고,

(4) (3)의 결과와 정확한 해와 그 도함수들의 그래프를 함께 그리고,

(5) (1)과 (3)의 경우 상대오차 백분율의 평균을 구하시오.

22 다음 3계 미분방정식의 초기치 문제에 대하여 $t=0$에서 $t=$b까지 주어진 구간간격 h에 따라 RK2(Heun)법으로 수치해를 구하는 사용자정의함수 Od3RK2(M, u, h, y0, b)를 작성하고 각 물음에 답하시오. 여기서 M과 u는 본문 식 (9.55)에 주어진 3×3 행렬과 $u(t)$를 나타내고 y0= $(y(0),\ y'(0),\ y''(0))$를 나타낸다.

$$y'''(t)+2y''-y'-2y=6e^t,\ \ y(0)=0,\ y'(0)=0,\ y''(0)=0,$$

$$y'''(t)+2y''-y'-2y=4t^2,\ \ y(0)=0,\ y'(0)=0,\ y''(0)=0$$

(1) $u(t)=6e^t$에 대한 Od3RK2(M, u, 0.01, c(0, 0, 0), 3)의 결과를 구하고,

(2) (1)의 결과와 정확한 해와 그 도함수들의 그래프를 함께 그리고,

(3) $u(t)=4t^2$에 대한 Od3RK2(M, u, 0.01, c(0, 0, 0), 3)의 결과를 구하고,

(4) (3)의 결과와 정확한 해와 그 도함수들의 그래프를 함께 그리고,

(5) (1)과 (3)의 경우 상대오차 백분율의 평균을 구하고,

(6) 함수 Od3RK2()를 파일명 'Od3RK2.py'로 저장하시오.

23 연습문제 [22]에서 작성한 사용자정의함수 Od3RK2(M, u, h, y0, b)를 이용하여 다음 3계 미분방정식의 초기치 문제에 대한 물음에 답하시오.

$$y'''(t)-y''-y'+y=-4\sin(t),\ \ y(0)=0,\ y'(0)=0,\ y''(0)=0,$$

$$y'''(t)-y''-y'+y=9te^{2t},\ \ y(0)=0,\ y'(0)=0,\ y''(0)=0$$

(1) $u(t)=-4\sin(t)$에 대한 Od3RK2(M, u, 0.01, c(0, 0, 0), 2)의 결과를 구하고,

(2) (1)의 결과와 정확한 해와 그 도함수들의 그래프를 함께 그리고,

(3) $u(t)=9te^{2t}$에 대한 Od3RK2(M, u, 0.01, c(0, 0, 0), 2)의 결과를 구하고,

(4) (3)의 결과와 정확한 해와 그 도함수들의 그래프를 함께 그리고,

(5) (1)과 (3)의 경우 상대오차 백분율의 평균을 구하시오.

24 다음 3계 미분방정식의 초기치 문제에 대해 $t=0$에서 $t=$b까지 주어진 구간간격 h에 따라 RK4법으로 수치해를 구하는 사용자정의함수 Od3RK4(M, u, h, y0, b)를 작성하고

각 물음에 답하시오. 여기서 M과 u는 본문 식 (9.62)에 주어진 3×3 행렬 M과 $u(t)$를 나타내고 y0= $(y(0),\ y'(0),\ y''(0))$를 나타낸다.

$$y'''(t)+2y''-y'-2y=6e^t,\ y(0)=0,\ y'(0)=0,\ y''(0)=0,$$

$$y'''(t)+2y''-y'-2y=4t^2,\ y(0)=0,\ y'(0)=0,\ y''(0)=0$$

(1) $u(t)=6e^t$에 대한 Od3RK4(M, u, 0.01, c(0, 0, 0), 3)의 결과를 구하고,

(2) (1)의 결과와 정확한 해와 그 도함수들의 그래프를 함께 그리고,

(3) $u(t)=4t^2$에 대한 Od3RK3(M, u, 0.01, c(0, 0, 0), 3)의 결과를 구하고,

(4) (3)의 결과와 정확한 해와 그 도함수들의 그래프를 함께 그리고,

(5) (1)과 (3)의 경우 상대오차 백분율의 평균을 구하고,

(6) 함수 Od3RK4()를 파일명 'Od3RK4.py'로 저장하시오.

25 연습문제 [24]에서 작성한 사용자정의함수 Od3RK4(M, u, h, y0, b)를 이용하여 다음 3계 미분방정식의 초기치 문제에 대한 물음에 답하시오.

$$y'''(t)-y''-y'+y=-4\sin(t),\ y(0)=0,\ y'(0)=0,\ y''(0)=0,$$

$$y'''(t)-y''-y'+y=9te^{2t},\ y(0)=0,\ y'(0)=0,\ y''(0)=0$$

(1) $u(t)=-4\sin(t)$에 대한 Od3RK4(M, u, 0.01, c(0, 0, 0), 2)의 결과를 구하고,

(2) (1)의 결과와 정확한 해와 그 도함수들의 그래프를 함께 그리고,

(3) $u(t)=9te^{2t}$에 대한 Od3RK4(M, u, 0.01, c(0, 0, 0), 2)의 결과를 구하고,

(4) (3)의 결과와 정확한 해와 그 도함수들의 그래프를 함께 그리고,

(5) (1)과 (3)의 경우 상대오차 백분율의 평균을 구하시오.

26 연습문제 [20], [22], [24]에서 작성한 사용자정의함수들을 이용하여 다음 3계 미분방정식의 초기치 문제에 대한 물음에 답하시오.

$$y'''(t)-y''-y'+y=4\sin(t),\ y(0)=1,\ y'(0)=0,\ y''(0)=0$$

(1) 연습문제 [20]의 사용자정의함수로 Od3Eul(M, u, 0.01, c(1, 0, 0), 3)의 결과를 구하고,

(2) (1)의 결과와 정확한 해의 그래프를 함께 그리고,

(3) (1)의 경우 상대오차 백분율의 평균과 최댓값을 구하고,

(4) 연습문제 [22]의 사용자정의함수로 Od3RK2(M, u, 0.01, c(1, 0, 0), 3)의 결과를 구하고,

(5) (4)의 결과와 정확한 해의 그래프를 함께 그리고,

(6) (4)의 경우 상대오차 백분율의 평균과 최댓값을 구하고,

(7) 연습문제 [24]의 사용자정의함수로 Od3RK4(M, u, 0.01, c(1, 0, 0), 3)의 결과를 구하고,

(8) (7)의 결과와 정확한 해의 그래프를 함께 그리고,

(9) (7)의 경우 상대오차 백분율의 평균과 최댓값을 구하시오.

부록 A1

파이썬 입문

A1.1 파이썬의 설치와 실행

A1.1.1 파이썬의 다운로드와 설치

1. 다운로드

파이썬 소프트웨어를 다운로드하기 전에 자신의 컴퓨터의 운영체제(Windows, Mac, Linux)와 기반 프로세서 x64, x32로 표시되는 시스템 종류를 알아야 한다. 대부분의 독자라면 64비트 윈도우즈 운영체제를 사용할 것이다. Python 3.x로 시작하는 버전 중 자신의 컴퓨터 환경에 맞는 버전의 윈도우 인스톨러를 다운로드한다. 파이썬 3.9는 윈도우 7을 지원하지 않으므로, 윈도우 7일 때는 파이썬 3.8.6을 다운로드하여야 한다.

① 그 다음 파이썬 다운로드 공식 홈페이지(http://www.python.org/downloads)에서 자신의 컴퓨터 시스템에 맞는 파이썬 언어 패키지를 다운로드한다.

② 다운로드가 끝나면 설치 실행 파일 'python-3.x.x-amd.exe'을 자신이 원하는 위치(컴퓨터 디렉터리)에 저장한다.

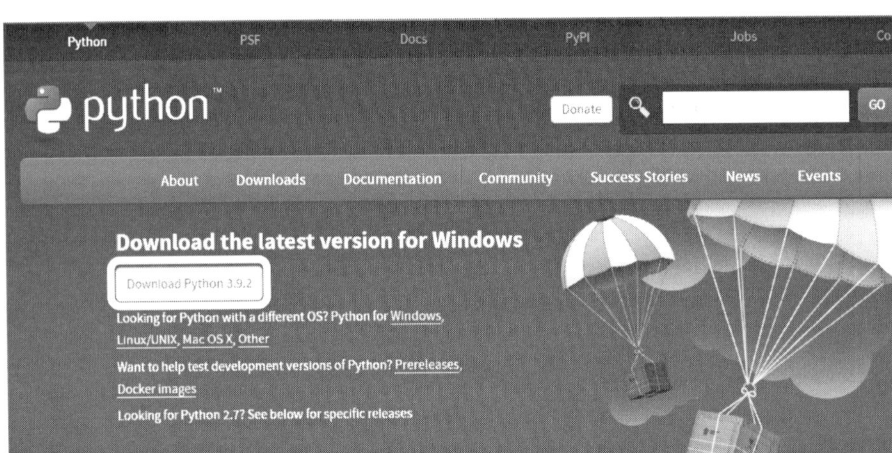

그림 A1.1 파이썬 소프트웨어 다운로드

실행 파일을 저장할 때 저장된 파일의 확장명을 표시하기 위하여 저장된 디렉터리를 열어, 상단 메뉴에서 '보기'를 클릭하고 들어가 '□ 파일확장명'을 ☑로 체크하면 확장명이 표시되어 편리하다.

2. 파이썬의 설치

위 파이썬 인스톨러를 실행하고 '→ Install Now'를 선택하기 전에 실행 창의 하단부에 나타나 있는 '☑ Add Python 3.x to PATH' 옵션을 반드시 선택하고 '→ Install Now'를 더블클릭하여 설치를 시작한다.

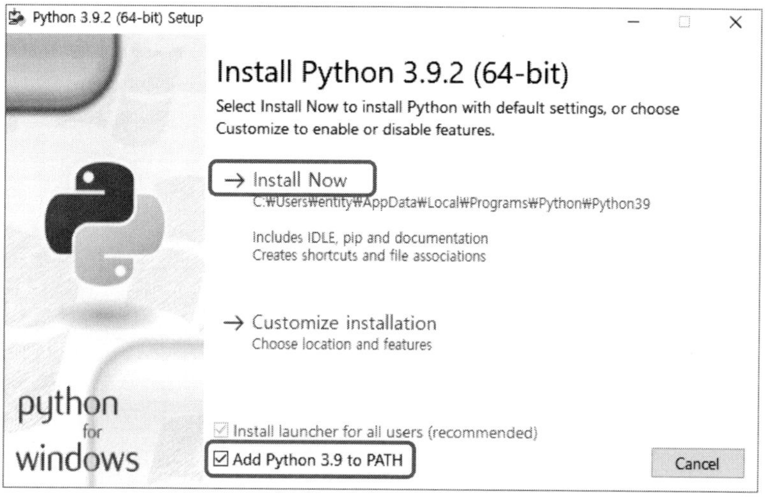

그림 A1.2 파이썬 설치 시작화면

참고로 '☑ Add Python 3.9 to PATH' 옵션을 누락하면 이후 실습할 때 오류가 발생할 수 있다. 만약 Python이 설치되는 경로와 PATH에 대한 사전 지식이 있는 사용자라면 'Customize installation'을 선택하여도 무방하다.

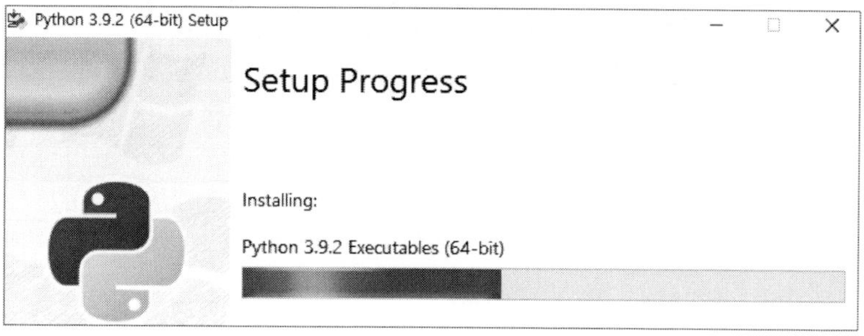

그림 A1.3 파이썬 설치 과정

설치가 완료되면 [close]를 클릭하여 설치를 종료한다.

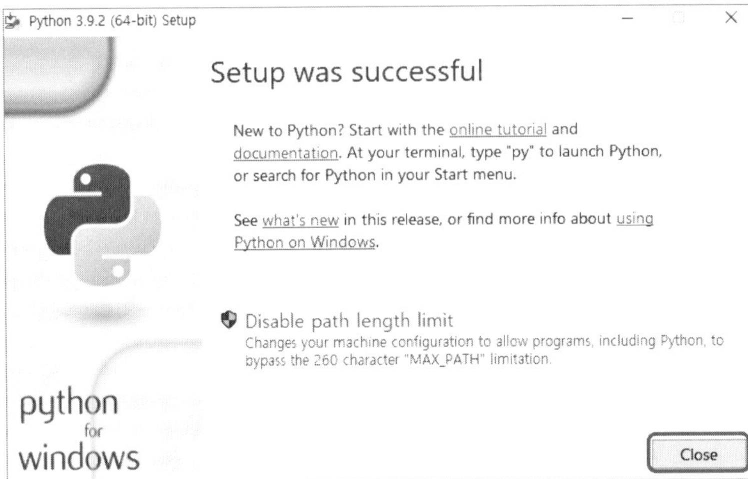

그림 A1.4 파이썬 설치 완료 화면

A1.1.2 파이썬의 실행과 스크립트

1. 파이썬의 실행

파이썬이 정상적으로 설치되었다면 윈도우즈 창(키보드의 윈도우 키 사용)에 나타나는 앱들 중에서 파이썬(여기서는 Python 3.7 버전)을 찾으면 다음 그림을 확인할 수 있다.

그림 A1.5 윈도우즈 창에서의 파이썬 앱

[그림 A1.5]에서 'Python 3.7(64.bit)'를 선택하면 다음과 같이 파이썬 쉘(Python Shell)을 표시하는 명령 프롬프트 창이 나타난다.

그림 A1.6 파이썬 쉘을 표시하는 명령 프롬프트 창

[그림 A1.5]에서 'IDLE(Python 3.7 64.bit)'를 선택하여 나타난 명령 프롬프트 창보다 아래 소개되는 파이썬 쉘 창을 사용하는 것이 편리하고 바람직하다.

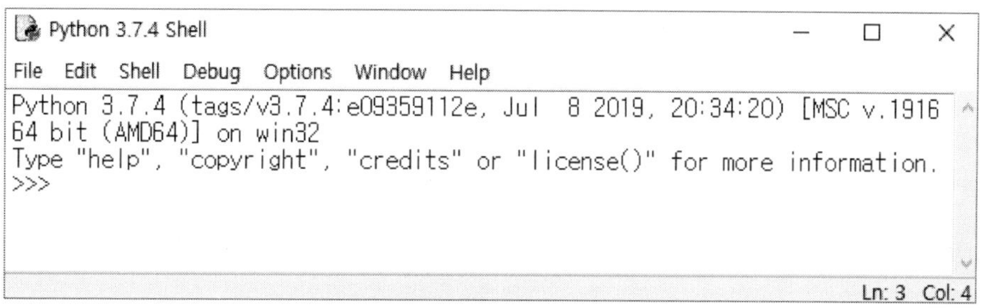

그림 A1.7 대화형 파이썬 쉘 창

[그림 A1.5]에서 IDLE(Integrated Development and Learning Environment)는 프로그램을 개발하여 실행할 수 있는 통합개발학습 환경을 의미하며 파이썬 쉘은 이러한 대화형 환경을 제공한다.

2. 스크립트 작성

[그림 A1.7]의 메뉴 바에서 'File'을 클릭하고 'New File(Ctrl + N)'을 선택하면 새로운 파이썬 스크립트 파일을 작성할 수 있는 편집 창이 열린다. 다음 'Open(Ctrl + O)'을 선택하면 이미 작성한 파이썬 스크립트 파일을 열 수 있다.

파이썬 쉘 창에서 프롬프트 '>>>'는 한 번에 하나의 명령이 실행되고 실행결과가 바로 나타나는 대화형 모드에 해당한다. 간단한 스크립트는 이 대화형 모드에서 작성하여 실행하는 것이 좋고 긴 스크립트로 프로그램을 작성할 때는 새로운 편집 창('New File')을 사용하는 것이 바람직하다. 대화형 모드에서 '>>>' 다음에 아래 스크립트를 입력하고 [Enter] 키를 누르면 바로 실행된다. 간단한 산술적 사칙연산도 다음과 같이 바로 실행결과를 얻을 수 있다.

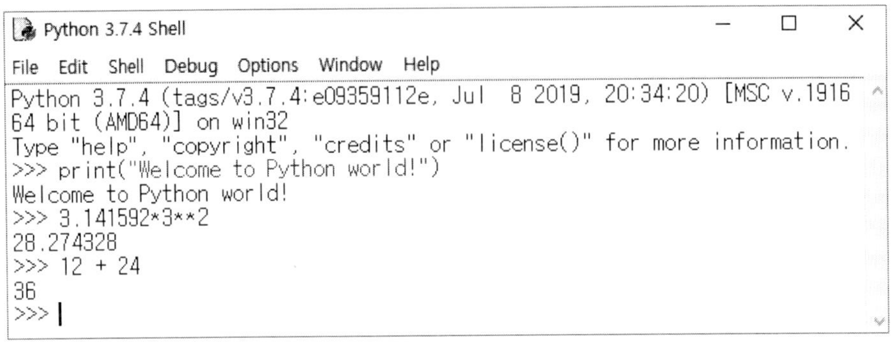

그림 A1.8 파이썬 쉘 창에서 대화형 스크립트 작성과 실행

파이썬 쉘 화면의 종료는 'Ctrl + Q'를 입력하거나 혹은 'File' 메뉴에서 'Exit'를 선택, 또는 '>>>' 뒤에서 'exit()'를 입력하면 실행된다. 통합개발학습 환경 IDLE에서 'File' 메뉴를 이용하면 스크립트를 새로이 작성하고 적절한 파일명으로 프로그램을 저장할 수 있다. 파이썬으로 작성된 파일은 확장자를 *.py로 저장하여야 한다.

프로그램 파일을 작성하여 보기로 하자. 먼저 IDLE의 'File' 메뉴에서 'New File'를 선택하거나 'Ctrl + N'을 프롬프트에 입력한다. 그러면 다음과 같은 새로운 편집 창이 나타난다.

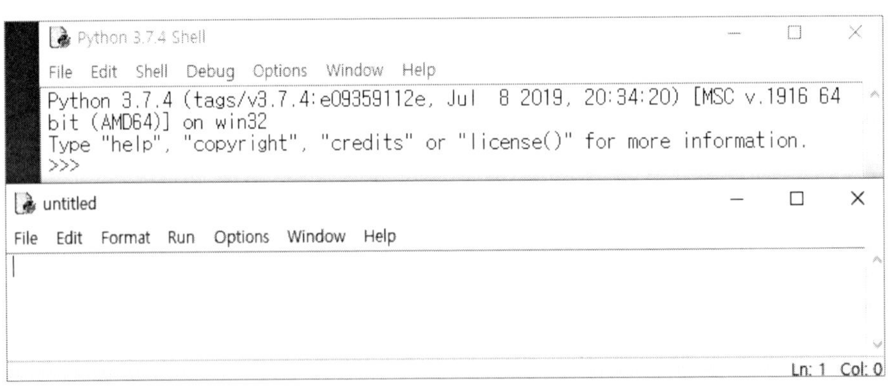

그림 A1.9 파이썬 쉘의 새로운 편집 창

파이썬 쉘의 'File' 메뉴에서 주요한 부메뉴에는 1) 'New File', 2) 'Open', 3) 'Save',

4) 'Save as...' 등이 있다. 'Open'과 'Save'는 기존 파일을 다루기 위한 부메뉴이다. [그림 A1.9]와 같이 'New File'을 선택하여 새로운 편집 창(파일명: untitled)에서 새로운 파이썬 스크립트를 작성하고 'File' 메뉴에서 'Save As...'를 선택하여 적절한 파일명으로 원하는 디렉터리에 저장할 수 있다. 아래 [그림 A1.10]은 파일명 'MachinEps.py'로 디렉터리 'D:/Lecture/PyNumAn/'에 저장한 예를 보여준다.

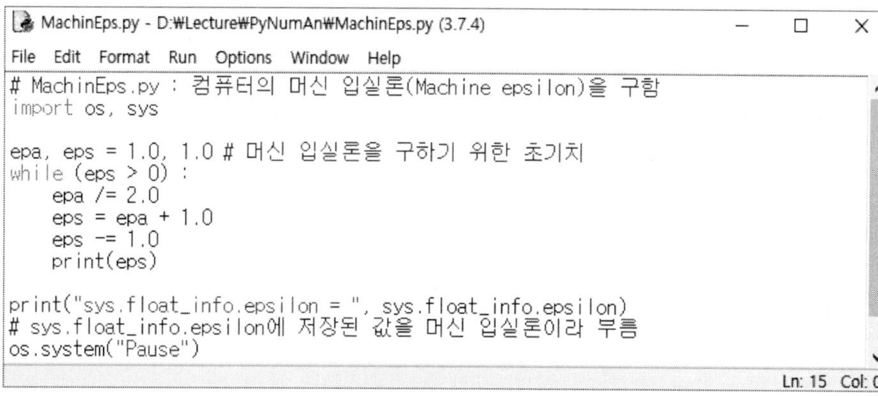

그림 A1.10 새로운 스크립트 파일의 작성

[그림 A1.10]의 스크립트 파일 'MachineEps.py'를 실행하기 위해서는 키보드의 F5 키를 누르거나 상단 메뉴의 'Run'을 클릭하고 'Run Module(F5)'를 선택해야 한다. 실행이 완료되면 파이썬의 쉘 창에서 스크립트 수행결과로 첫 번째 print() 함수가 단계별 eps를 출력하고, 둘째 print()가 sys.float_info.epsilon = 2.220446049250313e-16을 출력하는 것을 확인할 수 있다. 스크립트에서 #의 뒷부분은 주석을 나타내고, os.system("Pause")는 명령 프롬프트 창을 띄우며 실행이 일시 중지된 상태이며, 쉘 창에서 [Enter] 키를 누르면 실행이 완전히 종료된다. 스크립트의 실행 후 출력결과는 다음과 같다.

```
0.5
0.25
0.125
... 중략
2.220446049250313e-16
0.0
sys.float_info.epsilon = 2.220446049250313e-16
```

3. 작업 디렉터리 지정을 위한 다른 방법

작업 디렉터리(working directory)라는 곳은 파이썬으로 작업을 할 때 필요한 데이터들을 저장하는 약속된 디렉터리이다. 파이썬이 기본적으로 제공하는 os 모듈은 운영체제와 관련하여 제공되는 여러 기능을 수행할 수 있게 해준다. 예를 들어, 파일을 복사하거나 디렉터리를 생성하고 파일목록을 보기 위해서는 os 모듈을 임포트하여야 한다. 현재 작업 디렉터리와 경로를 확인하기 위해서는 함수 os.getcwd()를 사용한다.

작업 디렉터리 내의 파일목록을 보기 위해서는 os.listdir() 함수를 사용한다. 그리고 작업 디렉터리를 변경(지정)하기 위해서는 'os.chdir("경로\디렉트리명")' 명령을 사용하여야 한다. 파이썬을 사용할 때마다 지정하여야 하므로 번거로울 수 있는데, 이 번거로움을 피하고자 먼저 작업 디렉터리를 생성하고 파이썬 IDLE(또는 명령 프롬프트, Anaconda Prompt) 실행 아이콘을 작업 디렉터리에 위치시키면서 다음 과정을 따라 지정한다.

① 먼저 작업하고자 하는 디렉터리("D:\Lecture\PythonSrc") 생성

② 파이썬 IDLE 실행 아이콘을 (1)에서 생성한 디렉터리에 위치시킴

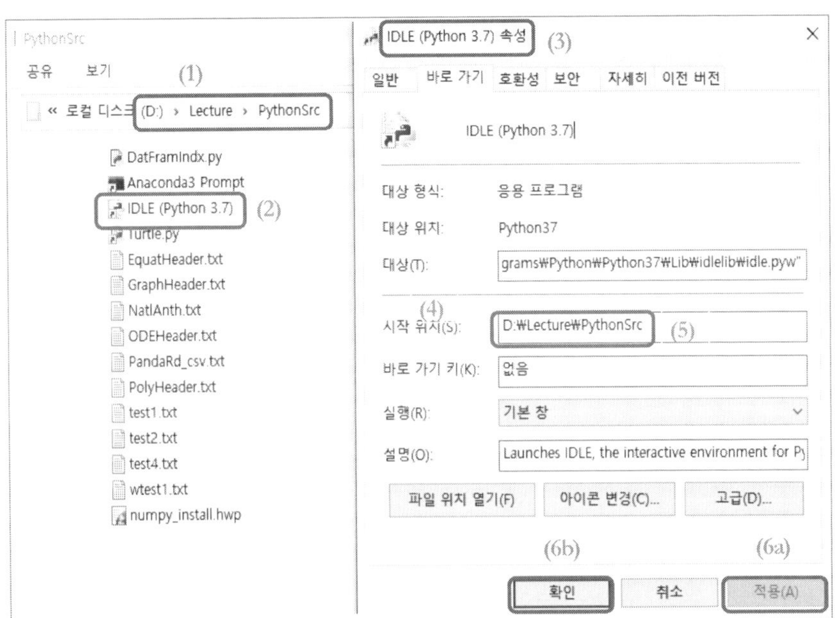

그림 A1.11 작업 디렉터리 위치 지정 방법

③ 파이썬 IDLE 실행 아이콘을 마우스 우측버튼으로 눌러 메뉴 바의 ‘속성’을 선택

④ 나타난 등록정보 창에서 ‘바로가기’ 메뉴의 ‘시작위치(S)’에,

⑤ 디렉터리명 ‘D:\Lecture\PythonSrc’를 추가하고,

⑥ 창의 하단부에 있는 ‘적용(A)’과 ‘확인’ 버튼을 누름

A1.1.3 IPython의 설치와 실행

1. IPython의 설치

쉽게 말해서 IPython(Interactive Python)은 기존의 파이썬 쉘 기능을 확장한 것으로 대화형 컴퓨팅을 보조하는 다양한 확장 기능을 갖추고 있다. 병렬계산 기능을 지원하고 있어 과학기술 컴퓨팅에서는 표준이라 할 수 있는 환경을 제공한다. IPython은 부록 A1.2에서 소개할 웹 브라우저 환경에서 인터프리터인 주피터 노트북(Jupyter notebook)의 커널로도 사용된다. 또한 부록 A1.2에서 소개할 파이썬의 통합개발환경(IDE)을 제공하는 아나콘다(Anaconda)는 설치단계에서 IPython 패키지를 동반한다. IPython을 설치하기 위해서는 먼저 윈도우의 명령 프롬프트(cmd) 창을 열고 다음 명령을 입력한다.

```
> pip install ipython[all]
```

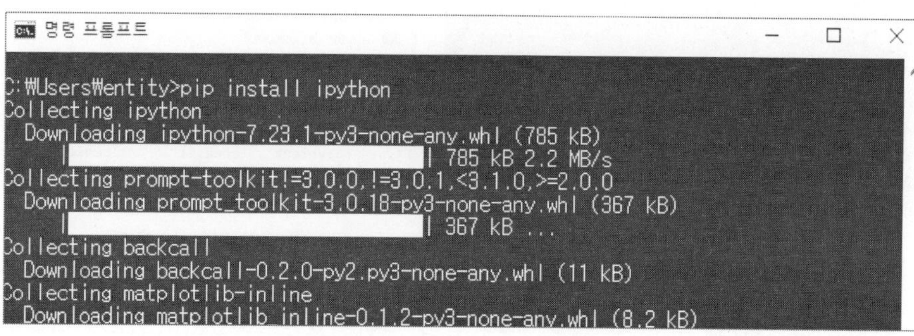

그림 A1.12 IPython 설치 화면

IPython은 2001년, 페르난도 페레즈(Fernando Perez)가 처음 개발하였으며, ‘I’는 대화형을 의미하고, 당연히 파이썬 쉘 기능을 포함하고 있다. 아래 그림은 IPython 사용자 실행 환경을 보여준다. 그림에서 IPython QtConsole은 Qt(큐티)라는 GUI 툴을 사

용해서 구축한 IPython 전용 인터페이스이다. IPython에 접근하기 위해서 사용자는 아나콘다 프롬프트나 cmd 명령 프롬프트를 이용하여야 한다.

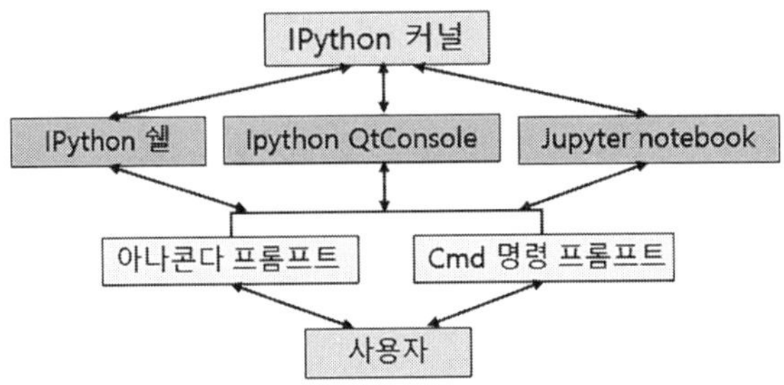

그림 A1.13 IPython과 Jupyter 사용자 실행 환경

2. IPython의 실행

IPython의 실행은 [그림 A1.13]에서 나타나 있는 바와 같이 윈도우 cmd 명령 프롬프트에서 'ipython'나 'ipython qtconsole'을 입력한다. [그림 A1.14]에서 'ipython' 명령을 입력한 결과는 그림의 좌측에 나타나 있고, 'ipython qtconsole' 명령을 입력한 경우 결과는 그림의 우측에 나타나 있다. 이 명령은 각각 IPython 쉘과 IPython 큐티콘솔을 실행하는 명령이지만 어느 것을 사용하여도 무방하다.

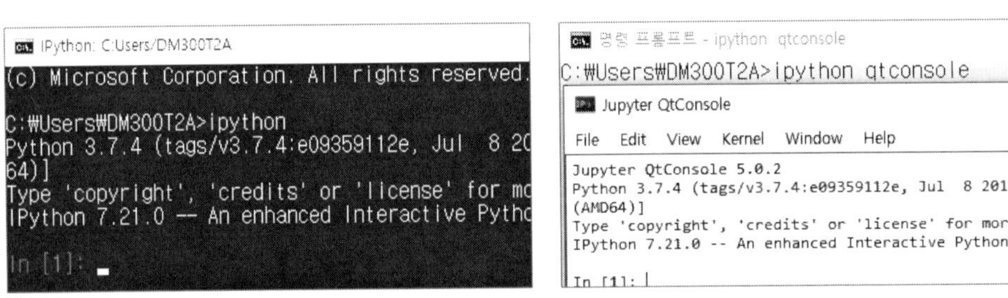

그림 A1.14 'ipython' 명령(좌)과 'ipython qtconsole' 명령(우)의 결과 화면

[그림 A1.14]의 좌와 우 모두 괄호 안에 입력 일련번호 프롬프트(In [1])가 나타나 있다면, IPython이 정상적으로 실행되어 입력명령을 받을 준비가 된 것이다. [그림 A1.15]는 윈도우 명령 프롬프트를 통하여 'ipython' 명령으로 대화형 스크립트를 실행한 것이다.

[그림 A1.15]의 입력 프롬프트 In [1]에서 os 모듈을 임포트하고 In [2]에서 작업 디

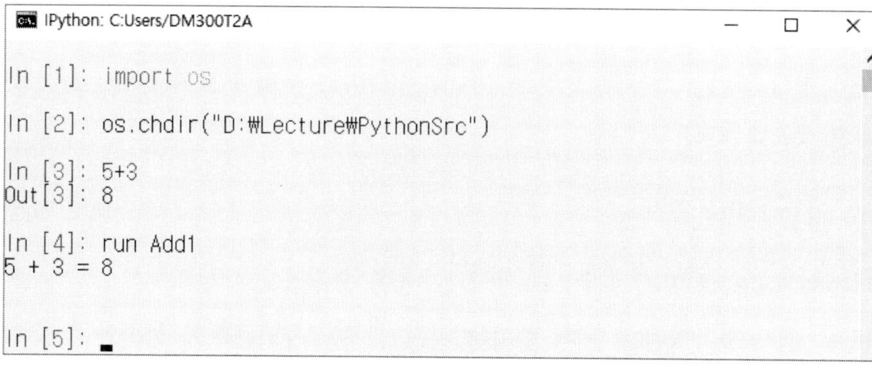

그림 A1.15 cmd 명령 프롬프트에서 IPython 실행

렉터리를 바꾸었다. 그리고 In [3]에서 간단한 계산명령을 입력하고 출력으로 Out [3]: 8의 계산결과를 얻는다. In [4]에서 'run Add1'은 이미 작성된 'Add1.py'을 실행시키고 결과를 얻은 것이다. 미리 작성된 파일을 실행시키는 명령으로 'run Add1', '%run Add1', 'run Add1.py', '%run Add1.py' 모두 가능하다. 마지막으로 In [5]에서 다음 입력명령을 기다리고 있다. IPython을 끝내고 싶으면 'exit'나 'quit'를 입력한다.

A1.2 주피터와 스파이더

A1.2.1 주피터

1. 주피터 큐티콘솔의 설치와 실행

주피터 프로젝트(Jupyter Project, http://jupyter.org)는 많은 프로그래밍 언어에 걸쳐 대화형 컴퓨팅을 위한 오픈소스 소프트웨어, 개방형 표준 및 서비스를 개발하고자 2014년에 IPython에서 분리된 것이다. 노트북(notebook) 기능이나 언어의 의존성을 갖지 않는 기능은 주피터 프로젝트로 나누어 개발하기 위한 것이었다. 주피터 콘솔(console)은 주피터 프로토콜을 사용하는 커널(kernel)을 위한 프런트엔드 단말이다. 주피터 큐티콘솔(Jupyeter QtConsole)은 노르웨이 회사에서 개발한 Qt(큐티)라는 GUI 툴을 사용하여 구축한 IPython 전용 인터페이스이다. 주피터 콘솔 설치에 관한 내용은 생략하고 현재 널리 사용되고 편리한 기능을 지원하는 주피터 큐티콘솔의 설치명령을 말하자면 다음과 같다.

```
> pip install qtconsole
```

큐티콘솔은 PyQt4, PyQt5, PySide와 같은 Qt를 요구하므로 설치 시 오류가 발생하면 이들을 먼저 설치하여야 한다. 주피터-콘솔 설치는 큐티콘솔의 설치와 동일하므로 주피터 큐티콘솔의 설치 화면만 보여주기로 한다. 큐티콘솔이 편리한 환경을 제공하므로 이것을 사용하기를 권한다.

(1) 주피터 큐티콘솔의 실행

주피터 큐티콘솔은 IPython 콘솔을 대체할 수 있으며 고품질의 출력을 제공하는 향상된 콘솔 어플리케이션이다. 큐티콘솔은 jupyter 명령문에 인수로 qtconsole를 전달한다. 명령을 실행하면 다양한 수식을 균형감 있게 출력하는 기능을 지원하며 [그림 A1.16]은 이러한 표현을 보여준다.

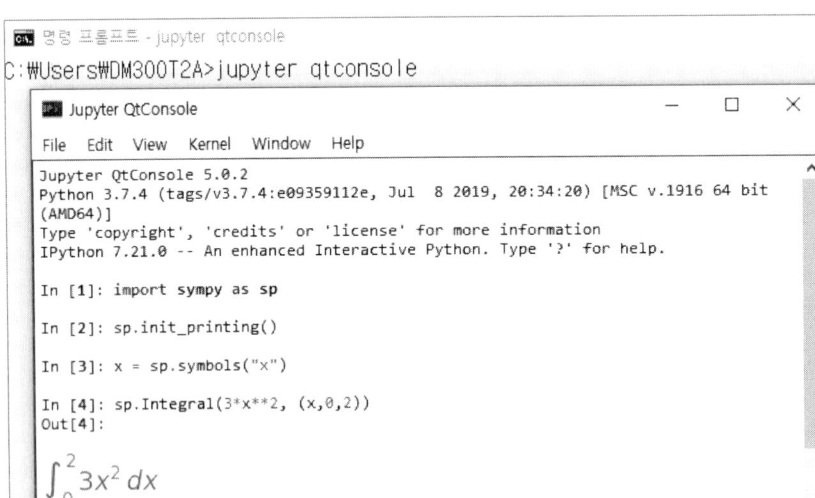

그림 A1.16 주피터 큐티콘솔의 수식 출력 화면

2. 주피터 노트북의 설치와 실행

주피터는 모든 사람이 무료로 사용할 수 있는 오픈소스 소프트웨어이며 BSD(Berkeley Software Distribution) 라이선스의 자유조건에 따라 배포된다. 주피터(Jupyter: Julia, Python, R)는 줄리아, 파이썬, R 언어를 사용할 수 있는 웹 기반형 대화형 인터페이스를 제공한다.

주피터 노트북(Jupyter notebook)은 교육, 연구 및 데이터분석을 위하여 기존의 개발 환경에 비해서 많은 장점이 있다.[1] 주피터 노트북 인터페이스는 설명 텍스트, 방정식 및 시각화와 결합한 문서작성을 위한 웹기반 응용소프트웨어이다. 노트북은 수학 및 수리 계산과 풍부한 미디어 출력을 결합한 대화형 문서작성 도구이다. 계산의 입력과 출력, 텍스트, 수학 이미지 및 정교하고 풍부한 이미지 표현을 포함한 컨텐츠를 웹 기반으로 시각화한다.

대화형 위젯(widget)을 사용해보면 노트북의 위력을 느낄 수 있다. 사용자는 데이터의 변경사항을 시각화하고 제어할 수 있으며, 학습을 통하여 몰입감과 재미를 더해주는 경험을 하게 된다. 또한 연구자들은 모델에서 입력변경이 결과에 어떤 변화를 주는지 쉽게 확인할 수 있다.

주피터 노트북 설치는 윈도우 cmd 창에서 다음 명령을 입력하면 간단하게 할 수 있다.

```
> pip3 install jupyter
```

(1) 주피터 노트북의 실행

주피터 노트북 실행의 시작은 간단하다. 주피터 노트북 환경을 시작하려면 다음과 같이 jupyter 명령에 notebook을 인수로 전달하여야 한다.

```
> jupyter notebook
```

위 명령을 실행하면 브라우저에 다음과 같은 주피터 대시보드가 나타난다.

1 http://jupyter.org

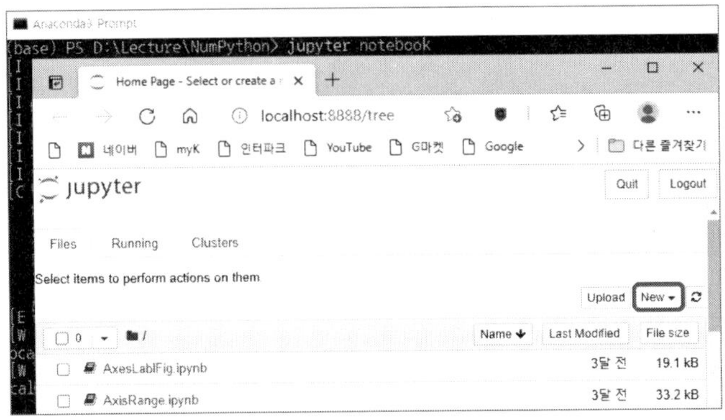

그림 A1.17 주피터 노트북 실행과 대시보드 웹 페이지

[그림 A1.17]에서 'New' 버튼을 누르면 아래와 같이 새 노트북이 'Untitled'라는 파일명으로 생성된다. 작성된 스크립트는 [그림 A1.16]과 같은 내용이다.

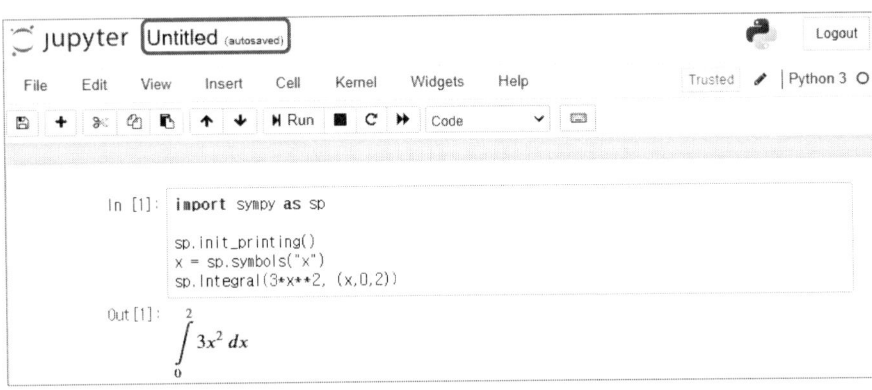

그림 A1.18 새로 생성된 노트북과 수식 입출력 화면

3. 주피터랩의 설치와 실행

주피터랩(Jupyeter Lab)은 주피터 프로젝트를 위한 차세대 웹 기반 사용자 인터페이스이다. 주피터랩은 주피터 노트북에서 발전된 버전으로 본래 Python을 통한 데이터 분석에서 사용되던 코드 작성 도구이다. 주피터랩은 웹 기반의 통합개발환경(IDE)에서 주피터 노트북 인터페이스를 파일 브라우저, IPython 콘솔, 텍스트 편집기 및 쉘과 같이 결합한다. 주피터랩의 설치명령은 다음과 같고 변환 앱 설치도 도움이 된다.

```
> pip install jupyterlab
> pip install jupyter_contrib_nbextensions
> pip install https://github.com/ipython-contrib/jupyter_contrib_nbextensions/tarball/master
> jupyter contrib nbextension install --user
> jupyter nbextension enable codefolding/main
```

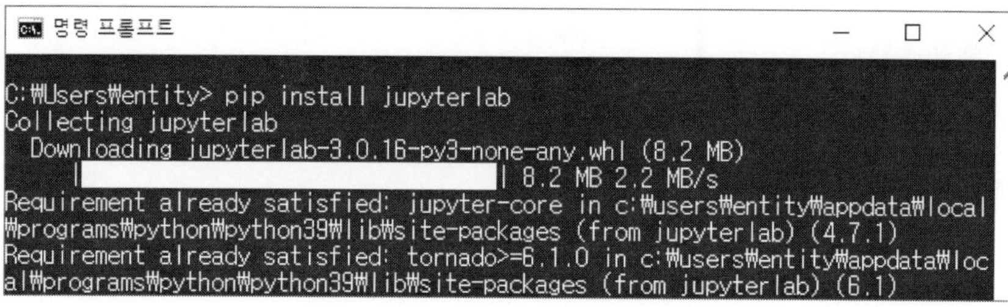

그림 A1.19 Jupyter Lab 설치 화면

(1) 주피터랩

컴퓨터에 파이썬을 설치하면 스크립트를 작성하기 위하여 파이썬 쉘을 사용할 수 있다. 파이썬 쉘은 파이썬 인터프리터를 대화형 모드(interactive mode)로 사용할 수 있도록 해주는 환경을 제공한다. 파이썬 쉘에서 한 줄의 스크립트를 작성하면 실행결과를 바로 볼 수 있다. 그러나 실행한 스크립트를 문서화하기 어렵고 복잡한 스크립트를 실행하는 데도 불편하다. 이를 개선한 것이 IPython이며, 스크립트를 작성하기 위한 다양한 부가기능을 추가하여 편의성을 개선하였다.

그리고 이 IPython을 이용한 웹 브라우저 기반의 어플리케이션이 주피터 노트북이다. 주피터 노트북을 이용하면 텍스트, 수식, 계산결과, 그래프 및 이미지 등을 한 화면에 띄우고 제어할 수 있다. 사용자가 클라이언트 격인 웹 브라우저에서 스크립트를 작성하면 스크립트는 서버로 전달되어 실행되고, 결과가 다시 웹 브라우저에 돌아와 사용자에게 보인다. 이러한 웹기반 문서 및 프로그램 개발환경과 기존의 소프트웨어 통합개발환경을 합쳐서 장점을 살린 것이 바로 주피터랩이다.

(2) 주피터랩의 실행

주피터랩 환경을 시작하려면 jupyter 명령에 lab을 인수로 전달하여야 한다. 주피터 노트북의 실행명령과 동일하며 단지 인수만 다를 뿐이므로 명령문은 생략한다. 명령을 실행하면 브라우저에 다음과 같은 주피터랩 대시보드가 나타난다.

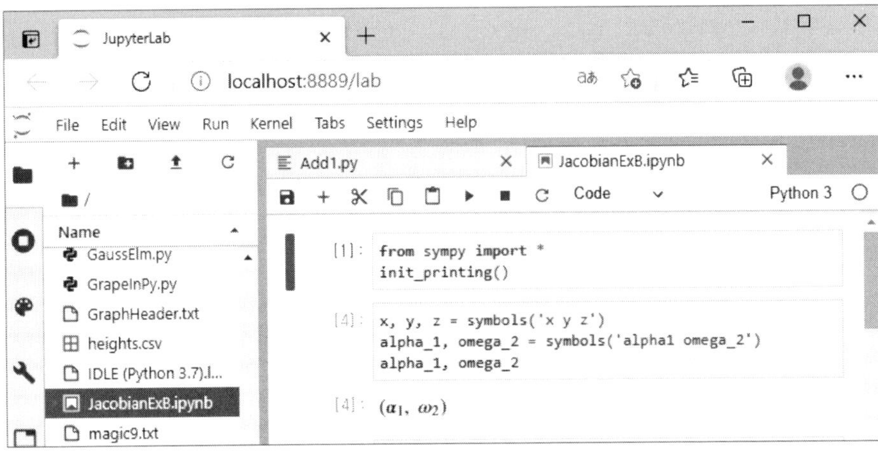

그림 A1.20 주피터랩 대시보드 웹 페이지

(3) nbconvert

주피터 노트북은 nbconvert를 이용하여 여러 가지 읽기 전용 유형으로 노트북의 자료를 변환할 수 있으며, 대략 다음의 네 가지가 가능하다.[2]

① PDF와 같이 익숙한 형식으로 정보를 표시

② LaTex를 사용 연구결과를 출간하고 논문에 노트북 결과삽입을 제공

③ 업무에 노트북을 사용하지 않는 사람들과도 협업 가능

④ HTML을 사용하여 웹을 통해 많은 사람들과 콘텐츠를 공유

주피터 노트북의 자료를 PDF, LaTex, HTML로 변환하여 노트북을 사용하지 않는 동료들과 정보를 공유하고, 온라인으로 출판하거나 노트북의 실행결과를 적시에 살펴볼 때 매우 유용하다. 노트북 결과를 PDF로 변환하려면 먼저 LaTex으로 변환하고 PDF로 컴파일 하는데, 컴퓨터에 LaTex 환경이 갖추어져야 가능하다. 노트북으로 생성한 'JacobianExB.ipynb' 파일을 HTML 파일로 바꾸는 명령은 다음과 같다.

```
> jupyter nbconvert --to html JacobianExB.ipynb
```

2 https://nbconvert.readthedocs.io/en/latest/

A1.2.2 스파이더

1. 스파이더의 설치

스파이더(Spyder)는 'The Scientific Python Development Environment'의 약자인 오픈소스 소프트웨어로 파이썬 스크립트의 통합개발환경(Integrated DE, IDE)을 지원한다. 스파이더는 기본적으로 유료이지만 기능이 제한된 무료 버전도 있으며 주요 배포 패키지를 포함하고 있다. 스파이더 같은 통합개발환경은 직관적인 조작으로 개발을 위한 다양한 작업을 편리하게 할 수 있도록 해준다.

스파이더의 사용자 인터페이스는 Matlab나 RStudio와 유사하다. Python을 지원하는 IDE는 많은 것이 있으며, 앞서 소개한 주피터 노트북이나 주피터랩도 IDE의 일종이다. 이외에도 PyCharm은 Python 전용으로 가장 널리 알려져 있으며 Atom, VS Code, Python IDLE, Eclipse 등도 있다.

Atom은 Python뿐만 아니라 다양한 프로그래밍 언어를 개발할 수 있는 에디터이다. VS(Visual Studio) Code는 MS에서 제공하는 오픈소스 소프트웨어이며 여러 언어를 코딩할 수 있다. Python IDLE는 파이썬을 설치할 때 기본적으로 수반되는 개발도구로 기능이 제한적이나 이 책에서 모든 스크립트를 작성하는 데 사용하였다. PyCharm은 전문적으로 Python을 개발할 때 주로 사용한다. 여기서는 스파이더[Spyder(Anaconda3)]에 중심을 두고 소개하기로 한다. 아나콘다를 관리하는 웹 사이트는 https://anaconda.org 이다.

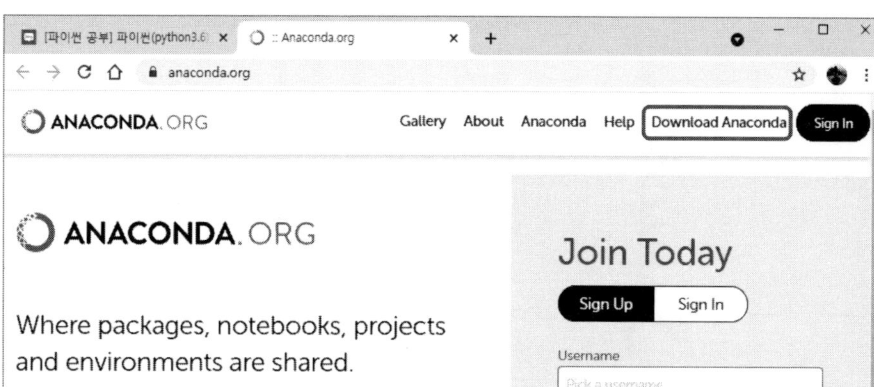

그림 A1.21 아나콘다 공식(anaconda.org) 홈페이지

아나콘다를 설치하기 위해서는 먼저 공식 웹 사이트에서 설치 파일을 다운로드해야 한다. [그림 A1.21]에서 보듯이 공식 홈페이지에서 'Download Anaconda'의 버튼을 누른 후, 아래 [그림 A1.22]에 나타나는 자신의 컴퓨터 환경에 맞는 버전을 선택하여 다운로드한다.

올바른 버전을 선택하여 다운로드하면 'Anaconda3-yyyy.mm-Windows-x86_64.exe'로 명명된 최신 버전의 파일을 얻을 수 있다. 다운로드한 파일을 적절한 디렉터리에 위치시키고 마우스 우측 버튼을 눌러 '관리자 권한으로 실행(A)'을 선택하여 설치를 시작한다. 설치 과정에서 가급적 추천해준 것들을 선택하는 것이 바람직하며 디폴트 설치경로는 'C:\User\~'로 지정된다. 설치 시작 화면은 [그림 A1.23]과 같고 나머지 과정은 생략하기로 한다.

그림 A1.22 컴퓨터 환경에 맞는 설치파일의 선택

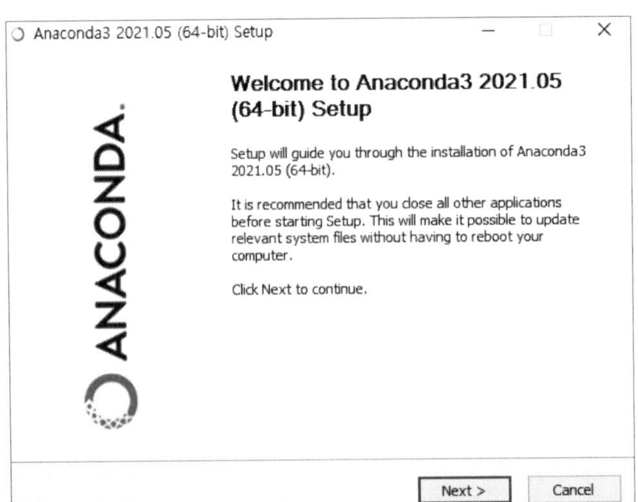

그림 A1.23 아나콘다 설치 시작화면

2. 스파이더의 실행

스파이더 통합개발환경은 Python 프로그래밍에 알맞게 구성되어 있으며 Python을 이용한 과학 컴퓨팅에 적합하다. 스파이더를 실행하면 [그림 A1.24]와 같은 화면이 나타난다. 스파이더 화면은 좌측에 스크립트 편집 창과 오른쪽 위편에 변수탐색(Variable explorer), 파일탐색(File explorer), 객체탐색(Help) 창을 갖고 있다. 그리고 우측 아래편에 IPython 콘솔(console) 및 명령어기록(History) 창을 가지고 있다. 이들은 GUI(Graphic User Interface) 특성을 잘 살린 대화식 IDE를 제공한다.

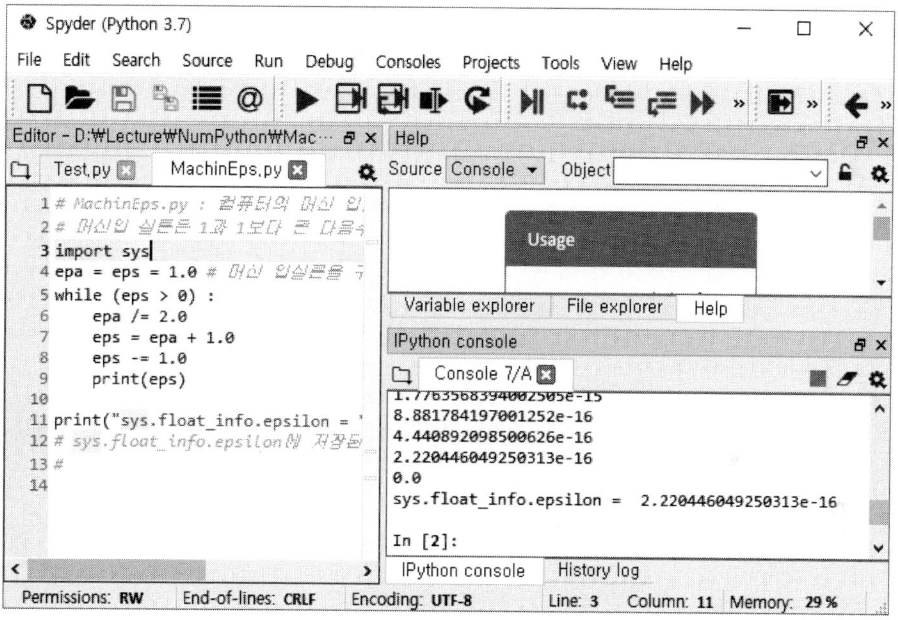

그림 A1.24 스파이더 시작 및 실행 화면

(1) 스크립트 편집기

스파이더의 편집기는 입력 보조기능을 제공한다. 편집기는 여러 개의 열린 파일로 동시작업, 괄호자동완성, 들여쓰기, 명령어의 일부입력 상태에서 후보자 자동나열 등 직관적으로 기대할 수 있는 많은 기능을 지원한다. 또한 스파이더 편집기는 PEP 8을 비롯한 Pylint 및 pyflake 등과 같은 Python 코드 스타일 가이드(분석 기능)를 이용할 수 있다. 또한 실시간 코드 분석 기능과 스타일 분석 기능을 선택하면 정의되지 않은 기호, 문구 오류, 코딩형식 위반 등을 점검할 수 있다. 이러한 경고와 오류는 느낌표를 품은 주황색 삼각형으로 표시된다.

실시간 코드 분석 기능과 코드 스타일 분석 기능을 지정하고자 하면 실행 화면의 최상단 주메뉴에서 'Tools'를 클릭하고 'Preferences'를 선택한 다음 부속 창에서 'Editor'를 클릭한다. 여기서 오른쪽 상단의 메뉴 중 'Code Itrospection/Analysis'를 클릭하고 'Analysis' 파트에서 '☑Real-time code analysis'와 '☑Real-time code style analysis'를 체크하여 지정하면 된다.

(2) 스크립트 실행

스크립트를 대화형으로 명령을 입력하고 출력결과를 확인하고자 하면 실행 화면의 오른쪽 아래 창의 IPython 콘솔을 이용하면 편리하다. 더 나아가 이 콘솔에 명령을 입력하지 않고 편집장에서 스크립트를 작성하고 전부 또는 일부를 실행할 수도 있다. 스크립트 전부를 실행할 경우에는 F5 키를 누르거나 주메뉴에서 'Run'을 선택하면 된다. 스크립트의 일부를 실행하고자 하면 커서로 실행할 부분을 지정하고 F9 키를 누르면 지정된 스크립트만 실행된다. 한 줄씩 실행하고자 하면 커서를 해당 줄에 위치하고 F9 키를 누르면 된다.

스파이더는 여러 개의 IPython 콘솔을 동시에 열어 실행할 수 있다. 새로운 콘솔을 추가로 열려면 'Ctrl + T'를 누르거나 주메뉴의 'Consoles'를 클릭하고 'Open an IPython console'을 선택하면 된다. 스크립트는 기본적으로 지정하여 현재 활성화된 콘솔에서 실행된다. 실시간 대화 콘솔에서 스크립트를 연속해서 여러 줄을 작성하고자 하면 'Ctrl + Enter'를 누르고 계속할 수 있다.

(3) 도움말 보기

도움말(Help) 보기 메뉴를 선택하면 객체 탐색기(Object inspector)를 사용할 수 있다. 'Object'의 한 줄 입력 창에 찾아보려는 명령어나 Python의 모듈을 입력하여 참고할 수 있다. 예를 들어, 입력창에 'numpy.linalg'를 입력하면 NumPy 라이브러리의 선형대수 모듈(linalg)을 참조할 수 있다. 더구나 'numpy.linalg.inv'를 입력하면 행렬의 역행렬을 구하는 inv() 함수의 사용형식과 사용예제를 참조할 수 있다. 편집기 내에서 Python 모듈을 포함한 객체의 도움말을 보고자 하면 객체를 커서로 지정하고 'Ctrl + i'를 누르면 객체에 대한 내용이 도움말의 설명 창에 잘 나타난다.

참고문헌

- 나카무라 소이치로(저), 김민찬, 윤도영(역), "MATLAB을 이용한 수치해석 및 그래픽", 도서출판 아진, 2001년 1월, p.489
- 나카무라 소이치로(저), 이현열, 박정희(역), "C로 쓴 수치해석", 대영사, 1997년 2월, p.268
- 나카쿠키 켄지(저), 심효섭(역), "엔지니어를 위한 파이썬", 제이펍, 2018년 1월, p.458
- 로버트 요한슨(저), 크라스랩(역), "파이썬과 수치해석", 에이콘출판, 2019년 8월, p.770
- 류권규, 이남주, "파이썬을 이용한 수치해석", 씨아이알, 성안당, 2020년 12월, p.594
- 박철근, "R을 이용한 수치해석", 자유아카데미, 2021년 2월, p.340
- 박철근, 한동환, "R을 이용한 기초통계학", 자유아카데미, 2019년 9월, p.438
- 스티븐 C. 채프라, 레이먼드 P. 카날레(저), 김태국, 나양, 신동신, 이승배(역), "공학도를 위한 수치해석", McGraw-Hill Korea, 2008년 7월, p.614
- 우재남, "파이썬 for Beginner", 한빛아카데미, 2017년 11월, p.504
- 워드 체니, 데이비드 킨케이드(저), 이병준, 한희재(역), "수치해석학 바이블(Numerical Mathematics and Computing)", 한빛아카데미, 2018년 9월, p.676
- 윤성우, "열혈 파이썬 기초편", 오렌지미디어, 2018년 11월, p.260
- 응용수학연구회, "선형대수", 교우사, 1995년 3월, p.441
- 이만근, 김익성, "공업수학", 경문사, 2008년 9월, p.437
- 장승준, 이상덕, 이민영, "공업수학 I", 경문사, 2011년 3월, p.336
- Amos Gilat, Vish Subramaniam, "Numerical Methods for Engineers and Scientists: An introduction with Applications using Matlab", Wiley, 2007년 4월, p.459

- Gilbert Strang, "Introduction to Linear Algebra", Wellesley-Cambridge Press, 2019년 7월, p.550
- Howard Anton, Chris Rorres, "Elementary Linear Algebra with Supplemental Applications", Wiley, 2011년, p.777

찾아보기

【Q】

【R】

【S】

저자 소개

박철근
부산대학교 수학과 졸업
한국과학기술원 응용수학 석사
한국과학기술원 응용확률 박사
한국통신 통신망연구소, 선임연구원
현: 선문대학교 정보통신공학과 교수

파이썬을 이용한 수치해석

저　　자 박철근
발 행 인 김지영
발 행 처 자유아카데미
주　　소 경기도 파주시 회동길 37-42
파주출판도시
전　　화 031-955-1321
팩　　스 031-955-1322
홈페이지 www.freeaca.com
전자우편 main@freeaca.com (대표)
editor@freeaca.com (편집)
crm@freeaca.com (영업)
등　　록 제406-2003-017호, 1980. 7. 12
제1판1쇄 2022년 2월 5일 발행

저자와의
협의하에
인지생략

ISBN 979-11-5808-340-3 93310